“双一流”建设专业学位研究生教学案例

国际税收教学案例精选

曹明星　主编

中国财经出版传媒集团
中国财政经济出版社

图书在版编目（CIP）数据

国际税收教学案例精选 / 曹明星主编. --北京：中国财政经济出版社，2021.12

（“双一流”建设专业学位研究生教学案例）

ISBN 978-7-5223-0859-3

Ⅰ.①国… Ⅱ.①曹… Ⅲ.①国际税收-研究生-教案（教育）-汇编 Ⅳ.①F810.42

中国版本图书馆CIP数据核字（2021）第214254号

责任编辑：马　真　　　　责任校对：张　凡

封面设计：陈宇琰　　　　责任印制：党　辉

国际税收教学案例精选

GUOJI SHUISHOU JIAOXUE ANLI JINGXUAN

中国财政经济出版社 出版

URL：http：//www.cfeph.cn

E-mail：cfeph@cfeph.cn

社址：北京市海淀区阜成路甲28号　邮政编码：100142

营销中心电话：010-88191522

天猫网店：中国财政经济出版社旗舰店

网址：https：//zgczjjcbs.tmall.com

北京时捷印刷有限公司印刷　各地新华书店经销

成品尺寸：185mm×260mm　16开　27.75印张　508 000字

2021年12月第1版　2021年12月北京第1次印刷

定价：110.00元

ISBN 978-7-5223-0859-3

（图书出现印装问题，本社负责调换，电话：010-88190548）

本社质量投诉电话：010-88190744

打击盗版举报热线：010-88191661　QQ：2242791300

中央财经大学专业学位研究生教学案例项目

编　委　会

本书编委会

主　编： 曹明星

副主编： 何　杨　耿　纯　张学斌　宋　宁

编写人员

杨志清　王文静　郭维真　滕祥志　贾英姿　王　晖　胡欣蕾
李泽琳　黄　婧　王　诺　袁瑞悦　王紫薇　黄　然　倪永俊
陈晓钰　顾紫荆　陈嘉欣　李皓晴　王　迪　韩德馨　万丁乙
杜士语　余本洋　陶乐宸　尹凌雪

总　序

专业学位研究生教育是培养高层次应用型专门人才的主渠道。中央财经大学自2003年开始实行专业学位教育以来，逐步构建了具有财经特色的高层次应用型专门人才培养体系，为经济社会发展做出重要贡献。截至2021年9月30日，学校在校硕士研究生5652人，其中，学术型硕士1751人，专业学位硕士3901人，分别占在校硕士研究生比例为31%和69%，专业学位研究生已经成为学校研究生教育的主体。

中央财经大学专业学位研究生教育始终坚持“质量优先、特色发展”的原则，目前已经形成了较为完备的、有一定特色的专业学位研究生培养体系。学校基本形成了以优质课程引领的课程体系和以案例教学为突破口的实践教学体系，促进科教融合和产教融合，加强国际合作，着力增强研究生实践能力、创新能力，取得了一定的成效。

但是面对新时代的新要求，当前专业学位研究生教育还存在着“培养方案不够优、案例教学不够深、专业实践不够实、教学师资不够专、论文标准不够明”等问题。专业学位硕士与学术硕士培养方案在课程设置方面差异不明显，同质化现象仍普遍存在。专业学位硕士案例开发与教学虽取得一定成果，但仍有较大提升空间。专业实践教学流于形式，组织不力。实践基地挂牌的多，发挥实效的少，管理和规范力度不够，远未形成产教融合发展的格局。专业学位硕士“双师型”导师队伍建设不够完善，校内外导师未能建立有效的沟通协调与合作指导机制。专业学位硕士学位论文写作和评判标准不够明确，大多参考学术硕士论文的评审标准，难以发挥学位论文评审对培养过程和学位论文写作的导向性作用。

针对上述问题，尤其是专业学位研究生案例教学方面的短板，近年来，学校坚持“科学规划、突出特色、鼓励创新、择优资助”的原则，高度重视研究生教材和案例集建设工作。学校围绕立德树人根本任务，以一流学科建设为目标，设立专项资金资助研究生教材和专业学位研究生案例集建设。推动习近平新时代中国特色社会主义思想和社会主义核心价值观念融入教材建设、融入课堂教学，培育学生经世济民、诚信服务、德法兼修的职业素养，初步建立了具有中央财经大学“财经黄埔”品牌特色的研究生精品教材体系。鼓励校内外教师、行业专家合作建设高质量教学案例库，推动编写案例教材、开展案例教学方法研究、加大案例教学比重，着力组织建设一批国际化、高水平的专业学位研究生教学案例集。

呈现在读者面前的专业学位研究生教学案例集由经济学、管理学、法学等学科的教学案例集构成，均由教学经验丰富、学术研究能力突出的一线教师组织编写。编者中既有国家级教学名师等称号的获得者，也不乏在专业领域造诣颇深的中青年学者。本系列教学案例集的出版得到了“中央高校建设世界一流大学（学科）和特色发展引导专项资金”的支持。我们希望本系列教学案例集的出版能够为专业学位研究生培养提供一线的案例素材，打造以专业能力训练为导向的案例教学体系，提高专业学位研究生的培养质量。

在编写专业学位研究生教学案例集的过程中，我们虽力求完善，但也难免存在不足，恳请广大同行和读者批评指正。

专业学位研究生教学案例集编委会

2021 年 10 月于北京

前　言

2019 年中央财经大学率先在国内设立国际税收专业硕士项目，为了配合人才培养，我们特组织相关专家编写了本案例集。

本案例集主要由国际税收教学案例精选（基础案例分析 + 综合教学案例）以及近年中国国际税收实务案例精选两个部分组成，包含像苹果公司避税案、微软公司避税案等经典案例，更多的是一些较新的中国实践案例，覆盖国际税收原理中重要的知识点，如常设机构、国际避税与反避税、转让定价、“一带一路”、中国企业“走出去”、数字经济等，有助于充分理解国际税收的基础知识，以及这些重要的知识点在现实商业活动中的运用。

本书提供了对国际税收重要知识点的应用分析，其应用价值主要体现在能够为未来国际税收专业学生的学习提供良好的基础训练。但由于项目实施时间较短，部分案例成果还未来得及在课堂教学中试用，未来将在国际税收专业硕士“国际税收案例分析”课堂试用该项目成果，通过对这些基础案例的进一步课堂分析和研讨，一方面加深学生对国际税收原理和应用的理解，另一方面有助于我们继续修改完善这些案例材料并结集出版，供其他高校的国际税收专业学生和教学科研工作者参考。

本案例集的编写受到中央财经大学专业学位研究生教学案例集建设项目资助，得到中央财经大学国际税务研究中心的特聘客座研究员，包括思迈特财税咨询公司张学斌先生、中税咨询集团宋宁先生、中国社会科学研究院滕祥志教授、财政部国际经济研究中心贾英姿研究员、上海华赫企业管理咨询（集团）有限公司王珲女士等在资料、框架和编写工作方面的大力支持，另外得到中国财政发展协同创新中心国际税务专业硕士胡欣蕾、李泽琳、黄婧、王诺、袁瑞悦、王紫薇、黄然、倪永俊、陈晓钰、顾紫荆、陈嘉欣、李皓晴、王迪、韩德馨、万丁乙、杜士语、佘本洋、陶乐宸和尹凌雪等同学的具体协助，特致谢意！

作者

2021 年 9 月

目　录

上篇　教学案例精选

下篇　实务案例精选

上篇

教学案例精选

1

常设机构

案例1：

Zimmer代理型常设机构案例①

该起常设机构案涉及的是英国Zimmer公司的一家法国的全资子公司Zimmer SAS在法国境内销售产品是否构成常设机构问题。Zimmer SAS采用佣金经销商（Commissionaire）模式进行跨境销售，法国税务机关认为，此销售模式使英国Zimmer公司在法国存在代理型常设机构，此观点得到了下级法院的支持。然而，最高行政法院推翻了下级法院的判决，理由是根据法国民法的规定，Zimmer SAS与法国客户之间签订的合同对于英国Zimmer公司不具有法律的约束力。本案涉及的难点在于是否构成代理型常设机构的判定。

一、公司简介

英国Zimmer公司是一家专门从事人工膝关节设备销售的企业，在全球骨科工业中处于领导者地位，公司致力于设计、研发并生产关节假体、创伤系统、脊柱系统、牙种植体及相关的骨科手术产品，在全球超过100个国家销售产品，在美国、德国、瑞士设有工厂，全球员工数量超过8800名。长期以来通过位于法国的全资子公司Zimmer SAS在法国境内销售品。1995年之前，企业之间采用买入卖出的销售模式，即英国Zimmer公司将货物销售给Zimmer SAS，然后Zimmer SAS作为经销商再将货物卖给当地的客户。1995年企业重组，改为采用佣金经销商模式进行跨境销售，即英国Zimmer公司和Zimmer SAS签订经销合同，基于该合同，Zimmer SAS以自己的名义为英国

① 本案例由中央财经大学中国财政发展协同创新中心袁瑞悦编写。

Zimmer 公司在法国销售产品。

二、案件经过

法国税务机关主张：1995 年后的销售模式使英国 Zimmer 公司在法国存在代理型常设机构，为此，英国 Zimmer 公司应当就其取得的跨境销售所得在法国纳税，而不仅仅是对 Zimmer SAS 公司所获取的佣金征税。法国上诉法院支持税务机关的主张，原因是 Zimmer SAS 作为英国 Zimmer 公司的佣金经销商与客户签订买卖合同时，货物的所有权直接从英国 Zimmer 公司转移给客户，Zimmer SAS 并不经手，Zimmer SAS 从中取得的收益并非销售抽成，而是英国 Zimmer 公司支付的一笔数额固定的佣金。再者，Zimmer SAS 在签订合同前无须征求英国 Zimmer 公司的同意，对于包括价格、折扣和付款方式在内的合同条款，享有独立做出决定的权利，因此可以断定，Zimmer SAS 与客户之间达成的协议对于英国 Zimmer 公司具有事实上的约束力。除此之外，Zimmer SAS 只为英国 Zimmer 公司这一家企业提供代销服务，后者担负着产品推广、宣传和手册制作的职能，并承担经营风险。从这个意义上说，Zimmer SAS 在经济上依附于英国 Zimmer 公司，属于“非独立地位代理人”。

法国最高行政法院推翻了上诉法院的判决，理由是：根据法国民法的规定，尽管英国 Zimmer 公司需要履行转移货物所有权的义务，但由于《法国民法典》对“代理”概念采取狭义解释，并不包括间接代理—代理人以自己的名义与第三人进行交易，故根据该法第 1154 条第 2 款的规定，代理人以自己的名义缔约，但为他人利益行事的，该合同仅约束相对人和代理人，故 Zimmer SAS 与法国客户之间签订的合同对于英国 Zimmer 公司不具有法律的约束力。最高行政法院指出，即使 Zimmer SAS 与客户之间的合同是在英国 Zimmer 公司账户上签订的，但是对客户来说，这些合同没有绑定英国 Zimmer 公司。根据商法，为使代理商绑定供应商，不论是委托合同还是涉及委托的其他事实要素，必须使“主事人”自身受到代理商和客户所签合同的约束。也就是说，当出现诸如产品瑕疵之类的问题时，客户只能向 Zimmer SAS 提出债权主张，而不能直接要求英国 Zimmer 公司履行合同义务。

法国上诉法院和法国最高行政法院的分歧可归结为对税收协定中代理型常设机构条款项下“有权以企业的名义”这一表述的理解。这里的权利究竟是指“事实上形成的约束力”，还是必须具备“法定的约束力”呢？OECD 在 2003 年修订的《税收协定范本》注释中采纳了事实约束力一说，而法国最高行政法院以该范本注释的修订晚于英法税收协定的签订时间（1968 年）为由，拒绝在 Zimmer 案中适用这一解释。

三、理论依据分析

基于 OECD《税收协定范本（2017）》第5条第5款和第6款，当一个人在缔约国一方代表缔约国另一方的企业开展活动，有权以该企业的名义签订合同并经常性地行使这种权利，该企业视为在缔约国一方设有常设机构，除非这个人进行的活动仅限于准备性或辅助性活动，或者这个人是“独立代理人”。

换言之，即使缔约国一方的企业在缔约国另一方没有设立固定的营业场所，但只要通过授权他人在缔约国另一方为其开展营业活动，且这些活动构成企业取得营业所得的核心环节（如签订合同），那么，便可认定企业与缔约国另一方的经济活动存在密切联系，存在常设机构。在跨境销售中，代表企业开展销售活动的“人”，既可以是企业的雇员或法人代表，也可以是与企业具有关联关系的法人或作为独立第三方的法人。在判断企业是否存在代理型常设机构时，需详细辨析的问题包括：

（1）该行为人究竟是为了企业的利益还是自身的利益销售货物，这点在行为人是关联企业的情况下尤其不易区分。

（2）明晰“有权以企业的名义”的含义。Zimmer 案折射出两种不同的理解：一种观点认为，“以企业的名义订立合同”要求行为人的活动对企业具有法律上的约束力；另一种观点则认为，只要行为人的活动在客观上对企业形成了事实约束力即可。除此之外，还有第三种字面上的观点，认为这一表述仅限于企业作为合同一方当事人的情况。鉴于大陆法系和英美法系在代理制度上存在的差异，这种由税收协定项下的解释分歧带来的适用冲突被扩大化，使问题变得异常复杂。与此同时，有待商榷的问题还包括：这里的“权利”是否仅限于企业得到明确授权的情形，还是也包括表见代理情况下的“推定授权”？

除上述两方面外，判断企业是否存在代理型常设机构还需要考虑其他一些问题，如代理型常设机构条款中的“签订合同”究竟是看重形式上的签章，还是可以宽泛地理解为对合同订立具有实质影响的活动（如事前谈判）？如何把握构成“经常性”的尺度？在判断行为人的独立性地位时，行为人仅为一家企业提供服务的事实是否构成具有独立性的必要条件？一系列理论上未决的问题增加了在实践中认定代理型常设机构的不确定性。

四、法规依据

（一）OECD《税收协定范本（2017）》第5条第5款规定：

“Notwithstanding the provisions of paragraphs 1 and 2 but subject to the provisions of paragraph 6, where a person is acting in a Contracting State on behalf of an enterprise and, in doing so, habitually concludes contracts, or habitually plays the principal role leading to the conclusion of contracts that are routinely concluded without material modification by the enterprise, and these contracts are

a) in the name of the enterprise, or

b) for the transfer of the ownership of, or for the granting of the right to use, property owned by that enterprise or that the enterprise has the right to use, or

c) for the provision of services by that enterprise

That enterprise shall be deemed to have a permanent establishment in that State in respect of any activities which that person undertakes for the enterprise, unless the activities of such person are limited to those mentioned in paragraph 4 which, if exercised through a fixed place of business (other than a fixed place of business to which paragraph 4. 1 would apply), would not make this fixed place of business a permanent establishment under the provisions of that paragraph."

尽管有第 1 款和第 2 款的规定，但是受到第 6 款规定的限制，如果某人代表某企业在缔约国一方行事，并且在这样做时习惯性地缔结合同，或习惯性地发挥主要作用，在没有经过企业重大修改的情况下定期签订的合同订立，这些合同是

a）以企业名义，或者

b）为该企业拥有的财产的所有权的转让或其有权使用的财产的使用权的授予，或者

c）为该企业提供服务

该人为该企业进行的任何活动，应认为该企业在该缔约国一方构成常设机构，除非该人所进行的活动限于第 4 款所列活动，这些活动如果通过固定营业场所（第 4. 1 款适用的固定营业场所除外）进行，也不会导致该固定营业场所构成常设机构。

（二）OECD《税收协定范本（2017）》第 5 条第 6 款规定：

"Paragraph 5 shall not apply where the person acting in a Contracting State on behalf of an enterprise of the other Contracting State carries on business in the first mentioned State as an independent agent and acts for the enterprise in the ordinary course of that business. Where, however, a person acts exclusively or almost exclusively on behalf of one or more enterprises to which it is closely related, that person shall not be considered to be an independent agent within the meaning of this paragraph with respect to any such enterprise."

在缔约国一方代表缔约国另一方的企业进行营业的人，如果是作为独立代理人，且代理行为是其常规经营的一部分，则不适用第5款的规定。但是，如果某人专门或几乎专门代表一个或多个与之紧密关联的企业，则不应认为该人是这些企业中任何一个的本款意义上的独立代理人。

五、知识点

1. 常设机构原则是来源地国对于非居民行使税收管辖权的依据，是各国协调解决对跨国营业所得重复征税问题的基本原则，它直接关系到税收利润的归属和税源在不同国家之间的划分。常设机构通常可分为以固定营业场所为中心的场所型常设机构和以代理人为中心的代理型常设机构两类。

2. 《BEPS第七项行动计划》所称的“佣金代理人（Commissionaire）”安排，指的是代理人根据合同在缔约国境内以自己的名义销售被代理人的产品，代理人与客户之间的合同成立后，货物的所有权直接从被代理人处转移到客户手中，缔约国只能对代理人提供服务获得的报酬征税，而不是对销售商品获得的利润进行征税。依此方法，企业不用改变其在缔约国内的职能活动，只需通过修改合同条款便能够轻易地规避构成常设机构，成功避税。

3. OECD《税收协定范本（2017）》第5条第5款、第6款修改了代理型常设机构的认定规则，在扩大代理型常设机构认定范围的同时，缩小了具有独立地位代理人豁免构成常设机构的情形。第一，将代理人的权利范围由“签订合同”扩大到“经常签订合同或在订立合同过程中起到主要作用，且企业对合同内容不进行实质性修改”。第二，本款中的合同类型除“以企业的名义”订立的合同外，新增了两种，分别为“涉及该企业拥有或有权使用的财产之所有权的转让或使用权的授予”的合同和“涉及该企业提供的服务”的合同。第三，增加了独立代理人的例外：专门或几乎专门代表一个或多个与其紧密关联的企业进行营业活动的代理人不能被认定为本款所称的具有独立地位的代理人。

参考文献

[1] 邱冬梅．跨境销售中的代理型常设机构问题：以Zimmer案为例［J］．涉外税务，2012（12）：22－26.

[2] 崔晓静．跨境电商交易中代理型常设机构的认定［J］．法学，2018，000（011）：30－44.

案例2:

非居民企业提供劳务构成常设机构[1]

该起常设机构案涉及的是美国的 D. H. GOLD ASSOCIATES INC 公司为中国菏泽某集团制药有限公司提供管理模式优化、市场战略、财务报告、法律等方面的咨询服务，并派遣员工来中国为菏泽某集团制药有限公司服务是否构成常设机构的问题，中国税务机关认为 D. H. GOLD ASSOCIATES INC 公司在中国为同一项目或有关项目提供劳务的工作时间为 7 个月，构成常设机构。D. H. GOLD ASSOCIATES INC 公司则认为其在菏泽的时限应以合同载明的实际天数为准，而不能按照提供劳务的月来计算。本案涉及难点在于是否构成劳务型常设机构的判定。

一、公司简介

菏泽某集团制药有限公司成立于 2003 年 4 月 22 日，登记注册类型为私营有限公司，注册资本 1500 万元人民币。其所属行业为医药制造业，主要生产销售美洛西林钠、舒巴坦钠、他唑巴坦钠、头孢曲松钠等无菌原料药。D. H. GOLD ASSOCIATES INC 是位于新泽西州富兰克林湖的一家私营公司，是一家单一地点的公司，主要从事化学行业的分析和咨询。该公司于 2003 年在新泽西州注册成立。

① 本案例由中央财经大学中国财政发展协同创新中心袁瑞悦编辑整理，资料来源：王开智. 涉外税务，2012 -7 -9。

二、案件经过

2010 年 2 月 1 日，菏泽某集团制药有限公司与 D. H. GOLD ASSOCIATES INC 公司签订了《咨询与支持协议》，由 D. H. GOLD ASSOCIATES INC 公司为菏泽某集团制药有限公司提供诸如管理模式优化、市场战略、财务报告、法律、国际化财务报告标准等方面的支持和服务，菏泽某集团制药有限公司需向 D. H. GOLD ASSOCIATES INC 公司支付 2010 年 3—12 月包干咨询和支持服务费用 86618.00 美元。同时，D. H. GOLD ASSOCIATES INC 公司委托知名国际会计师事务所作为其税务代理机构。2011 年 1 月，会计师事务所向菏泽市牡丹区税务局提交了关于 D. H. GOLD ASSOCIATES INC 公司取得的服务费所得免征企业所得税的申请，理由是 D. H. GOLD ASSOCIATES INC 公司"在中国境内没有设立机构场所"。根据合同要求，菏泽某集团制药有限公司需在 2011 年 1 月 31 日前将公司劳务收入汇往境外。

2011 年 1 月，菏泽某集团制药有限公司申请开具税收证明单，要求税务机关对 D. H. GOLD ASSOCIATES INC 公司取得的服务费免征企业所得税。国税机关围绕 D. H. GOLD ASSOCIATES INC 公司来华提供劳务是否构成"常设机构"深入菏泽某集团制药有限公司开展实地调查，在审核其提供的相关资料时，认为 D. H. GOLD ASSOCIATES INC 公司在华提供劳务应该按照"常设机构"依据 25% 的税率缴纳企业所得税。

双方争论的焦点是 D. H. GOLD ASSOCIATES INC 公司来华提供劳务是否构成"常设机构"。

会计师事务所认为，D. H. GOLD ASSOCIATES INC 公司在菏泽的时限应以合同载明的实际天数为准，而不能按照提供劳务的月来计算。按照合同载明的实际天数计算，D. H. GOLD ASSOCIATES INC 公司提供的劳务不构成"常设机构"。

税务机关认为，根据《中华人民共和国政府和美利坚合众国政府关于对所得避免双重征税和防止偷漏税的协定》第五条第三款第三项之规定，"常设机构"还包括"企业通过雇员或者其他人员，在该国内为同一项目或有关项目提供的劳务，包括咨询劳务，仅以在任何十二个月中连续或累计超过六个月的为限"。通过计算分析得知，D. H. GOLD ASSOCIATES INC 公司在我国提供劳务时间累计已超过 6 个月，应按照非居民企业"常设机构"征收企业所得税。工作期限的计算方法应该是自 D. H. GOLD ASSOCIATES INC 公司第一次派人到中国工作之日起，直到 D. H. GOLD ASSOCIATES INC 公司人员最后离境之月止，若中间连续 30 日无人在公司工作，则可扣除 1 个月。

依据公司提供的合同、协议等资料，税务机关计算出了公司雇员在公司的工作时间，具体情况如表2-1所示。

表2-1　　2010年3—12月D公司雇员在菏泽制药公司的工作时间表

月份	工作时间	离开时间
3	3月12日—3月31日	
4	4月1日—4月4日	4月5日—4月28日
5	5月1日—5月10日	5月11日—5月31日
6	6月15日—6月25日	6月1日—6月14日　6月26日—6月30日
7	7月12日—7月23日	7月1日—7月11日　7月24日—7月31日
8	8月11日—8月25日	8月1日—8月10日　8月26日—8月31日
9	9月28日—9月30日	9月1日—9月27日
10	10月1日—10月10日	10月11日—10月31日
11		11月1日—11月30日
12	12月11日—12月25日	12月1日—12月10日

分析：3月至4月之间连续离境24天，不超过30天，故不作扣除，5月11日至6月14日连续离境35天，应扣除1个月；6月26日至7月11日之间离境16天，不作扣除；7月24日至8月10日之间离境18天，不作扣除；8月26日至9月27日之间连续离境33天，应扣除1个月，10月至11月之间连续离境51天，扣除1个月；12月连续离境10天，不作扣除。不难看出，2010年3—12月，共计扣除3个月。公司雇员在中国的工作时间为7个月，根据《中华人民共和国政府和美利坚合众国政府关于对所得避免双重征税和防止偷漏税的协定》第五条第三款第三项之规定，已构成“常设机构”。因此，D. H. GOLD ASSOCIATES INC公司取得的劳务收入应在我国缴纳企业所得税。通过上述分析，会计师事务所对D. H. GOLD ASSOCIATES INC公司雇员提供劳务超过6个月，构成“常设机构”不再有异议，同意按照规定缴纳企业所得税。

鉴于D. H. GOLD ASSOCIATES INC公司不能准确提供成本、费用、账册和凭证，根据《非居民企业所得税核定征收管理办法》（国税发〔2010〕19号）第四条第一款之规定，国税机关决定对D. H. GOLD ASSOCIATES INC公司所得税实行核定征收。依据国税发〔2010〕19号文第五条第一款之规定，国税机关核定D. H. GOLD ASSOCIATES INC公司应税所得税率为15%，共应缴所得税22249.67元人民币。根据非居民承包工程作业和提供劳务税收管理暂行办法》（国家税务总局令2009年第19号）第十四条，国税机关指定菏泽某集团制药有限公司为扣缴义务人，并将《非居民企业承包工程作业和提供劳务企业所得税扣缴义务通知书》送达菏泽某集团制药有限公司。

由于上述业务涉及缴纳营业税等相关税种，2011 年 1 月 5 日，国税机关向地税机关送达《非居民承包工程作业和提供劳务项目信息传递表》，确保相关税收及时入库。2011 年 1 月 10 日，D. H. GOLD ASSOCIATES INC 公司共缴纳企业所得税 22249. 67 元，并在地税机关缴纳营业税 29666. 23 元人民币。2011 年 1 月 10 日，税务机关为菏泽某集团制药有限公司开具了《服务贸易、收益、经常转移和部分资本项目对外支付税务证明》，D. H. GOLD ASSOCIATES INC 公司的劳务收入得以汇出境外。

三、理论依据分析

对于企业跨国提供劳务取得营业利润的课税权益分配，中国对外签订的双边税收协定大多采用了联合国《发达国家与发展中国家双重征税协定范本》（以下简称《联合国范本》）主张的协调方式，即在适用常设机构原则确定跨国劳务所得的来源地国的征税权的基础上，对非居民企业跨国提供劳务规定了 3 种可能在来源地国（劳务履行地国）一方构成常设机构的情形：第一种是如《联合国范本》第 5 条第 1 款定义的常设机构，即缔约国一方居民企业在作为来源地国的缔约国另一方境内通过某种固定营业机构或场所从事提供劳务活动，可能构成所谓“场所型的常设机构”；第二种是如《联合国范本》第 5 条第 3 款第 1 项针对建筑安装和装配工程活动规定的建安类常设机构；第三种是如《联合国范本》第 5 条第 3 款第 1 项规定的所谓“劳务型常设机构”。我国主要依照了《联合国范本》第 5 条中的相关规定。《联合国范本》对劳务型常设机构的定义为：在任何 12 个月中，企业通过其雇员或其他人员在同一缔约国境内为同一项目或相关联项目提供包括咨询劳务在内的劳务超过或累计超过 6 个月的，构成常设机构。

四、法规依据

《联合国范本》第 5 条常设机构条款中规定，“企业通过雇员或雇佣的其他人员为上述目的提供的劳务，包括咨询劳务，但这种性质的活动以在该国内（为同一工程或有关工程）在任何 12 个月中连续或累计为期 6 个月以上的为限”。

为了指导各地税务机关在涉外税收工作中正确理解和执行中国与有关国家间签订的税收协定的条款规定，国家税务总局于 2010 年 7 月下发了《〈中华人民共和国政府和新加坡政府关于对所得避免双重征税和防止偷漏税的协定〉及议定书的条文解释》（国税发〔2010〕75 号，以下简称《中新协定条文解释》）。根据国家税务总局的通知指示，《中新协定条文解释》具有一般适用的效力，中国对外所签协定有关条款规定与中新协定条款规定内容一致的，《中新协定条文解释》的相关条款解释同样适用于其他协定相同条款的解释及执行。中外税收协定中劳务型常设机构的定义条款，可以《中新税收协定条文解释》为典型代表。根据《中新税收协定条文解释》第 5 条第 3 款第 2 项以及中新协定第二议定书第 1 条的规定，缔约国一方企业通过雇员或雇佣的其他人员在缔约国一方提供劳务，仅以任何 12 个月内这些人员为从事劳务活动在对方停留连续或累计超过 183 天的，构成常设机构。

五、知识点

关于劳务型常设机构的认定，OECD《税收协定范本》对于劳务型常设机构没有定义。《联合国范本》第 5 条常设机构条款中“企业通过雇员或雇佣的其他人员为上述目的提供的劳务，包括咨询劳务，但这种性质的活动以在该国内（为同一工程或有关工程）在任何 12 个月中连续或累计为期 6 个月以上的为限。”国家之间签订的税收协定若有对劳务型常设机构有所规定，均是以《联合国范本》为指导。“劳务”是劳务型常设机构的关键因素，就本文来说，它至少包含了 3 个方面的要件：劳务人员、劳务活动和劳务所得。由于时间标准对认定劳务型常设机构具有重要意义，时间认定标准的计算需要慎重对待。时间标准的起算应始于企业派其雇员为实施劳务服务项目第一次抵达中国境内之日。关于 6 个月的计算门槛应以该企业派其雇员为实施服务项目第一次抵达内地的月份起直到完成服务项目雇员最后离开内地的月份作为计算期间，在此期间如连续 30 天没有雇员在境内从事服务活动，可扣除一个月，按此计算超过 6 个月的，即为在内地构成常设机构。

参考文献

[1] 王开智．非居民企业提供劳务构成常设机构案例评析 [J]．涉外税务，2012(07)：59－60.

[2] 陈丛丛．劳务型常设机构认定规则研究 [D]．华东政法大学，2011.

案例3：

Laird India是否构成Laird USA代理型常设机构案例[①]

该起常设机构案涉及两个问题，第一个是美国Laird USA公司将自己与印度Nokia India公司签订的提供物流服务的合同资产全部转让给印度Laird India公司，之后由Laird India公司向印度Nokia India公司提供产品和物流服务，则Laird India公司是否构成美国Laird USA公司的常设机构的问题。第二个是美国公司在向印度公司转让提供产品供应申请的合同权利时收取的费用是否需要纳税的问题。印度税务机关认为，根据产品销售协议（PPA），Laird India公司有义务向Nokia India公司提供产品并提供国内物流服务提供商（LSP）的服务，LSP的业务网络将构成Laird India公司在印度的常设机构（PE）。在印度，Laird India公司依赖并组建了Laird USA公司的代理型常设机构。然而，预先裁定管理局（AAR）在关于印度Laird India公司的案例中认为，美国公司在向印度公司转让提供产品供应申请的合同权利时收取的费用应作为商业利润纳税，并且在没有常设机构（PE）的情况下，根据印度和美国的税收协定，此类对价在印度不征税。因此，在印度境外汇款时，不需要根据1961年“所得税法”（法案）第195条扣除税款。

① 本案例由中央财经大学中国财政发展协同创新中心袁瑞悦编写。

一、公司简介

Laird Technologies Inc. 是一家美国公司（Laird USA），是英国 Laird Group PLC 的子公司，是全球知名的从事天线、EMI、数据通信和设计等的制造商。Laird USA 公司在美国和其他各国都有制造厂和技术支持业务。Laird USA 公司与全球诺基亚公司签订产品销售协议（PPA），包括供应诺基亚符合印度制造要求的相关产品。Laird USA 公司与 Nokia India 公司在芬兰签订了 PPA 合同，该合同在印度境外执行，Laird USA 公司在印度境外收到转让费。关于向 Nokia India Pvt Ltd.（Nokia India）提供产品，Laird USA 公司与 Laird India 公司签订了一份转让协议，为期 5 年，一次性审议。根据该协议，Laird USA 公司根据 PPA 向 Laird India 公司提供与 Nokia India 公司供应相关的所有实益权利、所有权、利息、义务和责任。根据协议，Laird India 公司将以独立身份行事，并自行承担风险和义务，向 Nokia India 公司提供产品。此外，Laird India 公司无法转让其在协议下的权利和义务。除非协议根据共同商定的条款延长，否则 Laird India 公司在 5 年期满后不享有本协议项下的任何权利。Laird India 公司向 Laird USA 公司支付 530 万美元的代价，通过电汇转账至位于美国 Wachovia Bank 的 Laird USA 公司账户。

二、案件经过

税务机关主张，根据 PPA，Laird India 公司有义务向 Nokia India 公司提供产品并提供国内物流服务提供商（LSP）的服务，LSP 的业务网络将构成的 Laird USA 公司在印度的常设机构（PE）。在印度，Laird India 公司依赖并组建了 Laird USA 公司的代理型常设机构。

Laird USA 公司和 Laird India 公司是“附属公司”，是英国公司的“子公司”，因此，Laird India 公司应被视为 PPA 的一方。因此，PPA 下的权利和义务的转让问题在其附属公司不会出现。

PPA 仅对 Laird USA 公司承担了一系列义务，而没有考虑任何因素以及由此产生的任何合法权利。根据 PPA，Laird USA 公司没有任何合法权利，因此不存在转让任何有利于 Laird India 公司的权利的问题。因此，可以说没有资产转移到印度以外的 Laird India 公司。根据协议，只能分配合同规定的权利和利益，但不能分配责任和义务。法律不承认单独分配义务，并且根据 PPA 将 Laird USA 公司的义务转让给 Laird India 公司需要变更 Laird USA 公司、Laird India 公司和诺基亚公司之间的三方协议。

预先裁定管理局（AAR）反对税务机关的主张，AAR 在参考协议的各项条款后认为，根据税收协定第 5 条第 5 款，Laird India 公司并不构成 Laird USA 公司的 PE，此外，税务部门也没有详细说明 Laird India 公司如何以及以何种方式依赖已经赋予其权利的 Laird USA 公司。再者，Laird USA 公司在其和 Nokia India 公司之间达成的理解框架内积极协助 Laird India 公司在印度建立制造工厂。但是，之后 Laird USA 公司在 Laird India 公司的制造和商业活动中并没有任何其他角色可供记录。此外，一旦 Laird USA 公司给予 Nokia India 公司制造和供应产品的必要授权，Laird USA 公司不能在印度进行相同的业务或干扰 Laird India 公司所进行的业务。LSP 从未由 Laird USA 公司任命或提供，以履行向诺基亚交付产品的义务。因此，推断根据协议支付获取的业务利润归属于 LSP 或任何其他营业地点的 PE 是不合理的。与保证销售量风险有关的条款是为了协议双方的商业利益，并不能解释为 Laird India 公司作为代理人而非作为 Laird USA 公司的供应商提供产品给诺基亚。

PPA 合同的地点在印度之外，由双方签订并签署。此外，该协议在印度境外执行，Laird USA 公司在印度境外收到转让费。Laird USA 公司因转移位于印度境外的资本资产而产生资本收益。因此，不能对 Laird India 公司征税。美国公司在向印度公司转让提供产品供应申请的合同权利时收取的费用应作为商业利润纳税，并且在没有常设机构（PE）的情况下，根据印度和美国税收协定，此类对价在印度不征税。因此，在印度境外汇款时，不需要根据 1961 年“所得税法”（法案）第 195 条扣除税款。

三、理论依据分析

基于该法案第 55 条具体承认“制造、生产或加工任何物品或物品的权利”或“进行任何业务的权利”作为资本资产。

根据 India USA Double Tax Avoidance Agreement 第 5 条第 5 款规定：“缔约国一方企业不得仅被视为在缔约国另一方拥有常设机构，仅仅因为它通过经纪人、总代理人或任何其他独立代理人在该另一国境内经营，但条件是人们在正常的业务过程中行事。但是，当该代理人的活动全部或几乎全部代表该企业，并且代理人与企业之间的交易不是在公平交易条件下进行时，他不应被视为具有独立地位的代理人。”

由于 Laird USA 公司已获得向全球诺基亚公司制造和供应指定产品的权利，因此，Laird USA 公司与诺基亚签订的 PPA 构成资本资产。PPA 合同的地点在印度之外，由双方签订并签署。此外，该协议在印度境外执行，Laird USA 公司在印度境外收到转让费。所以，Laird USA 公司因转移位于印度境外的资本资产而产生资本收益。因此，不能对印度的纳税人征税。此外，即使 Laird USA 公司根据协议得到的收益被解释为商业利润，如果 Laird USA 公司与 Laird India 公司的业务关系不属于上述法案规定的情形，而且 Laird USA 公司也不属于印度 PE 规则法案第 9（1）（i）条的情形，则不能在印度征税。Laird India 公司并非 Laird USA 公司的代理人，并且在没有 Laird USA 公司的任何指示的情况下自行进行业务运营，承担其业务交易的风险和责任。此外，Laird India 公司是以委托人为基础向诺基亚印度提供产品，而非代表 Laird USA 公司。

因此，根据税收协定第 5 条第 5 款，这里并不构成 PE，Laird USA 公司从 Laird India 公司那里收到的转让费不需要纳税。由于 Laird USA 公司未在印度获得任何应纳税的收入，因此 Laird India 公司在向 Laird USA 公司汇款时不需要根据该法第 195 条预扣税款。

四、法规依据

（一）India USA Double Tax Avoidance Agreement 第 5 条第 5 款规定：

"An enterprise of a Contracting State shall not be deemed to have a permanent establishment in the other Contracting State merely because it carries on business in that other State through a broker, general commission agent, or any other agent of an independent status, provided that such persons are acting in the ordinary course of their business. However, when the activities of such an agent are devoted wholly or almost wholly on behalf of that enterprise and the transactions between the agent and the enterprise are not made under arm's length conditions, he shall not be considered an agent of independent status within the meaning of this paragraph."

缔约国一方企业不得仅被视为在缔约国另一方拥有常设机构，仅仅因为它通过经纪人、总代理人或任何其他独立代理人在该另一国境内经营，但条件是人们在正常的业务过程中行事。但是，当该代理人的活动全部或几乎全部代表该企业，并且代理人与企业之间的交易不是在公平交易条件下进行时，他不应被视为具有独立地位的代理人。

（二）1961 年"所得税法"（法案）第 195 条扣除税款：

"Any person responsible for paying to a non-resident, not being a company, or to a foreign company, any interest (not being interest referred to in section 194LB or section 194LC) or section 194LD or any other sum chargeable under the provisions of this Act (not being income chargeable under the head "Salaries") shall, at the time of credit of such income to the account of the payee or at the time of payment thereof incash or by the issue of a check or draft or by any other mode, whichever is earlier, deduct income-tax thereon at the rates in force."

任何人有责任向非居民、非公司或外国公司支付任何利息（不属于第 194LB 条或第 194LC 条所述的利益）或第 194LD 条或任何其他根据本法案的规定应付的款项（不是在“薪金”的顶部收取的收入），在将收入存入收款人账户时或在付款时以现金或支票或汇票的发出或以任何其他方式（以较早者为准）按现行税率扣除所得税。

五、知识点

1. 代理型常设机构的认定。根据税收协定，虽然有商业利润的性质，但是由于在境内没有常设机构，不征税。在 Laird India 公司案中，在全球范围内向诺基亚公司制造和供应指定产品，PPA 合同的地点在印度境外，因为它在芬兰签署。530 万美元汇入 Laird USA outside India 的银行账户。因此，根据转让，Laird USA 公司向 Laird India 公司转移资本资产，但由于资本资产位于印度境外，因此不能在印度征收资本利得税。

2. 利用国内物流服务商提供商的服务是否构成常设机构。在 Laird India 公司案中，税务机关认为根据 PPA，Laird USA 公司有义务向诺基亚提供产品并提供国内物流服务提供商（LSP）的服务，LSP 的业务网络将构成 Laird USA 公司在印度的常设机构（PE）。但是，AAR 认为 LSP 从未由 Laird USA 公司任命或提供，以履行向诺基亚交付产品的义务。因此，推断根据协议支付获取的业务利润归属于 LSP 或任何其他营业地点的 PE 是不合理的。

2

税收管辖权

案例4：

苹果公司跨国避税案——“双层爱尔兰”公司架构案例[①]

一、“双层爱尔兰”[②]

“Double Irish”一词指的是跨国公司采用的一种税收策略，通过将利润转移到税率较低的国家来减少税负。“双层爱尔兰”战略要求有两家爱尔兰子公司，并利用爱尔兰税法中的特殊豁免，即允许在爱尔兰注册的公司在其管理层所在地纳税。该地区的税收制度允许爱尔兰子公司在爱尔兰注册，在避税天堂申报利润，并保持遵守欧盟管辖。在一项“双层爱尔兰”安排中，首家爱尔兰子公司将宣布其在开曼群岛等避税天堂的税务居民身份。该子公司将持有母公司的知识产权，并将其授权给位于爱尔兰的第二家爱尔兰子公司。从特许经营权中获得的利润通常按12.5%的爱尔兰税率征税。然而，支付给在避税港的爱尔兰公司的特许权使用费是免税的，并将在爱尔兰需要纳税的利润减少到最低限度。

此外，可以利用位于荷兰的空壳公司，将利润直接转移到在避税港的爱尔兰公司，从而将该计划扩展为“双层爱尔兰”加“荷兰三明治”。由于爱尔兰公司在开曼群岛的利润将按照这个避税天堂国家的公司税率征税，这种策略基本上消除了收到的特许权使用费的税收负担。

---

① 本案例由中央财经大学中国财政发展协同创新中心黄婧编写。

② 雷霆．国际税收实务与协定适用指南：原理、实务与疑难问题［M］．北京：法律出版社，2018：1761－1766.

二、苹果公司架构

2014 年，苹果公司的爱尔兰架构由两家子公司组成：苹果爱尔兰运营公司（AOI）是在爱尔兰注册的控股公司，作为内部融资公司。AOI 声称自己是百慕大的税务居民，因此，它不是爱尔兰税务居民（使用这样的税务结构有时被称为“百慕大黑洞”）。

ASI 是苹果欧洲运营公司（AOE）在爱尔兰注册的子公司。AOE 和 ASI 都是 1991 年签订的爱尔兰高级定价协议的缔约方。这个协议是在 2007 年更新的。从 2004 年到 2014 年，苹果公司通过 ASI 获得了 1108 亿欧元的非美国利润。

苹果公司在欧洲设立的相关公司包括：（1）苹果国际运营公司（Apple Operations International，AOI）；（2）苹果欧洲运营公司（Apple Operations Europe，AOE）；（3）苹果国际销售公司（Apple Sales International，ASI）。苹果公司与 AOE 和 ASI 之间签署了成本分摊协议。该协议规定，苹果公司的爱尔兰关联子公司分摊其研发成本并作为交换，获得使用研发形成的知识产权的经济权利。

自 1980 年以来，苹果集团一直将销售业务划分为两个地区。苹果公司在美国负责美洲地区的销售，苹果公司在爱尔兰的分公司 ASI 负责苹果产品在欧洲、中东、非洲、印度、亚洲及太平洋地区（以下简称海外地区）的销售。在知识产权的经济所有权分配上，苹果集团也遵循这样的区域划分。苹果公司是苹果集团知识产权的唯一合法所有者。通过成本分摊协议，苹果公司只享有在美洲销售其知识产权产品的经济权利，而苹果的爱尔兰子公司 ASI 及其母公司 AOE 则享有在海外地区销售其知识产权产品的经济权利。据苹果公司透露，成本分摊协议允许苹果公司在全球范围内生产和分销产品。与此同时，苹果公司通过一系列海外附属网络开展海外业务。位于这些海外公司网络顶端的主要海外子公司都在爱尔兰建立，并位于爱尔兰的科克。

AOI 属于苹果公司第一层的海外子公司。苹果公司直接持有 AOI 97% 股份，通过 Apple UK 持有 AOI 3% 股份，而通过 Baldwin Holdings Unlimited（BVI 公司，作为苹果公司的代持人）持有 AOI 的零碎股。因此，苹果公司直接持有或间接地通过其他受控外国公司持有 100% 的 AOI 股权。事实上，仅三个人（其中两人为美国居民，一人为爱尔兰居民）作为 AOI 的董事和唯一的一位行政官员，还同时为苹果公司其他的公司工作。

AOI 除了苹果公司没有其他所有者。AOI 在任何地方都没有实际存在。30 年来，AOI 从未有过员工。AOI 的总分类账和主要会计记录保存在苹果公司位于得克萨斯州奥斯汀的美国共享服务中心。AOI 的财务由苹果公司在内华达州的子公司 Braeburn Capital 管理。它的资产存在于纽约的一个银行账户中。

由于 AOI 的设立和持续经营没有任何雇员，且其营业活动几乎全部由位于美国的苹果公司控制，因此，事实上 AOI 的功能被美国所管理和控制。在质询中，苹果公司告诉调查委员会，在过去的 2009 年至 2012 年 4 年中，AOI 从下级海外子公司收到 299 亿美元股息，并且 AOI 的净利润构成了苹果公司全球净利润的 30%，但 AOI 在该期间从未向任何国家缴纳公司所得税。

三、分公司结构的作用和利润分割

在对苹果公司的决定中，欧盟委员会声明：具体来说，苹果公司的收入支持在爱尔兰将利润分成税收用途——根据商定的方法，大部分利润从爱尔兰内部分配到苹果国际销售公司的“总部”。该“总部”不设于任何国家，也没有任何雇员或自己的办公场所。它的活动只是偶尔召开董事会会议。苹果国际销售的利润只有一小部分分配给了爱尔兰分部，并在爱尔兰纳税。其余绝大多数利润分配给“总部”，在那里它们仍然免税。欧盟委员会对该组织架构的意见如下：由于 ASI 和 AOE 的爱尔兰分支机构与它们所属的公司没有独立的法律人格，无论是这些分支机构还是这些公司的任何其他部分，特别是它们各自的总部，可以说是分别拥有这些公司的资产。

苹果公司已经创建了 3 家离岸公司，这些实体获得了数百亿美元的收入，但它们没有纳税居所——不是在它们的注册地爱尔兰，也不是在苹果公司高管所在的美国。

AOI 直接或间接拥有苹果公司的大部分其他离岸实体。根据爱尔兰法律，只有在爱尔兰管理和控制的公司才被视为爱尔兰居民。苹果公司表示虽然 AOI 在爱尔兰注册，但公司的管理和控制不在爱尔兰，因此也不是爱尔兰的税务居民。另外，美国税法通常取决于公司的注册地，而不是公司的管理和控制地。苹果公司说，由于 AOI 不是在美国注册的，因此它在美国也不存在税务问题。

ASI 拥有苹果公司在欧洲、中东、非洲、印度和亚洲的宝贵知识产权。从 2009 年到 2012 年，其销售收入达到 740 亿美元。苹果公司对 ASI 的做法和对 AOI 的做法一样——ASI 在爱尔兰注册，在美国运营，但苹果公司表示，ASI 和 AOI 都不是美国的税务居民。与 AOI 不同的是，ASI 向爱尔兰缴纳了少量的税款。例如，2011 年，它为 220 亿美元的收入缴纳了 1000 万美元的税款。ASI 的主要目的是将苹果公司的知识产权在世界上大部分地区产生的利润储存起来，而这一小笔税款似乎与 ASI 从事的活动无关。苹果欧洲业务在苹果公司结构中位于 ASI 和 AOI 之间，也没有纳税所在地，同样使用了爱尔兰和美国的税收居民标准。

为什么是爱尔兰？苹果公司已经与爱尔兰政府谈判，将个人所得税税率降至不到2%的水平，远低于爱尔兰12%的法定税率，也低于其他欧洲国家和美国的税率。实际上，苹果公司能够支付的利率远低于这个低水平。仅2012年一年，ASI就在爱尔兰获得了360亿美元的收入，原因是成本分摊协议基本上将苹果公司在美洲以外地区的所有销售利润都转移到了爱尔兰。ASI在爱尔兰几乎不缴纳所得税。

四、知识点

（一）两个概念

所得税制通常建立在所得来源（属地管辖原则）或纳税人的税务居所（属人管辖原则或全球管辖原则）的基础之上。通常来说，来源国和居住国都享有对所得进行征税的权利。在属地税制下，纳税人将就其来源于该国的所得在该国纳税。相反，在全球税制下，一个纳税人一旦被认定为某国的居民，则它将就来源于全球的所得在该国纳税。像美国这样的国家通常采用属地原则和属人原则的结合。

第二个概念是判定税收居民的规则。比如，在确定一个公司是否属于某国的税收居民时，一些国家采用公司注册地原则，而另外一些国家则采用公司的管理和控制地原则。比如，在爱尔兰2015年修改前的税法系统下，就采用的是管理和控制地原则来确定公司的居民身份，而在美国，则采用的是公司注册地原则。

上述两个概念能够从根本上解释爱尔兰“夹层三明治”税收架构如何利用不同的税收系统进行避税。判定税收居民规则的不同是爱尔兰“夹层三明治”税收架构最基础的核心，因为美国母公司利用该规则的差异在爱尔兰设立了非美国税法意义上税收居民的境外子公司。

（二）巧用注册地，规避居民纳税人身份

苹果公司利用爱尔兰和美国确定税收居民规则的差异，使AOI成为非税收居民。爱尔兰采用的是管理和控制原则以确定税收居民，而美国则采用注册地原则来予以确定。因此尽管AOI设立在爱尔兰，但它不是爱尔兰的税收居民，因为AOI在爱尔兰既不被管理，也不被控制。同时AOI没有在美国成立，所以它也不是美国税收居民。ASI也同样利用了爱尔兰和美国确定税收居民规则的差异。在2012年以前，与AOI一样，ASI没有任何雇员并通过一个美国董事会从事经营活动。此外，ASI的主要董事都

是苹果公司居住于加州的雇员。从 2006 年 5 月至 2012 年 3 月的 33 次董事会全部发生在美国加州的 Cupertino。在 2012 年，作为苹果公司的爱尔兰子公司重组的结果，ASI 雇佣了 250 名员工为其母公司 AOE 从事工作。尽管雇用了这些新的雇员，但 ASI 仍然维持其管理和控制地在爱尔兰，并继续维持其在爱尔兰或美国的非税收居民身份。

尽管 ASI 在爱尔兰并非税收居民，但 ASI 由于在爱尔兰从事经营活动并取得了所得，所以在爱尔兰就该部分所得负有纳税义务，但遵从很低的所得税负。比如，在 2011 年 ASI 就 220 亿美元所得仅负担了 1000 万美元的全球税负。在 2010 年 ASI 就 120 亿美元所得负担了 700 万美元的全球税负。这些爱尔兰税负与 ASI 的所得比较起来如此之低，引发了 ASI 是否在其爱尔兰纳税申报中金额反映了其来自其他苹果公司关联方所得的疑问，以及由于其非爱尔兰税收居民身份，ASI 是否仅申报了对爱尔兰消费者的所得的疑问。在 2009 年至 2012 年，ASI 的所得总计 740 亿美元，ASI 将其中的一部分通过股息支付给其母公司，而它声称其不具有任何国家税收居民身份，因此仅就该 740 亿美元所得向任何国家支付很少或几乎不支付税负。

案例 5：

A. R. M – H 诉广州地税个人所得税案例[①]

一、案件经过

被告广州市地方税务局第一稽查局于 2009 年 9 月 29 日作出穗地税稽一处〔2009〕69 号税务处理决定[②]，认定原审第三人阿奎特（广州）水处理有限公司（以下简称阿某特广州公司）在 2005 年 1 月至 2007 年 12 月未按税法规定为原审原告 Andrew Ronald Macdonald – Hardie（英国公民，以下简称 A. R. M – H）足额代扣代缴个人所得税，根据《中华人民共和国个人所得税法》（以下简称《个人所得税法》）第一条、第二条、第三条、第八条及《中华人民共和国个人所得税法实施条例》（以下简称《个人所得税实施条例》）第八条规定，责成该公司补扣缴应扣未扣个人所得税 658556.01 元，同时告知该公司履行缴款义务的方式及依法享有的申请复议的权利。

A. R. M – H 知悉该税务处理决定后不服，在实际缴纳了税务机关要求缴纳的应纳税款后，于 2013 年 8 月 14 日向广州市地方税务局（以下简称广州市地税局）申请行政复议，广州市地税局于 2013 年 10 月 12 日作出穗地税复决字〔2013〕第 14 号行政复议决定，维持市地税局第一稽查局作出的税务处理决定。

A. R. M – H 仍不服，以广州市地税局第一稽查局认定事实不清，违反《中华人民共和国政府和美利坚合众国政府关于对所得避免双重征税和防止偷漏税的协定》（以

---

① 本案例由中央财经大学中国财政发展协同创新中心黄婧编写。

② 资料来源：Andrew Ronald Macdonald – Hardie 与广州市地税第一稽查局、阿奎特（广州）水处理有限公司其他二审行政判决书。

下简称《中美税收协定》）及法律规定，且未向其送达税务处理决定、程序违法等为由，诉至广州市天河区人民法院（以下简称一审法院），要求撤销广州市地税局第一稽查局作出的穗地税稽一处〔2009〕69号税务处理决定。

一审查明如下事实：（1）A. R. M－H在2005—2007年任阿某特广州公司的法定代表人、董事长；（2）A. R. M－H在2005—2007年每年在中国境内居住的时间分别是259.5天、289天和286天；（3）A. R. M－H在2005—2007年在阿某特广州公司工作期间，同时也任职于阿某特国际公司；（4）阿某特国际公司在2005—2007年每年支付给A. R. M－H的薪金（含工资、小费、奖金和其他报酬）分别是107124美元、176566美元、120081美元，每年支付给A. R. M－H的商业保险是7764美元。

另查明，广州市地税局第一稽查局提交的阿某特广州公司个人所得税纳税申报、入境情况表包含3页表格，所属时期分别为：2005年1—12月、2006年1—12月、2007年1—12月，表格中的企业意见栏均载明“以上资料由我公司提供，内容真实无误”，由阿某特广州公司盖章确认，提交时间均在2008年9月；稽查员意见栏载明“以上资料经核对无误”，备注的时间在2009年。

一审法院经审理后，判决驳回A. R. M－H的诉讼请求。

A. R. M－H不服一审判决，向广东省广州市中级人民法院（以下简称二审法院）提起上诉。二审法院确认一审查明的事实和证据。2015年11月14日，二审法院驳回上诉，维持原判。

本案的主要争议焦点是：上诉人是否应就阿某特国际公司在2005—2007年支付的报酬依法缴交个人所得税。

二、背景知识

（一）中美税收协定

《中美税收协定》第一条规定：“本协定适用于缔约国一方或者双方居民的人。”第二条规定：“一、本协定适用于下列税种：（一）在中华人民共和国：1. 个人所得税；2. 中外合资经营企业所得税；3. 外国企业所得税；4. 地方所得税（以下简称“中国税收”）；（二）在美利坚合众国：根据国内收入法征收的联邦所得税（以下简称”美国税收”）。二、本协定也适用于本协定签订之日后增加或者代替第一款所列税种的相同或者实质相似的税收缔约国双方主管当局将各自有关税法所作的实质变动适当时间内通知对方。”第十四条规定：“一、除适用第十五条、第十七条、第十八条、

第十九条和第二十条的规定以外，缔约国一方居民因受雇取得的薪金、工资和其他类似报酬，除在缔约国另一方受雇的以外，应仅在该缔约国一方征税。在该缔约国另一方受雇取得的报酬，可以在该缔约国另一方征税。二、虽有第一款的规定，缔约国一方居民因在缔约国另一方受雇取得的报酬，同时具有以下三个条件的，应仅在该缔约国一方征税：（一）收款人在有关历年中在该缔约国另一方停留连续或累计不超过183天；（二）该项报酬由并非该缔约国另一方居民的雇主支付或代表雇主支付；（三）该项报酬不是由雇主设在该缔约国另一方的常设机构或固定基地所负担。"

（二）中国个人所得税法

《个人所得税法》第一条规定："在中国境内有住所，或者无住所而在境内居住满一年的个人，从中国境内和境外取得的所得，依照本法规定缴纳个人所得税。在中国境内无住所又不居住或者无住所而在境内居住不满一年的个人，从中国境内取得的所得，依照本法规定缴纳个人所得税。"第二条规定："下列各项个人所得，应纳个人所得税：一、工资、薪金所得；二、个体工商户的生产、经营所得；三、对企事业单位的承包经营、承租经营所得；四、劳务报酬所得；五、稿酬所得；六、特许权使用费所得；七、利息、股息、红利所得；八、财产租赁所得；九、财产转让所得；十、偶然所得；十一、经国务院财政部门确定征税的其他所得。"第三条规定："个人所得税的税率：一、工资、薪金所得，适用超额累进税率，税率为百分之五至百分之四十五（税率表附后）。二、个体工商户的生产、经营所得和对企事业单位的承包经营、承租经营所得，适用百分之五至百分之三十五的超额累进税率（税率表附后）。三、稿酬所得，适用比例税率，税率为百分之二十，并按应纳税额减征百分之三十。四、劳务报酬所得，适用比例税率，税率为百分之二十。对劳务报酬所得一次收入畸高的，可以实行加成征收，具体办法由国务院规定。五、特许权使用费所得，利息、股息、红利所得，财产租赁所得，财产转让所得，偶然所得和其他所得，适用比例税率，税率为百分之二十。"第八条规定："个人所得税，以所得人为纳税义务人，以支付所得的单位或者个人为扣缴义务人。个人所得超过国务院规定数额的，在两处以上取得工资、薪金所得或者没有扣缴义务人的，以及具有国务院规定的其他情形的，纳税义务人应当按照国家规定办理纳税申报。扣缴义务人应当按照国家规定办理全员全额扣缴申报。"第九条第五款规定："从中国境外取得所得的纳税义务人，应当在年度终了后三十日内，将应纳的税款缴入国库，并向税务机关报送纳税申报表。"

三、知识点

（一）该工资薪金是否按照中国有关税收法律规定征缴个人所得税

《个人所得税实施条例》第三条规定："税法第一条第一款所说的在境内居住满一年，是指在一个纳税年度中在中国境内居住 365 日。临时离境的，不扣减日数。前款所说的临时离境，是指在一个纳税年度中一次不超过 30 日或者多次累计不超过 90 日的离境。"第四条规定："税法第一条第一款、第二款所说的从中国境内取得的所得，是指来源于中国境内的所得；所说的从中国境外取得的所得，是指来源于中国境外的所得。"第五条规定："下列所得，不论支付地点是否在中国境内，均为来源于中国境内的所得：（一）因任职、受雇、履约等而在中国境内提供劳务取得的所得……"《国家税务总局关于在中国境内无住所的个人取得工资薪金所得纳税义务问题的通知》（国税发〔1994〕148 号）第三条第一款、第二款规定："三、关于在中国境内无住所而在一个纳税年度中在中国境内连续或累计居住超过 90 日或在税收协定规定的期间中在中国境内连续或累计居住超过 183 日但不满一年的个人纳税义务的确定。根据税法第一条第二款以及税收协定的有关规定，在中国境内无住所而在一个纳税年度中在中国境内连续或累计工作超过 90 日或在税收协定规定的期间中在中国境内连续或累计居住超过 183 日但不满一年的个人，其实际在中国境内工作期间取得的由中国境内企业或个人雇主支付和由境外企业或个人雇主（支付）的工资薪金所得，均应申报缴纳个人所得税；其在中国境外工作期间取得的工资薪金所得，除属于本通知第五条规定的情况外，不予征收个人所得税。"第五条规定："五、中国境内企业董事、高层管理人员纳税义务的确定。担任中国境内企业董事或高层管理职务的个人，其取得的由该中国境内企业支付的董事费或工资薪金，不适用本通知第二条、第三条的规定，而应自其担任该中国境内企业董事或高层管理职务起，至其解除上述职务止的期间，不论其是否在中国境外履行职务，均应申报缴纳个人所得税；其取得的由中国境外企业支付的工资薪金，应依照本通知第二条、第三条、第四条的规定确定纳税义务。"《国家税务总局关于外商投资企业和外国企业对境外企业支付其雇员的工资薪金代扣代缴个人所得税问题的通知》（国税发〔1999〕241 号）规定："一些地区询问，部分外商投资企业和我国境内的外国企业机构场所的雇员取得的工资、薪金，既有该外商投资企业和外国企业支付的，也有境外企业支付的。对这些雇员取得的由境外企业支付的工资、薪金，境内外商投资企业和外国企业机构场所是否应负责代扣代缴个人所得税。经研究，明确如下：一、个人在中国境内外商投资企业中任职、受雇应取得的工资、薪金，应由该外商投资企业支付。凡由于该外商投资企业与境外企业存在关联关系，上述本应由外商投资企业支付的工资、薪金中部分或全部由境外关联企业支付的，对该部分由境外关联企业支付的工资、薪金，境内外商投资企业仍应依照《中华人民共和国个人所得税法》的规定，据实汇集申报有关资料，负责代扣代缴个人所得税。”

本案中，上诉人在2005—2007年是阿某特广州公司的法定代表人，职务为董事长，上诉人同时任职于阿某特国际公司，阿某特国际公司、阿某特广州公司分别支付上诉人工资、薪金等报酬；上诉人在2005—2007年每年在中国境内居住的时间分别是259.5天、289天、286天，均超过183天；上诉人2005年期间在阿某特国际公司受雇取得的报酬114888美元（107124美元+7764美元），在2006年、2007年从中国境外取得的所得（含工资薪金及商业保险）分别是184330美元（115851美元+60715美元+7764美元）、127845美元（120081美元+7764美元）。根据国税发〔1994〕148号文第一条等相关规定，A. R. M－H在2005年期间属于非居民纳税人，其在中国境内工作期间从美国公司取得的工资薪金属于来源于中国境内的所得部分，应在中国申报纳税。A. R. M－H在2006年、2007年期间属于居民纳税人，负有就取得的中国境内、境外所得纳税的义务，其在中国境内工作期间从美国公司取得的工资薪金应在中国申报纳税。

（二）涉案税务处理决定是否构成双重征税

上诉人2005—2007年担任阿某特广州公司董事长一职，在中国境内受雇，并且在中国境内停留连续或累计超过183天，被上诉人对上诉人在中国境内受雇的所得征税并未构成双重征税，亦不违背《中美税收协定》的约定。至于上诉人自称已在美国缴纳税款，并不构成在中国免征税的法定理由。

3

国际避税地

案例 6：

儿童投资主基金诉杭州市西湖区税务局税务征收案例[①]

2017 年 6 月 13 日，最高人民法院公布了第一批最高人民法院行政审批十大典型案件，其中儿童投资主基金诉杭州市西湖区税务局税务征收案，经历了一审行政判决、二审行政判决和再审裁定的五年争议纠纷，最终以杭州西湖区国税局胜诉，企业补缴税款 1 亿逾元结束。本案中公司在境外注册成立后，但实际所得来自境内的刻意避税行为，被以裁判的方式彰显了中国对于维护国际征税规则的坚定决心，保护了国家的合法权益。

一、案件背景介绍

1997 年 12 月 5 日，香港国汇有限公司在中国香港地区注册成立。

2003 年 11 月，儿童投资主基金在开曼群岛注册成立。

2004 年 3 月 31 日，香港国汇有限公司与浙江国叶实业发展有限公司在杭州市西湖区注册成立了浙江国益路桥公司，分别持股 95% 和 5% 。

2005 年 10 月，浙江国益路桥公司获准受让杭州绕城高速公路收费经营权。

2005 年 10 月 12 日，Chinese Future Corporation（以下简称 CFC 公司）在开曼群岛注册成立，持有香港国汇有限公司 100% 的股权。

---

① 本案例由中央财经大学中国财政发展协同创新中心王紫薇编写。

2015 年 11 月 10 日，TCI 公司取得了 CFC 公司 26.32% 的股权。

2011 年 9 月 9 日，TCI 公司将上述 CFC 公司的 26.32% 的股权转让给 Moscan Developments Limited（以下简称 MDL 公司），MDL 公司注册于英属维尔京群岛，是新创建集团有限公司的全资子公司。

本次股权交易的结构图具体如图 6－1 所示。

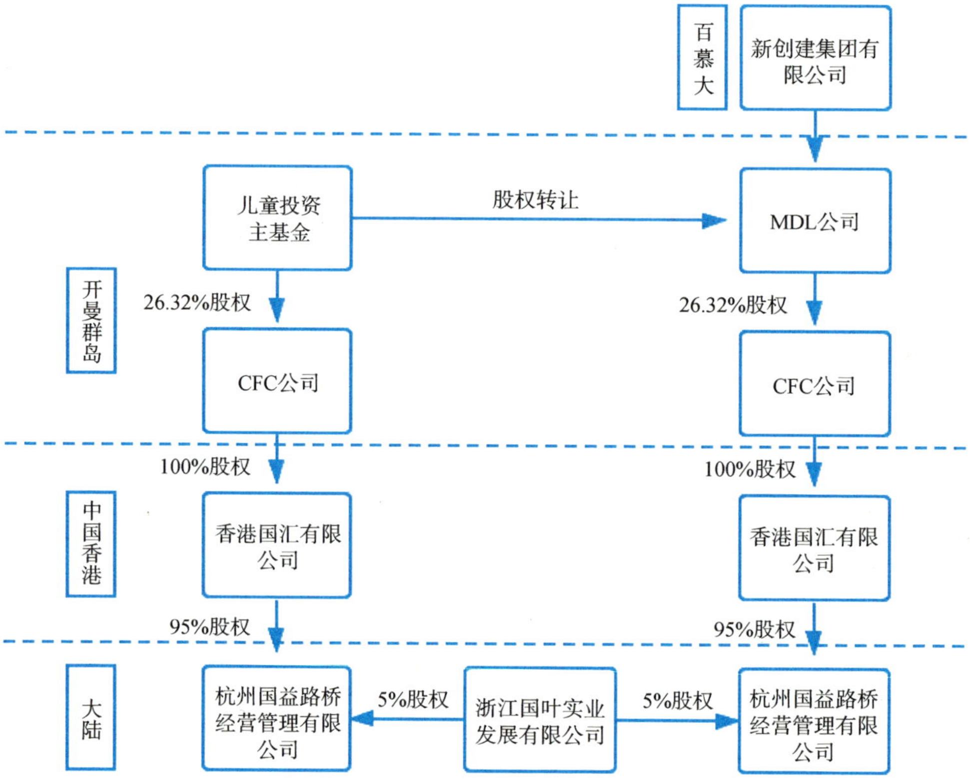

图 6－1　股权交易结构图

二、案件经过

（一）行政复议

2011 年 9 月 30 日，儿童投资主基金根据国税函〔2009〕698 号规定，将转让 CFC 公司 26.32% 的股权给 MDL 公司的这笔交易资料报告给杭州市西湖区国税局，西湖区国税局经过调查将此案层报给国家税务总局审核。国家税务总局认为：本案存在境外被转让的 CFC 公司和香港国汇有限公司仅在避税地或低税率地区注册，不从事制造、经销、管理等实质性经营活动，股权转让价主要取决于杭州国益路桥经营管理有限公司估值，股权受让方对外披露收购的实际标的为杭州国益路桥经营管理有限公司股权等事实，认定该案存在避税行为。据此，杭州市西湖区国税局要求儿童投资主基金补缴 1.05 亿元的企业所得税。

2014 年 1 月 17 日，儿童投资主基金向杭州市税务局提起行政复议，拒绝缴纳企业所得税。

2014 年 4 月 10 日，杭州市税务局作出决议，维持儿童投资主基金缴纳 1.05 亿元企业所得税的决议。

（二）一审行政判决

2014 年 4 月 24 日，儿童投资主基金诉至杭州市西湖区人民法院，请求撤销判决，主要理由有：第一，儿童投资主基金持有 CFC 公司 26.2% 的股份，CFC 公司有自己的经营管理活动，承担相应的义务，并非空壳公司；第二，香港国汇有限公司公司架构完整，且持股杭州国益路桥公司架构符合国内法律要求；第三，CFC 公司对外发行股票，每年需要支付相应利息，CFC 公司股权转让价并不只取决于项目公司的估值；第四，出资收购 CFC 公司时不能预见国税函〔2009〕698 号文的颁布和适用，不存在避税意图。

2015 年 3 月 5 日，杭州市中级人民法院公开审理该案，作出一审行政判决，认为杭州市西湖区国税局适用法律正确、符合规定、认定事实有充足证据，驳回儿童投资主基金的诉讼请求。

（三）二审行政判决

2015 年 8 月，儿童投资主基金再次向浙江省高级人民法院发起上诉。

2015 年 12 月 8 日，浙江省高级人民法院公开审理，认为杭州市西湖区国税局认定事实清楚、适用法律正确，驳回了儿童投资基金的上诉，维持原判。

（四）再审裁定

2016 年，儿童投资主基金向最高人民法院提起申请再审。

最高人民法院认为，儿童投资主基金提交材料难以推翻认定事实，再审申请不符合法律规定，驳回再审申请，维持原审批。

三、分析思路

第一，梳理案件中儿童投资主基金等公司的交易关系，见第一部分案情背景介绍；第二，梳理案件中各场诉讼的原告、被告及判决，具体如下：

（一）行政复议

国家税务总局认为本案存在以减少我国企业所得税为主要目的的安排。根据国家税务总局的要求，杭州市西湖区国税局在收集证据进行调查后，基于境外被转让的CFC公司和香港国汇有限公司仅在避税地或低税率地区注册，不从事制造、经销、管理等实质性经营活动；股权转让价主要取决于对中国居民企业杭州国益路桥公司的估值；以及股权受让方对外披露收购的实际标的为杭州国益路桥公司股权三项事实，要求儿童投资主基金补缴税款。儿童投资主基金不服从判决，向杭州市税务局提起行政复议，但被判维持原决议。

（二）一审行政判决

本次诉讼中，原告是儿童投资主基金，被告是杭州市西湖区税务局。

儿童投资主基金要求撤销裁决的主要理由有：第一，儿童投资主基金持有CFC公司26.2%的股份，CFC公司有自己的经营管理活动；第二，香港国汇有限公司公司架构完整，持股杭州国益路桥公司架构符合国内法律要求，出资收购时不能预见国税函〔2009〕698号文的颁布和适用，不存在避税意图。

浙江省高级人民法院从法律适用、程序要求和认定事实等多个角度审核了杭州市西湖区国税局的行政裁决书，认为西湖区国税局认定事实充分，法律适用准确，驳回儿童投资主基金的诉讼请求。

（三）二审行政判决

本次诉讼中，原告是儿童投资主基金，被告是杭州市西湖区税务局。

二审中，儿童投资主基金上诉的主要理由有：第一，认为一审判决对证据认定不当，未采信其提供的证据；第二，一审判决认定事实不清，对于上诉人所提供充分证据（香港国汇和CFC公司不是由儿童投资主基金或其附属公司设立）表明的事实未给予重视；第三，一审判决的证据不足，不足以认定儿童投资主基金存在避税行为；第四，一审判决适用法律法规错误，儿童投资主基金转让CFC公司股权是为了实现股权转让利益，而并非逃避在中国境内缴纳所得税的义务；第五，一审法庭无视上诉人的庭审意见和之后提交的书面意见，仅依据起诉书内容进行判断，不符合规定。杭州市西湖区税务局对于原告提出的质疑给予了相应的反驳。

经过二审审理后，浙江省高级法院认定此案股权转让的所得实际来源于中国境内的事实，认为原审判认定事实清楚、适用法律正确，驳回原告上诉，维持原判。同时在二审中查明 Widefaith Group Limited 是 Kaiming Holdings Limited 的全资子公司，持有剩余 73.68% CFC 公司股权的 Widefaith Group Limited（英属维尔京群岛）公司，将 22.68% 的股权转让给 Moscan Developments Limited，其余 51% 的股权，通过 Widefaith Group Limited 间接转让 Kaiming Holdings Limited 100% 股权的方式，转让给 Moscan Developments Limited。

（四）最高法院再审裁定

本次诉讼中，原告是儿童投资主基金，被告是杭州市西湖区税务局。

此次儿童投资主基金公司申请再审的理由有：第一，没有充分证据可以证明香港国汇有限公司、CFC 公司不从事实际经营活动，以及涉案股权转让的所得实际来源于中国境内；第二，没有相关证据证明儿童投资主基金存在避税行为；第三，儿童投资主基金不存在实施滥用组织形式的安排，也并非为了获得税收利益而转让 CFC 公司的股权。

最高法院认为：第一，儿童投资主基金的再审申请缺乏充足证据推翻认定事实；第二，杭州市西湖区税务局对于儿童投资主基金的补缴税款的判决符合国家法律规定和税收政策要求。

因此，最高法院认为儿童投资主基金的再审申请不符合《中华人民共和国行政诉讼法》规定情形，驳回再审申请，维持原审生效裁决效力。

四、理论依据与分析

（一）《国家税务总局关于加强非居民企业股权转让所得企业所得税管理的通知》（国税函〔2009〕698 号）

第六条“境外投资方（实际控制方）通过滥用组织形式等安排间接转让中国居民企业股权，且不具有合理的商业目的，规避企业所得税纳税义务的，主管税务机关层报税务总局审核后可以按照经济实质对该股权转让交易重新定性，否定被用作税收安

排的境外控股公司的存在。”（该条款于2015年被国家税务总局公告2015年第7号于2015年2月3日废止）

（二）《中华人民共和国企业所得税法》

第二条第三款“本法所称非居民企业，是指依照外国（地区）法律成立且实际管理机构不在中国境内，但在中国境内设立机构、场所的，或者在中国境内未设立机构、场所，但有来源于中国境内所得的企业。”

第四十七条“企业实施其他不具有合理商业目的的安排而减少其应纳税收入或者所得额的，税务机关有权按照合理方法调整。”

（三）《中华人民共和国企业所得税法实施条例》

第七条“企业所得税法第三条所称来源于中国境内、境外的所得，按照以下原则确定：

……

（三）转让财产所得，不动产转让所得按照不动产所在地确定，动产转让所得按照转让动产的企业或者机构、场所所在地确定，权益性投资资产转让所得按照被投资企业所在地确定；

（四）股息、红利等权益性投资所得，按照分配所得的企业所在地确定；

（五）利息所得、租金所得、特许权使用费所得，按照负担、支付所得的企业或者机构、场所所在地确定，或者按照负担、支付所得的个人的住所地确定；

（六）其他所得，由国务院财政、税务主管部门确定。”

五、关键要点

本案的争议焦点主要有以下几个：

1. CFC公司和香港国汇有限公司是否存在实质性的经营活动；
2. 股权转让价值是否取决于杭州国益路桥公司的估值；
3. 股权转让披露的实际标的是否为杭州国益路桥公司的股权；
4. 转让股权是否存在避税意图。

六、案件意义

伴随着经济全球化和贸易全球化，公司的对外贸易规模不断扩大，公司为了实现自身利益最大化，尝试通过多种途径避免缴纳本国的税收，不仅影响了国家的主权利益，也扰乱了国际税收秩序。儿童投资主基金诉杭州市西湖区税务局税务征收案中，杭州市西湖区税务局认定儿童投资主基金通过国际避税地注册空壳公司、转让股权行为，存在避税问题，经过缜密调查和层报给国家税务总局，作出判决儿童投资主基金补缴税款处罚，而后的行政复议、一审、二审和最高法院再审裁定依据事实充分、适用法律正确、符合有关规定，不仅最大限度维护了国家利益，捍卫了国家税收主权，也在国际上彰显了中国对于国家税收主权的态度，对于存在偷漏税思想的企业起到了良好的警示作用。

参考文献

[1] 王开智，李国庆．从“儿童投资主基金”案看我国非居民企业间接股权转让所得税处理 [J]．税务研究，2017 (11)：105－108.

[2] 杨英杰，郭瑞．非居民企业反避税政策存在问题及政府审计发挥作用的路径研究——以“儿童投资主基金税案”为例 [J]．审计研究，2018 (04)：35－43.

[3] 褚睿刚．儿童投资主基金案：案例评析与司法检思 [J]．税法解释与判例评注，2018，9 (00)：221－244.

[4] 余鹏峰．避税行为构成理论的反思与改造——从“儿童投资主基金案”说起 [J]．经济法论坛，2018，21 (02)：167－181.

案例 7：

盛大网络娱乐公司案例[①]

随着经济全球化进程的加剧，很多企业不满足于本国内的生产经营规模，通过在国外设立离岸公司来达到企业生产生活的需要，既可以实现企业的生产经营目标，也可以减轻企业的税收负担，实现企业利润最大化。盛大网络发展有限公司作为一家国内著名的网络公司，针对其税收筹划的分析对于了解如何在避税地避税具有很强的现实意义。

一、公司背景

中国互动娱乐媒体著名企业——上海盛大网络发展有限公司（Shanda Group）于 1999 年 12 月 29 日在上海市浦东新区注册成立，由陈天桥和其胞弟陈大年共同出资约 50 万元成立，其中陈天桥控股 70%，陈大年控股 30%。

2002 年 7 月，陈天桥等人为便于集团开展海外业务，在英属维尔京群岛成立了盛大控股有限公司（Shanda BVI），盛大控股有限公司于 2003 年 1 月 21 日在中国上海设立了全资子公司盛趣信息技术（上海）有限公司，该公司是盛大控股有限公司的研发子公司，主要从事研发活动。

2003 年 3 月，盛大公司成功引进了战略投资者软银亚洲基础基金（SB Asia Infrastructure Fund L. P.），双方达成 4000 万美元的战略融资协议。

2003 年 11 月，陈天桥夫人雒芊芊增资，陈天桥、陈大年和雒芊芊三人在英属维

① 本案例由中央财经大学中国财政发展协同创新中心王紫薇编写。

尔京群岛注册成立了地平线传媒有限公司（Skyline Media Limited），其中陈天桥控股40%，陈大年和雒芊芊各自控股30%。而后地平线传媒有限公司和软银亚洲基础基金在开曼群岛设立新的控股公司盛大互动娱乐公司（Shanda Cayman），其中由陈天桥、陈大年和雒芊芊持有的地平线传媒有限公司是盛大互动娱乐有限公司最大的股东，控股74.9%，软银亚洲基础基金持有其余的25.1%的股份。

2003年12月，盛大互动娱乐公司和盛大控股有限公司的股东进行股份置换，通过对外发行定向股份的方式，使得盛大控股有限公司成为盛大互动娱乐公司的全资子公司，而盛大互动娱乐有限公司则间接拥有上海盛趣信息技术公司，盛大控股有限公司的原有股东均转而成为盛大互动娱乐有限公司的股东。

2004年5月13日，盛大互动娱乐公司在美国纳斯达克上市，成为在纳斯达克上市的首家中国网络游戏公司，同时也成为当时中国市值最高的互联网公司。

盛大网络股权架构具体如图7-1所示。

二、避税地避税案例分析

通过对盛大网络公司的发展历程的梳理，不难看出盛大公司的迅猛发展和上市过程都离不开利用国际避税地成立境外公司来减轻公司发展的税收负担。英属维尔京群岛和开曼群岛岛内政治、经济和贸易环境稳定；成立公司程序简洁，注册资本要求低；税率要求低，税收管制少，且无须缴纳所得税，减轻了企业的税收负担。盛大集团通过其复杂的控股关系，利用避税地来合理地规避税收，不仅可以减轻企业的税收负担，实现企业利润最大化，同时也为公司后期的进一步发展奠定了经济基础。

英属维尔京群岛位于大西洋和加勒比海之间，是英联邦成员国之一。税收方面，英属维尔京群岛国际商业公司在全球所赚取的利润均无须向当地政府缴税，岛上没有任何外汇管制，对于任何货币的流通都没有限制。制度方面，英属维尔京群岛是一个自治管理、通过独立立法议会立法的、政治稳定的英属殖民地。法律方面，法律体系参照英国普通法体系设立，同时引进了一些美国的法律条款，配合当地条例实施。由于国际商业公司法例建议明确，容易履行，对于信息披露的要求少，保密规定严格，给上市公司提供了充足的保障，很多公司选择在这里注册成立。

开曼群岛位于加勒比群岛，是英国的一处海外领地，由多个岛屿组成，是世界第四大离岸金融中心。税收方面，开曼群岛规定在此注册的公司不征收税收，没有外汇管制要求，且公司注册管理方便，后期维护费用低，公司信息保密严格，对于公司信息披露要求低。制度方面，开曼群岛的法律制度健全，金融服务优渥。优越的制度优

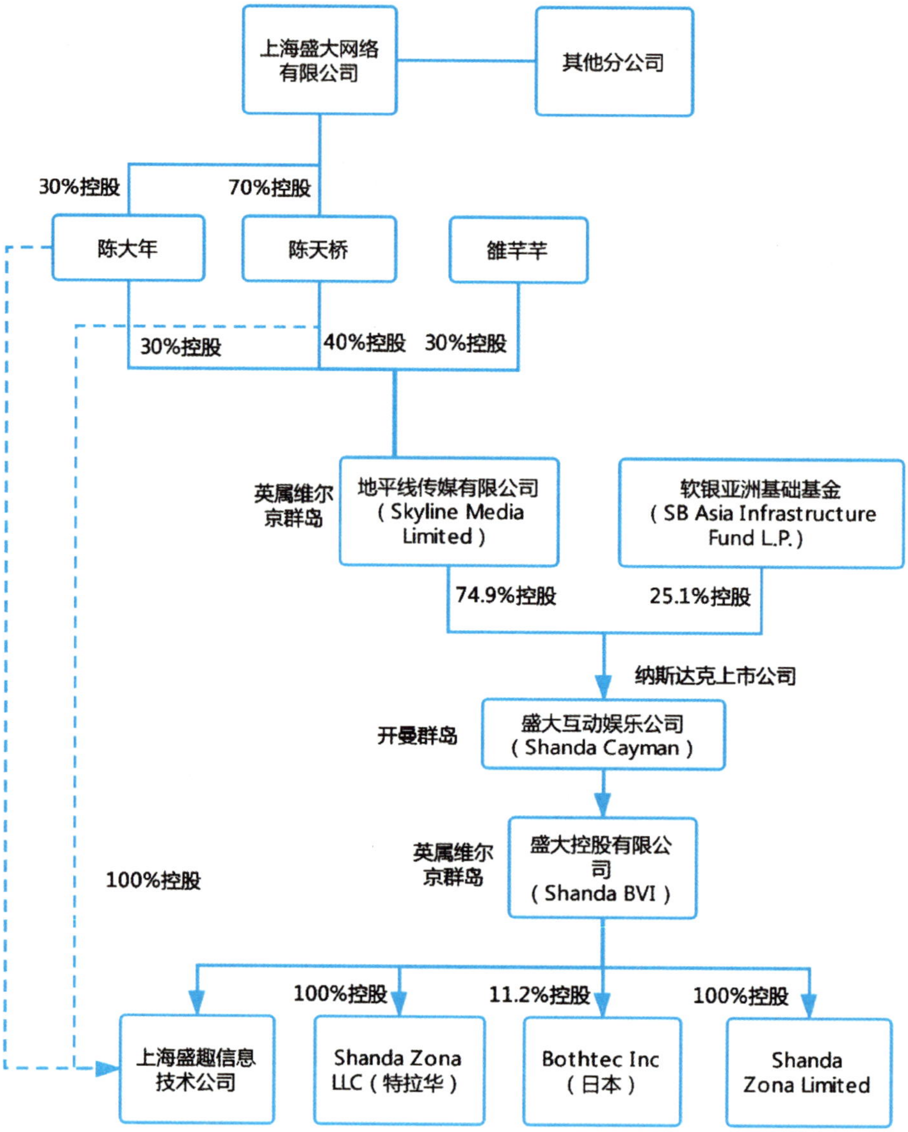

图 7-1　盛大网络股权架构

势同样吸引很多企业选择在此注册。

1999 年 12 月 29 日，盛大网络发展有限公司在上海成立，由陈天桥和陈大年兄弟二人所有。

2002 年 7 月，陈天桥等人在英属维尔京群岛成立了盛大控股有限公司，为盛大网络有限公司的海外上市做准备。

2003 年 3 月，集团开展重组计划，盛大控股有限公司成立了全资子公司盛趣信息技术（上海）有限公司。受益于英属维尔京群岛独特的税收政策，盛趣信息技术（上海）有限公司同盛大控股有限公司之间的转让交易避免了缴纳所得税和一般财产税。

2003 年 11 月，陈天桥、陈大年和雒芊芊在英属维尔京群岛投资成立了地平线传媒有限公司，其中盛大网络发展有限公司占地平线传媒有限公司 70% 的股份，而雒芊芊占 30% 的股份。地平线传媒有限公司成立后收购了盛大网络发展有限公司的全部股权。而后，地平线传媒有限公司和软银亚洲基础基金在开曼群岛设立新的控股公司盛大互动娱乐公司，地平线传媒有限公司控股为 74.9%，成为盛大互动娱乐公司最大的股东，软银亚洲基础基金持有其余的 25.1% 的股份。

2003 年 12 月，盛大互动娱乐公司和盛大控股有限公司的股东进行了股份置换，盛大控股有限公司成为盛大互动娱乐公司的全资子公司。盛大互动娱乐公司由于在开曼群岛注册成立，因此享受国内税收优惠，避免了大量的所得税缴纳。

2004 年 5 月 13 日，盛大互动娱乐有限公司在美国纳斯达克上市，成为首家在纳斯达克上市的中国网络游戏运营公司。

虽然英属维尔京群岛和开曼群岛均是著名国际避税地，但不同国际避税地的优势不同，因此公司在选择注册成立时同样有一定的考量。在英属维尔京群岛注册的公司的透明度低，难以被交易所接受上市，因此在此注册的公司以国际贸易为主要业务；在开曼群岛注册成立的公司由于管理相对更为规范、信息披露要求相对较多，在申请挂牌上市上更具有优势，因此在开曼群岛注册成立的公司更倾向于后期上市或海外投资。盛大集团基于公司自身的实际情况，最终选择盛大互动娱乐公司作为主体在美国纳斯达克交易所上市，并通过在英属维尔京群岛设立多个不同业务的控股公司，享受当地的税收优惠，这样不仅可以顺利在海外上市，而且规避了大量所得税的缴纳，实现了公司利益的最大化。

三、知识点补充

（一）国际避税地的含义及类型

从狭义上来看，国际避税地指的是那些不课征某些所得税和一般财产税，或者税率很低的国家和地区，但在广义上，国际避税地是指能够提供某种避税机会的国家和地区；从跨国公司的角度看，国际避税地是指不征收财产税和所得税，或税负轻，能为投资者在纳税义务方面提供特别好处的地区和中心；从政府角度看，国际避税地是那些能够被利用来使征税对象从本国政府的税收管辖权下转移出去，以逃避本国税收的国家和地区。

避税地主要有以下5类：第一类是不征所得税和一般财产税的纯国际避税地，如百慕大、开曼群岛、巴哈马等，没有任何直接税；第二类是征收所得税但税率较一般国家要低，如英属维尔京群岛、列支敦士登，只征收某些直接税，税率较低并提供大量的税收优惠；第三类是只实行收入来源管辖权的国家和地区，如中国香港、新加坡、马来西亚等，特征是对境外所得完全免税；第四类是征收正常税收，对非居民给予税收优惠，如卢森堡、希腊、爱尔兰、加拿大、英国；第五类是征收正常税收，但与其他国家签订大量的税收协议，如荷兰。

（二）国际避税地的主要避税方式

利用国际避税地避税主要有以下几种方式：虚设机构、虚设信托财产、转让定价、金融机构避税、专利特有公司的避税功能。

1. 虚设机构，是指某国的国际投资者在避税地设置一个子公司，然后把其总公司制造的直接推销给另一国的货物，在未经避税地子公司中转的情况下，制造出一种经过子公司中转销售的假象，从而把母公司的所得转移到子公司的账上，达到避税目的。例如A国某公司向某一国际避税地出售1万辆汽车，虽然这笔交易没有经过该国际避税地子公司中转，但该投资公司的销售收入转入该国际避税地子公司的账上，利用该国际避税地的免税优惠达到避税目的。只要子公司不把母公司应得股息汇往A国某，该投资公司便可长期占用这笔交易所得应缴纳的税款。

2. 虚设信托财产，是指投资者在避税地设立一个个人持股信托公司，然后把它的财产虚设为避税的信托财产，从而达到避税目的。例如，A公司在某一国际避税地设立一个信托公司，并把远离该国际避税地的财产虚设给该国际避税地的信托公司，随后不仅可能避掉这部分财产所得应纳的税额，而且还可以用这笔资金在该国际避税地从事消极投资牟利，获取不纳消极投资所得税的好处。

3. 转让定价，采用这种方法的主要是跨国的纳税人在避税地设置的各种从事货物和劳务贸易的公司。它们通过为购买、销售和其他交易开发票的方式，将来自销售或其他收入来源的利润从高税区转移出来，避开纳税义务。具体的方法是：避税地贸易公司从某海外联属企业或其他企业购买货物，然后按盈利价格出售给本公司设在另一地的联属公司，使利润留在避税地贸易公司。货物从甲国转移到乙国，又从乙国转移到丙国，而账面价格的变化主要体现在“避税地”贸易公司的低价格购入和高价售出上。例如，A国某公司把售给某一国际避税地子公司的汽车以人为的方式压低到母公司零利润，甚至亏损的程度，以便通过价格再分配将出售汽车的真实所得全部体现在子公司账上。只要子公司不把母公司应得的股息汇回A国，母公司就可以逃掉因出售汽车而应缴纳的税款。而且当避税地子公司利用这笔钱在当地购置房地产时，还可以免去财产税，出售这些财产也不缴纳资本利得税。

4. 金融机构避税，一般来说，金融机构利用避税地可以从事特殊业务活动。许多国际避税地都有种类繁多的金融机构。这些机构多为银行或信托公司。它们从事庇护外国消极投资收入的业务，为外国投资者掌握存款，并为各种公司及附属机构提供经营管理和便利条件。例如，设在我国香港的 A 公司，实际上就是替某一些集团的利益提供内部贷款充当中介并有时为第三方提供资金的金融公司。该公司常常为某所关联的集团内诸成员之间转送贷款，它们主要任务之一就是为该集团内部实际支付的借贷利息少纳税或不纳税。

5. 专利特有公司的避税功能。专利特有公司的业务活动常常是围绕专利、商标、版权、工业产权等专有知识和技术的获得，利用发放许可权等事宜进行，它的目的是减少或消除对特许权使用费或其他支付所承担的纳税义务。对公司来说，如何降低研究和发展成本十分重要，而这些成本发生在高税区的可能性最大。

（三）国际避税地的特点

1. 有独特的税制结构。国际避税地多不征收所得税和一般财产税，即使征收税率也远低于国际一般水平。避税地多以所得税为主体的税制结构，所得税课税仅实行地域管辖权，或对国内公司征收正常税收，但规定有某些税收特例或提供某些特殊优惠。

2. 有明确的避税区域范围。大多数国际避税地，避税区域范围明确。很多避税地都是很小的国家和地区，有的甚至是很小的岛屿。

3. 交通和通信便利。很多避税地都临近实行高税的经济发达国家，交通便利，拥有先进的通信设施，便于对外交流。

参考文献

[1] 覃雅舒. 盛大网络的纳斯达克之路 [J]. 时代金融，2014 (06)：162 - 163.

[2] 黄娟. 运用避税地进行税收筹划的策略研究 [D]. 华中科技大学，2009.

[3] 朱青. 国际税收 [M]. 中国人民大学出版社，2016.

4

税收倒置交易

案例 8：

汉堡王税收倒置交易案例[①]

该税收倒置交易案例发生于美国注册公司汉堡王有限公司（Burger King）和注册地在加拿大的提姆霍顿公司（Tim Hortons）之间。前者在加拿大也有业务，根据美国税法，汉堡王在两地获得的利润都需要按照相应的税率向美国政府纳税，极其不利于其经营。为此，在 2014 年 12 月 9 日，两家有限公司进行并购交易，合并成立一个新的餐饮国际有限公司（Restaurant Brands International），新的母公司在加拿大注册成立，新公司总部设在加拿大安大略省。通过这种倒置交易的方式，汉堡王在此之后不需要再就其来源于加拿大的利润向美国政府缴税，仅需向税率较低的加拿大政府缴税，从而有效降低了自己的纳税义务。

一、公司情况

汉堡王有限公司（Burger King）于 1954 年在美国特拉华州注册成立，是全球大型连锁餐饮企业。2010 年全球投资集团 3G 资本收购汉堡王有限公司，在此后其主营收入也由先前的餐厅经营收入为主向以出售品牌经营权为主的结构转变，汉堡王开始在全球范围内积极推进全球扩张战略。截至 2018 年已经在全球 100 多个国家和地区经营了 17000 家门店，其中大部分的汉堡王餐厅被独立特许经营商拥有并经营，每年销售超过 2 亿个汉堡。现在汉堡王的收入来源主要包括如下 3 个方面：（1）来源于特许经

① 本案例由中央财经大学中国财政发展协同创新中心李泽琳编写。

营的收入，具体包括特许经营商向公司支付的特许权使用费以及从特许经营餐厅销售额中抽取的一定份额。（2）汉堡王有限公司通过向特许经营商转租或租赁而获得的收入。（3）来源于餐厅的零售额。

提姆霍顿有限公司（Tim Hortons）由冰球运动员提姆霍顿于1964年在加拿大安大略哈密尔顿创立，其母公司在加拿大注册，并迅速发展于2002年超过麦当劳，成为加拿大最大的快餐公司，主营业务是提供快餐服务，覆盖了广泛的快餐食品种类。截至并购交易发生之时，其总共拥有4590家餐厅，主要分布在北美地区；2016年的营业额达到30亿美元，2018年贡献的税收在加拿大占食品行业总税收的22.6%。

二、案件经过

2014年在汉堡王和提姆霍顿进行并购交易之前，依据美国税法，汉堡王需要就其在全球所得向美国纳税，并且美国当时适用的企业所得税税率均为35%，即使在国外取得的收入能够获得一定的税收抵免，但由于美国2014年时较高的企业所得税税率，汉堡王和其他相类似的跨国公司相比，仍承担了较高的税收负担，不利于其在全球的发展。因此，汉堡王希望通过与其他国家的同行业公司进行合并的方法，改变公司注册所在地，从而降低来源于国外的所得使用的税率。最终汉堡王选择在了提姆霍顿公司，与其进行并购交易，交易完成后的新母公司在加拿大注册成立，汉堡王通过这种方式提升了公司在海外的规模，在海外可以进行更多的实质性商业活动，拓宽了其在海外的收入来源渠道，同时降低了在本国的规模以及在美国应缴税款数额。

案例交易情况具体分析：

为进行倒置交易，组织结构方面进行了如下的准备和变动：

2014年汉堡王有限公司对交易双方的协议以及并购计划中的规定发布了公告，为了保证本次倒置交易顺利进行，双方分别设立数个公司，准备好交易所需的组织架构。具体包括：

（1）依据加拿大法律，成立一家控股公司——在加拿大注册成立的无限责任公司。

（2）而后在加拿大安大略省再成立一家合伙公司，由前述控股公司完全控股。

（3）依据美国法律，在美国特拉华州注册成立一家合并子公司，是前述合伙公司的全资子公司。

（4）依据加拿大法律，在加拿大成立一家合并子公司，这家子公司是前述控股公司的间接子公司，是前述合伙公司的全资子公司。

为实现倒置交易进行反向并购的具体步骤如下：

首先，在加拿大注册成立的合并子公司依据加拿大法律收购提姆霍顿公司已发行的所有股份，并在完成交易后命名为提姆霍顿有限公司。通过这种方式，虽然提姆霍顿公司在加拿大注册成立的税收居民身份没有发生改变，但是它的母公司已经变更成为上述在加拿大注册成立的控股公司。

与此同时，在美国注册成立的合并子公司与汉堡王有限公司之间再进行合并，合并后的存续主体仍以汉堡王有限公司命名，通过这一操作，汉堡王成为在加拿大注册成立的上述控股公司的间接控股公司。

在前述合并完成后，新成立的控股公司中大部分的股权是由汉堡王的原有股东所持有，而原提姆霍顿有限公司的股东在新控股公司中仅持有不到25%的股份，占比达到了2004年法案中的稀释股权阈值。在本次交易中汉堡王有限公司作为收购方，向提姆霍顿公司支付了约86亿美元，其中交易款项一半来自外部融资。

在上述交易完成后，将控股公司的名称改为：国际餐饮品牌有限公司。这标志着汉堡王母公司的注册地正式变更到加拿大，其将适用加拿大的法律按照属地征税制度缴税，汉堡王旗下在美国境外的所有商家均不再需要向美国缴税。

在对本次交易案例给汉堡王公司内部带来的影响进行分析时，考虑到由于按汉堡王原注册所在地美国特拉华州在当时具有较高的企业所得税税率，以及美国对居民企业的全球收入均进行征税的全球征税制下，美国企业抵免后仍然需要缴纳一定税收的重税因素，使得本案例中的交易双方进行对比时，汉堡王比提姆霍顿公司有更高的避税动机，在后续的启发思考与分析思路中，将进一步展示基于财务报表分析，其有效税率（Effective Tax Rate，ETR）的变化。

三、案例启发与思考

（一）汉堡王在进行税收倒置交易后，其承担的有效税率、实际税收负担发生了怎样的变化，其产生的避税效果如何？

在与提姆霍顿公司进行倒置交易之后，汉堡王的母公司注册地从美国特拉华州变更为加拿大，在此之后，汉堡王非美国境内的门店将不再需要遵从全球征税制度，在理论层面可以非常直观地得到税负降低的结论，而在量化指标上，可通过有效税率进行更具体的分析。

1. 倒置交易前汉堡王有效税率计算。依据汉堡王在倒置交易前的利润表，可计算得到交易前3年汉堡王的有效税率分别为：23.19%、26.30%、27.47%，呈现出逐年上升的趋势，而在对2014年的数据进行计算的时候，考虑税收倒置交易产生的非经常性项目损益带来的损失——衍生金融项目损益带来的14790美元的损失，将直接产生降低所得税的效果，再对其第一季度和第二季度有效税率的平均税率对汉堡王的税前会计利润和所得税进行调整，可以得到其在税收倒置交易之前年度的平均有效税率为20.65%，4年的算术平均数为24.40%。

2. 倒置交易后汉堡王有效税率变化。根据前述案件交易情况具体分析可知，在汉堡王和提姆霍顿进行倒置交易后，改变了母公司的税收居民身份，成立餐饮国际有限公司，从而避免就其来源于海外门店的收入向美国交税，因此可通过计算合并后餐饮国际有限公司的实际税率与之前年度的有效税率进行对比进行税负分析，根据数据显示，在倒置交易后，海外母公司的有效税率显著的被降低，降低了接近10个百分点，从量化分析中说明了汉堡王有很强的通过倒置交易实现避税的动机。

（二）汉堡王进行税收倒置交易后，对国家政府实际税收、政策法律环境产生了怎样的影响？

对于这次较大的交易，社会各界给予了广泛关注，加之伯克希尔哈撒韦公司在本次交易中以优先股的形式为汉堡王本次并购交易提供了很大部分的资金援助，进一步加大了社会各界对其的关注程度。

首先，在对美国政府税收的影响方面，汉堡王转变母公司税收居民的举动降低了对美国政府缴纳的税款总额，并且在递延征税政策下，母公司转变成加拿大税收居民的汉堡王不再适用美国的全球征税制度，而是依照属地税制进行税款缴纳，位于加拿大的餐饮国际品牌子公司仅需要就其来源于加拿大境内的所得向加拿大政府缴纳税款，大大降低了汉堡王实际的税负压力，给美国政府税收利益带来了极大的损失。

其次，考虑同期其他行业税收倒置交易的发生频率，尤其在医疗行业特别显著，如美敦力在2015年年初与柯惠医疗通过税收倒置交易，将母公司转变为爱尔兰的税收居民身份；史塞克在2014年年末与施乐辉进行倒置交易，将母公司转变为英国的税收居民。税收倒置交易对美国政府的税基产生了很大的威胁与侵蚀。为此，美国政府在之后通过颁布新的公告以降低税收倒置交易发生的频率，并在2017年年末进行的税改中进一步在《减税与就业法案》中作出规定，以抑制国内企业与海外企业间税收倒置交易发生的频率。

其中，受到2016年4月新公告影响最大，引起税务界极大关注的案例便是美国制药巨头辉瑞（Pfizer）与爱尔兰制药企业（Allergan）之间的倒置交易被迫宣告停止的案例（在税收倒置交易的另一案例中将具体分析）。在本公告中，虽然没有改变公司间进行税收倒置交易允许稀释股权的阈值，但是相关规定指出进行并购的主体在进行交易前的3年内将股权稀释到60%—80%这一区间内的，将不允许进行税收倒置交易，基于此规定，堪称史诗级的倒置交易案例——辉瑞倒置交易被迫停止。

（三）都有哪些因素吸引企业进行税收倒置交易？

根据税收倒置交易的目的以及具体操作流程，可知交易进行与否同企业自身的特点紧密相关。首先对企业的主营业务范围进行分析，对于美国的非跨国企业来说，仅有很低的可能性选择税收倒置交易，因为交易的目的就是通过改变母公司的税收居民身份，来降低来源于海外所得的应纳税款。在此情况下，如果企业的绝大部分收入均来源于美国境内，那么不论母公司所在地是否属于美国，大部分收入仍需在美国境内缴纳相应税收，因此对于大部分主营业务位于美国国内的非跨国企业来说，税收倒置交易的吸引力很低。

其次对公司内部的因素进行分析，如果跨国公司还有其他能够降低整体税收负担的避税策略，加之倒置交易操作成本较高的特性，倒置交易发生的可能性会进一步降低。当然，如果一家跨国公司持有大量股本的股东反对倒置交易，交易将会难以进行，因为出售股权将会导致个人股东需要缴纳的个人所得税上升，股东出于自身利益考虑，为了避免因出售股权产生的高额资本利得税义务，很有可能拒绝支持企业进行倒置交易，从而在内部直接杜绝了交易发生的可能性。

最后考虑外部环境因素，来自外国投资委员会等机构的监管会增加交易成本；同时在2014年的规定出台后，跨国公司寻找到满足要求的规模一致的公司难度增加，并且在这基础上为了进一步满足实质性商业活动测试，能够寻找到的可交易的外国公司的数目更少，跨国企业进行倒置交易的成本变得比从前高昂，企业在倒置交易中获得的利益显著降低。

另外，与企业在倒置交易前需要考虑的因素相对比，一些交易后的因素也会对企业产生影响。例如，一些国家规定：通过税收倒置转变税收居民身份的企业将无法利用其在海外缴纳的税收而享受到国内税收抵免的优惠政策，这在自然资源开发领域体现得尤为明显。举例来说，各个跨国公司在海外的受控外国公司在开发自然资源时，往往需要向当地政府缴纳巨额的特许权使用费，该笔费用在公司税收居民身份不发生改变时，会被视为跨国公司在海外向当地政府缴纳的税收而获得税收抵免，降低税收负担。但在进行税收倒置交易后，跨国企业将很可能会无法对此部分特许权使用费抵免，企业税收利益受到损失。

企业在倒置交易后面对的税收管辖制度、法律政策、会计准则以及企业文化等因素也是在进行倒置交易时必须考虑的因素。当美国跨国公司将注册地转变为海外其他国家时，使用的会计准则需从公认会计准则转变为国际会计准则；受到企业熟悉的美国某地区之外的其他国家的税收管辖，被自己并不十分熟悉的法律所制约、保护，企业面临的不确定性、经营风险以及管理成本都将在不同程度上提升。

（四）美国2017年颁布的《减税与就业法案》对本国的税收倒置交易将会产生怎样的直接影响？

从前述分析中可知，税收倒置出现的直接原因是国家间的税收制度存在明显差异，美国企业所得税税率偏高，并采取全球征税制度，双重影响使得本国的跨国企业偏好于寻找倒置交易的机会，以降低税收负担。而在新出台的《减税与就业法案》中，上述不利因素得到消除，税收倒置交易对跨国企业的吸引力显著降低。

在企业所得税税率方面，美国的企业税税率从2018年开始降低至21%，达到世界各国企业税税率的平均水平，跨国企业通过倒置交易获取到的税收利益有所下降，加之美国拥有更加完整的公司法体系以及相应的监管制度，更有利于跨国企业日常经营活动的开展以及企业的发展，税收倒置交易再次发生的可能性降低。

在企业征税制度方面，美国有限度地将部分征税制度转变为属地制度——全球征税制度转变成为股息适用属地征税制度，在这一制度变化下，跨国公司将境外股息汇回将有利于本公司的研究开发，提升公司在经济全球化背景下的竞争力。

在对汇回利润征税方面，依据美国新的税收制度，境外利润汇回美国后不必再被征税，有利于刺激吸引跨国公司把其在海外长期滞留的巨额收益汇回美国，有利于美国经济回流，解决锁定效应问题。

因此可以说在本次税改后，美国对全球利润征税的制度发生巨大改变、较高的企业税税率得以降低，跨国公司在不进行税收倒置交易的情况下拥有了更好地开展业务活动的经济背景，大规模倒置交易再次发生的可能性被有效降低。

四、分析思路

1. 梳理案例中汉堡王和提姆霍顿公司之间的交易关系以及交易流程。

见案件情况和案件交易具体分析部分。

2. 概括分析案例中涉及公司在母公司税收居民身份转变前后，汉堡王实际税收负担的变化情况，以理解美国跨国公司进行税收倒置交易的原因。

五、理论依据

（一）政府提升税收倒置交易准入门槛的法规依据

为了提升公司进行税收倒置交易的成本，降低公司税收倒置交易发生的频率，美国政府首先从提升交易准入门槛入手，对交易进行监管和控制，采取了如下措施：

1. 美国在 1983 年麦克德莫特案件后颁布条款规定，对税收倒置交易中进行股权交易的股东按照 10% 的税率征收个人所得税。

2. 美国在 2004 年 10 月通过实施《2004 年就业机会创造法案》，设置了稀释股权阈值来对税收倒置交易进行了明确限制，规定了无效的倒置交易以及有限倒置交易。

在满足如下条件时，交易将被视为无效的倒置交易，交易后的新海外母公司将仍被视为美国税收居民：原美国公司的股东在税收倒置交易后持有倒置后海外母公司的股份超过 80%；海外母公司在其所属国进行的活动并非实质性商业活动[①]；进行税收倒置交易的海外公司实体直接或间接获得了原美国跨国公司的全部资产。

第二类“有限倒置交易”是被国家法律所认可的，新的海外母公司也不再被视为美国税收居民，不需就其全球所得向美国纳税，但是倒置交易双方在本次交易中获得的所得需要向美国缴纳所得税，并且规定此笔交易所得不能用其在国外已经支付的税费等进行税收抵免。

这一做法确实在一定时期内降低了美国税收倒置交易的发生，但由于交易类型的发展变化，美国税收管理部门需要制定进一步的措施，来减少税收倒置交易对本国税基的侵蚀。

（二）对跨境交易税制进行改革

在 2017 年美国总统特朗普签署的《减税与就业法案》中，针对国内的税收倒置交易以及相关的跨境税制实施了大规模的改革，以从根本上防止交易再发生的可能性，主要包括如下变化：

首先是将一般适用的企业所得税税率降低至 21%，促进美国对外资投资的吸引力，吸引美国将大量滞留国外的股息资本等汇回美国，刺激居民的消费与宏观经济的发展。

---

① 实质性商业活动是指母公司在其所属国拥有 25% 的雇员和资产。

其次是美国税收制度变更为股息属地征税制度，在原来全球征税制度下被征税的来源与境外企业的股息红利将免于征税，简化了税收征收的方式，也更有利于实现对输入资本的中性处理。

最后是对于境外汇回的利润免税，但对美国企业留存在境外的现金、现金等价物等形式的资产设置了一个较低的税率，以对此前留存在海外并未纳税的利润强制征税，吸引境外留存利润汇回。

六、关键要点

税收倒置交易是将具有一国税收居民身份的母公司的注册地变更为海外国家来降低公司总税负的一种方式，主要包括：股权交易、资产交易和混合交易这 3 种方式。通过这 3 种方式，跨国公司的企业注册地发生了改变，从而达到了避税的目标。但是在近些年来，随着各税收管辖区监管的逐步增强，跨国公司进行自我倒置的比例逐渐下降，在海外寻求具有实质性商业活动的公司进行合并的做法不断上升。税收倒置交易多见于美国的大型跨国公司，交易的目的是避税从而获取更多的税收利益，且常常同其他的商业扩张行为相伴而行，使公司进一步获取到更多的利润。

而与之相反，政府制定一系列政策以减少税收倒置交易的发生概率的原因主要是税收倒置交易会侵蚀本国的税基，减少本国政府的税收收入，还对本国公司在海外利润的汇回产生了影响。同时在实际生产方面，改变母公司税收居民身份的做法极有可能降低对国内劳动力的需求，对一国的宏观实体经济带来直接的冲击。因此，以美国为代表的国家在税收倒置交易屡禁不止的情况下不断地对相关税制进行改革调整与完善。

参考文献

卫江昊．跨国公司税收倒置交易研究［D］．上海国家会计学院，2018.

案例 9：

辉瑞公司税收倒置交易案例[①]

2015 年 11 月 23 日，全球医疗行业巨头美国辉瑞公司（Pfizer）宣布以 1600 亿美元收购爱尔兰肉毒杆菌制造商艾尔建（Allergan），这一医药史上史诗级的并购案，也是美国有史以来规模最大的税收倒置交易案。辉瑞公司期望通过此方式，将位于纽约的公司总部迁至企业所得税税率远低于美国的爱尔兰，以大幅降低其税收负担。但这次并购交易最终因为美国政府的阻挠而终止。辉瑞公司于 2016 年 4 月 7 日晚正式宣布终止此次并购交易，并将终止的原因归因于美国财政部和国税局（IRS）的相关举措。此次税收倒置交易引起了税务界各方的广泛关注与热议。

一、公司情况

1849 年，查尔斯·辉瑞和查尔斯·厄尔哈特表兄弟二人在纽约布鲁克林的一座红砖楼房中创立了辉瑞制药有限公司（Pfizer），总部设立于纽约。从 20 世纪开始，辉瑞公司以糖为原料，利用霉菌发酵技术大规模生产柠檬酸；从 20 世纪下半叶开始，辉瑞公司开始加强在生物制药领域的研究并取得巨大成功。其主要产品有：立普妥（阿托伐他汀钙片）、络活喜（苯磺酸氨氯地平片）、左洛复（盐酸舍曲林片）、希舒美（阿奇霉素片/干混悬剂），等等，种类包括小分子药品、生物药品和疫苗等诸多在世界驰名的健康药品。至今为止，辉瑞公司与世界多个国家的政府、

① 本案例由中央财经大学中国财政发展协同创新中心李泽琳编写。

医疗机构以及社区开展合作，使更多的人有能力享受到更为可靠、更值得信赖的医疗健康服务。辉瑞公司的规模在这 160 多年间也在不断扩大，其在 2017 年的营业收入达到 52546.0 百万美元、全球共计 58 个生产基地，员工人数为 90200 人，业务遍布全球约 125 个国家和地区，有 9 种产品的销售额超过了 10 亿美元，并且在 2017 年新增 180 余个合作研发机构，当年的年利润为 21308.0 百万美元，在 2018 年世界五百强排名中位列第 187 位①。

艾尔建公司（Allergan）成立于 1983 年，总部位于爱尔兰都柏林，是一家独特的、为全球制药行业树立了一个全新典范的增长型制药公司。艾尔建公司致力于研发、生产以及销售创新性药品、生物制剂及医疗器械等产品，覆盖医疗美容、妇科、中枢神经系统、眼部治疗等诸多领域，以帮助人们最大程度上挖掘自身潜力，展现出更好的自我。艾尔建公司的业务遍及全球 100 多个国家和地区，拥有超过 16000 位员工，以及超过 70 个已经处于研发中后期阶段的产品线项目②。

交易前公司架构情况③：

（1）Actavis Inc. 是一家在内华达州的全球制药公司，主管机构在美国新泽西州④。

（2）Actavis Limited 是一家在 2013 成立的私人有限公司，在爱尔兰登记注册成立，通过这家企业实现对其他公司控股，使其成为直接或间接的全资子公司。

（3）Actavis Ireland Holding Limited（IrSub）是在 2013 年设立的私人有限公司，在爱尔兰登记注册设立，是 New Actavis 的全资子公司。在交易后将以爱尔兰控股公司的身份持续存续下去。

（4）Actavis W. C. Holding S. A. R. L（LuxSub）是在 2014 年于卢森堡注册登记的 IrSub 的直接全资子公司。

（5）Actavis W. C. Holding LLC 是在 2013 年设立的有限责任公司，是 New Actavis 的全资子公司，在美国特拉华州注册登记。在税收倒置交易日之前同 U. S. Holdco 进行转换，并更名为"Actavis W. C. Holding Inc."，成为 LuxSub 的直接全资子公司，交易后成为 Actavis 美国公司集团的母公司。

（6）Actavis W. C. Holding 2 LLC 是 2013 年美国的内华达州注册登记成立的一家有限责任公司，是 New Actavis 的直接全资子公司。在交易日之前转换成为 U. S. Hold-

① 资料来源：http：//www. pfizer. com. cn/（S（bljxtnzzqx1rpwyixmcyge55））/about/annual_ report_ cn. aspx。

② 资料来源：http：//www. enactuschina. cn/newsitem/277965079。

③ 交易架构出处以及详细架构参见：雷霆．国际税收实务与协定适用指南：原理、实务与疑难问题［M］．北京：法律出版社，2018：1790－1815。

④ Actavis 公司为本案例中交易一方艾尔建公司（Allergan）的前身。

co 的直接全资子公司，并更名为“Actavis W. C. Holding 2 Inc.”。

（7）Warner Chilcott Public Limited Company 是一家主要针对北美市场所设立的医药公司。

二、案件经过

（一）第一次税收倒置交易经过

为了实现辉瑞公司（Pfizer）与艾尔建公司（Allergan）的最终税收倒置交易目的，2013 年 5 月 Actavis 与 Warner Chilcott、U. S. Holdco、New Actavis、Ire Sub 以及 Merger Sub 签署了交易协议，进行了第一次税收倒置交易，主要包括如下 3 个部分：New Actavis 对 Warner Chilcott 进行收购；Merger Sub 与 Actavis 进行合并，Actavis 可以按 1:1 的比例交换得到相同数目的 New Actavis 的普通股，在合并交易后 New Actavis 作为存续公司；在完成前述两个交易的基础上，再进行一系列后续交易。在当日交易结束后，Warner Chilcott 股东持有 New Actavis 大约 24% 的普通股股份，而原 Actavis 股东则持有大约 77% 的普通股，均成为 New Actavis 的全资子公司。随后在同年 10 月 1 日，New Actavis 再次进行一系列的交易，将其间接子公司投入到 Warner Chilcott 有限公司中。

（二）第二次税收倒置交易经过

2014 年 11 月，Actavis Plc. 进行了第二次税收倒置交易。Actavis 以及其全资子公司 Merger Sub 与注册地在特拉华的 Avocado Acquisition Inc. 公司和 Allergan Inc. 进行合并，Allergan 将作为以后的存续公司。在合并交易的具体操作过程中，Allergan 的普通股在转换时将享受到无差异的权利，在交易完成后，Actavis Plc. 公司的名称变更为 Allergan Inc.。到 2015 年 3 月，Actavis Plc. 实现了与 Allergan Inc. 的合并的目的，Allergan成为 Actavis Plc. 的间接全资子公司，并正式更名为艾尔建，即本案例主要交易中的一方交易主体。

（三）辉瑞有限公司（Pfizer）与艾尔建公司（Allergan）间的税收倒置交易

2015 年 1 月，位于美国特拉华州的生物制药公司辉瑞有限公司（Pfizer）与艾尔建公司（Allergan）宣布，二者之间将进行税收倒置交易以实现跨境合并。同年的 11 月两家公司正式签订了合并交易的协议。计划的具体流程分为如下几步：

1. 交易所采用的合并重组方式是三角反向合并重组。具体来说，艾尔建公司首先计划在美国特拉华州成立一个全资子公司，而后 Waston 将被合并进入 Pfizer 公司，并以后者作为后续存续公司，Pfizer 便将成为 Allergan 的一个全资子公司。在三角反向合并重组交易后，艾尔建公司（Allergan）再正式更名为辉瑞有限公司（Pfizer Inc.）。

2. 选择 2015 年 11 月 20 日作为交易基准日，当日 Pfizer 的单股股价为 32.18 美元，Allergan 每股股价为 363.63 美元，合并后总股价的价值大约为 1600 亿美元。

3. 根据前述交易步骤的交易完成后，原 Pfizer 股东在合并后公司的持有股份大约占 56%，原 Allergan 股东在合并后公司持有的股份大约为 44%，交易完成后，存续公司将保留在纽约证交所上市。

4. 在辉瑞公司（Pfizer）与艾尔建公司（Allergan）的合并交易完成后，纽约为其运营总部所在地，同时保留 Allergan 在爱尔兰的居民身份。

三、案例启发与思考

（一）辉瑞公司（Pfizer）与艾尔建公司（Allergan）的合并交易为什么最终宣布失败？交易过程中的市值要求是否满足法规要求？

根据事后相关人员的披露，辉瑞公司（Pfizer）在合并交易时的市值大约为 2000 亿美元，为了避免触及法规中所有权测试门槛，需要找到一个市值在 1200 亿美元之上的交易公司，当时的艾尔建公司（Allergan）恰好满足所需的条件。

在表面上看，交易时 Allergan 的市值满足了美国联邦税法中第 7874 条款的反倒置交易的门槛，但其市值达到这一标准的时间还很短暂，构成了新临时规章中提出的连续“倒置交易”。根据新的临时倒置规章，这种连续进行的换股交易属于“灾难性”的，因此其为了收购美国公司而发行的所有股份都会被排除在所有权分母外，也就是说在进行本次交易时，艾尔建公司（Allergan）被认定的 1600 亿美元市值中，有超过 50% 的发行在外的股份是在较短的时间进行交易的，这些股份的价值都会被排除在分母之外，在这样的计算方式下，原辉瑞公司股东在存续公司中持有的股份将超过了 70%，辉瑞公司不得不宣布了中止这次税收倒置交易。

（二）通过两则税收倒置交易案例，可以给我国反避税工作总结出怎样的启示？

在对两个案例发生的制度背景和原因进行分析后，可以发现美国税改前高所得税税率是本国跨国公司进行税收倒置交易的根本原因，而税务机关对跨国公司的高稽查率及高罚款率又使企业避税风险有所增加，因此跨国企业往往通过税收倒置交易来获取税率差异带来的巨额收益。再从企业所得税税率角度分析，我国国内企业进行税收倒置交易的动机并不高，25%的企业所得税税率在当前主要经济国家范围内处于中等水平；而在税务稽查和罚款方面，我国当前税收体系仍十分不完善、监管力度不足、惩罚机制不严等问题较为明显，企业采取违法违规手段降低税负需付出的最大代价并非十分高昂。总体来说，税收倒置交易虽在我国发生的可能性较低，但我国税基侵蚀问题不容忽视，给我国财政收入带来的损失不容忽视。

伴随跨国企业规模的不断发展，税收负担也不再是跨国公司选址设立分公司的唯一考量因素，在跨国公司准备开展并购活动之时，商业实质性活动也日益被重视。为了尽可能避免税收倒置交易给我国带来的税基侵蚀，我国应完善并购交易活动中的法律监管、健全交易各环节的监管制度，引导跨国公司的选址布局、产业结构朝着正当合理的方向发展。并且考虑到美国本次税改带来的冲击，在保护我国税收利益的同时，也要结合各国发展共同需要，发展“一带一路”倡议、构建人类共同体，稳定并提升我国在全球经济中的竞争力。

四、制度背景分析

从20世纪80年代之后的大概30多年的时间里，美国发生了多起税收倒置交易，并且随着近些年来经济的迅速发展、公司的利润总额以及税基的不断扩大，公司进行税收倒置交易的频率在进一步增加，美国公司期望通过此方式将其在美国的资产转移到低税管辖区，以降低公司整体税负。鉴于此行为极大地侵蚀到了国家的税基，美国不断颁布完善相关制度法律。

从美国相关税收征收实践的角度进行分析，因为美国所得税税法中主要原则是属人管辖原则，所以美国公司需要对其来源于全球的所得纳税，不管来源于境内还是境外。虽然美国税法允许就其在其他国家缴纳的税收进行抵免，但由于美国对外国的税收抵免制度十分复杂，跨国企业往往很难实现足额抵免，其所承担的有效税率比全球范围内其他的竞争对手高很多，美国跨国公司期望通过转变母公司的居民国身份来降低税负的行为便出现了。

五、关键要点

本案例有以下几个关键要点值得讨论思考：

1. 为什么辉瑞公司（Pfizer）要选择艾尔建公司（Allergan）作为税收倒置交易的对象？

2. 辉瑞公司（Pfizer）与艾尔建公司（Allergan）为了进行此次合并，提前做了哪些准备工作？

3. 对于这一医药史上史诗级的并购案，为什么在新的临时规章下，无法通过 IRC 第 7874 条款下的所有权测试？

六、案例分析所需的相关法规依据

从 2004 年《联邦税法典》中有关公司向外国迁移实体及其外国母公司的规定颁布以来（第 7874 条），美国对于税收倒置交易的规制举措正式启动。但由于《联邦税法典》第 7874 条在表达和实践中都存在诸多模糊性，纳税人在实际纳税时具体如何适用该条款仍具有很多争议，因此美国财政部在 2005 年和 2006 年专门对此发布财政临时规章进行具体的解释说明。而后在 2009 年 6 月，国税局（IRS）对于本条款发布了最终的临时规章，以期解决外国公司视为“替代外国公司”的划分问题，这一最终规章取代了之前 2006 年的临时规章，并且变得更加严格，增加了关于取得某些资产、营业活动所得之时需要考虑是否存在实质营业活动原则。

2016 年 4 月，美国财政部和国税局（IRS）基于现实的需要，关于第 7874 条再次下达了新的临时规章，在两个前期倒置通知基础上增加了一些新的限制和执行规定，并且还颁布了第 385 条建议规章，试图减少“盈余剥离”（Earning Stripping）。总体来看，2016 年最新发布的规章以及“盈余剥离最终规章”对美国公司的税收倒置交易进行了更严厉的限制，主要体现在如下两个方面：

（一）分步收购规则

在 2016 年新规章颁布之前，一个外国公司在对另一个近期收购了美国公司的无关联公司进行收购交易的时候，是不需要遵从第 7874 条的反倒置规则的，但在新规颁布之后，这种间接交易需要进行一种名为“几乎全部财产”的测试，如果该公司满足了直接或者间接收购了这家美国公司的几乎全部财产的要求，就需要适用第 7874 条规则。

（二）在与第三方国家进行的交易中被忽略的某些股份

美国财政部和 IRS 认为，在一些涉及第三国税收居民的交易中，往往会掺杂着一些税收筹划的因素，如在后续收购中通过某种方式来降低公司的整体税负，具体可能表现为：一个美国公司与外国公司的交易被转化为第三国的一个公司首先收购了这家外国公司，而后这个第三国外国公司成为新外国母公司的方式，以享受美国对第三国公司给予的某些税收优惠待遇，比如 CFC 方面的优惠。

参考文献

雷霆. 国际税收实务与协定适用指南［M］. 北京：法律出版社，2018：1790－1815.

5

税收信息交换

案例10：

美国Dewees案例[①]

本案的重点集中于对未履行税收信息交换义务的个体进行处罚的问题，当事人提出诉讼，要求法院认定美国—加拿大税收协定的收款协助条款违反宪法第八修正案的过度罚款条款（Excessive Fines Clause）和第五修正案的正当程序条款（the Due Process Clause），以及第五修正案的平等保护条款（the Equal Protection Clause），是对税收信息交换的合理性进行质疑的公开案例。本案例分析中还对美国税收信息自愿披露计划进行了基本的介绍。

一、案件摘要

在美国的长臂法案的监管下，IRS（Internal Revenue Service，美国国家税务局）要求所有美国公民向其提供海内外账户信息。Dewees是一位居住在加拿大的美国公民，经营着一家咨询公司。由于该业务在国外注册，因此Dewees被要求向IRS提供有关该公司的某些年度信息。但Dewees在开始业务的十多年来一直忽视了这一点。

Dewees在与税务人员交涉后，自愿说明了他多年来未能上报信息的事实，美国国税局评估了对其不合规行为的法定罚款12万美元（12年，1万美元/年）。Dewees对美国国税局的罚款提出质疑但没有成功，此后拒绝支付该笔罚款。但Dewees可能没有预料到的是，根据美国—加拿大税收协定，加拿大税务机关将暂时搁置Dewees的国内退税，直到他全额支付IRS罚款。

① 本案例由中央财经大学中国财政发展协同创新中心李泽琳编写。

在支付罚款后，Dewees 向本法院提起诉讼，质疑第八修正案（Eighth Amendment）中的相关条约规定以及第五修正案（Fifth Amendment）中的正当程序和平等保护条款（Due Process and Equal Protection Clauses）是违宪的。由于发现 Dewees 没有就其第八修正案和正当程序提出救济索赔，而且缺乏提出平等保护索赔的资格，法院将批准政府的动议并驳回该案。

二、案件背景

持有外国公司控股权的美国公民必须每年提交 IRS 表 5471，其中披露了有关公司的某些所有权和财务信息。此外，居住在国外的美国公民必须通过提交外国银行和财务账户报告（Foreign Bank and Financial Accounts，FBAR）来披露超过一定门槛的外国银行账户。2009 年，Dewees 了解到他未能遵守这些要求，并且根据税务专家的建议，申请参加 IRS 的离岸自愿披露计划（Offshore Voluntary Disclosure Program，OVDP）。OVDP 旨在鼓励尚未披露其离岸资产且未经 IRS 调查的纳税人自愿遵守适用的披露要求。作为对其披露的回报，该计划为纳税人提供了关于未缴税款处罚的妥协条款（Compromise Terms），保证国税局不会将此事提交司法部对以往的未披露行为提起刑事诉讼，罚金基于之前的未披露事项确定。美国国税局对 Dewees 在 2003—2008 年没有提交 FBAR 的罚款为 185862 美元，但当时没有计算 Dewees 未能提交 5471 表格的罚款。Dewees 拒绝支付评估的罚款并退出 OVDP。

2011 年 9 月，美国国税局通知 Dewees，由于其未能在 1997—2008 年提交 5471 表格，故对他判处 12 万美元的罚款。税法第 6038（c）条授权美国国税局对每位未披露个人处以每次 1 万美元的罚款。总罚款完全基于 Dewees 未能提交个人信息，而并非针对他未缴纳的税款。Dewees 要求在合理原因下减轻这一处罚，但被否决，他随后对该决定的上诉也是基于这点。

在 Dewees 的上诉遭到拒绝后，美国国税局推出了另一项鼓励纳税人自愿披露离岸资产的计划——简化归档合规程序（the Streamlined Filing Compliance Procedures，SFCP）。SFCP 在几个方面与 OVDP 不同：SFCP 涉及的文书工作较少，并且处罚比 OVDP 低，但仅涉及具有 3 年违规行为的当事人，而不是 OVDP 规定的违规 8 年的当事人。而且，与 OVDP 不同，SFCP 不提供免于刑事诉讼的豁免权。通常情况下，当事人不可以选择在两个计划之间进行转换，但是在 2014 年 7 月 1 日之前有资格获得 SFCP 并且提交 OVDP 的纳税人可能会在应用 OVDP 计划优惠条件的基础上，同时要求 SFCP 提供更优惠的条款。

2015年5月，加拿大税务局通知Dewees，由于他未能向美国国税局偿还12万美元的债务，加拿大税务机关将暂时搁置Dewees的国内退税，直到他全额支付IRS罚款。美国—加拿大所得税公约（the United States - Canada Income Tax Convention）第XXVI（A）条允许这种国际收集援助（International Collection Assistance）。Dewees立即向加拿大税务局发送了一张134116.34美元的支票，代表12万美元的罚款加上利息。2015年9月，他提出要求退还该金额的索赔，该要求于2016年5月被驳回。他随后提起诉讼，要求法院认定美国—加拿大税收协定的收款协助条款违反宪法（1）第八修正案的过度罚款条款（Excessive Fines Clause），（2）第五修正案的正当程序条款（the Due Process Clause），以及（3）第五修正案的平等保护条款（the Equal Protection Clause）。

三、案件分析

（一）过度罚款主张（Excessive Fine Claim）

根据第八修正案（U. S. Const. amend. Ⅷ），有“不得要求过度保释，不得处以过高罚款，也不得施加残忍和不寻常的惩罚”的条例。在分析过高的罚款索赔时，法院必须先判定罚款的性质（weather a penalty is a fine），然后才能确定该罚款数额是否违宪（金额是否超过宪法允许的范围）。只有对政府的支付是基于“对某些罪行的惩罚（punishment for some offense）”时，该项支付才被视为第八修正案中的“罚款（Fine）”。换句话说，该项处罚的目的必须主要是报复或威慑而不是进行补救（Remedial）。例如，在判处没收财产的案件中，仅仅“旨在惩罚罪犯”的刑罚被视为罚款（Fine），因此受到过度罚款条款的限制。

相反，为实现补救目的而进行的税务处罚不受“过度罚款条款”的约束。大约80年前，最高法院在Helvering与Mitchell（1938）案中首次阐述了这一原则，他们认为税收罚款是补救性的，因为它们是“保护税收收入和偿还政府补偿的一种保障措施”。自此，下级法院竖立了“不可逾越的税务案件墙”（an insurmountable wall of tax cases）来支持这一主张。例如，McNichols诉Comm'r of Internal Revenue案中，法院认为过度罚款条款不适用于民事税收处罚，Little诉Comm'r of Internal Revenue案中，认为被告没有触犯过度罚款条款，因为原告“未能确定与罚款相关的税收收入的增加是与政府增加收入的根本利益无关”。破产法院（A Bankruptcy Court）最近应用这一条款：在该案中同样涉及5471表格，这两个案件中，法院得出了相似的结论，因为该笔税收罚款超出了第八修正案的范围。国会批准对每一起违规事件罚款 1 万美元，因为该条款认为如果美国纳税人不具有义务披露其外国资产可能会导致政府的费用和损失。美国国税局严格按照法定授权金额应用于 Dewees 12 年未上报信息的事实，由此总罚款为 12 万美元，该税收罚款旨在减轻政府所遭受的伤害。由于国会为了合法的补救性目的而批准了此处罚，因此 Dewees 关于第八修正案索赔失败。

（二）正当程序主张（Due Process Claim）

Dewees 提出的国税局正当程序违规行为同样没有得到认可，因为他已经获得了足够的机会“在有意义的时间以有意义的方式提出自己的主张”。在 Mathews 诉 Eldridge 案中，法院通过权衡（1）“将受官方行为影响的私人利益”来判断对财产剥夺的程序正当性；（2）“通过所使用的程序错误剥夺此类利益的风险，以及可能的价值（如果有的话）额外或替代的程序保障”和（3）“政府的利益，包括所涉及的职能以及额外或替代程序要求所带来的财政和行政负担”来判定这一问题。

根据菲利普斯诉美国国内税收委员会案，仅仅推迟对征收税收罚款提出质疑的机会“并不是否定正当程序，如果最终司法确定责任的机会足够的话”。这种延误是纳税人与美国国税局之间纠纷的“必然结果”，并非违宪。联邦地区法院对针对政府退还税务处罚的诉讼拥有管辖权。在寻求退款的地区法院提起诉讼后，全额支付欠款，这是根据《美国联邦税法典》第 6038 章节评估的严厉处罚的适当程序。

Dewees 声称他被剥夺了适当的正当程序，因为他没有机会在收集之前“通过行政手段或美国税务法庭”对他的刑罚提出上诉。但是，Dewees 所要求的救济途径并不意味着他的正当程序权利受到了侵犯。根据《美国联邦税法典》第 1346 章节对地区法院的税务处罚提出质疑的能力符合第五修正案的要求。因此，Dewees 未能根据第五修正案的正当程序条款提出救济申请。

（三）平等保护主张（Equal Protection Claim）

最后，政府因缺乏主题管辖权（Subject Matter Jurisdiction）和未能提出可以给予赔偿的要求而驳回了 Dewees 公司的平等保护主张。法院立足管辖权问题断案。为了有资格在联邦法院提起诉讼，原告必须确立一种事实上的伤害，这种伤害可以追溯到被告，并且有可能在法庭上胜诉而得到补救。实际上，足够的伤害（Sufficient Injury）需要十分具体，是实际的或迫在眉睫的。证明他的主张满足所有这些要素是原告的责任，原告需要为此举证。法院在考虑因缺乏立场（Lack of Standing）而被驳回的动议时，必须假设原告的事实指控是真实的，而不是其法律结论的真实性，这一结论必须得到“不仅仅是结论性陈述（Mere Conclusory Statements）”的支持。

Dewees 的平等保护主张基于以下论点：他不被允许参加 SFCP，而其他类似的纳税人则被允许参加，因此他被剥夺了施加较低刑罚的 9 次机会。该论点有一个致命的缺陷，正如政府指出的那样，Dewees 没有证明他想加入 SFCP 或他的申请被拒绝。而且由于 Dewees 没有证明（或试图证明）美国国税局曾经拒绝他参加 SFCP，因此他无法确定自己遭受了实际伤害。Dewees 未能证明自己的权利实际受到侵害，因此没有立场提出针对该论点的诉讼，该法院也没有管辖权来审理他的申诉。

四、案件结论

由于上述原因，法院认定，Dewees 没有就其过度罚款和正当程序索赔提出可行的索赔，并且对 Dewees 的平等保护索赔缺乏主体管辖权。因此，它将批准政府驳回的动议。

案例11：

Berlioz Investment Fund SA v. Directeur de l'administration des Contributions directes（C-682/15）案例[①]

本案的讨论重点在于税收信息交换的内容界定问题，关键在于如何判断欧盟国家规定交换信息对税收审查是否具有“可预见的相关性”。

一、前提介绍

在欧盟国家中，当一个成员国的立法规定对在税务机关之间交换信息时拒绝提供信息的人实施罚款时，基于《互助指令》（Mutual Assistance Directive）适用欧洲联盟基本权利宪章（The Charter of Fundamental Rights of the European Union，the Charter）。此人有权质疑该决定的合法性。一个成员国要求另一成员国提供信息的“可预见的相关性（Foreseeable Relevance）”是信息请求必须满足的条件，因此也是信息请求合法性的条件。被提交信息请求的税务机关的核实不仅限于该请求的程序规则性，而且必须使所请求的当局能够确信所寻求的信息在认同方面没有任何可预见的相关性。国家法院不仅具有改变所判处的刑罚的管辖权，而且还有权审查该信息令的合法性。关于该信息秩序的合法性条件，这与所要求的信息的可预见的相关性有关，国家法院的审查仅限于核实所要求的信息明显没有这种相关性。国家法院必须能够在司法审查的范

① 本案例由中央财经大学中国财政发展协同创新中心李泽琳编写。

围内获得信息请求，而且该人无权查阅整个信息请求，这仍然是一份秘密文件。为了获得公平的听证会，该人必须能够获取信息请求中的关键信息。

二、案情陈述

2014 年，法国税务机关根据“互助指令”向卢森堡税务机关发出援助请求，希望审查 Cofima SAS（Cofima）的税务情况。Cofima SAS 是一家受法国法律管辖的简化股份公司，该请求涉及与拥有法国公司 Cofima 的公司有关的信息，即 Berlioz Investment SA（Berlioz），一家受卢森堡法律管辖的股份公司。Berlioz 已收到法国子公司 Cofima 的股息，法国税务机关要求其提供信息，以确定是否符合免征预提税的条件。根据协助请求，卢森堡税务机关（the directeur de l'administration des contributions directes luxembourgeoise; Director of the Luxembourg direct taxation administration）要求 Berlioz 传达某些信息。这些信息包括：证明其有效管理地点位于卢森堡的证据；员工名单及其职位；关于工作人员是否在卢森堡被雇用的信息；是否与法国公司签订了合同；Berlioz 是否拥有其他股权以及这些股权是如何融资的；股东的姓名和地址及其参与百分比；以及法国公司证券被记录为 Berlioz 资产的金额。

2015 年 4 月 21 日，Berlioz 提供了以上要求中的绝大部分信息，但关于该成员的姓名和地址，每个成员持有的资本额和每个成员持有的股本的百分比除外，理由是根据指令的规定，该信息不具有与法国税务局进行的检查有关的可预见的相关性。

2015 年 4 月 22 日，卢森堡税务机关命令 Berlioz 在 2015 年 4 月 29 日之前传递所要求的信息，否则，可根据 2014 年 11 月 25 日法律第 5 条第 1 款判处其行政罚款。Berlioz 坚持拒绝该请求，同年 5 月 18 日，卢森堡税务机关对其处以 25 万欧元的行政罚款。被处以罚款后，Berlioz 向卢森堡法庭提起诉讼，反对税务机关对其处以罚款的决定，并要求法院确定提供信息的命令是否成立。

在 2015 年 8 月 13 日的判决中，仲裁庭部分维持了变更的主要诉讼，并将罚款额减至 15 万欧元，驳回了其余的诉讼。

此后，Berlioz 向法院行政法院提出上诉，坚持认为行政法庭拒绝根据第 6 条第 1 款确定信息命令是否成立。根据 1950 年 11 月 4 日在罗马签署的《保护人权和基本自由公约》第 6 条第 1 款的保障，违反了 2014 年 11 月 25 日法律的有效司法补救权。行政法院认为可能有必要考虑到《宪章》，尤其是第 47 条。法院要求主要程序的当事方就此事发表意见之后，法院行政法院决定中止诉讼程序，并要求法院作出初步裁决。

三、基本法律规定

《宪章》第 47 条规定，受欧盟法律保障的权利和自由受到侵犯的每个人都有权在法庭上获得有效的补救。《宪章》第 47 条进一步规定，每个人都有权在合理的时间内通过法律规定的独立和公正的法庭进行公平和公开的审讯。每个人都有可能被告知、辩护和代表。《互助指令》第 1（1）条规定了成员国相互合作的规则和程序，以便交换可预见的与国内法的管理和执行相关的信息。卢森堡法律规定，对于要求交换信息的请求或要求卢森堡主管当局提供所要求的信息的决定，不得提出上诉。进一步的规则规定，未能提交所要求的信息可能会导致最高 25 万欧元的行政罚款。该案件涉及以下问题：

（1）当一个成员国在其立法中规定在税务机关之间根据该条款的规定在信息交换中拒绝提供信息的人施加罚款时，是否适用《宪章》。

（2）在国家税务机关根据《互助指令》进行信息交换的情况下，因未遵守行政决定提供信息而被判处罚款的人是否有权质疑其合法性。

（3）国家法院是否具有无限的管辖权，以便在被请求当局对不遵守信息令的情况下对其施加惩罚的人提起诉讼的情况下审查信息秩序的合法性。

（4）被请求当局对请求当局发出的信息请求的有效性的审查是否仅限于此类请求的程序规则性。

（5）一个成员国要求另一成员国提供的信息的“可预见的相关性”是否是成员国向某人提出的信息令合法性的条件。

（6）国家法院是否必须能够获得请求成员国向被请求成员国提供的信息请求，以及该文件是否也必须通知后一成员国的人，以便他的案例可以给予公平的听证会，或者他是否可能因保密而被拒绝访问。

四、法院判决

（一）问题 1

如果国家立法规定对未能响应国家税务机关要求该税务机关遵守《互助指令》规定义务的请求而给予罚款，则必须视为实施该指令。《互助指令》没有明确规定处罚的事实并不意味着处罚不能被视为涉及执行该指令。此类处罚旨在确保该人有足够的动力回应税务机关的请求，从而使被请求的当局能够履行其在《互助指令》下对请求机构的义务。

（二）问题 2

根据《互助指令》，在两个成员国税务机关之间交换信息的情况下，因未遵守信息令而被判处罚款的人有权质疑其合法性。有效司法保护原则是欧盟法律的一般原则，载于《宪章》第 47 条。在这种情况下，《互助指令》不赋予个人任何权利的论点是无关紧要的。《宪章》第 47 条规定，每个人都有权由独立和公正的法庭进行听证，遵守宪章中体现的权利。《宪章》第 47 条规定，行政当局本身不满足独立和公正条件的决定必须由司法机构随后控制，该司法机构必须具有审议所有相关问题的司法管辖权，包括信息的合法性在基本情况下的顺序。

（三）问题 3 和 5

可以发现，所请求的税务机关在审查请求对该请求的程序规则性的合法性方面不受限制，但必须确保所要求的信息在考虑到该信息的身份时不具有任何可预见的相关性。此外，已经确定，国家法院不仅具有改变处罚的管辖权，而且还有权审查此类信息令的合法性。在这方面，国家法院的审查仅限于核实信息订单是基于充分理由的信息请求，而且所要求的信息显然没有可预见的相关性。

（四）问题 4

已经确定，一个成员国要求另一成员国提供信息的“可预见的相关性”是信息请求必须满足的条件，以便被请求的成员国遵守该要求。这也是该成员国向该人处理的信息订单的合法性以及因未遵守该信息令而对该人施加的惩罚的条件。《互助指令》规定，“可预见的相关性”标准旨在尽可能广泛地在税务事项中交换信息，同时澄清成员国无权参与在“钓鱼探险”中或要求提供不太可能与特定纳税人的税务有关的信息。因此，可预见的相关性概念是使提出请求的税务机关能够获得其调查目的似乎合理的任何信息，同时要求税务机关不参与调查它超出调查的内容，也不会给它带来过重的负担。

（五）问题 6

已经确定，被请求成员国的法院必须能够在其司法审查范围内获得向被请求成员国提供的信息请求。受信息请求约束的人无权访问整个信息请求，这仍然是一个秘密文件。这个人可以获得最低限度的信息，即有关纳税人的身份和寻求信息的税务目的就足够了。但是，如果被请求成员国的法院认为该最低限度信息不充分并要求所要求的税务机关提供补充信息，则国家法院有义务向该人提供该额外信息，同时适当考虑一些信息的机密性。

6

转让定价

案例 12：

微软公司避税案例[①]

美国微软公司利用全球业务分区域运营组织，通过成本分摊协议将其知识产权转移到低税率管辖区的受控外国公司，受控外国公司又转授这些权利给较低层级的关联受控外国公司并收取特许权使用费。通过研究微软公司的组织架构、避税策略及方法，对完善我国无形资产税制具有一定的启示。

在过去的 10 年里，微软（Microsoft）的税务问题一直是全球税务部门关注的焦点。微软通过设计股权架构将利润从美国、欧洲和亚洲转移到位于低税收管辖区（百慕大、卢森堡、爱尔兰、新加坡和波多黎各）的区域运营中心。正如微软提交给美国政府有关有效税收和全球收入分配的文件中所述：

"Our effective tax rate for the three months ended September 30, 2017 and 2016 was 18% and 17%, respectively. Our effective tax rate was lower than the U. S. federal statutory rate primarily due to earnings taxed at lower rates in foreign jurisdictions resulting from producing and distributing our products and services through our foreign regional operations centers in Ireland, Singapore, and Puerto Rico."

"In fiscal year 2017, our U. S. income before income taxes was $6.8 billion and our foreign income before income taxes was $23.1 billion. In fiscal year 2016, our U. S. income before income taxes was $5.1 billion and our foreign income before income taxes was $20.5

① 本案例由中央财经大学中国财政发展协同创新中心胡欣蕾编辑整理，资料来源：崔晓静，何朔．法学，2015（12）。

billion. Our foreign regional operating centers in Ireland, Singapore and Puerto Rico, which are taxed at rates lower than the U. S. rate, generated 87%, 76%, and 91% of our foreign income before tax in fiscal years 2018, 2017, and 2016, respectively."

微软的税前外国利润为205亿美元，其中180亿美元是在低税收地区，爱尔兰、新加坡和波多黎各登记的。

2014年11月23日，新华社发布报道称“微软须付给中国补税及利息共计8.4亿元人民币，并且按照企业目前销售规模测算，其未来还将缴纳每年超过1亿元人民币的追加税。微软公司总部设在美国，为世界500强企业。1995年公司在北京投资设立了外商独资企业。微软公司在中国的子公司6年累计亏损达20多亿元，而其中国同行却能保持盈利。这在中国税务机关看来颇为蹊跷”。经过中国税务机关调查发现，微软公司的亏损并不是因为产品在市场上销售不佳，而是因为其实现的绝大部分利润都要作为特许权使用费支付给美国的母公司。在进行了大量的论证之后，美方终于承认了其不合理性，其中国子公司也向我国税务机关补税和利息共计8.4亿元。该案件因金额巨大、影响深远，被称为“中国反避税的第一大案”。以上是微软公司在中国避税的经过，事实上，这只是微软集团在全球避税架构中的一小部分，是其避税的一个简单缩影，本案例将站在一个全局的角度，全面剖析其在全球的避税框架，深度挖掘其转移利润规避税收的方法与途径。

一、公司概况

微软公司于1975年在美国华盛顿州成立，是一家以研发、制造、授权和提供广泛的电脑软件服务业务为主的全球领先的科学技术公司，其主营业务包括Windows和Windows Live、在线服务、服务器及工具、Microsoft业务、娱乐和设施5个部门。微软在软件产品及服务等领域研发投入大量资源，其中超过85%的研究与开发是在美国进行的，且研发活动形成的知识产权所有权通常属于美国微软公司。微软销售渠道包括经销售、分销商、在线销售和OEM业务，其中OEM业务部分收入将列入母公司合并报表中纳税，而非OEM业务，则在新加坡、爱尔兰等区域中心缴纳税款。微软各区域组织结构具体如图12－1所示。

微软各地区运营中心主要包括爱尔兰、新加坡、波多黎各运营中心。其中爱尔兰运营中心主要负责微软产品在欧洲、中东和非洲地区的生产和销售；新加坡区域运营中心主要负责微软公司在亚洲地区的生产和销售；波多黎各运营中心主要负责美洲地区及美国本土的生产和销售。微软对运营中心位置的选择主要基于当地所得税税率及

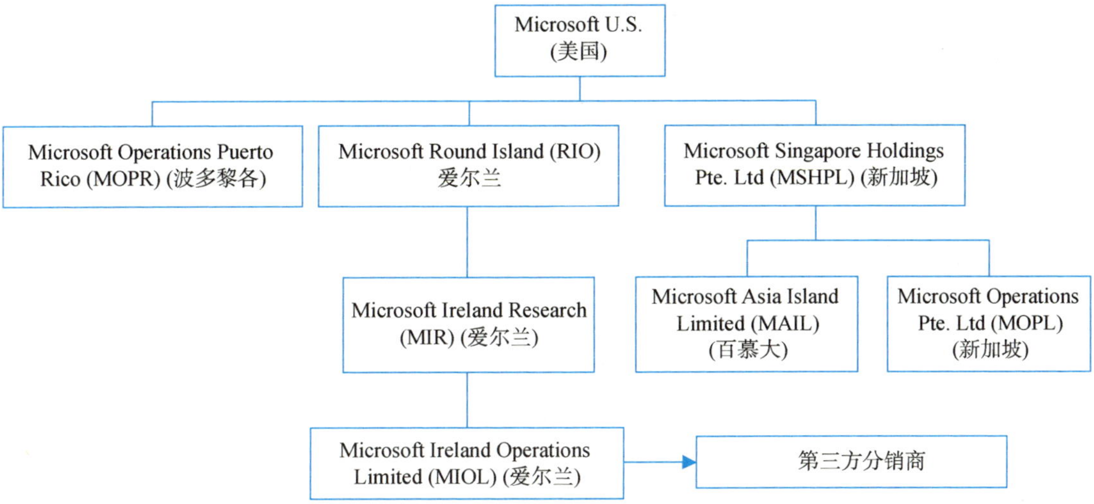

图 12－1　微软地区运营中心组织机构图

税收优惠两个方面的因素考虑，例如，爱尔兰的企业所得税税率仅为 12.5%，且对非居民纳税人来源于国外收入免税；“避税天堂”新加坡的企业所得税税率仅为 17%，且企业仅对在新加坡境内取得的收入和来源于新加坡的收入纳税，对新加坡境外收入不纳税。波多黎各与美国签订税收协定，规定豁免波多黎各居民来源于美国的所得税收入。此外，波多黎各出台多部税收优惠法案，对企业出口获取的利润按照 4% 的固定税率征收。

（一）爱尔兰地区运营中心

爱尔兰地区运营中心主要包括以下几家企业：Microsoft Round Island One（RIO）于 2001 年 9 月 27 日在爱尔兰注册，总部设立在百慕大群岛，并在爱尔兰运营，是美国母公司的一家全资受控外国公司 Controlled Foreign Company（以下简称 CFC）。爱尔兰研发中心 Microsoft Ireland Research（MIR）是 RIO 的全资子公司，在爱尔兰运营中心处于核心地位。MIR 于 2001 年 4 月 25 日在爱尔兰注册，且作为非独立实体（Disregarded Entity）而存在。爱尔兰经营有限公司 Microsoft Ireland Operations Limited（MIOL）是 MIR 于 1996 年 11 月 15 日在爱尔兰设立的一家全资子公司，其在美国税法上作为非独立实体而存在，也是美国的一家 CFC。MIOL 主要负责生产微软产品的副本并卖给位于欧洲、中东和非洲地区的 120 个国外分销商，由分销商最终销售给消费者。

（二）新加坡地区运营中心

新加坡地区运营中心主要包括以下几家公司：Microsoft Singapore Holdings Pte.

Ltd.（MSHPL）是美国公司全资设立的一家 CFC，其下设两家子公司——微软亚洲有限公司 Microsoft Asia Island Limited（MAIL）和微软运营有限公司 Microsoft Operations Pte. Ltd.（MOPL）。MAIL 在百慕大群岛注册，在美国税法上作为非独立实体而存在，也是美国的一家 CFC。MAIL 主要参与微软的全球成本分摊活动，享有在亚洲地区销售微软产品的权利，但其无员工，不进行任何研发活动，是一家空壳公司。MSHPL 则主要为 MAIL 参与美国微软的全球成本分摊协议提供资金支持。MOPL 在新加坡注册，在美国税法上作为非独立实体而存在，也是美国的一家 CFC。MOPL 在向 MAIL 支付特许权使用费后，制作微软产品的副本并销售给亚洲各地的分销商，再由这些分销商最终销售给消费者。

（三）波多黎各地区运营中心

波多黎各地区运营中心主要由 Microsoft Operations Puerto Rico，LLC（MOPR）运营。MOPR 于 2005 年 4 月 12 日注册于波多黎各，是美国母公司的一家全资 CFC。同时，MOPR 参与微软在全球的成本分摊协议。

二、微软成本分摊协议的安排

微软的无形资产研发成本在企业全部成本中占很大的比重。由于无形资产形成周期长、不确定性大及美国本土所得税税率高的特点，微软公司选择将企业的研发成本在各区域经营中心进行分摊，利用无形资产成本分摊协议，将母公司的研发成本分摊到子公司，转移企业利润，降低运营成本。实质上，成本分摊协议是微软母公司向爱尔兰、新加坡和波多黎各地区经营中心出售或许可其生产在美国开发的微软产品副本的经济权利，并向子公司收取知识产权特许权使用费用，然而子公司获得相关经济收益权的转让定价方式。根据独立交易原则，子公司通过获得的知识产权而产生的经济收益是属于子公司而并不属于母公司的收入。

具体而言，爱尔兰核心运营主体 MIR 与微软母公司签订了成本分摊协议。按照协议内容约定，MIR 大约分摊微软在全球范围内的研究和开发成本的 30%，以享有在欧洲、中东和非洲地区销售微软产品的权利，但它实际上并不直接生产或销售任何产品给客户，而是将该经济权利转授给其全资子公司（MIOL）。由此，无形资产经济权利进行了转移，其未来经济收入也从美国转移至低税率地区的爱尔兰。由于 MIR 分摊成本的大部分无形资产研发活动都是在美国的微软公司进行的，因此，MIR 实际负责的研发活动仅占微软公司研发总量的不到 1%。2011 年，MIR 向母公司支付了 28 亿美元特许权使用费，同时以 90 亿美元转授给 MIOL，再由 MIOL 销售给分销商。因此，微软公司实现全球收入 30% 转移至爱尔兰等低税率地区纳税。由于 MIR 和 MIOL 为关联受控外国公司，所以 MIR 从 MIOL 获得的特许权使用费，不触发 F 分部的税收缴纳义务。

新加坡地区运营中心全资子公司 MSHPL 为 MAIL 参与美国微软的全球成本分摊协议提供资金支持。MAIL 与微软母公司在 2004 年达成全球成本分摊协议，大约分摊微软全球研发成本的 10%，同时 MAIL 享有在亚洲地区销售微软产品知识产权的经济权利。实际上，MAIL 是一家空壳公司，不进行任何研发活动，也没有员工，其主要任务是参与美国微软的全球成本分摊，然后将所获得的知识产权的经济权利转授给 MOPL。2011 年，MAIL 向美国母公司支付了 120 亿美元特许权使用费，MOPL 向 MAIL 支付了 30 亿美元换取微软产品的生产制造和销售权利，之后再分销到亚洲各地区。由于 MOPL 和 MAIL 为关联受控外国公司，所以 MAIL 从 MOPL 获得的特许权使用费，不触发 F 分部的税收缴纳义务。

波多黎各地区运营中心核心企业是 MOPR。ROI 为其提供了 16 亿美元用以支付波多黎各制造工厂的建设费用以及 MOPR 依据成本分摊协议所承担的义务。2006 年，MOPR 与美国微软公司签订成本分摊协议，获得了在美国以及其他美洲地区销售微软产品的权利。根据成本分摊协议，MOPR 承担微软美国公司 25% 的研发成本，同时，MOPR 向微软美国公司支付 9 年到 10 年的买入支付（Buy-in Payment）以补偿微软知识产权的现有价值。因为波多黎各拥有较低所得税税率以及税收优惠政策，收入转移至波多黎各可以降低微软公司这部分利润的所得税费用，且期末才需将股利转回美国母公司进行纳税，延后了美国母公司缴纳税费时间。此外，根据 MOPR 和微软美国子公司之间的分销协议，MOPR 生产的微软产品首先销售给美国子公司，再由美国销售子公司零售给各个消费者，但美国子公司须将其在美国销售额的 47.27% 转移到波多黎各地区运营中心。实际上，这一协议的本质是将销售收入转入低税率的波多黎各地区。

三、微软公司成本分摊协议分析

在微软全球避税架构中，微软公司主要利用成本分摊协议（CSA）将知识产权和利润转移到低税率管辖权。根据美国《国内收入法典》第 367（d）条款的规定，如果美国母公司把无形资产转移到新设立的外国子公司以换取子公司的股权，该交易将会被视同母公司销售无形资产，应就该无形资产在未来 20 年间产生的所有特许权使用费在美国纳税。尽管第367（d）条款适用于无形资产的跨境转移，但它并不适用于美国境外的外国关联公司开发的无形资产。而无形资产（特别是高科技公司的软件、程序等）的特性决定了其很容易在境外发展和开发为一个新的版本或进行技术升级。为避免适用第367（d）条款的规定，美国的跨国公司经常采用与国外子公司签订成本分摊协议的方式进行无形资产转移。在该协议下，在美国使用基础无形资产的权利被保留在美国母公司手中，而在美国境外使用基础无形资产的权利则被转移给境外子公司。通常采用“买入支付”（Buy-in Payment）授予给CFC。对于买入支付的独立交易价格的确定通常比较困难，因为无形资产的价值依赖于转让时间以及与未来收益相关的风险。因此，跨国公司能够灵活地决定该价格并通常能够避免高额的退出税。在成本分摊协议下开发的知识产权的境外权利将被视为外国子公司意图利用的司法区域所创立，因而并不需要遵从第367条的规定。

在微软案中，美国微软公司和各区域运营中心之间签订了一个成本分摊协议，每个参与实体基于其占全球收入的份额分摊微软知识产权全球研发成本的一部分，并相应获得在其各自区域内销售微软产品的权利。其中，爱尔兰运营中心的MIR大约分摊30%，新加坡运营中心的MAIL大约分摊10%，波多黎各运营中心的MOPR大约分摊25%，美国微软分摊剩余的35%。由于成本分摊协议的每一参与方均被视为被研发无形资产的经济所有人，从无形资产获得的所得应归属于经济所有人，微软公司就利用成本分摊协议将研发的无形资产转移到了美国境外。微软公司也因此将无形资产所产生的收益转移到了美国境外。

波多黎各运营中心。根据成本分摊协议，2011年，MOPR向微软美国母公司公司支付了19亿美元作为成本分摊支付的特许权使用费，因此获得的知识产权经济权利为MOPR当年带来了40亿美元的利润。MOPR取得了在包括美国在内的美洲地区销售微软产品的权利。但根据MOPR和微软美国子公司之间的分销协议，微软为美国微软子公司在美国本国内销售产品买回了部分分销权。因此，微软可以根据分销协议将其在美国销售额的47%转移到波多黎各区域运营中心，从而使该部分在美国国内销售产品取得的收入避免受到美国《国内收入法典》的管制，而只需以1.02%的税率在波多黎各缴税。图12－2具体展示了美国微软与波多黎各区域运营中心之间的转让定价协议。

2011年波多黎各运营中心的MOPR向美国微软支付了19亿美元，而其获得的销售子公司收入则有63亿美元。通过与波多黎各运营中心之间的成本分摊协议，通过这一举措，美国在波多黎各销售环节3年期间大约节省了45亿美元的税款。

爱尔兰运营和新加坡运营中心。MIR和MAIL取得无形资产权利后，并不直接从事微软产品的生产和销售，而是将知识产权的经济权利转授给更低层次或平级的关联

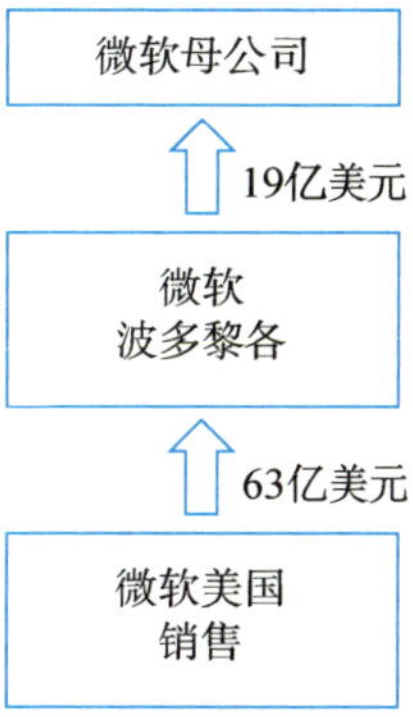

图 12－2 微软波多黎各运营中心成本分摊协议

子公司 MIOL 和 MOPL，由其生产并销售微软产品给相应的分销商，由分销商最终销售给客户。由于这两个运营中心中的更低层次的关联子公司向较高层次的子公司支付的特许权使用费不被视为美国 IRC 的 F 分部所得，所以该部分利润得以避免美国税收。图 12－3 展示了美国微软与新加坡和爱尔兰区域运营中心之间的转让定价协议。

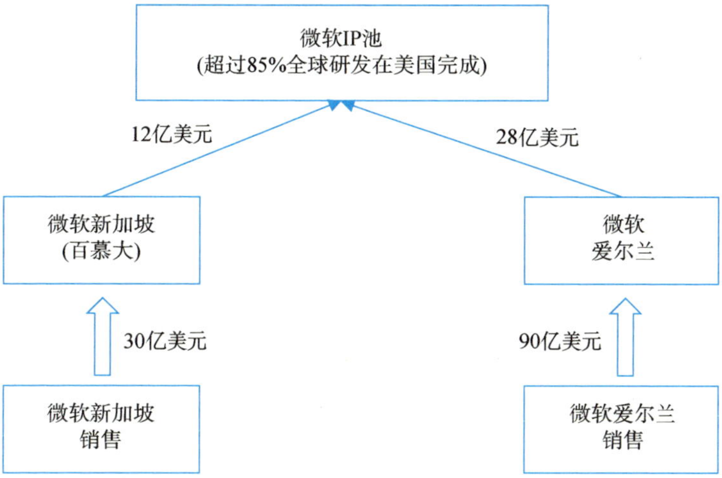

图 12－3 2011 年微软知识产权支付情况

在图 12－3 中，各运营中心根据与美国微软公司签订的成本分摊协议，新加坡运营中心的 MAIL 向美国微软支付了 12 亿美元，爱尔兰运营中心支付了 28 亿美元，合计 40 亿美元。但是，这两个运营中心共从知识产权中获得了来自更低层次的关联子公司的 120 亿美元的特许权使用费，这意味着美国微软实际上将 80 亿美元的利润转移到了海外低税率区。

由上可见，通过转让定价安排，微软公司实际上获得了巨额的无形资产免税。2011 年，微软在全球有 699. 43 亿美元的销售收入和 280. 71 亿美元的税前利润，全球实际税率是 17.5%。而在其爱尔兰、新加坡和波多黎各的区域运营中心共获得约 154.07 亿美元的税前利润，约占全球税前利润的 55%，但平均实际税率却仅为 3.16%。需要注意的是，即使微软公司的成本分摊安排符合美国转让定价规则要求，但是微软公司超过 85% 的知识产权的研究和开发都是在美国进行的，而其却将来自知识产权的大部分利润转移到了低税率的外国管辖区，这与利润在经济活动发生地和价值创造地征税的 BEPS 行动计划根本职责明显不符。

参考文献

[1] 高哲. 微软公司转让定价税收筹划研究 [D]. 2018. 暨南大学.

[2] 董永霞. 跨国公司无形资产转让定价税制研究 [D]. 2018. 东北财经大学.

[3] 崔晓静，何朔. "美国微软公司避税案" 评析及启示 [J]. 法学，2015，000 (012)：92 – 102.

[4] 梁甜甜. 当前国际避税模式的法律思考 [J]. 赤峰学院学报：汉文哲学社会科学版，2017，38 (05)：71 – 73.

案例 13：

DSG 集团保修服务案例①

DSG 案件涉及在销售点出售有关电子产品的延长保修。这是英国有史以来第三次转让定价案件，也是多年来首次诉诸诉讼的英国案件。

一、案件情况

DSG International Plc 是 DSG Retail Ltd（DSG）、Mastercare Coverplan 服务协议有限公司（MCSAL）和 Mastercare 服务与分销有限公司（MSDL）（统称为“集团”）的母公司，该集团是英国最大的电子产品零售商，其零售店包括 Dixons、Currys 和 Pc World，DSG 集团向客户销售电子产品，在免费保修期结束后为客户提供延长保修期服务，消费者通过支付一定的服务费用获得一年（或更长）的保修合同，该合同于正常保修期结束后生效。

（一）公司架构情况（见图 13－1）

（二）通过 Cornhill 的保险协议

客户在购买电子产品（如电视机、洗衣机或电脑）时将会获得 12 个月的制造商保修，这作为销售合同的一部分予以列示。同时，DSG 还将向客户提供一年或几年的延长保修期，以获得有关货物的固定保费。

1997 年 4 月之前，DSG 的保修服务由第三方保险公司 Cornhill 承保，并由 DSG 的

① 本案例由中央财经大学中国财政发展协同创新中心李泽琳编写。

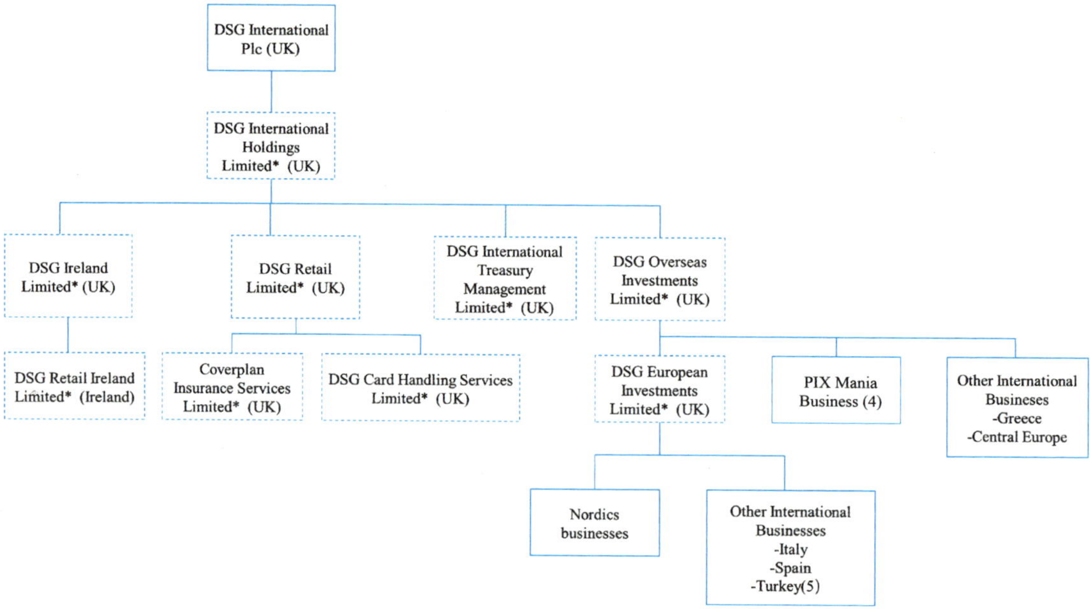

图 13－1　公司架构

子公司 Coverplan Insurance Services（CIS）作为 Cornhill Insurance PLC（Cornhill）的代理商，向 DSG 集团客户提供电子产品延长保修的技术服务。因此根据 CIS 和 Cornhill 之间的协议，CIS 店内人员将为 Cornhill 的客户安排保修服务，Cornhill 据此向 CIS 支付销售佣金。这里 Cornhill Insurance PLC 是一家马恩岛公司。然而，Cornhill 公司不愿在保险合同上承担全部风险，它仅仅承担 5% 的风险，并且向另一家 DSG 全资子公司 Dixons Insurance Services Limited（DISL）再保险了 95% 的风险，Cornhill 将自身 95% 的保费收入出让给了 DISL，因此，Cornhill 公司实际上将延长保修合同的 95% 收益返还给了 DSG 集团（通过 DISL）。相应地，DISL 需要向 Cornhill 支付保费金额一定比例的“委托佣金”，但具体比例并没有被固定下来，在长期的谈判中，DSG 集团和 Cornhill 之间通达成了一系列为期一年的协议修订（从 1987 年 5 月 1 日开始，1988 年，1989 年，1990 年），这笔佣金被逐步削减。

在本案中，DISL 和 Cornhill 均在马恩岛免征所得税。DISL 是英国所得税的非居民，也不支付英国所得税。DISL 收到的保费收入来自非关联方，得到了英国的税收豁免。因此，英国唯一直接对 DSG 的延保计划征收的税是保险费税（IPT）。1997 年 4 月以前，IPT 税率为 2.5%。1986—1997 年，由英国第三方公司 Cornhill 保险公司担保，在本案中，这一期间被称为“Cornhill 期间”（见图 13－2）。然而，从 1997 年 4 月 1 日起，IPT 利率提高到 17.5%。这一较高的税率相当于英国增值税的标准税率，这一税率变化促使 DSG 在 1997 年进行重组。

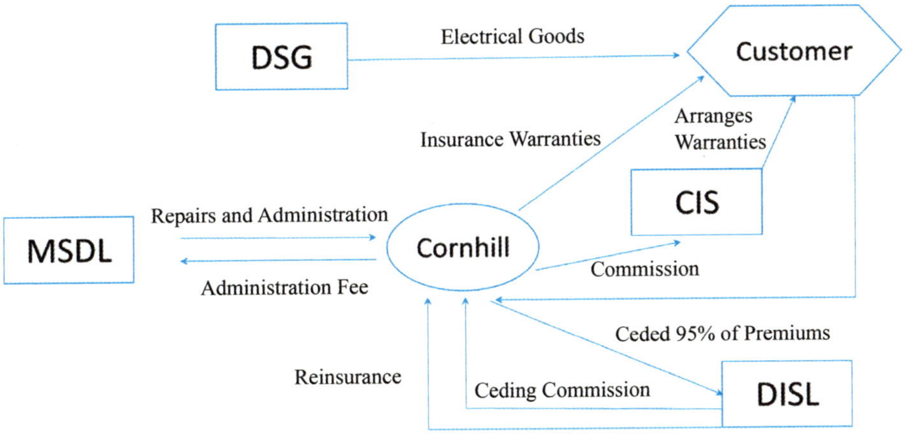

图 13－2　Cornhill 时期

（三）通过 ASL 的服务协议

通过一系列的重组规划，DSG 将延长保修合同从保险产品改为服务，使其被纳入增值税的范围，同时根据增值税的特点，DSG 在计税时可以扣除其支付的相关费用，通过将保险合同改为服务合同，DSG 集团每年节省了将近百万英镑。

在重组的过程中，DSG 终止了与 Cornhill 的合作关系，并与在马恩岛新成立的 ASL（Appliance Service Plan Limited）公司建立了合作关系，这一期间被称为"ASL 期间"（见图 13－3）。与 Cornhill 一样，ASL 是与 DSG 无关的独立第三方。除了将保修合同的特征从保险更改为服务之外，保修计划中没有其他重大变更。

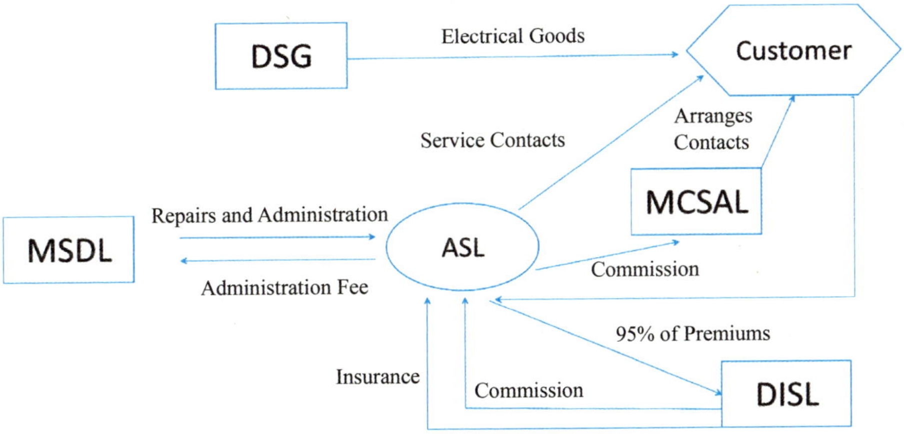

图 13－3　ASL 时期

在新的结构下，客户与 ASL 签订了保修服务合同，ASL 又向 DISL 投保了全部风险头寸（同时，DISL 改变了其马恩岛监管授权，以便开展保险业务，而不是再保险业务）。这一变更发生时，DISL 要求（并收到）马恩岛税务机关确认此变更并未改变其免税地位。从 1997 年 4 月起，唯一的保险合同将是两个马恩岛公司之间的保险合同，因此不在英国税收的范围内，IPT 也就不适用于 ASL 支付给 DISL 的保费，同时 17.5% 的 IPT 不适用于消费者向 ASL 支付的款项，因为合同的性质已经由保险变为服务。

在该案例中，关联方之间不存在可能触发适用英国转让定价规则的交易，因为只有 Cornhill 或 ASL 与 DISL 之间的保险或再保险合同。特别是，DISL 从 Cornhill 和后来从 ASL 获得的保费收入来自一个无关方，因此规避了英国转让定价规则。但是 HMRC（英国税务以及海关总署）通过援引转让定价规则认为 DISL 通过这项“延长保修服务”所获得的巨额利润应归属于英国，尽管 DISL 与集团其他成员之间缺乏直接合同，但是 DSG 集团通过整体安排向 DISL 转移了利润。

二、案件争议——DSG vs HMRC

该案件的争议点在于 Cornhill 和 ASL 向 DISL 支付的再保险和保险费安排是否符合公平交易原则（ALP 规则）。

（一）法律适用

涉及 Cornhill 时期的相关立法是 1988 年《所得税和公司税法》第 770 条。第 770 条适用于双方之间的财产出售，其中一方控制另一方，或两者均由同一实体控制，在这里出售的实际价格不同于按公平交易的独立人士所商定的价格（公平交易价格）。第 770 条规定，双方的收入、利润或损失应按税收目的遵循公平交易价格进行计算。第 773（4）条将第 770 条的适用范围从“出售财产”扩大到“提供任何形式的商业设施”。1998 年，英国转让定价立法发生了重大变化，引入了新的第 770 条，并增加了附表 28AA。附表 28AA 适用于 1999 年 6 月 30 日之后结束的会计期间，因此是 ASL 期间后期的适用法律。附表 28AA 适用于双方在交易或一系列交易之间存在控制的关系。如果实际条款与独立企业之间达成一致的条款（公平交易条款）不同，并赋予一方或多方在英国税收方面的潜在优势，根据附表 28AA 规定，税务机关应根据公平交易原则计算潜在有利一方的损益。本案例适用第 770 节和附表 28AA。

（二）争议和解决

1. DSG 通过与第三方公司签订保险/服务合同，向 DISL 提供了业务优势并转让了相关利益。尽管 DSG 与 DISL 没有直接合同，但 HMRC 辩论称，DSG 与第三方签订合同的前提是双方都默许第三方将由 DISL 再保险/保险。

2. Cornhill 的利润被 1993 年的合同变化“挤压”，而 DISL 的利润保持不变。该集团在 1993 年给了 DISL 一个“商业设施”，使 Cornhill 相对于 DISL 处于不利地位，因此第 770 条可能适用。

3. HMRC 辩论称，DISL 的非公平交易利润一直持续到 ASL 期间，通过对整个交易的分析表明，这些交易是在 DSG 集团、ASL 和 DISL 之间达成协议之后达成的，它们可以被视为一系列相互关联的协议。虽然这一系列合同本身不能被视为一项“条款”，但是要完成整体的避税安排，这些合同彼此关系密切不可分割。因此，附表 28AA 可能适用。

4. DISL 得益于 DSG 的子公司 MCSAL 提供延长保修服务所创造的收益。HMRC 辩论称，如果双方进行公平的交易，DISL 将不得不向 DSG 支付一定的费用，以换取签订有吸引力的再保险/保险安排的机会，从而需要额外向 MCSAL 支付一笔款项作为补偿。

5. 在确定应进行的调整时，法院专门考虑了延长保修保险/再保险协议的每一当事方如果是独立的、公平交易的人，可能会获得的利润。经合组织关于确定公平交易价格的可比非受控价格（CUP）方法的指导方针在该判例中受到了高度重视；尽管 DSG 提出了一些潜在的可比价格，但最终都被否决，理由是它们包含了市场条件和产品差异等无法进行有效的调整因素。最终决定，在没有合适的可比价格的情况下，利润分割法是最合适的定价方法，因为 DISL 的利润完全依赖于 DSG 英国商店的“销售点优势”和强大的 DSG 品牌效应，因此在确定 DISL 的公平资本回报率后应将剩余利润分配回 DSG 集团。

案件延期审理，以便双方制定适当的利润分配方案。2009 年 6 月 25 日，DSG 发布了一份新闻声明，称已与 HMRC 达成私下和解，此案才告一段落。

三、案件影响

这一决定将提醒在低税收管辖区使用子公司的英国集团，使用特定子公司需要有强有力的商业理由，并需要完整陈述事实、职能和风险，以支持利润分配，特别是子公司赚取的利润是否与它的贡献相协调一致，相对议价能力和备选方案的可用性以及其他与转让定价分析相关的其他因素都应该考虑在内，这样才能大大降低风险。

从本案中可以吸取的另一个重要教训是，特别是就金融服务集团而言，让第三方中介机构参与业务安排并不会将该安排排除在转让定价考虑之外。HMRC 将把这些安排作为一个整体来解释，如果该第三方是由一个集团实体聘用的，只有在第三方反过来会与集团的另一个实体签订合同的情况下，转让定价立法才适用。然而，总体来说，这项决定的关键含义必须是，HMRC 现在比以往任何时候都更有信心将转让定价案件提交诉讼，并挑战跨国企业的定价方法[①]。

① 本案例由胡欣蕾责编。

案例 14：

瑞士魏克控股有限公司等与泰州浩普投资有限公司关联交易损害责任纠纷上诉案例[①]

一、公司情况

泰州魏德曼高压绝缘有限公司（以下简称泰州魏德曼公司）为中外合资企业，由瑞士魏克控股有限公司（以下简称瑞士魏克公司）和泰州浩普投资有限公司（以下简称泰州浩普公司）出资创立，双方出资比例分别为 40%、60%，于 1998 年开业，总投资 2200 万美元，注册资本 1000 万美元。公司主要生产绝缘纸板、绝缘成型件及塑料工业配件，并销售企业所生产的产品。

泰州浩普公司是由始建于 1973 年的泰州绝缘材料总厂改制后设立的集投资、科研和制造于一体的高科技民营企业集团。

瑞士魏克公司创建于 1877 年，是国际公认的变压器高压绝缘技术的领先者。泰州魏德曼公司与瑞士魏克公司签有商标许可协议和技术许可协议，瑞士魏克公司在工厂建设、产品研发、人员培训、产品认证等方面全面地向泰州魏德曼公司提供支持和服务，为泰州魏德曼公司的成长和发展提供技术来源和支撑。

WEIDMANN SYSTEMS INTERNATIONAL LIMITED（魏德曼系统国际公司，以下简

① 本案例由中央财经大学中国财政发展协同创新中心李泽琳编写。

称香港魏德曼公司）为瑞士魏克公司在香港设立的法人团体，控股比例为 99.99%，主要出口电器零件及配件。泰州魏德曼公司架构如图 14－1 所示。

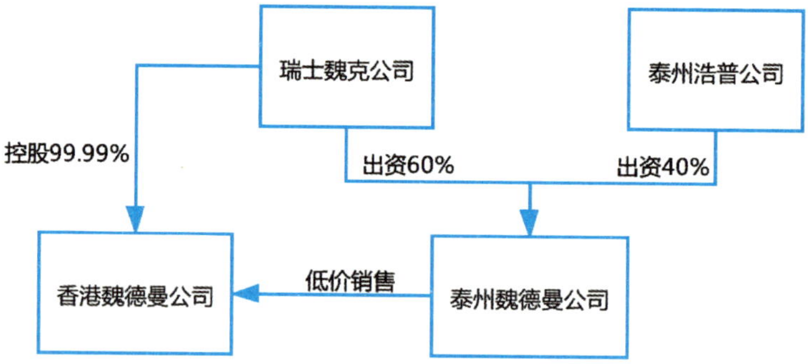

图 14－1　公司架构

二、案件经过

2000—2009 年，瑞士魏克公司利用其在泰州魏德曼公司的控股股东及董事地位，与瑞士魏克公司所设香港魏德曼公司以价格明显低于国内销价的方式出口销售泰州魏德曼公司产品，借此转移利润至瑞士魏克公司，使泰州魏德曼公司减收利润 1973 多万元，造成经济损失 480 多万元，合计 24531149.54 元。泰州浩普公司认为，瑞士魏克公司作为泰州魏德曼公司的控股股东，与香港魏德曼公司一起，利用关联交易将产品利润转移至香港魏德曼公司，其行为违反了公司法等相关法律规定，损害了泰州魏德曼公司的合法利益。

（一）一审经过

一审原告为泰州浩普公司，被告为瑞士魏克公司，第三方为泰州魏德曼公司。

一审争议焦点是：第一，泰州浩普公司提起股东代表诉讼是否符合《公司法》（2013 年修订前）第一百五十二条规定的前置程序；第二，泰州浩普公司在本案中撤回对袁同发、香港魏德曼公司的起诉，是否构成对全案的撤诉；第三，瑞士魏克公司是否通过泰州魏德曼公司与香港魏德曼公司的关联交易行为损害了泰州魏德曼公司的利益；第四，泰州浩普公司委派人员在订单和备货单上的签字行为，是否可以免除瑞士魏克公司利用关联交易损害公司利益的民事责任；第五，泰州浩普公司的主张是否超过诉讼时效期间；第六，泰州浩普公司主张的律师费用这一请求是否应得到支持。

针对争议焦点第三条（仅选取与本案例相关的关联交易转让定价内容），一审法院认为，泰州魏德曼公司以低于内销价格与香港魏德曼公司进行关联交易，对此瑞士魏克公司并不持异议，但瑞士魏克公司认为这是为了同时开发和维护国际与国内市场，泰州魏德曼公司合理地分配国际和国内市场的销售量。瑞士魏克公司在香港魏德曼公司的持股比例为99.99%，这种绝对控股比例足以使人确信两公司之间存在支配与被支配的关系。因而，瑞士魏克公司所称泰州魏德曼公司与香港魏德曼公司之间的关联交易是为了开发和维护国际市场这一说法让人难以信服。反之，从瑞士魏克公司在本案中的辩称内容来分析，瑞士魏克公司之所以通过香港魏德曼公司来出口销售，一是为了防止泰州浩普公司了解其海外客户信息，二是通过香港魏德曼公司出口销售能够达到转移利润的目的。因此，一审法院认定瑞士魏克公司通过泰州魏德曼公司与香港魏德曼公司的关联交易行为损害了泰州魏德曼公司的利益。

（二）二审经过

二审上诉人为瑞士魏克公司和泰州魏德曼公司，被上诉人为泰州浩普公司。

二审争议焦点是：第一，一审程序是否存在违法之处；第二，泰州浩普公司提起股东代表诉讼是否符合我国《公司法》（2013年修订前）第一百五十二条规定的前置程序；第三，泰州浩普公司的主张是否超过诉讼时效；第四，瑞士魏克公司是否通过香港魏德曼公司与泰州魏德曼公司的关联交易行为损害了泰州魏德曼公司的利益；第五，民事责任如何承担。

针对与转让定价相关的争议第四条，二审法院认为，瑞士魏克公司持有香港魏德曼公司99.99%的股权，因此两者之间关联关系是显而易见的。在瑞士魏克公司的控制下，自2000年起，泰州魏德曼公司将其产品低价出售给香港魏德曼公司。泰州税务部门对此进行了查处，泰州魏德曼公司据此自行调整了应纳税所得额，并补缴了所得税。这表明泰州魏德曼公司和瑞士魏克公司认可其存在转让定价的避税行为。据此，瑞士魏克公司应当将该应纳税所得额一并归入公司，但其并未将该部分应纳税所得额归入泰州魏德曼公司。一审法院据此认定瑞士魏克公司利用关联交易行为损害了泰州魏德曼公司的利益，并无不当。

瑞士魏克公司认为，其之所以将泰州魏德曼公司的产品低价销售给香港魏德曼公司，是为了同时开发和维护国际与国内市场，合理地分配国际和国内市场的销售量，并非通过转让定价损害泰州魏德曼公司的利益。瑞士魏克公司为此提交了香港魏德曼公司下达给泰州魏德曼公司的订单以及对应的香港魏德曼公司再销售涉案产品的订单确认书，用以证明香港魏德曼公司的进价和销价相同。但经查，该订单上魏德曼公司的电话、产品价格与实际情况不符，故该订单不能作为认定事实的依据。故瑞士魏克公司关于其未通过转移定价损害泰州魏德曼公司利益的上诉理由，没有事实依据，不予支持。

此外，瑞士魏克公司还主张，泰州浩普公司委派到泰州魏德曼公司担任副总经理的宣白云对香港魏德曼公司的订单予以签字确认，表明泰州浩普公司亦同意以低于国内市场的价格向香港魏德曼公司销售产品。因此，瑞士魏克公司不应承担利用关联交易损害公司利益的民事责任。二审法院认为，宣白云是泰州魏德曼公司的副总经理，其在订单上签字系履行职务，其职务行为体现的是公司董事会的意志，而董事会由瑞士魏克公司控制，因此宣白云签字实际执行的是瑞士魏克公司的意志，而不是泰州浩普公司的意志。故不能据此认定泰州浩普公司亦同意以低于国内市场的价格向香港魏德曼公司销售产品。实际上，自 2005 年 4 月 28 日起，泰州浩普公司多次致函泰州魏德曼公司、瑞士魏克公司，对涉案关联交易提出异议。这表明泰州浩普公司反对以低于国内市场的价格向香港魏德曼公司销售产品。因此，瑞士魏克公司和泰州魏德曼公司简单地以宣白云系泰州浩普公司委派的副总经理为由，主张宣白云在订单上签字就意味着泰州浩普公司同意泰州魏德曼公司向香港魏德曼公司低价销售产品，依据不足，法院不予支持。一审法院判令瑞士魏克公司对其利用关联交易给公司造成的损失承担赔偿责任，并无不当。

三、分析思路

（一）梳理案件中相关公司的交易关系

见公司情况部分。

（二）梳理案件各场诉讼的原告、被告以及判决

1. 一审

一审原告为泰州浩普公司，被告为瑞士魏克公司，第三方为泰州魏德曼公司。

一审法院认定瑞士魏克公司通过泰州魏德曼公司与香港魏德曼公司的关联交易行为损害了泰州魏德曼公司的利益。

2. 二审

二审上诉人为瑞士魏克公司和泰州魏德曼公司，被上诉人为泰州浩普公司。

二审法院认为，一审法院认定瑞士魏克公司利用关联交易行为损害了泰州魏德曼公司的利益，并无不当。

（三）寻找法规依据，结合案例情况分析

该案例属于转让定价中购销产品方面的案例，主要法律依据为中国税收征收管理法和所得税法，以及经合组织协定范本。

四、理论依据和分析

（一）法规依据

1. 关联企业的认定

中国税务管理机关对关联关系的认定主要是依据《中华人民共和国外商投资企业和外国企业所得税法实施细则》（国务院令 1991 年第 85 号）中第五十二条的规定。该条规定，关联企业是指与企业有以下关系的公司、企业和其他经济组织：

- 在资金、经营、购销等方面，存在直接或间接的拥有或者控制关系；
- 直接或者间接地同为第三者所拥有或者控制；
- 其他在利益上相关联的关系。

《关联企业间业务往来税务管理规程（修订稿）》（国税发〔2004〕第 143 号）第四条第一款对《所得税法实施细则》所确立的上述三项判断标准进行了进一步的明确。根据该条的规定，当外商投资企业或外国企业与另一公司、企业或其他经济组织之间存在下列关系之一时，可以认定它们是关联企业：

（1）相互间直接或间接持有其中一方的股份总和达到 25% 或以上的；

（2）直接或间接同为第三者所拥有或控制股份达到 25% 或以上的；

（3）企业与另一企业之间借贷资金占企业自有资金 50% 或以上，或企业借贷资金总额的 10% 或以上是由另一企业担保的；

（4）企业的董事或经理等高级管理人员一半以上或有一名以上（含一名）常务董事是由另一企业所委派的；

（5）企业的生产经营活动必须有另一企业提供的特许权利（包括工业产权、专有技术等）才能正常进行的；

中国国家税务总局在 1992 年发布的《关联企业业务往来税务管理实施办法》（国税发〔1992〕第 237 号）中第一次采用列举方式对关联关系的认定标准进行较为详细、具体的规定。《关联企业间业务往来税务管理规程（修订稿）》（国税发〔2004〕143 号）对上述认定标准进行了完善。

（6）企业生产经营购进原材料、零配件等（包括价格及交易条件等）是由另一企业所供应并控制的；

（7）企业生产的产品或商品的销售（包括价格及交易条件等）是由另一企业所控制的；

（8）对企业生产经营、交易具有实际控制，或在利益上具有相关联的其他关系，包括家族、亲属关系等。

中国税务管理机关在关联企业的认定问题上除了采取国际上通行的股权控制标准（第1—3项）和人身控制标准（第4、8项）外，还采取了在经营管理上的其他一些控制标准（第5—7项）。因此，根据上述8项判断标准，那些持有中国境内外商投资企业少数股权的国外公司，仍极有可能因其他一些控制性因素而被认定为与中国境内外商投资企业构成关联企业。

2. 公平交易原则

公平交易原则是转让定价制度的核心原则。税务管理机关判断关联企业间的交易定价是否合理，关键就是看关联企业间交易的定价方法是否符合公平交易原则。

关于公平交易原则的权威性表述见经合组织税收协定范本第9条第1节："［当］两个［关联］企业之间的商业或财务关系不同于独立企业之间的关系，那么，任何本应由其中一个企业取得，但由于这些情况而没有取得的利润，可以计入该企业的利润内，并据以征税。"

公平交易原则之所以能被多数国家所普遍接受，一个关键原因就是它将跨国企业集团的成员视为一系列独立运作的实体，并在税收上将它们与独立企业一视同仁，从而有助于避免在跨国企业集团和独立企业之间造成明显的税负优劣势而破坏它们在市场中的正常竞争地位。

公平交易原则要求关联企业间交易的价格，应当与独立企业间在相同或类似条件下的交易价格相近。运用公平交易原则时，需要将关联交易的条件与独立企业间的交易条件进行比较。为了使这种比较具有有效性，要求两种交易的有关经济特征必须具有充分可比性。这意味着相比较的两种交易之间的任何差异（如果有的话）不能实质上影响有关定价方法（基于交易的方法或基于利润的方法）所规定的条件，或者这种差异可通过合理准确的调整加以排除。

中国政府在1991年颁布了《中华人民共和国外商投资企业和外国企业所得税法》（以下简称《所得税法》），其中第十三条确立了独立企业交易原则。该条规定"外商投资企业或者外国企业在中国境内设立的从事生产、经营的机构、场所与其关联企业之间的业务往来，应当按照独立企业之间的业务往来收取或者支付价款、费用，……”。在随后颁布的《所得税法实施细则》中对“独立企业交易原则”作出了明确的规定。该实施细则第五十三条规定“独立企业之间的业务往来，是指没有关联关系的企业之间，按照公平成交价格和营业常规所进行的业务往来”。

中国转让定价立法所确立的“独立企业交易原则”与经合组织所倡导的公平交易原则在实质上是一致的。它们都强调要以不存在任何关联关系的独立企业之间在正常市场环境下进行类似交易的价格作为正常交易价格的标准。

（二）其他依据

1. 公司规章规定

公司《签字权的规定》相关内容为：所有与关联公司相关的业务，无论金额大小，都必须由双方业务操作的负责人进行联合签字；没有适当的理由，任何一方不得拒绝联合签字；如果该关联交易符合正常交易规则及国际惯例，拒绝联合签字的理由即被认为不存在；拒绝签字的一方必须陈述充分的理由。公司《合资合同》附件八（《产品出口协议》）规定：出口销售价格将由董事会根据国际实际情况决定，作为惯例将不低于内销价。

2. 税务局判定资料

2004年11月30日，泰州市税务局第四税务分局向泰州魏德曼公司发出《转让定价应纳税所得额调整通知书》，其主要内容为：“经查，你公司从2000年至2002年12月31日止，与香港魏德曼公司的业务往来中，采用转让定价方式销售商品，价格明显偏低，不符合公平交易原则和正常经营常规。根据《中华人民共和国税收征收管理法》第三十六条、《中华人民共和国外商投资企业和外国企业所得税法》第十三条之规定，决定调增你公司2000年度应纳税所得额1431115.39元，调增2001年度应纳税所得额5310487.32元，调增2002年度应纳税所得额2195318.34元。2000年为享受所得税优惠起始年度，2002年减半征收所得税，补征2002年度涉外企业所得税263438.20元。

《中华人民共和国税收征收管理法》第三十六条：企业或者外国企业在中国境内设立的从事生产、经营的机构、场所与其关联企业之间的业务往来，应当按照独立企业之间的业务往来收取或者支付价款、费用；不按照独立企业之间的业务往来收取或者支付价款、费用，而减少其应纳税的收入或者所得额的，税务机关有权进行合理调整。

《中华人民共和国外商投资企业和外国企业所得税法》第十三条：外商投资企业或者外国企业在中国境内设立的从事生产、经营的机构、场所与其关联企业之间的业务往来，应当按照独立企业之间的业务往来收取或者支付价款、费用，……

（三）分析

1. 关联企业的判定

根据《中华人民共和国外商投资企业和外国企业所得税法实施细则》中“直接或者间接地同为第三者所拥有或者控制”对关联企业的定义，以及《关联企业间业务往来税务管理规程（修订稿）》中“直接或间接同为第三者所拥有或控制股份达到25%或以上的”对关联企业的进一步定义，本案例中泰州魏德曼公司和香港魏德曼公司同为瑞士魏克公司的控股子公司，满足定义关联企业的上述条件。

2. 转让定价行为的判定

公平交易原则要求关联企业间交易的价格，应当与独立企业间在相同或类似条件下的交易价格相近。并且根据我国所得税法的相关规定，“外商投资企业或者外国企业在中国境内设立的从事生产、经营的机构、场所与其关联企业之间的业务往来，应当按照独立企业之间的业务往来收取或者支付价款、费用，……”，泰州魏德曼公司与关联企业香港魏德曼公司之间的交易价格明显低于泰州魏德曼公司与内陆其他独立企业的交易价格，符合法规中对转让定价行为的规定。

3. 瑞士魏克公司是否通过香港魏德曼公司与泰州魏德曼公司的关联交易行为损害了泰州魏德曼公司的利益

（1）瑞士魏克公司认为低价销售产品给香港魏德曼公司的目的是开发和维护国际与国内市场，泰州魏德曼公司合理地分配国际和国内市场的销售量。但瑞士魏克公司在香港魏德曼公司的持股比例为99.99%，这种绝对控股比例足以使人确信两公司之间存在支配与被支配的关系。因而，瑞士魏克公司所称泰州魏德曼公司与香港魏德曼公司之间的关联交易是为了开发和维护国际市场这一说法让人难以信服。

（2）泰州市税务局第四税务分局向泰州魏德曼公司发出《转让定价应纳税所得额调整通知书》后，泰州魏德曼据此调整了应纳税所得额，瑞士魏克公司应当将该应纳税所得额一并归入公司，但其并未将该部分应纳税所得额归入泰州魏德曼公司①。

① 本案例由王诸责编。

案例15：

雪佛龙集团关联融资税务案例①

一、公司情况

雪佛龙公司（Chevron Corporation，NYSE：CVX）始建于1879年，按营业额计算，位列世界十大石油公司之一。公司总部设在美国加州旧金山，经营范围包括石油和化学工业的各个方面，业务涉及约90个国家，雪佛龙在全球的员工超过3.9万人。雪佛龙公司是美国第二大石油公司，业务遍及全球180个国家和地区。2001年10月，雪佛龙以390亿美元兼并了其主要竞争对手之一德士古，并以雪佛龙—德士古（Chevron Texaco）作为公司的名称。2005年5月9日雪佛龙德士古宣布，更名为“雪佛龙公司”。

雪佛龙集团与美国德士古集团（Texaco）合并后在澳大利亚设立控股公司，以下简称“CAHPL”。位于美国的雪佛龙德士古融资公司是CAHPL的全资子公司，以下简称“融资公司”。雪佛龙公司架构如图15－1所示。

- 由于利差，融资公司产生了利润，并支付给在澳大利亚免税的CAHPL。
- CAHPL又向股东支付股息。

雪佛龙公司以此关联融资交易实现了利润转移和避税，如图15－2所示。

2015年10月23日，澳大利亚法院就雪佛龙集团于2003—2008年在美国和澳大利亚之间集团关联融资税务案件作出判决，最终宣判澳大利亚税务当局胜诉。法院认为，CAHPL未表明根据信贷融资协议支付的利息等于或小于公平交易原则下的利息水平。

① 本案例由中央财经大学中国财政发展协同创新中心李泽琳编写。

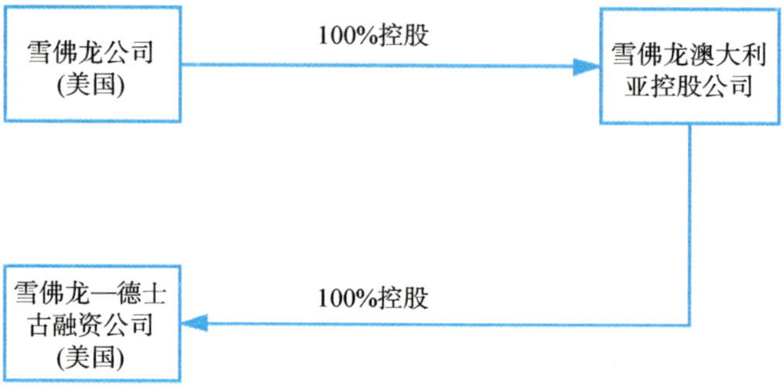

图 15－1　公司架构

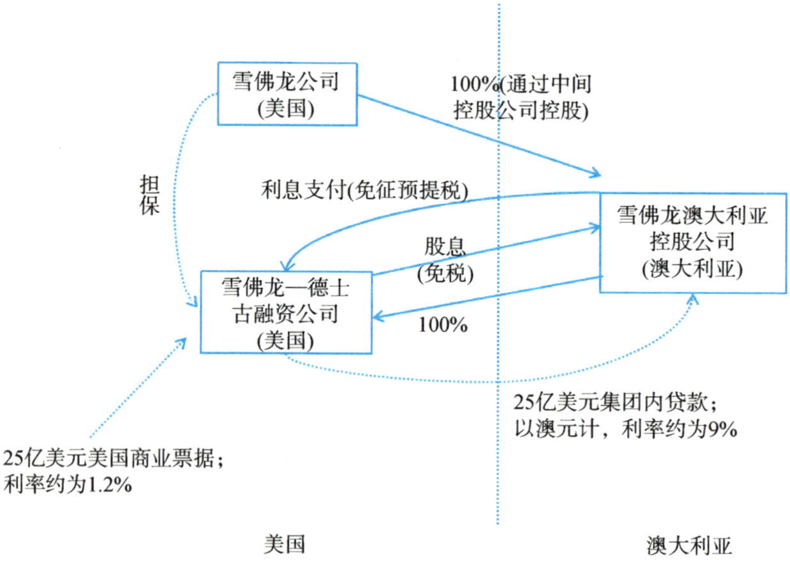

图 15－2　公司关联融资交易

二、分析思路

（一）梳理案件中相关公司的交易关系

见公司情况部分。

（二）梳理案件各场诉讼的原告、被告以及判决

原告为澳大利亚税务局，被告为雪佛龙集团。澳大利亚联邦法院认为，CAHPL 未表明根据信贷融资协议支付的利息等于或小于公平交易原则下的利息水平。

(三) 寻找法规依据，结合案例情况分析

该案例属于转让定价中关联融资交易方面的案例，主要法律依据为澳大利亚所得税法。

三、理论依据和分析

(一) 法律依据

1. Division 13 of income tax law Income Tax Assessment Amendment Act 1982

The preconditions for the operation of Div 13 were:

A taxpayer acquired property (broadly defined) under an international agreement.

The Commissioner was satisfied that the parties to the agreement (or any two of them) were not dealing at arm's length.

The taxpayer agreed to give consideration in respect of the acquisition that exceeded the arm's length consideration in respect of the acquisition.

第十三章适用的条件是:

- 纳税人根据国际协议获得（广泛定义的）财产。
- 税务局同意协议各方（或其中任何两方）未按公平原则进行交易。
- 纳税人同意就收购超过公平交易对价的收购事项作出考虑。
- 税务局确定该条款是适用的。

2. 1997 income tax legislation Subdivision 815 – A

815 – A 条款旨在提供、实施双重税收协定中关联企业条款所需的国内法权力。

815 – 10:

(1) The Commissioner may make a determination mentioned in subsection 81530 (1), in writing, for the purpose of negating a transfer pricing benefit an entity gets.

(2) However, this section only applies to an entity if:

a. the entity gets the transfer pricing benefit under subsection 815 – 15 (1) at a time when an international tax agreement containing an associated enterprises article applies to the entity; or

b. the entity gets the transfer pricing benefit under subsection 815 – 15 (2) at a time when an international tax agreement containing a business profits article applies to the entity.

815 – 15 (5) An associated enterprises article is:

a. Article 9 of the United Kingdom convention (within the meaning of the International Tax Agreements Act 1953); or

b. a corresponding provision of another international tax agreement.

（二）分析

1. 融资背景下的独立交易原则

根据 1982 年税法修订案的第十三章内容来看，该案例符合其第四种条件，即本案中税务局确定该转让定价条款是适用的，应当使用条款中的独立交易来分析本案例。

在本案庭审中，针对独立交易原则的考虑展开激烈的讨论。CAHPL 引用早些时候澳大利亚税务局败诉 SNF 公司的判例强调本案例交易的利率符合独立交易原则。CAHPL 的假设将 AHPL 与第三方商业银行（如美国银行）之间可能发生的贷款交易作为本案例的可比交易，试图说明假设可比条件下的无担保无抵押假设贷款下的利率与本案例中的利率水平相近，以此证明本案例交易的利率符合独立交易原则。但法庭最终对 CAHPL 的提议进行了驳回。法院认为，CAHPL 的提议试图忽略交易主体的所有特征和可比因素，这样的分析逻辑是不符合独立交易原则的①。

具体来说，法院认为，即使纳税人需要对虚拟情形下的交易进行分析，必须涉及与判决有关的实际协议所赋予的相同权利或利益，应当充分考虑交易主体的关键特征，如 CAHPL 是跨国集团企业的一份子、集团母公司为融资公司提供了担保以及其所在的行业的特征（即在本案中的油气能源行业），从而使得假设情形足够接近真实交易。融资公司提供的贷款没有担保，CAHPL 没有就贷款提供任何运营或财务契约。这种程度担保下的贷款利率应当较低。法院认为，公平交易各方会对贷款给予这种考虑，因此本案例中利率被夸大了②。

独立交易原则分析时的“假设性”要求在描述假设性独立方的属性时，否定缔约方之间的任何联系。这需要否定 CAHPL 和融资公司之间的母子公司关系，以及雪佛龙集团对实体的共同所有权。由于本案中涉及公司所属统一集团，对于“independent”一词解释，本案法官认为 s136AAD（3）（d）并未要求将 CAHPL 视为独立（stand alone）公司；该条款并不要求将“独立”（independent）一词解释为完全独立于集团，而不是独立于贷方。假设的独立方应具有与贷款定价相关的特征，以使假设起作用。

---

① 舒伟，余华颖，孙一顺．后 BEPS 时代关联融资面对的税务新挑战——澳大利亚雪佛龙案引发的思考［J］．国际税收，2016（06）：45－49.

② Deloitte. Deconstructing the Chevron Transfer Pricing Case, 2015. 见：https://www2.deloitte.com/au/en/pages/tax/articles/deconstructing-chevron-case.html.

例如，假设借款人也将被假定为主要跨国公司的子公司。另外，在进行法定分析时，必须忽略雪佛龙集团对 CAHPL 所持债务的任何隐性担保（雪佛龙公司给予融资公司担保，这种担保是否会间接地传导至 CAHPL 以致融资公司愿意以无担保的方式和目前的利率与 CAHPL 进行交易）。这种方法可能与经合组织对母公司“隐性支持”的认可形成冲突。本案中澳大利亚税务局站在本国税收的立场上，没有充分考虑这一因素。

本案作为转让定价中的金融交易类型，在其中独立交易原则的使用致使分析变得更为复杂。在本案发生的 2015 年，金融交易的转让定价条款也大多处于模糊和空白状态。由于金融交易本身可以附加和设定层出不穷的交易条件，这类交易的复杂性和多变性远胜于其他类型交易（如传统的有形商品购销类型），加之跨国集团中公司间复杂的税务安排架构，也就意味着在使用独立交易原则分析时所需考虑的特征属性更多更复杂，也更难找到合适的可比交易。还有其他的特殊因素比如本案中涉及的集团协同效应（雪佛龙公司担保的隐性效应）也需要在使用独立交易原则中考虑。

2. 独立交易的条件

在本案中，法院支持澳大利亚税务局对于交易条件进行重新定性。法院认同了澳大利亚税务局在资产保全条款这一关键交易条件上的主张，即在独立交易情形下，借款人通常都会向贷款人提供运营或财务方面的保障，以此获得独立交易条件下的合理利率水平，作为融资交易对价。这意味着在分析本案中的独立交易条件时，存在运营或者财务方面的保障条款应作为可比交易分析的一项考虑因素。而本案中纳税人一方的分析是基于无资产保全条款情形下的转让定价分析或调整，因此法院认定其为无效证据。

在确定代表独立交易对价的因素时，CAHPL 和税务当局都召集了一些证人来支持他们的分析。法院对经济学家提出的许多证据持批评态度，原因是分析没有按照法院认为必须适用的法定语言进行，这些证据都围绕着一个独立方借款的比率展开。在未来的案例中，需要仔细考虑应该由经济学家提供证据的范围和问题。

法院法官最终确定，评估法定问题的正确视角来自商业贷方。根据所提供的证据，法院不支持 CAHPL 关于对价不超过独立交易原则下利率水平的证明。

3. 澳大利亚/美国双重征税协议的适用性

CAHPL 认为，本案中涉及的双重税收协议是澳大利亚/美国双重税收协议，不包含关联企业条款，因为该术语在 815 - A 条款中有定义。815 - A 条款中的定义依赖于澳大利亚/英国双重征税协议条款作为援引细分所需的形式。在这方面，法院认为，双重征税协议中的条款与澳大利亚/英国双重征税协定中的条款具有相同的“要点”（不一定相同的细节）就足够了。

CAHPL 还就该条款在澳大利亚/美国双重征税协议中的适用性提出了各种意见。

这些条款包括，协定的利息条款在利息方面是详尽无遗的，没有其他条款可以适用；协定的第1条禁止增加协定的税务责任。这些论点均被法院驳回，法院认为关联企业条款适用于这种情况。

在确定条款是否产生“转让定价利益”时，法院考虑了澳大利亚/美国双重征税协定，考虑了相关标准，即CAHPL的应纳税所得额是否大于其实际金额，但要满足条款中提到的条件，收益金额之间的差额可能是由于条件是否成立产生的。

与CAHPL提交的意见相反，税务局认为没有必要分别列出每一项条件，以及每一项条件对CAHPL利润所产生的个别影响。

法院指出，815 - A条款与13条款的标准不同。不以CAHPL和CFC之间协议的条款为出发点，也不考虑这些条款（除了对价之外）是否是独立各方将会处理的条款，而是要考虑整个安排。在此情况下，专员确定了大约11个运作的条件，使利润的数额与没有利润的情况下预期会增加的数额不同。

这些条件包括：

- CAHPL、CFC和CVX之间的关系。
- 贷款条款包括利率、期限、货币和缺乏安全条款。
- 合并CFC及其商业票据计划的唯一目的是为CAHPL提供资金。
- CAHPL和CFC的信用档案可以通过CVX作出的决定来控制。
- CFC以高利率贷款给CAHPL获利。
- CFC收取的利率越高，CAHPL的利润就越高。

虽然法院不接受贷款的货币与根据其所获得的证据所预期的货币不同，但法院承认与贷款有关的条件满足了法定问题。因此，根据815 - A条款，税务局有权考虑安排的所有条件，以确定独立当事方之间可能发生的情况。

与第13分部中的考虑类似，法院还考虑了将交易各方的哪些属性导入假设的独立方中，以确定可能合理发生的事情。法院认为，与13条款不同，在815 - A下，考虑当事方彼此之间，其母公司和子公司之间的关系是适当的。因此，在确定合理预期可能发生的事情时，可以考虑诸如对母子公司间债务的隐含担保等事项。但是，根据特定案件的事实，法院认为，这种默示支持对贷款条款的影响有限。

最后，CAHPL还提出，如果双重征税协议中的条款提到“利润金额”，则必须按照正常含义来解释，而不应理解为与应税收入有关。就是说，如果某些税收规定导致应纳税额不予计提，则企业的利润必须因该条件而减少。CAHPL特别提到了它从CFC收到的巨额股息，这导致其所涉年份的利润应不少于独立交易原则下应获得的利润。但是，由于当时ITAA 1936年23AJ的规定，这些股息是CAHPL不可评估的免税收入，因此不会增加 CAHPL 的应税收入。

法院裁定，利润应按其通常含义解释，但是，不允许对这种情况采取“净利润”方法。在这种情况下，法院裁定，不能将股息抵销因利率高于独立方合理预期的利润所导致的利润减少。

法院处理第 815 - A 款的办法的要点是：

- 法院可以考虑所有运行的条件，而不仅仅是协议项下的考虑。
- 假设的独立方仍然具有可能影响本协议条款的母公司和子公司的关系特征。
- 因非独立方条件而导致的利润减少不能以另一种方式产生的利润抵销。

（三）处理金融关联交易的新进展：OECD《金融交易转让定价指南》（讨论稿）

经济合作与发展组织（OECD）于 2018 年 7 月 3 日发布了《金融交易转让定价指南》（讨论稿）（以下简称“《讨论稿》”）。

《讨论稿》主要分为四个部分。第一部分是独立交易原则在金融交易中的应用指南，其余三个部分则针对不同金融交易类型提供指导内容。

OECD 发布的税基侵蚀和利润转移（BEPS）最终报告，包括“确保转让定价结果与价值创造相匹配——第 8—10 项行动计划”。该报告修订了 OECD 转让定价指南中有关独立交易原则在关联交易分析中的应用指引，并表示将针对金融交易的经济特性和独立交易原则的适用另行发布额外指导意见。

《讨论稿》B 部分为识别关键商业和财务关系、金融交易的相关经济特征以准确描述受控交易提供了关键性指导。《讨论稿》重点强调了准确描述受控交易的重要性，包括将之应用于评估贷款合同利率、判断贷款合同是否属于经济意义上的贷款或其他形式的安排（例如股权投资）。上述指导意见概述了进行转让定价分析时，应考虑该融资交易的合同条款、交易中贷款方和借款方执行的功能（并考虑所使用的资产和承担的风险）、金融产品或服务的特征、合同订立时的经济环境，以及交易各方的经营策略。

对假设为关联贷款的交易进行分析时，贷款方和借款方各自执行的功能可考虑以下几个方面（见表 15 - 1）：

表 15 - 1　　分析关联贷款交易时需考虑的方面

贷款方	借款方
分析和评估贷款交易的固有风险	审查并确保有足够资金偿还本金和利息
向借款方提供资金的能力	提供抵押品
确定贷款的条款和条件、贷款资金筹措和贷款记录	履行其他合同条款
贷中监控和复核	

其中，对于集团内贷款，《讨论稿》重点讨论了贷款利率的转让定价分析，要求同时从贷款方和借款方的角度进行分析，包括功能分析和合同条款的审视分析（如与合同双方实际履行功能风险的差异性）。

《讨论稿》对贷款利率的定价提供了详细的指导，同时也提出了一些有意思的观点：

现行定价方法（可比非受控价格法和基于资金成本的定价方法）被认为是合适的转让定价机制。但值得注意的是，银行提供的报价意见通常不能作为证明关联贷款利率符合独立交易原则的依据。

无风险回报率是否适用于那些不履行决策功能的贷款人的交易？如果没有实际雇员的控股公司被用来举债，由此而造成的持续性亏损问题有待 OECD 作进一步讨论[①]。

① 本案例由王诺责编。

7

综合教学案例

案例 16：

加拿大葛兰素史克转让定价诉讼案例[①]

该起转让定价案涉及的是葛兰素史克集团的一家加拿大制药子公司向非居民关联方购买雷尼替丁（一种注册商标处方药的关键成分）支付对价的问题。葛兰素史克加拿大公司从葛兰素集团内部购买雷尼替丁的支付价格是从一般制造商处购买价格的5倍以上。加拿大税务局就这一购买价格进行了重新认定和调整，作出补税决定。随后案件依次上诉至税务法庭、联邦上诉法院和最高法院。本案涉及难点在于与购买行为相关的特许权使用费交易的处理。

一、公司情况

葛兰素史克加拿大公司（Glaxo Canada，以下简称“加拿大公司”）是 Glaxo Group（以下简称“集团公司”）的子公司，而 Glaxo Group 是 Glaxo Holdings PLC（UK）全资控股的子公司。按照医药制造行业的商业惯例，加拿大公司与集团公司就取得颗粒状的雷尼替丁（善胃得的有效成分，善胃得是市场上领先的治疗胃溃疡的药品）签订了使用集团公司商标和专利的许可协议。

① 本案例由中央财经大学国际税务研究中心曹明星老师组织撰写。该案例 2015 年获得“第一届全国税务教指委案例评选”一等奖。

（一）公司架构情况（见图 16 - 1）

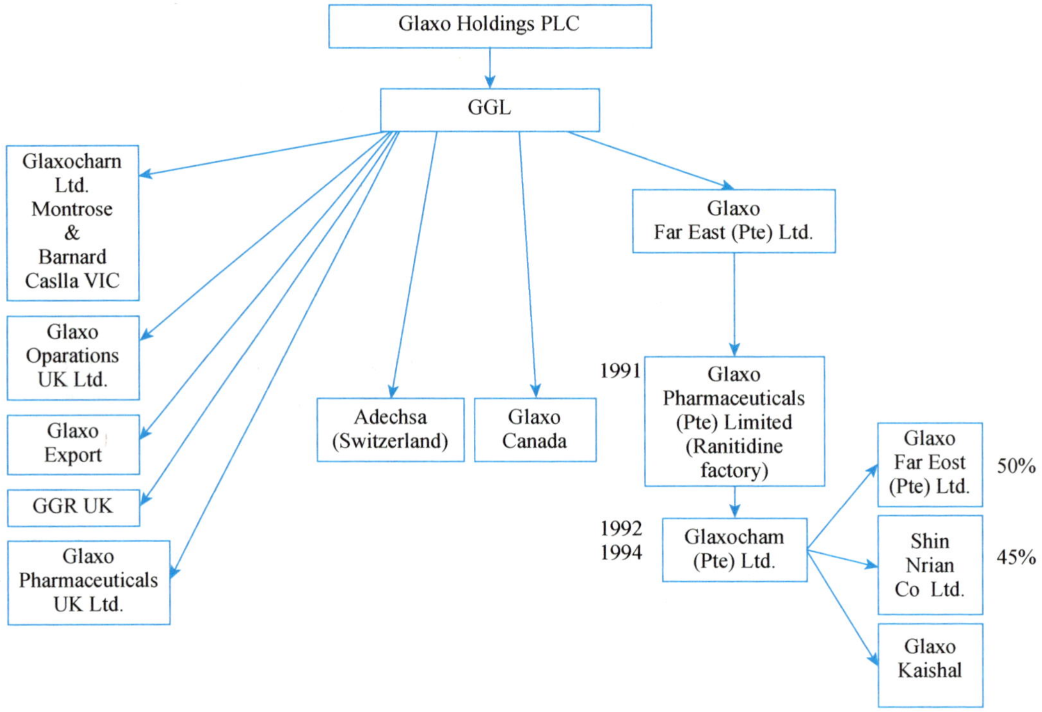

图 16 - 1 公司架构

颗粒状的雷尼替丁由 Glaxo Holdings PLC 注册在英国之外的两个全球子公司 Glaxochem Limited 和 Glaxo Pharmaceuticals (Pte) Limited（新加坡）进行生产。

这两个公司向集团的另一子公司 Adechsa S. A.（瑞士）（以下简称“瑞士公司”）销售雷尼替丁，再由瑞士公司负责将雷尼替丁加工为颗粒状。加拿大公司从瑞士公司购买颗粒状的雷尼替丁，加工生产为善胃得进行销售。

集团内部的交易架构具体如图 16 - 2 所示。

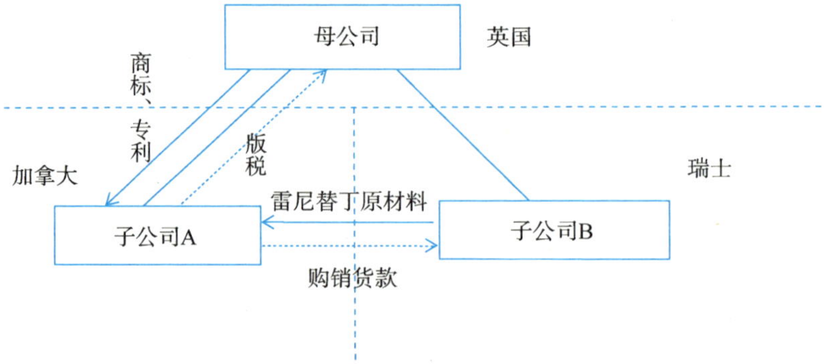

图 16 - 2 公司交易关系图

（二）专利许可协议和购买协议

因为签订了两个独立合同，加拿大公司得以生产和销售其注册商标产品善胃得。这两个合同如下：

- 与集团公司签订专利许可合同，主要约定内容为：

（1）加拿大公司需为专利权（整个专利有效期内）、商标和其他无形资产（用于销售注册善胃得的整个期间）的使用支付销售额的6%；

（2）加拿大公司必须从瑞士公司购买药物原料，即颗粒状雷尼替丁；

（3）加拿大公司可获得以下权利：①使用集团公司拥有的商标生产和销售善胃得；②为善胃得的加工提供技术支持；③获取与加拿大卫生局监管相关的支持；④市场营销支持；⑤源自专利侵权发生的损失可获得赔偿。

- 与瑞士公司签订购买合同，购买颗粒状雷尼替丁用于生产善胃得，购买价格为每千克1500美元（以估计加拿大公司将实现60%的毛利率为基础）。

（三）加拿大税务局（CRA）补征税款的决定

1990—1993年，加拿大公司向瑞士公司支付的颗粒状雷尼替丁价格在每千克1512美元到1651美元之间浮动。针对这一事实，加拿大税务局（以下简称“税务局”）认为购买价格不合理，通过调增加拿大公司的所得，对其作出补征税款的决定。调增的所得是因为税务局认为加拿大公司与瑞士公司的购买交易不符合所得税法案69（2）中关于转让定价的规定。根据税务局的核定，加拿大公司支付的价款远高于同类厂商在公开市场购买雷尼替丁的价格（每千克194美元到304美元之间），违反了独立交易原则。

加拿大公司则认为，当考虑到专利许可协议和特许销售善胃得的业务时，支付给瑞士公司的价格是合理的。为了取得生产和销售善胃得的许可，加拿大公司被要求必须从瑞士公司购买雷尼替丁；其无法在保留销售善胃得等其他一系列拥有专利和注册商标产品的情况下，从一般的供应商处购买雷尼替丁。

二、案件经过

（一）加拿大税务法庭之争

2008年，加拿大公司就税务局的决定向税务法庭（TCC）提起上诉。

加拿大公司认为一般制药厂的价格不可比，一是因为公司的实际经营环境与其他的一般公司是完全不同的，进而根据所得税法案 69（2）的规定，其交易不可比；二是加拿大公司从瑞士公司购买的颗粒状雷尼替丁不同于一般市场上的雷尼替丁，前者的生产基于葛兰素集团制定的 GMP（good manufacturing practices）和 HSE（health, safety and environmental standards）两项标准。

税务法庭支持税务局补征税款的决定，认同其在决定购买价格的合理性时，专利许可协议是一项无关的考虑因素，只考察购买交易本身，两项合同应当分开来看。

（二）联邦上诉法院之争

2010 年，加拿大公司对税务法庭的审判结果不服，将案件上诉至联邦上诉法院（FCA）。

联邦上诉法院否定了税务局的决定和税务法庭的判决。法院认为，要决定转让价格，需要借助“理性商业人测试”来考量可比性分析中所谓的“合理的环境”，即作为一个理性的商业人，当他站在加拿大公司的角度上时，遇到类似情况是否会考虑专利许可合同的规定，是否会接受这样的购买定价。

联邦上诉法院认为专利许可协议属于“合理的环境”的考量因素之一，列出了在确定雷尼替丁的转让价格时必须考虑的与许可协议相关的五点情况：

（1）集团公司拥有善胃得商标，即使加拿大公司是一个符合独立交易原则的获许可人，它仍将拥有商标；

（2）善胃得的销售价格高于一般的雷尼替丁药物（溢价）；

（3）集团公司拥有雷尼替丁的专利，即使加拿大公司与其关系符合公平交易原则，它仍将拥有专利；

（4）如果没有该专利许可协议，加拿大公司无法使用雷尼替丁专利和善胃得商标。因此，在这些情况下，对加拿大公司而言唯一的可能性是进入一般的市场。而考虑到两个竞争对手（Apotex 和 Novopharm，税务局选取的一般性制药商的代表）已占据很好的市场地位，进入成本将是很高的。

（5）如无许可协议，加拿大公司无权获取许可协议下其他已申请专利和注册商标的产品。

最终，联邦上诉法院并没有撤销税务法庭的判决而是判定将案件发回至税务法庭进行重审，要求税务法庭根据上述所列情况重新作出判决。

（三）加拿大最高法院之争

2012 年，税务局向最高法院提出上诉，理由为联邦上诉法院对所得税法案 69（2）规定作出的解释在一定程度上与该条文的表达、内容、目的有所冲突，也与 OECD 的转让定价指南相违背。税务局表示，在转让定价的实践中，合理的分析仅需要针对购买合同找出雷尼替丁的公平交易价格，其他的因素不需要考虑。因此，关于“购买者是希望占有雷尼替丁的同类药品市场，还是希望占有其高端品牌市场”“购买者是否根据某一许可证协议，被要求必须从特定的供应商处购买雷尼替丁”这两个问题并不重要，应忽略对专利许可协议的考虑。

随后，加拿大公司就案件向最高法院提起交相上诉，要求推翻撤回上诉法院将案件移交税务法庭重审的判决，应由最高法院作出最终的决定。

最高法院裁定认为，根据“合理的环境”、可比性标准和 OECD 转让定价指南的规定，在确定此案中所涉及的购买价格时必须考虑加拿大公司购买雷尼替丁是为了销售善胃得的这一事实，不能只参考一般的药品购买价格。公平交易价格的确定必须考量相关经济环境的影响，包括与采购交易有关的其他交易。

同时，最高法院驳回了税务局的上诉以及加拿大公司的交相上诉，宣布将此案件交回税务法庭进行重审。

三、案例使用说明

（一）教学目的与用途

1. 教学用途：本案例适用于税务专业硕士（MT）的国际税收筹划、税收相关法律等课程的教学。

2. 教学目标：通过课堂讨论、教师讲解、模拟法庭等多种教学方式，学生应当完成以下内容的学习：

（1）了解 OECD 转让定价指南，重点掌握可比性分析的内涵以及可比非受控价格法、再销售价格法、成本加成法等转让定价方法的适用情况。

（2）了解税务行政诉讼中的法律适用、基本流程等。

（二）启发思考题

1. 加拿大公司签订的两个合同是否均具有合理的商业目的？两个合同之间的关系

是如何的？

2. 加拿大公司整体享受到的权利有哪些？应履行的义务有哪些（支付的对价）？权利与义务是否对等？

3. 加拿大公司支付给瑞士公司以购买雷尼替丁的价格，与税务局选取的两个医药公司购买雷尼替丁的价格是可比的吗？

4. 特许权协议是否构成加拿大所得税法案中提到的“合理的商业环境”？在衡量加拿大公司购买雷尼替丁的价格时，是否应该考虑该因素？

5. 加拿大上诉法院和最高法院为何要把案件发回税务法院重新审判？加拿大公司为何要向最高法院提起交相上诉，要求撤回上诉法院之前将案件发回税务法院重新审判的决定？

四、分析思路

（一）梳理案件中葛兰素史克相关公司的交易关系

见“公司架构情况”部分。

（二）梳理案件各场诉讼的原告、被告以及判决

1. 税务局对加拿大公司作出补税决定

加拿大税务局认为加拿大公司在采购雷尼替丁时向瑞士公司支付了过高的价款，远高于同类厂商在公开市场购买雷尼替丁的价格，违反了独立交易原则。

加拿大公司则认为，当考虑到权证协议和特许销售善胃得的业务后，支付给瑞士公司的价格是合理的。为了取得销售善胃得的特权和占有市场，加拿大公司被要求必须从瑞士公司处采购雷尼替丁。

最终，税务局要求加拿大公司补缴税款。

2. 税务法庭诉讼

本次诉讼中，原告是加拿大公司，被告是加拿大税务局。

加拿大税务法庭认为，加拿大税务局关于转让定价的判决是基于生产同类商品厂商的价格作出的，税务法庭支持税务局补缴税款的决定。

3. 联邦上诉法庭诉讼

本次诉讼中，原告是加拿大公司，被告是加拿大税务局。

联邦上诉法院不认可加拿大公司上诉案件中税务法庭的裁决。联邦上诉法院认为

为了正确判定转让定价，必须考虑“合理的环境”，而许可协议是“合理的环境”的一部分，同时加拿大公司也没有履行自己的义务。FCA 采用了“理性商业人”测试，即作为一个理性的商业人站在加拿大公司的角度，遇到类似状况时是否会考虑专利许可合同的规定，是否接受这样的定价。

联邦上诉法庭确定了与许可协议相关的五种情况，这些情况是在确定雷尼替丁的转让价格时必须考虑的：

（1）集团公司拥有善胃得商标，并且会拥有它即使加拿大公司是一个符合独立交易原则的持照人。

（2）善胃得销售价格远高于一般雷尼替丁药物。

（3）集团公司拥有雷尼替丁的专利，并会拥有它即使加拿大公司与之的关系符合公平交易原则。

（4）如果没有该许可协议，加拿大公司无法使用雷尼替丁专利和善胃得商标。因此，在这些情况下，由于政府管制因素，进入加拿大市场是非常困难的，对加拿大公司而言唯一的可能性是进入一般的市场。而考虑到两个竞争对手（Apotex 和 Novopharm）已经占有了很好的市场地位，进入这一市场的成本将是很高的。

（5）如果没有许可协议，加拿大公司无权获取许可协议下其他已申请专利和注册商标的产品。

最终，联邦上诉法院并没有撤回加拿大税务法庭的判决，而是将案件发回加拿大税务法庭重审。

4. 最高法院诉讼

这是一次交相上诉，加拿大税务局是主诉人。加拿大税务局提出上诉的理由是联邦上诉法院根据其法案解释的第 69（2）段落作出的判决，在一定程度上与该条文的表达、内容和目的都有所冲突，并且也与 OECD 的转让定价原则相违背。加拿大公司对联邦上诉法院将案件移交回加拿大税务法院的判决提出上诉。

最高法院认为，“合理的环境”这一术语，可比性标准和 OECD 转让定价指南意味着法院确定价格时必须考虑到加拿大公司购买雷尼替丁是为了销售善胃得，因此法院不能只看一般药品的价格。公平交易价格的确定必须考虑其相关经济环境的影响，包括和采购交易有关的其他交易。最终最高法院驳回了税务局和加拿大公司的上诉，将案件发回税务法庭重新判决。

（三）寻找法规依据，结合案例情况分析

本案的主要法律依据为加拿大所得税法案以及 OECD 转让定价指南。由于 OECD

转让定价指南仅具参考性，其中未被定义的部分应当参照加拿大所得税法案。

五、理论依据与分析

（一）法规依据

1. 加拿大所得税法案

加拿大所得税法案 69（2）规定：

"Where a taxpayer has paid or agreed to pay a non-resident person with whom the taxpayer was not dealing at arm's length as price, rental, royalty or other payment for or for the use or reproduction of any property, or as consideration for the carriage of goods or passengers or for other services an amount greater than the amount that would have been reasonable in the circumstances if the non-resident person and the tax payer had been dealing at arm's length, the reasonable amount shall, for the purpose of computing the taxpayer's income under this Part, be deemed to have been the amount that was paid or is payable therefore."

纳税人在不符合独立交易原则时以现金、租金和特许权使用费的形式支付或者同意支付给非居民纳税人任何财产或财产的使用权的价格，以及为货物运输或旅客运输以及其他服务支付的价格，高于纳税人和非居民纳税人满足独立交易原则时"合理的环境下"的价格，在按照本章的规定，应当以独立交易原则下合理的价格计算纳税人的收入。

2. OECD 转让定价指南

OCED 转让定价指南在 D. Guidance for applying the arm's length principle 中规定：

"D. 1 Comparability analysis

D. 1. 1 Significance of the comparability analysis and meaning of 'comparable'

1. 3. 3 Application of the arm's length principle is generally based on a comparison of the conditions in a controlled transaction with the conditions in transactions between independent enterprises. In order for such comparisons to be useful, the economically relevant characteristics of the situations being compared must be sufficiently comparable. To be comparable means that none of the differences (if any) between the situations being compared could materially affect the condition being examined in the methodology (e. g. price or margin), or that reasonably accurate adjustments can be made to eliminate the effect of any such differences. In determining the degree of comparability, including what adjustments are necessary to establish

it, an understanding of how independent enterprises evaluate potential transactions is required. Detailed guidance on performing a comparability analysis is set forth in Chapter Ⅲ.

1.36 In making these comparisons, material differences between the compared transactions or enterprises should be taken into account.

D.1.2 Factors determining comparability

1.38 Attributes or 'comparability factors' that may be important when determining comparability include the characteristics of the property or services transferred, the functions performed by the parties (taking into account assets used and risks assumed), the contractual terms, the economic circumstances of the parties, and the business strategies pursued by the parties."

D.1 可比性分析

D.1.1 可比性分析的重要性以及"可比"的含义

独立交易原则的运用主要是基于对受控交易条件和独立交易条件的对比。为了使这样的比较有意义，可比对象和受控对象的相关经济特征必须充分可比。可比意味着可比对象和受控对象之间可能存在的差别对适用的独立交易方法没有任何实质性影响，或者可以通过一些合理准确的调整来消除这种差别带来的影响。要确定可比程度以及需要进行哪些必要调整，必须了解独立企业如何评估潜在交易。可比性分析的具体指引详见第三章。

1.36 在进行可比性分析时，必须考虑可比性交易或可比性企业之间的实质性差异。

D.1.2 决定可比性的因素

1.38 决定可比性的特征或重要的"可比性因素"包括转让资产或服务的特点，各方的职能（考虑资产的使用和风险的承担），合同条款，各方的经济环境，以及各方的经营战略。

（二）分析

首先，根据加拿大所得税法案 69（2），税务局认为确定雷尼替丁的可比价格只包括与购买雷尼替丁相关的经济特征，而不包括销售善胃得的相关特征。但是最高法院认为，合理性标准要求对交易（transactions）进行考量，而并不仅限于单个购买交易；税务局此前的判定未考虑到许可协议以及加拿大公司购买的雷尼替丁与同市场产品之间的差异性，过于严格。同时，一般的制药厂不能作为恰当的可比对象，因为一般的制药厂是主要生产商，与新产品生产相关的无形资产以及与无形资产相关的投资研发活动是由主要生产商承担的，而加拿大公司并不承担主要生产，只是加工商，故一般的制药厂并不能反映出加拿大公司商业实质。简言之，税务局并未选择合适的可比对象和可比价格。

其次，尽管 OECD 转让定价指南提出应当在单个交易的基础上适用独立交易原则，但是也补充说明这仅是建议，“某些情况下，单个交易之间非常相关，以至于在单个交易的基础上无法充分评估价格”。而在本案中，许可协议将相关的权益部分授予给了加拿大公司，直接影响到善胃得在市场上的销售以及加拿大公司的收益，因此属于“合理的经济情形”中的含义。

最后，根据加拿大之前的转让定价案例，在本案中加拿大公司的义务仅限于引证相关事实或法律来证明重新评估中的税收问题是错误的。最高法院判定，加拿大公司并未完成其义务。退一步说，即便加拿大公司完成了其作为纳税人的义务，上诉法院以及最高法院也有权将案件发回税务法庭重新审理。

六、关键要点

本案有以下几个关键要点：

加拿大税务局选取的 Apotex 和 Novopharm 购买雷尼替丁的价格是否具有可比性？

“合情合理”（reasonable in the circumstances）是否要求考虑瑞士公司销售的雷尼替丁与一般的雷尼替丁之间的差别？是否要求考虑许可协议？

加拿大公司在诉讼中是否完成了其作为纳税人的义务？

七、建议的课堂计划

为了使学生更加深入地从不同主体的角度理解该案例，建议采用模拟法庭的形式进行课程教学。教师可将学生分为五组，分别代表加拿大公司、加拿大税务局、税务法院、联邦上诉法院以及最高法院，提前将案例材料提供给学生并让其做好准备。在课堂上，按照如下流程进行教学：

（一）模拟法庭

加拿大公司、加拿大税务局、税务法院、联邦上诉法院以及最高法院各组依照税务局行政处罚、税务法庭诉讼、上诉法庭诉讼、最高法院交相诉讼等环节，分别发言陈述观点以及质询，并由各级法庭的模拟法官分别宣判。

（二）观众提问

未参加模拟法庭各组的学生在各级法庭宣判后可以对该场诉讼的原告及被告提出问题。

（三）教师点评

教师结合案例背景和课堂情况，帮助学生梳理案件的脉络以及分析框架，并对模拟法庭作出点评。

八、案例的建议答案以及相关法规依据

1. 加拿大公司签订的两个合同是否均具有合理的商业目的？两个合同之间的关系是如何的？

签订专利许可合同的原因主要有以下两个方面：

（1）若没有专利许可协议，加拿大公司无法利用原料加工出最终的目标产品，只能是一个与一般制药厂产品类似的无专利权的药品，即唯一的可能性是进入一般性市场，而考虑到两个竞争对手（Apotex 和 Novopharm）已经占有了很好的市场地位，进入这一市场的成本将是很高的。

（2）与其他国家相比，加拿大国内对专利和知识产权的保护制度欠缺，而政府的管制却很多，因此，在加拿大开展经营活动的风险更大；专利发明需要投入大量的人力财力物力进行研发活动，与一般的生产商相比，会要求更高的回报以弥补研发成本。在这种制度下，加拿大公司认识到了自主研发的困难性，没有选择自主研发。而在不自主研发的情况下，要想打进品牌药品市场，与集团公司签订许可协议是最好的选择。

签订购买合同是由于受到专利许可合同的约束，只能从指定供应商处购买原料，考虑到专利许可合同带来的种种好处，购买原料支付的较高价格属于在充分考量下所能接受的合理的价格，具有真实合理的商业目的。

2. 加拿大公司整体享受到的权利有哪些？应履行的义务有哪些（支付的对价）？权利与义务是否对等？（开放性问题）

加拿大公司享受到的权利主要有：

（1）使用葛兰素史克集团拥有的商标生产和销售善胃得；

（2）为善胃得的加工提供技术支持；

（3）获取与加拿大卫生局监管相关的支持；

（4）市场营销支持；

（5）源自专利侵权发生的损失可获得赔偿。

应履行的义务主要有：

为专利权（整个专利有效期内）、商标和其他无形资产（用于分配注册商标产品善胃得的整个期间）的使用支付销售额的6%，从指定供应商购买原料雷尼替丁，并支付每千克1500美元的费用。

3. 加拿大公司支付给瑞士公司购买雷尼替丁的价格，与税务局选取的两个医药公司购买雷尼替丁的价格是可比的吗？

不可比，理由如下：

（1）加拿大公司的实际经营环境与Apotex和Novopharm是完全不同的，进一步根据所得税法案69（2）来看，其交易不可比。

从商业实质上来说，Apotex和Novopharm是主要生产商，与新产品生产相关的无形资产以及与无形资产相关的投资研发活动是由主要生产商承担的，而加拿大公司并不承担主要生产，只是加工商，故一般的制药厂并不能反映出加拿大公司的商业实质，两者不具有可比性的基础。

（2）从瑞士公司处购买的原料是在集团公司制定的GMP（good manufacturing practices）和HSE（health，safety and environmental standards）的两个标准下生产出来的。而Apotex和Novopharm购买的雷尼替丁并不需要通过该类标准的审核，因此，两种雷尼替丁是存在差异的，不具有可比性的基础。

（3）善胃得的品牌效应对价格的影响很大，加拿大公司从瑞士公司购买的雷尼替丁是以销售善胃得为目的的购买，而Apotex和Novopharm购买的雷尼替丁只是为了销售一般的药品，两者不具有可比性。

更进一步地考虑许可协议，加拿大公司从瑞士公司购买雷尼替丁的交易和许可协议是紧密相连的，而按照许可协议的规定，在获取许可协议权利（如商标和专利使用权）的同时，也必须承担相应的义务，即只能从集团公司指定的经销商处——瑞士公司购买雷尼替丁，并承担较高的支付价格。从这个角度而言，与许可协议紧密相连的交易与从Apotex和Novopharm处购买的交易不可比，价格也不可比。

加拿大最高法院的判决支持以上观点。

4. 特许权协议是否构成加拿大所得税法案中所提到的“合理的商业环境”？在衡量加拿大公司购买雷尼替丁的价格时，是否应该使用逐个交易考量（transaction-by-transaction）的办法？

Guideline 第 142 段并不像税务法庭主张的那样严格。

“理想情况下，为了最精确地近似公平市场价格（fair market value），应当在单个交易的基础上适用独立交易原则（the arm's length principle）。某些情况下，单个交易之间非常相关，以至于在单个交易的基础上无法充分评估价格。”

所以，尽管逐个交易的判断方法非常理想，但是指南本身也承认在某些情况下它并不合适。

更进一步来说，指南的 1.15 段为何时相关交易应当被考虑提供了指引：

“独立交易原则（the arm's length principle）一般适用于受控交易和独立交易的比较。为了使这种比较有意义，被比较的经济性关联的特征（economically relevant characteristics）应当是充分可比的。可比的意思是：两种情况的差别（如果有的话）不能实质性地影响到交易（从价格或利润等的实践角度）；或者，即可以通过合理的精确调整来消除差异的影响。”

所以，根据指南，为了适当地使用独立交易原则（the arm's length principle），应当考虑独立和非独立交易中的经济性关联的特征（economically relevant characteristics），以保证它们（指特征）充分可比。在没有相关的交易，或者相关交易不会影响到判定案件中价格的合理性时，单个交易的办法是合适的。但是，“比较不同情况的经济性关联的特征（economically relevant characteristics）”可能使考虑影响到 TP 的其他交易变得有必要。在所有情况中，通过考虑相关的情况（即经济性相关特征）以提出这一问题（单个交易的办法是否适用）是有必要的。

显然，通过许可协议，加拿大公司获得了与特许权相关的利益，并且相应地支付了较高的购买价格，许可协议属于“合理的商业环境”的内涵。

5. 加拿大上诉法院和最高法院为何要把案件发回税务法院重新审判？加拿大公司为何要向最高法院提起交相上诉，要求撤回上诉法院之前将案件发回税务法院重新审判的决定？

如前所述，在本案中，税务局并未选择合适的可比对象和可比价格，而且许可协议将相关的权益部分授予给了加拿大公司，直接影响到了善胃得在市场上的销售以及加拿大公司的收益，因此属于“合理的经济情形”中的含义。但是，根据加拿大之前的转让定价案例，在本案中加拿大公司的义务仅限于引证相关事实或法律来证明重新评估中的税收问题是错误的。

所以，最高法院判定，加拿大公司并未完成其义务，需要发回税务法庭重审；退一步说，即便加拿大公司完成了其作为纳税人的义务，上诉法院以及最高法院也有权将案件发回税务法庭重新审理。

至于加拿大公司向最高法院提起交相上诉，是因为其作为案件的相对方，有独立的不同的诉讼请求；加拿大公司要求撤回上诉法院之前将案件发回税务法院重新审判的决定，则可能是出于诉讼效率的考虑，最高法院既然对本案展开审理，就没有必要再交由税务法庭来重复处理。

案例 17：

从美法数字服务税之争看国际税收规则动向案例[①]

数字经济在全球范围内的快速发展对传统的国际税收征管带来诸多挑战，这些挑战体现在常设机构的认定和利润划分归属方面，如果形成全新利润分配及征税规则将对现行的税收协定、常设机构利润的判定以及转让定价规则产生巨大影响。各国为税收利益展开“博弈”：2019 年 7 月 11 日，法国决定开征 DST 招致美国立即启动“301 调查”，DST 争端迅速升级并扩展至贸易领域，这明显加剧了经济数字化挑战下发达国家之间的税收利益博弈，同时也为国际税制规则重塑的进程增加了不确定性。美法 DST 之争对欧美经济关系、国际税收规则及对我国的影响值得关注。本案例以此为视角，分析这一事件背后的深层含义，特别是各国基于国家税收利益对数字经济下国际税收规则重构的不同态度，对我国参与国际税收规则制定的深刻启示。

一、引言

随着数字经济的飞速发展，基于互联网、云计算和大数据等一系列数字技术驱动的数字经济新商业模式迅速崛起。数字经济下的新商业模式基于数字技术，很大程度

① 本案例由中央财经大学国际税务研究中心客座研究员、中国社会科学院大学税务硕士教育中心学术导师贾英姿编写。案情根据经济合作与发展组织（OECD）、欧委会、美国贸易代表办公室（USTR）等网站上的公开资料整理而成。

上改变了传统的贸易模式、协作分工方式和经济理论框架，带来经济结构的整体变革，对传统的税收理论和实践以及现有的国际税收规则和税收征管提出了全新的挑战。

利润分配规则与联结度规则是当今国际税法的建制基础。随着数字经济时代的来临，国际税制正遭受前所未有的挑战。一方面，技术型企业正通过税收规避与积极的税收筹划严重侵蚀税基；另一方面，借助现代信息、通信技术及数据的大量使用，“数字经济”这一全新商业模式将价值创造与经济分离，导致纳税地与价值产生地不一致的问题，严重影响当前国际税制框架。传统税制已无法对数字型企业公平合理课税，产生了传统企业及数字型企业税负不公现象。数字经济时代，各国政府正面临着“双螺旋困境”：在鼓励创新与深挖经济潜力的同时，还要避免市场分裂与保证竞争公平。因此，如何构建一个适于数字时代、优化营商环境需要的税制成为迫在眉睫的问题。

随着数字经济的产生，对于税制挑战的研究已经在近些年成为一个热点话题。概括起来，这些研究集中于以下一些问题：

一是在数字经济中，互联网与传统产业相融合，完全改变了有形商品生产和销售的模式，经济活动的复杂化和经营形式的多样化，使得税务机关对税基的控制难度加大。数字经济具有流动性、网络效应、多方面商业模式的使用、因市场准入门槛较低及技术的日新月异导致的波动性等特点①，因而相应的税收征管已成为各国税务机关面临的难题。

二是数字经济的无形性和流动性使得确定税收管辖权的连接因素消失或模糊，给传统的居民税收管辖权和来源地税收管辖权的认定标准带来挑战。在数字经济条件下，常设机构和固定营业场所部分变得模糊不清，尤其是非居民可以不在境外设立常设机构或固定营业场所，而通过其设在居住国的门户网站或第三方电子商务平台，直接向境外个人客户销售货物或提供劳务。这样的经营活动，使税源的发生地变得模糊不清。

三是在税源与价值创造地分离的情况下，利润的归属难以简单地判断。如何实现利润的合理分配（既避免重复征税，又实现税基完整前提下的合理征税）是经济数字化和全球化给税收带来的挑战。

① OECD. 关于数字经济面临的税收挑战的报告［R］. 第1项行动计划——2015最终报告，OECD/G20税基侵蚀和利润转移项目，（OECD2015）［EB/OL］. http：//dx. doi. org/10. 1787/9789264241046 - en，P64，2018 - 01 - 26.

二、案例背景

（一）全球数字经济税负不公的长期问题

当前全球数字经济迅猛发展，亟待寻求数字经济征税的多边国际化解决方案。数字经济中新的价值创造模式中缺少或无实体存在，数字服务的跨国企业的利润征税地与价值创造地“不关联”或“不匹配”等问题长期存在，使成员国税基受到数字化经济的侵蚀，财政可持续性受到威胁，税收公平竞争环境面临严峻挑战：一是依赖于跨境数字经济的税负明显轻于传统企业，采用数字化业务模型的企业采用的税率为9.5%，而采用传统业务模型的企业采用的税率为23.2%[①]；二是由于没有数字服务增值税等方面的统一规则，欧盟每年损失1470亿欧元，其中50亿欧元源于跨境欺诈，如实施共同统一企业税基规则（CCCTB[②]），将提升欧盟1.2%的增长，为企业节省10亿欧元成本[③]；三是谷歌、亚马逊和苹果等以美国为主的全球数字服务巨型企业通过在爱尔兰、卢森堡等欧盟低税国家设立子公司，利用“双层爱尔兰荷兰夹心三明治”等手段进行避税，导致欧盟内部长期税负不公。

（二）G20和OECD就数字经济企业税改革达成长期共识

OECD《解决数字经济的税收挑战》报告指出，数字经济的流动性等许多关键特征，导致盈利产生地和利润登记缴税地不匹配，从而引起税基侵蚀和利润转移，对直接税和间接税带来冲击。各国政府担心，由于数据和创意可以跨越国家边界，应税利润可能因此发生税收流失。解决这一问题必须通过国家之间的国际税收协作，这样既能防止税收流失，又能避免各国对同一笔利润重复征税。

解决数字经济税收挑战，是OECD税基侵蚀和利润转移（BEPS）行动计划的第一项。根据2019年相关工作计划，OECD可望于2020年年底前制定出能够被各国接受的一致性方案。OECD已将适应数字经济的企业税改革纳入OECD/G20 BEPS项目下统筹考虑。2017年3月的相关会议上，G20要求OECD在2018年4月的G20财长会上发

---

① 安永中国．全球税务简报：欧盟委员会发布对数字化活动征税的提案，2018年3月21日．

② CCCTB. Common Consolidated Corporate Tax Base.

③ 欧委会寻求以“有效多数”方式推动解决DST收等问题，中国驻欧盟使团经商参赞处，2019年1月22日，相关链接：http://eu.mofcom.gov.cn/article/jmxw/201901/20190102828814.shtml。

布一个数字化税收内涵的中期报告，以持续推动全球共识[①]。

（三）欧盟数字经济课税方案及欧委会 DST 行动计划

欧盟方面于2018年3月发布了DST方案，对当前多边国际税收利益分配规则的创新形成及国际税收体制发展，具有里程碑意义。欧委会于2018年3月21日提出欧盟DST方案，方案分长期方案和短期过渡性方案两类，提议按3%的税率，向全球年度总收入超过7.5亿欧元、在欧盟境内年度收入不低于5000万欧元的互联网企业的营业收入（turnover）课税。欧委会认为[②]，最佳综合性政策的核心选择，是设立显著数字存在（SDP[③]）规则并修订CCCTB，以准确获取“数字存在”的常设机构，并根据用户对价值创造的贡献而向该常设机构分配利润。同时，在长期方案落地前，建议采取短期过渡性方案，对紧密依赖于用户贡献的数字活动征收总收入税，即DST。然而，虽然得到英国、法国、德国、西班牙和意大利等大国的支持，欧盟DST方案自诞生以来持续遭到部分成员国的坚决反对，反对者包括爱尔兰、瑞典、丹麦、卢森堡和芬兰等。2019年3月12日，欧盟财长理事会上，欧盟各国财长未能就“数字收入”征税问题达成一致，最后不得不作出“欧盟放弃开征DST”的艰难决定[④]，认为“转向多边平台寻求支持是更好的出路”，表示将推动OECD尽快出台DST解决方案。

（四）单边行动，美法交锋

欧盟DST方案被弃后，OECD内部推进的速度和效率对英法而言未免太过缓慢，力挺DST的英法两国并未停止脚步，于2019年前后出台了各自过渡性的DST政策。该税针对互联网科技巨头企业的用户价值创造收入而非利润，体现了欧盟经济数字化税收规则建构的核心理念。英法DST政策虽属于单边数字经济税务应对方案，但其政策从征税范围、税率、纳税人等方面的安排仍延续了欧盟DST方案的主要思路。

法国一直是欧盟内力推DST的国家，法国参议院于2019年7月11日批准了法国DST法案，法国总统马克龙于7月24日签署了该法案，政策已于2019年7月26日生

---

① 欧委会. Proposal for a COUNCIL DIRECTIVE：laying down rules relating to the corporate taxation of a significant digital presence, Brussels, 21.3.2018, COM（2018）147 final, 2018/0072（CNS）.

② European Commission：Proposal for a Council Directive Laying Down Rules Relating to the Corporate Taxation of a Significant Digital Presence. COM（2018）147 final.

③ SDP, significant digital presence.

④ 欧盟放弃开征DST，商务部网站，相关链接：http：//www.mofcom.gov.cn/article/i/jyjl/m/201903/20190302846451.shtml。

效。自法国 DST 政策发布以来，美国政府、行业协会和多家互联网巨头表示抗议。美国于 7 月 10 日对法国发起两国建交以来的首次“301 调查”。DST 争端迅速升级并扩展至贸易领域，美国对法国发出葡萄酒加征关税威胁。美国贸易代表办公室（USTR）对法国 DST 启动“301 调查”并于 2019 年 8 月 19 日举行了首次听证会。顿时硝烟四起，一场“美法”之间的大国博弈拉开帷幕。

三、主题内容

（一）基本案情

1. 阶段一：法国开征 DST

法国拟对全球年收入超过 7.5 亿欧元、在法国用户获得收入超过 2500 万欧元的科技企业，征收其从法国用户获取数字服务总收入的 3%。或有超过 30 家总部位于美国的互联网企业将成为第一批在法国缴纳 DST 的纳税人，预计 2019 年缴税 4 亿欧元，2020 年达 5 亿欧元[①]。其他政策还包括：（1）征收范围。根据法国税法第 299 条，DST 适用于两类服务[②]，即接口服务和广告服务。接口服务，指通过提供数字界面使用户、个人或专业人士可进行用户间联络、交互，以及发送商品或服务。广告服务，指基于法国相关用户的数据（如搜索引擎中使用的关键词），为广告商在数字界面上提供广告空间，以向在法国的用户推送针对性的广告。此外，明确不在征收范围中的服务有：数字内容传送（如流媒体、订制音乐）、通信服务（如付费邮箱）、支付服务（如银行和保险部门）以及企业间服务（即企业间直接或间接互相链接，如为特定目的成立的小组提供的服务）；（2）应税收入。指纳税人通过提供上述数字服务取得的扣除增值税和其他类似税收后的毛收入。

2. 阶段二：美国强烈反对，发起“301 调查”

2019 年 7 月 10 日，USTR 对法国发起“301 调查”。代表 120 家法国大企业的法国大企业协会（AFEP[③]）从中斡旋，7 月 31 日致信 USTR，呼吁美国放缓“301 调查”

---

① INSIGHT: France's Digital Services Tax Goes Ahead, Bloomberg Tax, 2019 年 7 月 29 日，相关链接：https://news.bloombergtax.com/daily-tax-report-international/insight-frances-digital-services-tax-goes-ahead-1。

② （1）法国 DST 法案 LOI n° 2019-759 du 24 juillet 2019 portant création d'une taxe sur les services numériques et modification de la trajectoire de baisse de l'impôt sur les sociétés（1），相关链接：https://www.legifrance.gouv.fr/eli/loi/2019/7/24/ECOE1902865L/jo/texte；（2）INSIGHT: France Taxes the Digital Economy, Bloomberg Tax, 2019 年 8 月 8 日，相关链接：https://news.bloombergtax.com/daily-tax-report-international/insight-france-taxes-the-digital-economy。

③ AFEP, the Association of Large French Companies.

脚步并等候 G20 和 OECD 相关谈判结果[①]，同时表示，如美方停止调查，协会愿与法国政府和欧盟谈判妥协方案，或通过 WTO 争端解决机制、G20、G7 等多边机制进行沟通解决。

8 月 19 日，USTR 就法国“DST301 调查”举行首次听证会。美各方一致认为，法国 DST 具有歧视性，有悖于国际税收相关规定，将对美国企业造成巨大负担并阻碍全球经济增长。美听证会主要观点包括四个方面：一是 DST 明显针对美国企业。DST 针对全球收入超 7.5 亿欧元的提供数字服务的企业，这一高门槛仅适用于少数非法国企业，绝大多数为美企。二是 DST 将对美企造成巨大行政负担。由于法国 DST 将征收时间追溯至 2019 年 1 月 1 日，企业需要收集大量信息和数据进行界定缴税范围等相关准备。此项工作具有较高复杂性，相关企业需重新设计业务和财务报告系统，将给企业带来高达数百万美元的负担以及财务方面的不确定性。三是 DST 与现行国际规则不符。DST 基于营业收入而非利润，背离了国际税收准则，且存在双重征税风险。此外，DST 还可能违反 WTO《服务贸易总协定》国民待遇原则等相关规定。四是应支持 OECD 推动国际税收改革。各方应支持 OECD 寻求多边解决方案推动国际税收改革，以应对经济数字化带来的挑战，避免 DST 这类单边措施破坏国际税收改革进程，阻碍经济增长。

3. 阶段三：暂停交火，未完待续

法美 DST 争端迅速升级的同时扩展至贸易领域[②]，美国发出将对法国葡萄酒开征 100% 的关税威胁。2019 年 8 月 26 日，在法国比亚里茨举行的 G7 会议上，法美两国总统就法国 DST 达成协议。根据协议，OECD 相关税收计划一旦生效，法国 DST 政策立即终止，同时相关企业可获得法国税收退款补偿。此外，马克龙称该协议阻止了美对法葡萄酒的关税威胁，而特朗普对此未予确认，这表明该协议未能达到美国预期目标。2019 年 9 月 3 日，法国财政部部长勒梅尔与美国财长姆努钦就 DST 问题进行讨论[③]。会后，姆努钦发推特表示双方开展了“建设性讨论”，法财政部新闻发布会称“承诺双方将建设性合作，于 2020 年年初达成 OECD 国际税收解决方案”。

---

① French Companies Urge U. S. to Stop Trade Probe on Digital Tax, Bloomberg Tax，相关链接：https：//news. bloombergtax. com/daily – tax – report – international/french – companies – urge – u – s – to – stop – trade – probe – on – digital – tax。

② French Digital Tax Deal Fails to Win Over Detractors（1），2019 年 8 月 28 日，彭博税收。相关链接：https：//news. bloombergtax. com/daily – tax – report – international/french – digital – tax – deal – fails – to – win – over – detractors? context = article – related。

③ Mnuchin Talks on Digital Tax'Very Constructive，' Le Maire Says，2019 年 9 月 3 日，彭博税收。相关链接：https：//news. bloombergtax. com/daily – tax – report – international/mnuchin – talks – on – digital – tax – very – constructive – le – maire – says。

法国公共财政总局在2020年2月10日发布的一份声明中确认，对法国DST有缴税义务的企业可以延迟至2020年12月。延期适用于2020年4月和10月到期的DST预付款，并允许纳税人一次性支付2020年12月到期的任何税款。该声明确认，延期至12月的付款不会产生滞纳金或利息。将于2020年4月到期的2019纳税年度的支付不受这些变化的影响。该措施旨在防止美国可能对某些法国商品征收报复性关税，美国认为DST不公平地对待了美国科技企业。与此同时，法国、美国和其他国家正在继续讨论解决数字经济税收挑战的多边方案。然而，在谈判达成妥协后，法国财政部部长布鲁诺·勒梅尔坚称，法国不会废除DST。他重申，在能够实施国际商定的DST措施之前，DST将继续存在。

（二）主要材料

1. 法国DST政策梳理[①]

（1）征税范围[②]。

接口服务：通过提供数字界面使用户、个人或专业人士进行用户间联系并互动，包括在这些用户之间交付商品或服务。

广告服务：为广告商在数字界面上提供广告空间，以便根据此类用户提供的数据（例如，搜索引擎中使用的关键字）向位于法国的用户推送针对性的广告。

明确不在征收范围中的服务有：数字内容传送（如流媒体、订制音乐）、通信服务（如付费邮箱）、支付服务（如银行和保险部门）以及企业间服务（即企业间直接或间接互相链接，如为特定目的成立的小组提供的服务）。

应税服务是“在法国提供”的服务。其基本原则是，服务（或从法国用户的数据产生的营业额或面向法国用户的广告产生的营业额）属于DST征税范围内的前提是享受所交付的服务或商品的个人或企业位于法国。例如，如果数字接口的用户通过位于法国的终端（通过任何方式确定，例如互联网协议地址）或在没有操作的情况下访问以下接口，或者用户拥有一个从法国开设的账户，可以访问这些服务，则认为该数字

① 根据彭博税收汇总：https：//news. bloombergtax. com/daily - tax - report/insight - france - taxes - the - digital - economy。

② Digital interface services are provided “in France” when：(1) the seller or buyer of goods or services on a digital interface is located in France; or (2) an individual in France opens a subscription to a digital interface other than for the delivery of goods or services. Targeted advertising services are provided “in France” when：(1) an individual is located in France at the time she views a targeted ad; or (2) an individual is located in France at the time data concerning her interaction with a targeted ad is sold. Thus, for both categories of services, the location of an individual viewing a website—not the location of the company providing the website—determines whether the DST applies.

接口的用户位于法国。

（2）起征点。

法国 DST 面向从应税服务项目中获取的全球年收入超过 7.5 亿欧元、在法国用户获得收入超过 2500 万欧元的科技企业。未达到收入起征点的企业不受 DST 影响。

从实际的角度来看，根据一家会计师事务所提供的报告，应缴税的企业为（按字母顺序）：Alibaba、AmadeusAmazon、Apple、Axel Springer、Booking. com、Criteo、eBay、Expedia、Facebook、Google、Groupon、Match. com、Microsoft、Rakuten、Randstad、Recruit、Sabre、Schibsted、Travelport Worldwide、TripAdvisor、Twitter、Uber、Verizon、Wish 和 Zalando。

（3）税率与税基。

法国 DST 执行 3% 的单一税率。

法国 DST 是基于纳税人在全球范围内为提供应税服务而收取的所有总金额中的金额（不包括增值税）乘以被视为在法国提供的部分的百分比。换句话说，DST 仅适用于来自法国数字服务的收入①。

（4）征管制度。

纳税人（或负责为整个集团支付此税款的集团企业）将必须在每年的 4 月和 10 月分两期付款，余额在次年的 4 月支付（例如，2020 年 4 月和 2020 年 10 月分两期支付，2021 年 4 月支付上年余额）。如上所述，属于 DST 纳税人的企业自 2019 年起将承担责任。仅对于 2019 年，将在 2019 年 11 月分期付款，并按 2018 年应缴税款的 50% 计算，并将在 2020 年 4 月支付 2019 年应缴税款的余额。

DST 由纳税人申报并缴纳①适用于法国增值税（VAT）的实体在第一季度或年度申报时缴纳，以及②在所有其他情况下，不得晚于次年 4 月 25 日。

DST 必须通过“当年提前支付至少两笔应纳税款，且至少等于上一年应付款的金额”来预付。所有企业都要按规定支付 DST 的第一笔预付款。第二笔应缴税款是：①应缴纳增值税的实体（在提交 9 月的增值税申报表时），以及②其他情况下，在 10 月 25 日之前缴纳。

① For companies providing digital interface services, the DST applies to gross revenues from providing the covered services multiplied by the proportion of transactions: (a) for the delivery of goods or services, where one of the users of the interface (i. e., the buyer or the seller of the good or service) was in France; or (b) other than for the delivery of goods or services, where the individual that opened the account is in France. For companies providing targeted advertising, the DST applies to gross revenues from providing the covered services multiplied by (a) the proportion of ads placed that are seen by an individual located in France; or (b) for the sale of data related to targeted advertising, the proportion of data sold that concerns individuals who were located in France when the data was generated. Thus, the DST applies not to particular transactions but to a share of gross revenues.

2. 美国抨击法国 DST 的理由[①]

（1）认为 DST 明显针对美国企业。

美国认为，基于以下原因，DST 明显针对美国企业，对美国企业不公：

①法国官员的言论（包括公开和非公开）都表示，法国 DST 就是针对美国企业开征的。

第一，法国官员直接将 DST 称为“GAFA Tax”（GAFA 代表 Google、Apple、Facebook 和 Amazon）。

第二，法国官员的言论表示 DST 就应该对美国科技巨头开征，而不包括法国乃至欧洲的企业，目的是让后者更具竞争力。美方统计了大量法国官员的推特和讲话作为证据[②]。

②法国 DST 在征税项目选择上针对美国企业。

根据法国税法第 299 条，DST 适用于两类服务，即互联网广告服务和数字接口服务，而这两类服务都是美国企业占据主导优势的，比如涵盖了在线交易和约会网站等订阅服务，却没有涵盖一些法国企业擅长的服务类型。

- 互联网广告服务。

美国企业普遍在全球互联网广告市场上占据优势。谷歌和 Facebook 是市场上的主导者，但其他美国企业也是全球领导者。据一家市场研究企业估计，到 2019 年，谷歌和 Facebook 将占全球数字广告支出的一半以上。亚马逊、微软、Verizon 和 Twitter 也进入全球数字广告支出的前十名，这些美国企业将在 2019 年占所有此类支出的 60%[③]。同时，美国企业也主导了法国互联网广告市场。因此，9 个预计被 DST 的数字广告服务部分涵盖的企业中有 8 个是美国企业。

如表 17－1 所示，被法国 DST 纳入征收范围的法国企业仅有 Criteo 一家，但 Criteo 是一家主营业务为供应广告软件的企业，因此在线广告服务业务量不大。大多数提供互联网广告服务的法国企业规模相对较小，而较大、传统的法国广告企业将互联网广告作为其业务的一小部分。美方质疑，美国企业并没有主导法国经济的其他模块，比如传统广告服务，一些法国企业也是世界上最大的传统通信企业，为什么就不对这些服务征税呢？因此，美方认为，DST 针对美国企业占主导地位的数字广告，且故意不

---

① 根据 USTR：Report on France's Digital Services Tax Prepared in the Investigation under Section 301 of the Trade Act of 1974 概括。

② 详见 UNITED STATES TRADE REPRESENTATIVE：Report on France's Digital Services Tax Prepared in the Investigation under Section 301 of the Trade Act of 1974 p31－35。

③ Jasmine Enberg, *Digital Ad Spending 2019*, Mar. 28, 2019, https://www.emarketer.com/content/global－digitalad－spending－2019.

覆盖法国企业较为主流的传统广告（室外广告、广播、电视等）。

表 17－1　　预计被法国征收 DST 的企业①

Company group （covered Brands）	Nationality	Advertising	Marketplace
Airbnb	USA		X （travel services）
Alibaba	China		X （retail）
Alphabet Inc. （Google，You Tube）	USA	X	X （apps）
Amadeus	Spain		X （travel services）
Amazon	USA	X	X （retail）
Apple	USA		X （apps）
AXelSpringer （Seloger）	Germany		X （real estate）
Booking Holdings Inc.	USA		X （travel services）
Criteo	France	X	
eBay	USA	X	X （retail）
EXpedia	USA		X （travel services）
Facebook （Facebook，Instagram）	USA	X	
Groupon	USA		X
Match Group	USA		X （dating services）
Microsoft	USA	X	
Rakuten	Japan		X （retail）
Randstad	Netherlands		X （human resources）
Recruit	Japan		X （human resources）
Sabre	USA		X （travel services）
Schibsted （Leboncoin）	Norway		X （retail）
Snapchat	USA	X	
Travelport	UK		X （travel services）
Twitter	USA	X	
Uber Technologies，Inc.	USA		X （transportation）
Verizon communications Inc.	USA	X	
ContextLogic Inc （Wish）	USA		X （retail）
Zalando	Germany		X （retail）

注：表中“X”表示有此项目，其后括号中标示了具体业务类型。

- 数字接口服务。

预计被 DST 的数字接口服务部分涵盖的企业共 21 个，其中 12 个是美国企业。美方认为，这是法国刻意选择的结果：一方面，DST 定义数字接口服务的方式将税收重

① Julien Pellefigue，Deloitte / Taj，The French Digital Service Tax：An Economic Impact Assessment，Mar. 19，2019，at 51；Joel Giraud （Reporter General），Report of the Committee on Finance，the General Economy and Budgetary Control，at 79 （statement of Mr. Giraud），Apr. 3，2019.

点放在美国企业而不是法国企业上，DST 仅将美国企业取得异常成功的商业模式应用在征税服务的定义中。根据法国税法的定义，DST 仅适用于销售使用数字接口的企业本身不拥有或不提供商品或服务的情况，而排除了在线零售和在线直接销售服务。这种区别的作用是将法国企业排除在 DST 的范围之外，而又覆盖了其美国竞争对手。另一方面，一些法国企业在本国电子商务市场上活跃，但是因为没有达到征收门槛而不受 DST 的影响。美方举出如下例子论证 DST 不公：

法国最大的在线零售商包括两家美国企业（亚马逊和 eBay）和 7 家法国企业（Cdiscount、Fnac、Vente - Privee、Auchan、Showroomprive、Le Redoute 和家乐福）。在这两家美国企业中，eBay 没有任何库存，并且亚马逊的大部分销售是由第三方卖家进行的。但是，法国企业通常拥有自己的库存。一些企业为第三方卖家运营在线市场，但是与亚马逊或 eBay 相比，这些企业通常只占其业务的一小部分，唯一例外的 Le Redoute 又被全球收入起征点被排除了。

法国出租车企业像 Uber 一样通过应用程序出售服务。但是，DST 不会涵盖由应用程序安排和付费的法国出租车，因为出租车企业本身在提供服务，而通过 Uber 预订的出租车却在 DST 征税范围内。

当法国酒店通过自己的网站预订房间时，该交易将不予涵盖，因为酒店自己拥有网站上所列出的房间。但是，DST 将涵盖通过 Booking. com 或 Expedia 进行的同一房间预订，以及通过 Airbnb 进行的公寓预订。

此外，美方认为法国 DST 法案制定的征税范围存在保护本国企业、歧视美国企业的倾向。例如，数字内容传送（如流媒体、订制音乐）明确不在征收范围中，但是这种对数字内容的豁免方案不适用 APP，美方认为这对 Apple 和 Google 极不公平。

③收入起征点规定对美国企业不公平。

法国 DST 面向全球年收入超过 7. 5 亿欧元、在法国用户获得收入超过 2500 万欧元的科技企业。美方认为，这种收入门槛将 DST 的重点放在美国的企业集团上，却不包括许多在法国提供同样服务的非美国企业。尤其，全球收入门槛剔除了许多成功的法国企业，包括提供 DST 应税服务仅作为其业务一部分的世界领先企业集团。例如，So-Local Group 是由数字广告企业组成的集团，与 700000 个广告商（包括小型企业和主要品牌）合作，覆盖了欧洲各地的个人。它提供了各种针对性的广告“解决方案”，包括与 Google 和 Facebook 的合作关系（由这些合作关系带来收入大部分属于 DST 应税范围）。SoLocal Group 的总收入为 7. 558 亿欧元，其中 2017 年的互联网收入为 6. 358 亿欧元。因此，尽管 SoLocal Group 是法国的一家大企业，全球收入超过 7. 5 亿欧元，但 DST 的全球收入门槛仅适用 DST 涵盖服务的收入，意味着 SoLocal Group 将面临零

DST 纳税义务。

美方称，法国没有公开阐明任何施行收入起征点的理由，但法国官员的一般性声明解释说，意在使法国初创企业免于税收。全球收入门槛排除了仅在法国或主要在法国成功的企业。在法国拥有重要市场份额的企业，如果仅（或主要）在法国经营，可能仍不符合 DST 的全球收入门槛。例如 Chauffer Prive，该企业是法国“领先”的乘车共享提供商，2018 年的收入为 1.6 亿欧元。该企业的目标是到 2020 年扩展到欧洲其他 15 个城市，收入翻两番。即使这样，它仍然没有 DST 纳税义务，而 Uber 在法国的所有业务均被纳入 DST 课征范围内。

④DST 与国家税收的关系歧视了美国企业。

根据法国法律，DST 可在法国企业所得税（CIT）税前抵扣。Le Maire 部长证实，作出此决定的原因是为了减轻 DST 对在法国缴纳所得税的企业的影响。因此，如果一家企业在法国企业所得税的基础上有足够的收入来支付其 DST 税负，则其企业所得税费用将会减去其 DST 付款金额乘以其边际税率。法国的企业所得税税率为 33.3%，因此，该企业的企业所得税税负将减少其 DST 付款金额的 1/3。但是，由于 DST 是根据收入而不是利润征收的，外国企业（非法国居民企业）很有可能在其本国管辖范围内无权获得 DST 抵免。DST 抵免其他税款的能力降低，使外国企业（法国非居民企业）处于不利地位，因为它们的总体税负越来越高。根据现行国际税收规则，常设机构规则是征税的前提条件，还是辨别应税所得征收方式的基础。非居民企业设立了常设机构，对归属于常设机构的所得按照营业利润条款征税。法国 DST 的征管对象不仅仅局限于在法国设立常设机构的企业，很多 DST 纳税人在法国没有设立常设机构，很可能不缴纳法国企业所得税，因而缴纳的 DST 也不能在企业所得税税前抵扣，造成全球范围内税负不公。

（2）追溯至 2019 年 1 月 1 日征收不合理。

①违反了税收原则。

法国 DST 政策于 2019 年 7 月 26 日生效，但追溯至 2019 年 1 月 1 日征收。根据税法原则，可以在一个纳税年度中修改现有的税收措施，但是不应追溯应用全新的税收制度。现有税收与新税收措施之间的区别源自公平的基本概念，包括国际税收中税收确定性的概念。当现有税收增加或减少时，已经要求税收主体收集并报告所有需要支付的有关税收的信息——增加或减少只是改变了它们必须支付的金额。像 DST 这样的全新税种却不是这样。DST 对企业施加了新的记录保存、报告、归档和审计义务。企业在 2019 年 7 月前根本没有做好缴纳 DST 的准备，却在年中时得知 1—7 月的财务处理需要调整，税收负担也增加了，美方直呼像 DST 这样追溯至既往的税“前所未有”。

②增加了企业行政负担。

DST 将对美企造成巨大行政负担。企业需要收集大量信息和数据进行界定缴税范围等相关准备。此项工作具有较高复杂性，相关企业需重新设计业务和财务报告系统，计算 DST 应纳税额，履行财务信息记录和披露等合规义务，并满足审计相关规定，这些将给企业带来高达数百万美元的负担以及财务方面的不确定性，也加大了纳税遵从成本。“为了计算税基，企业将必须计算在法国产生的收入部分，这意味着它们将必须确定用户位置和某些用户活动的位置，以了解当时是否发生了应税事项。尽管企业只能访问用户提供的有限数据，但企业不会出于税收合规的目的收集或保留这些数据，并且当前持有的数据可能不足以根据法律进行准确的计算”①。

（3）计税依据为营业收入不合理。

①违背了国际税收规则。

法国 DST 的税基为“在法国”提供应税服务所产生的总收入，而非对净利润（企业的总收入减去成本、费用）征税。美方认为国际税收规则和现行各国税收制度都支持以净利润而非总收入为税基。OECD《应对数字经济的税收挑战》的第二章题为“税收的基本原则”，承认企业税的两个基础——净利润和消费。一个税收政策组织指出，“最近很少有关于基于总收入征税的实证研究。大多数欧洲国家在 20 世纪 60 年代就否决了基于收入课征的税收，因为其效率低下，为经济发展设置了障碍，而且公平性较差”。特别是如果所得税不考虑成本的话，对利润率很低的企业，即使较低的税率也会对企业产生巨大影响。

②存在双重征税风险。

美方指出，以收入为税基的税种都存在双重征税风险，DST 也不例外。具体来说，如果 DST 所涵盖的企业是盈利的，则与在法国提供相关服务相关的资金将被课税两次，一次是 DST 下的“收入”，另一次是居民国的企业所得税下的“净利润”（企业还要为与 DST 涵盖的服务相关的收入缴纳所得税）。这是因为企业的居民国或运营国不太可能将与 DST 相关的收入从其所得税税基中扣除，或者不太可能为已支付的 DST 提供抵免额或扣除额。

美方还指出，以收入为税基的税种违背了量能支付原则，不利于利润率低的企业和成长型企业，会使亏损企业陷入更深的困境，税负也将转嫁给消费者，不利于经济增长。

① Matthew Schruers & Rachel Stelly, Computer & Communications Industry Association (CCIA), Comment, at 5, Aug. 16, 2019.

（4）DST是“治外法权”，与国际税法原则相抵触。

美方认为，按照现行国际税收规则，法国开征DST是“治外法权”。依据DST对“在法国”提供的应税服务进行定义的方式，该税是对在法国可能没有实体存在的企业的收入征收的，对于在法国具有实体存在的企业而言，则是对与这种实体存在没有联系的收入征收的。一方面，企业可以在“法国”提供数字接口服务或有针对性的广告服务，而根本不需要在法国有任何实体机构。例如，如果法国用户在电子市场Wish上购买了产品，则Wish的企业（Context Logic，Inc）就有DST纳税义务（假设该企业符合收入门槛），即使该企业在法国没有办事处也是如此。另一方面，对于在法国设有实体的企业而言，DST的税基却不仅限于常设机构的收入，美方认为这也违反了国际税收原则。例如，DST纳税人可能会在法国设有办事处，以执行特定的有限功能。该办事处及其运作可能受到限制，以致不符合“常设机构”的定义，这意味着按通行税收规则，该企业在法国无须缴纳企业所得税。而国际税收政策的现行原则规定，只有在企业在纳税国构成常设机构的前提下，才对归属于常设机构的营业利润进行征税。

而且，DST不是基于交易的，DST的应纳税额是满足收入门槛的企业从应税服务中获得的全球总收入的特定比例。美方对计算公式也提出质疑，认为按照公式计算得出的金额不能公允反映应税服务“在法国”提供的部分。对于定向广告，DST涵盖的收入与在法国向个人展示广告的实际相关的收入之间的关系，取决于法国广告市场的价值相对于广告企业经营的其他市场的价值。美方举例：北美是世界上最有价值的广告市场。因此，对于一家主要在北美开展业务的企业，向法国个人投放的广告的平均值很可能低于该企业投放的广告的平均值。在这种情况下，DST所涵盖的收入将超过在法国向个人展示广告实际相关的收入。

（三）学生阅读材料

（1）安永中国．全球税务简报：欧盟委员会发布对数字化活动征税的提案，2018年3月21日；

（2）美国贸易代表办公室．Report on France's Digital Services Tax Prepared in the Investigation under Section 301 of the Trade Act of 1974，2019年12月2日；

（3）OECD（2015）．Addressing the Tax Challenges of the Digital Economy，Action 1－2015 Final Report，OECD/G20 Base Erosion and Profit Shifting Project，OECD Publishing，Paris.

（4）欧委会．Proposal for a COUNCIL DIRECTIVE：laying down rules relating to the corporate taxation of a significant digital presence，Brussels，21.3.2018，COM（2018）147 final, 2018/0072 (CNS).

四、案例使用说明

(一) 本案例教学目的与用途

数字经济的飞速发展，推动各种新型商业模式不断涌现，给现有的税收规则带来了前所未有的挑战。国际社会积极行动，但仍未就数字经济的税收问题形成可被普遍接受的解决方案，一些国家出于自身利益的考量开始实行单边的税收行动，对数字企业开征 DST。法国和美国的 DST 之争，就展现了发达国家之间的税收利益博弈。要研究、制定好经济数字化的税收规则，就要从国际税收全局看问题。当前，适逢国际税法秩序急速发展之时，全球是否能建立一个超国家的税收法律制度，并能协调全世界的税收体系？站在经济数字化税收规则建构的十字路口，各国又将何去何从？本案例以法国和美国的 DST 之争为视角，引导学生对如何构建公平合理的数字经济税收制度问题进行探讨和思考，就 DST 可能对国际税收政策、征管规则以及对我国产生的影响进行剖析，适用于税务硕士专业学位（MT）税务管理和国际税收课程。

(二) 建议的教学计划

1. 教学时数

180 分钟（课间休息 20 分钟）。

2. 教学步骤

(1) 阅读材料，熟悉案情（20 分钟）；

(2) 小组讨论问题一、问题二（20 分钟）；

(3) 学生发言和集体探讨（30 分钟）；

(4) 小组讨论问题三、问题四（20 分钟）；

(5) 学生发言和集体探讨（30 分钟）；

(6) 小组讨论问题五（15 分钟）；

(7) 学生发言和集体探讨（15 分钟）；

(8) 学生提问和集体探讨（30 分钟）。

3. 教学形式

案例基本内容以 PPT 方式展示，穿插播放法国、美国政府官员讲话视频；在本案例教学之前要求了解学生对国际税收、税收学原理等课程的学习情况；在教学过程中将学生按每组 5—6 人分成若干组，对照阅读材料讨论问题；讨论结束后，请每组选择一位代表回答问题，其他组点评，全班共同探讨；最后，教师对每组的回答进行评析和总结。

（三）课堂思考题

1. 如何看待欧委会反复强调“用户贡献”应作为经济数字化价值创造的核心概念，而此观点遭到了美国等国家的反对？

2. 你认为法国出台的 DST 法案相关规定合理吗？存在对美国企业的歧视吗？

3. 你认为法国为什么坚定地力推 DST？

4. 对于美国列举的反对法国 DST 的理由，你赞同吗？

5. OECD 发布新一轮数字经济征税意见征询文件，你对其中的统一征税方法有何看法？

6. 拓展思考：数字经济下中国加强国际税收管理的方向；请站在中国角度思考，在国内法的制定和参与国际税收规则的构建中，如何让税收与高速发展的数字经济齐头并进？

五、理论分析与案例解读

（一）DST 的理论基础

综观各国有关 DST 的讨论和论证，可以发现，现有的 DST 方案多以“用户参与”作为理论基础，认为用户在数字化经济活动中以提供数据的方式创造了价值，因此用户所在国有权对这部分价值征税。需要指出的是，虽然各国多以“用户参与”作为 DST 的理论依据，但国际社会对于“用户参与”价值创造机制的认识尚不完全一致。例如，欧盟委员会的 DST 提案和英国的 DST 咨询文件，均阐释了“用户参与”在特定数字商业模式下的价值创造，但两者在认定“用户参与”如何创造价值时存在差异。欧盟委员会认为，“用户参与”可以通过两种途径创造价值：（1）用户在数字界面上的活动所产生的数据，通常被用于向相关用户定向发送广告，或者被用于有偿传输给第三方；（2）用户在多边数字界面上的积极、持续参与也会创造价值，例如从平台下载信息或向平台传输信息，或者通过平台开展直接或间接的货物贸易或服务贸易。而英国认为，“用户参与”主要通过 4 种渠道创造价值：（1）提交数字内容；（2）深度参与平台建设；（3）互联网效应和外部性；（4）品牌建设[①]。

近年来，国际税收政策改革呈现出将跨国企业通过跨境数字活动获取的利润向市场国倾斜分配的趋势。“用户参与”理论符合这一趋势，因此受到越来越多国家（地区）的青睐。OECD 在 2019 年 5 月发布的《形成应对经济数字化税收挑战共识性解决方案的工作计划》（以下简称“工作计划”）中，沿袭了 OECD 此前的工作成果，区分应对经济数字化税收挑战的两大支柱，即“修订的联结度和利润归属规则”与“全球反税基侵蚀提案”。其中，第一支柱纳入英国对征税权划分规则提出的“用户参与”提案，认为高度数字化企业通过用户的积极参与以及贡献的数据和内容创造了价值，而该部分价值在现行国际税收规则并没有向用户所在国分配，应修改利润分配规则以及征税联结度规则，以使得用户所在国对“用户参与”创造的价值部分，向经营社交媒体平台、搜索引擎和线上市场的企业征税。目前看来，该“工作计划”极有可能成为未来经济数字化税收统一方案的基础，这意味着，“用户参与”作为 DST 的理论基础，将对国际社会最终的数字化税收方案产生深远的影响。

（二）欧盟与美国争议点：用户贡献与价值创造

欧委会《影响评估报告》（以下简称《报告》）[②] 指出：最佳综合性政策的核心选择是设立一个既可用来捕获“数字存在”的新常设机构（PE）规则——显著数字存在（SDP），又可根据用户对价值创造的贡献而向该 PE 分配利润的新利润分配规则——修订后的共同（统一）企业税基［CC(C)TB］。同时，《报告》表示在长期方案落地前，首选的临时解决方式就是对紧密依赖于用户贡献的数字活动征收总收入税——DST。此外，《报告》认为欧盟增值税制度改革的现代化政策演进正在有效地适应数字经济发展。

从《报告》内容看，欧委会反复强调“用户贡献”应作为经济数字化价值创造的核心概念。同样，英国财政部宣称“用户参与对某些类型的数字业务来说是一个重要的价值驱动因素，在各国之间分配征税权和应税利润的规则（设计）中应得到承认”[③]。而类似概念在 OECD《中期报告》中被明确为“数据、用户参与及其同知识产

---

① HM Treasury. Digital Services Tax：Consultation（November，2018）［EB/OL］. www. gov. uk/government/publications，2019－09－24.

② European Commission. Commission Staff Working Document Impact Assessment. Accompanying the Document Proposal for a Council Directive Laying Down Rules Relating to the Corporate Taxation of a Significant Digital Presence and Proposal for a Council Directive on the Common System of a Digital Services Tax on Revenues Resulting from the Provision of Certain Digital Services. Brussels. SWD（2018）81 final/2.

③ HM Treasury. Corporate Tax and the Digital Economy：Position Paper Update. March 2018. 7.

权的协同”。事实上，各国对于数据和用户参与是否以及在多大程度上代表了企业创造价值的贡献存在意见分歧。

BEPS行动计划所强调的一个根本原则，就是征税和产生利润的经济活动与价值创造保持一致。在传统理论支撑下，这一原则容易被最终解读为跨国企业的居民国由于掌握研发、设计、拥有无形资产的所有权等原因而成为价值创造的主体部分，营销、消费和市场等因素在价值创造过程中作用微小，其实质是为了维护西方国家在全球价值链中的垄断地位和税收利益。大部分科技巨头总部位于美国，是美国居民企业，美国当然不愿意分享对美国企业在海外获取所得的征税权，为维护其税收利益，对用户参与在价值创造过程中的作用持消极态度，表示数字化正在彻底改变整个经济，因此出于税收目的，将数字经济与其他经济区分开来是困难的①。而目前推出DST的国家或地区，均强调用户在价值创造中的贡献，因此用户所在地的国家有权征税。

在数字经济下，消费所在国和市场所在地在实现交易并创造价值中所付出的成本和作出的贡献，是价值创造中不可忽视的来源，甚至是市场溢价产生的原因。从需求侧分析，数字技术的高度发达，使得企业可以向世界各地的消费者提供个性化的产品和远程服务，这相当于在供给曲线保持不变的条件下需求曲线右移，带来了额外的交易，从而增加了生产者和消费者剩余，新增剩余的一部分会被数字技术的所有者获取，考虑到用户参与的价值，消费者所在国有理由向数字技术所有者获取的剩余征税。

但是，对于用户通过“用户参与”的方式提供的数据本身，是否创造了价值、如何创造价值，以及创造了多少价值，目前尚无共识。代表性观点认为，在线广告经营模式（社交媒体平台、搜索引擎等）下，用户与广告企业之间达成的易货交易，用户可以作为客户、“无意识贡献者”或“无意识员工”②，自由进入在线广告的展示平台，或享受更廉价、更好的服务，以换取其提供个人数据，形成“对价”③。但是，“对价”之说并不等于个人信息与原创内容投入已经得到了公正的补偿。事实上，用户在超级平台上的辛勤付出与贡献出的个人信息数据总价值早已超过了平台研发与运维费用，让超级平台（谷歌、脸书、亚马逊）赚得盆满钵满。例如，自2010年5月以来，脸书每位用户的平均收入始终稳步增长，且其展示的广告数量、广告主眼中的广告价值、交易支付的规模费用及资本性支出都与用户用量（月活跃用户）密切相关。而谷歌的

---

① UNITED STATES TRADE REPRESENTATIVE：Report on France's Digital Services Tax Prepared in the Investigation under Section 301 of the Trade Act of 1974，2019-12-2.

② Raffaele Petruzzi & Svitlana Buriak. Addressing the Tax Challenges of the Digitalization of the Economy - A Possible Answer in the Proper Application of the Transfer Pricing Rules?［J］. Bulletin for International Taxation，2018，72：14.

③ Raffaele Petruzzi & Vasiliki Koukoulioti. The European Commission's Proposal on Corporate Taxation and Significant Digital Presence：A Preliminary Assessment［J］. European Taxation. 2018：2-3.

用户数据价值在2015年时就已达每人720美元/年①。对数字化企业也常用点击率等指标进行估值。因此，对部分企业通过典型的数字化经营方式所赚取的超额利润课征税款，具有正当性和合理性。

在市场国普遍强调数据价值的同时，也有人认为，数据只是加工成产成品的原材料，其本身并不产生主要价值，是企业分析和加工数据的活动，赋予了这些数据价值。企业只是简单地收集数据就不产生价值，只有处理、利用和分类客户数据与用户生成内容，开发形成有价值的算法，进而直接（针对性广告）或间接（增强数字化产品/服务）才能为数字化企业创收。“数据、用户参与和与知识产权的协同效应”是数字经济的显著特征之一，如何对用户通过“用户参与”的方式提供的数据价值在用户和科技企业之间分摊，是一个难题。

（三）欧盟力推DST的原因

欧委会的意图十分明确：对科技巨头的部分利润征税。其理由主要包括②：

（1）国际足迹是证明数字经济企业有限物理存在（无实体跨境经营）的重要特征（见表17－2），其中，国际足迹＝（国外销售额/总销售额）/（国外资产/总资产）。

表17－2　大型跨国企业的年收入增长、国际足迹及其同无形资产的相关性（单位：10亿美元）

跨国企业类型	总收入	年收入增长	国际足迹	无形资产相关性
数字	872	14.2%	2.1	3.1
IT（硬件和软件）与电信	2825	3.1%	2.2	1.2
其他	5682	0.2%	1.1	1.4

（2）最终用户参与价值创造的地方正出现“产消者”（prosumers）概念，用户贡献的相关内容将成为价值创造的核心要素。

（3）数字跨国企业的无形资产价值（相当于资产的账面价值）与市场估值之间的差异表明，无形资产对具有显著数字活动的企业而言，特别重要。

（4）数字市场往往由少数“超级巨星”企业主宰，会形成垄断竞争和寡头垄断。不同类型企业之间缺乏公平竞争的税收环境——传统商业模式的有效平均税率为23.2%，而跨国集团中数字化商业模式的有效平均税率仅为9.5%。

① ［英］阿里尔·扎拉奇，［美］莫里斯·E. 斯图克．算法的陷阱：超级平台、算法垄断与场景欺骗［M］．余潇，译．北京：中信出版社，2018：306－309.

② 刘奇超，科尔曼·莱莉，张春燕，屠琳舒．欧盟数字经济公平课税方案的总体思路、核心理念与政策要领：一个全景式分析框架［J］．国际税收，2018（10）：35－43.

其中，第4点理由，美国尤其反对。USTR在Report on France's Digital Services Tax Prepared in the Investigation under Section 301 of the Trade Act of 1974 单独列出一节"Covered Companies Do Not Have Lower Tax Rates than Non－Covered Companies"来论证美国科技企业实际税负并不轻。美方称，法国和欧盟评估的有效平均税率缺乏依据，"法国和欧盟的评估完全基于德国普华永道和欧洲经济研究中心（ZEW）于2017年发布的一项税收研究（《DST收指数2017：数字业务模型的地方税收吸引力》）。要注意，在欧盟委员会发布其影响评估报告后不久，普华永道发表声明说，该研究报告并未使用实际企业或经济部门的税收信息来计算有效平均税率（EATR），因此无法用来比较数字企业和其他企业的税负。该研究的主要作者还在多次采访中表示，"说数字企业税负低是不正确的"，并且"不能对数字和传统企业的有效税率进行一一比较，因为数字业务获得了不同类型的收入"。他还援引了一些其他实证研究论证数字企业的实际税率不低于其他企业。不过，谷歌、亚马逊和苹果等以美国为主的全球数字服务巨型企业，可能从全球税负角度看，实际税率不低，但确实采用了一些税务筹划方法，导致欧盟内部长期税负不公。以著名的"爱尔兰荷兰三明治模式"为例，如图17－1所示。

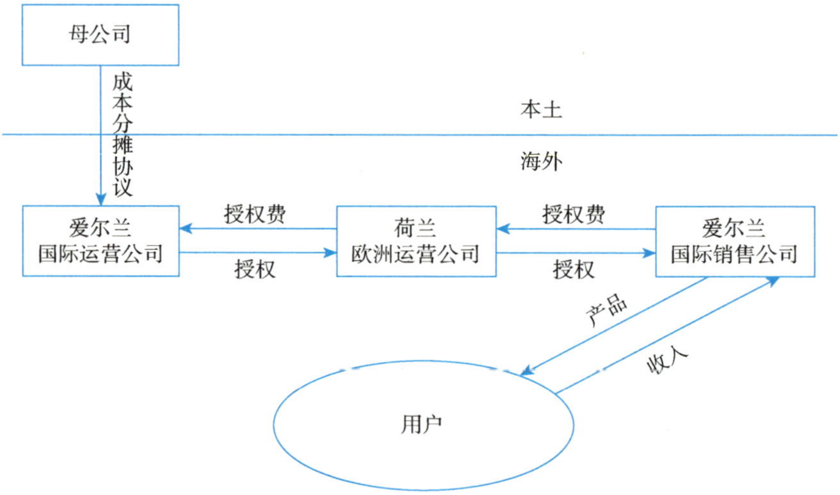

图17－1 "爱尔兰荷兰三明治模式"示意

高科技企业通常用知识产权来充当转移收入的媒介。以美国高科技企业为例，当美国以外的用户在企业享受付费服务时，美国企业就把其所拥有的知识产权资产转移到爱尔兰的运营企业去，而用户所支付的现金则进入爱尔兰销售企业的账户。由于实现这一销售必须用到知识产权资产，因此爱尔兰销售企业就"需要"向爱尔兰运营企业支付知识产权专利使用费。爱尔兰销售企业通过荷兰运营企业的中转，将销售收入以专利使用费的名义转到爱尔兰运营企业，最终转到避税天堂。钱一旦进入某个避税天堂，就难以再被监管机构监控到。而在整个收入转移过程中，只需要缴纳荷兰低廉的交易税和部分爱尔兰低廉的所得税，这也是引发英法等数字经济市场国强烈不满的原因。“因此，真正的问题不是 GAFA 征税不足，因为 22% 的税率几乎等于欧洲大型集团的平均税率，而是这些企业缴纳企业所得税的地方。因此，根本的问题是如何将企业所得税税基带回欧洲”①。

（四）现行国际税收规则能捕获数字经济的特征吗？

当前，各国对现行国际税收体系是否需要作出改变观点不一。美国拥有强大的互联网技术和跨国企业，为使其免受冲击，对改变税收规则态度消极甚至极力阻止。印度、中国、巴西等发展中国家，以及法国、澳大利亚、英国等国，作为数字经济产品主要消费国和互联网企业相对欠发达的国家，对改变现行规则，包括来源地规则和税权划分规则有强烈意愿；德国、比利时、日本等国对于改变规则基本持中立态度，倾向于维持现状；荷兰、卢森堡、爱尔兰等国作为以税收优惠政策吸引跨国企业投资的国家，受规则改变导致的消极影响最大，因而提出明确反对意见；其他国家，尤其是广大的发展中国家和低收入国家，参与度和参与意愿都很有限。

OECD 在其关于 BEPS 行动 1 的报告中解释称，对于如何将与“各方之间的联系（nexus）、数据和基本属性”有关的国内和国际税收法规，适用于无形的数字化价值创造，即所谓的“数字化”或“无形”经济的新模式，存在着诸多问题②。这些问题中，有些由来已久，OECD 和其他机构在其早先关于电子商务的工作中，对此已有所认识③。

数字经济有三大特征：无实体跨境经营、对无形资产的依赖以及数据、用户参与和与知识产权的协同效应。前面提到，数据、用户参与和与知识产权的协同效应造成难以计算出用户通过“用户参与”的方式提供的数据价值归属于用户自身（市场国）的部分。而无实体跨境经营对常设机构的认定和常设机构的利润归属划分带来挑战，数字经济对无形资产的依赖使得当前越来越难以确定数字经济中的知识产权（IP）和其他商业“无形资产”，并对其进行估值。

---

① Gary Sprague, Baker & McKenzie, Written Testimony, Aug. 9, 2019 at 1 citing French National Assembly, Report prepared on behalf of the Committee of Finance, General Economy, and Budgetary Control, at 98 (April 3, 2019) available at http://www.assemblee-nationale.fr/15/pdf/rapports/r1838.pdf.

② OECD，应对数字经济的税收挑战，p. 17（OECD 2014），IBFD 国际组织文件集，也可访问 www.oecd-ilibrary.org/taxation/addressing-the-tax-challenges-of-the-digital-economy_9789264218789-en.

③ 米兰达·斯图尔特，陈新．数字化 BEPS 环境下的滥用和经济实质（上）[J]．国际税收，2015（09）：28-32.

1. 数字经济背景下的常设机构的认定及利润归属规则

数字经济的特点之一就是虚拟存在，企业可以灵活选择在何处开展商业活动，甚至搬离市场所在地或者其他业务功能发生地。比如在跨境电子商务活动中，从谈判、订货到交付均不需要“物理存在”的支持。另外，常设机构的利润判定和归属在国际税收征管中也是极为重要的问题。在常设机构的利润分配中，常设机构的资产、人员、所履行的功能以及承担的风险都是需要考虑的重要因素，但在数字经济背景下，这些因素的价值大打折扣，因为常设机构规则无法将税收与经济活动发生地或者价值创造地精确匹配，从而基于常设机构规则的税收征管受到重大影响。这些影响包括以下几个方面：

（1）数字经济对营业场所的挑战。数字经济下，企业的资源配置和业务开展更加灵活，互联网技术的发展使得企业的业务活动可以轻易地跨越地理障碍实现全球的运营和管理，减弱了对机构场所的依赖。企业完全可以通过虚拟的网络平台完成交易，将开发、设计、生产等核心经营业务全部剥离至境外。以地理联系和物理存在为主要特征的常设机构规则已经无法反映具有数字经济特征的经济连接度。以苹果应用商店APP Store为例，遍布全球的应用程序开发商将开发完成的程序上传到应用商店，各国的手机用户即可自由选择下载并付费。应用商店类似于商场，用户是消费者。和商场不同的是，应用商店并不是实际存在的营业场所，只是一段数据所构成的一个虚拟交易平台，按照现行国际税收规则，无法将其认定为常设机构。

（2）数字经济对营业活动的挑战。信息通信技术被越来越多地运用到企业中，企业得以将很多核心营业活动剥离到境外或者线上，但这并不意味着企业无须在收入来源国设立任何实体场所，因为诸如商品存储和物流配送等准备性、辅助性环节还是需要在收入来源国进行管控和调配，才最有利于经营活动的开展。数字经济也使得原来被视为准备性或辅助性服务的活动具有为企业带来主要收入的巨大潜能，成为企业价值创造过程中不可或缺的主要部分。例如数字经济下的重要业务活动的代表：客户信息数据的收集。一些即时通信软件（比如Facebook），通过为客户提供免费的信息交流平台，吸引大量的用户注册并使用。企业通过向这些客户投放广告、推送产品和提供服务来获取收入。然而，根据《OECD范本》和各国在税收征管实践中达成的共识，在现有常设机构规则下，专门从事辅助性或准备活动的机构或者场所被排除在常设机构的范围之外，因其在整个价值形成和利润产生过程中的贡献有限而豁免纳税。

（3）数字经济对常设机构利润分配的挑战。近百年的国际税收规则基于收益原则和税不重征原则。收益原则让来源国以常设机构为前提对营业利润享有优先征税权，税不重征原则要求来源国和居民国共同防止双重征税和双重不征税。公平交易法是确定传统经济下常设机构利润归属的主要方法，分为功能分析和调整定价两步。然而，公平交易法在数字经济背景下产生了适用上的难题。一是功能分析步骤难以适用。企业可以借助信息通信技术开展跨境交易，将单一功能分配给位于世界各地的不同机构完成，造成对企业各个部门或者机构的功能判定的困难。如果坚持适用公平交易法，税务部门就不得不将单一功能分割成更小的单位功能。而这种小单位的功能过于细化，市场上难以找到可比类似交易的利润率或者市场回报率来确定其公平交易价格。二是难以找到可比类似交易。另外，现今数字化媒介（如网站、服务器）是跨国企业在收入来源国存在的主要形式。在整个价值创造的过程中，这些数字化媒介没有像传统的实体运营机构那样使用资产、承担风险，但却承担着企业的核心业务。这些由数字化媒介执行或完成的交易与通过实体媒介达成的交易之间并不存在可比性，使得更难可比交易并通过公平交易法进行分析。

2. 无形资产转让定价问题

无形资产流动性高且定价机制高度不透明，跨国企业往往将研发活动放在一国，将专利的申请放在另一国，将专利的商业化放在第三国。这样集团内的其他企业通过支付给无形资产所有者（低税国的附属企业）高昂的特许权使用费将利润转移到低税国。另外无形资产的特殊性使得税务机关难以根据独立交易原则为特许权使用费找到合适的公平交易价格，因此跨国企业使用无形资产转让定价更加容易。包括数字经济在内的新兴经济活动在全球经济中扮演越发重要的角色，与之相关的无形资产概念和要素流动相较传统产业更为复杂和频繁，与之相关的国际税收问题也显得更加广泛。转让定价的估值参数，比如折现率，将更难估计。选用何种估值方法以及如何估算无形资产的使用寿命也会更难。

（五）法国 DST 方案的要领分析

1. 收入起征点

法国 DST 仅面向从应税服务项目中获取的全球年收入超过 7.5 亿欧元、在法国用户获得收入超过 2500 万欧元的科技企业，进而将“小规模”企业排除在外。美国认为这是极其不公的政策，目的就是针对美国科技巨头，有可能违反《服务贸易总协定》规定的国民待遇原则。但是，基于用户通过“用户参与”的方式提供的数据创造价值的角度思考，数字经济领域存在“规模经济”现象：同一数据集的货币估值在市场不同参与者之间可能存在显著差异。例如，2018 年 8 月，中国华住酒店集团涉及将 1.3 亿条身份信息、2.4 亿条开房记录等共 5 亿条信息，仅标价为 8 比特币或 520 门罗币，约37万元人民币出售①。由此得出的结论，可能是原始数据的价值相对较低，但数据集包含的信息越多样化，它提供的用户/客户洞察就越多，其潜在价值就越大。可见，在数据的利用上，有“边际用户收益递增”现象，对于小企业来说，用户创造的数据，价值可能没有那么高。从这个角度看，只对大企业征税有一定道理。

2. 单一比例税率

法国的DST采用以总收入为税基，实行单一比例税率的税制。以收入为税基确有一些弊端，不利于利润率低的企业和成长型企业，且存在与所得税的双重征税风险，法国居民企业支付的DST可在法国企业所得税前抵扣，相当于实际税率降低1/3，更被美方抱怨“不公平”。

但是，从行业分析，数字企业（尤其是互联网平台企业）可以以非常低甚至忽略不计的边际成本运行，一旦平台建立起来，其运行更多地依赖自动化或仅需极少的额外劳动力投入，这意味着平台企业的每一笔交易所取得的边际收入与边际利润基本相等，那么向数字企业提供数字服务所取得的相关收入征收DST也就相当于向数字企业的边际利润征税，这不会改变数字企业对利润最大化的追求。对这个行业采取以总收入为税基，实行单一比例税率的税制造成的“扭曲”相对较小。

此外，尽管DST不像所得税对净所得征税，但各国普遍适用远低于所得税税率的DST税率，可以认为是考虑了成本扣除要素。由此引发DST到底属于直接税还是间接税的讨论，尚存在理论争议，也直接关系到DST在现行税收条约体系下的合法性，是实施DST过程中不可回避的一个现实问题。

3. 以“用户参与”作为课税连接点

法国DST界定应税服务是否为“在法国”提供的基本原则是看享受所交付的服务或商品的个人或企业是否位于法国。DST的征收与用户活动地点息息相关，用户所在地可以通过IP地址或其他更精确的定位方法来确定。此举冲击了居民课税原则和在此基础上建立的国际税收权益分配机制。

在电子商务和数字经济环境下，传统的居民税收管辖权连接因素并不必然成为反映纳税人与这类课税连接因素所在地国之间存在更强的经济联系的标志，继续沿用这类传统的居民身份连接因素作为主张行使居民税收管辖权课税的依据，并在此基础上进行国际税收协调，显然会造成电子商务环境下的纳税人与传统物理经济环境下的纳税人之间的课税不公平。在经济全球化不断深入的今天，居住国并非一定是纳税人的

① 刘奇超，科尔曼·茉莉，张春燕，屠琳舒．欧盟数字经济公平课税方案的总体思路、核心理念与政策要领：一个全景式分析框架［J］．国际税收，2018（10）：35－43.

跨国所得的最终汇聚地和价值创造地。例如，美国国会在2013年举行的听证会显示，从2009年到2012年，苹果企业的国际税务结构成功地使其44亿美元的收入，在全球范围内实现了避税。著名的“爱尔兰荷兰三明治架构”也说明以居民税收管辖权为普遍适用原则的国际税收协调模式，会加剧刺激纳税人通过改变或选择居民身份，规避一国的居民纳税义务和滥用税收条约的优惠待遇。现行国际税收规则无法捕获数字经济的特征，导致利润征税地与价值创造地之间的不匹配，需重新考虑与利润分配及联结度相关的规则。

但是，以“用户参与”作为新的课税连接点，就需要定义用户参与的时间节点。追求利润征税地与价值创造地匹配，也需要对价值创造地有清晰的界定。综观价值创造概念，其既可以解释为原产地利润分配规则，也可以解释为目的地利润分配规则。这个术语的含糊不清正是其广受欢迎的原因：每个国家都同意税收应该与价值创造相一致，因此每个国家都有动力以有利于当地经济的方式界定价值创造①。当前国际社会所能够普遍达成的共识是，在企业既没有实体存在也没有实质经营活动的情形下，价值创造活动不太可能发生，然而决定价值创造的环节究竟在哪里，却难以回答。正如OECD多次强调，“无法给数字经济划定范围”。对于DST，任何一个国家都不能垄断定义用户参与的时间节点，以至于难以辨别用户参与概念的界限。

六、案例启示

（一）DST的开征对国际税收规则的影响

DST的开征对国际税收规则的具体影响主要体现在以下两个方面：

第一，引入“显著数字存在”概念，设立新的常设机构规则。在“显著数字存在”规则下，对常设机构的判定不再仅仅依赖企业的物理存在，提供数字服务的企业在用户所在国取得的收入、拥有用户的数量以及签订的商业合同数量等亦是判定常设机构的标准。但上述三个标准的判定需要追踪用户的IP地址，这项工作不仅使提供数字服务的企业在缴纳DST时产生较大的合规费用，而且可能会带来用户数据安全、隐私泄露等问题。此外，匿名用户的存在使税务部门在税收核定过程中难以追踪其真实位置，增加了税收征管的难度。

① A. M. Bal. (Mis) guided by the Value Creation Principle - Can New Concepts Solve Old Problems? [J]. Bulletin International Taxation, 2018 (11): 72.

第二，借助“价值创造”理念改变现行征税权分配规则。G20/OECD发布的BEPS行动计划提出“征税要与经济活动发生地和价值创造地相统一”，虽然各国对以价值创造作为征税权划分的基础已经达成共识，但决定价值创造的环节究竟在哪里，各国之间还存在很大差异。由“价值创造”引申出的“用户参与创造价值”成为开征DST的主要依据，用户参与为用户所在国创造了一种征税权，据此，现行征税权分配规则需要调整，这种调整意味着对现行规范的根本背离。此外，对“用户参与创造价值”目前也没有一套科学客观的评定方法。以不确定的标准分配征税权，无疑会增加税制的复杂性和国际税收协作的难度。

（二）中国“走出去”的数字经济企业需加强税务风险管理

美国和中国是全球公认的拥有最多大型数字经济企业的国家，相关企业在全球多个地区积极展开竞争。其中，东南亚、印度是这些企业位于亚洲的“主战场”，而其在非洲的竞争也日渐白热化。

中美数字企业的初期海外扩张环境有所不同。美国企业起步较早并在相对稳定的国际税收环境下进行，而中国企业则是在许多国家采取单边数字经济征税措施这一背景下展开了海外扩张。因这些单边措施各不相同，且中国“走出去”企业税务团队的能力和经验仍有待提高和丰富，这就导致中国“走出去”企业面临巨大复杂性和合规挑战。以中国数字经济企业活跃的亚洲地区为例：

印度：印度已全方位采取措施对跨境数字经济活动征税。除了对众多跨境数字服务广泛征收预提税外（涵盖多项跨境数字服务），印度在2016年推出了针对数字广告服务的平衡税，税率为6%，2018年推出了“虚拟常设机构”的概念以及显著经济存在规则。此外，印度还通过多边工具采纳了BEPS常设机构更新，并通过法庭判例来稳步扩大现行常设机构的门槛，其中就包括认可虚拟服务常设机构概念。2018年9月印度宣布，从2018年10月起，印度电子商务市场需对第三方零售商的销售所得代扣代缴2%的商品及服务税。这要求在印度相关诸邦都进行商品及服务税登记。

印度尼西亚：据称，印度尼西亚相关部门向各类中介平台施压，要求它们（1）登记常设机构或建立本地子公司，并就其佣金所得缴纳企业所得税；（2）对平台上的交易按全额代收代缴1%的税款，以此向商户/服务提供商收取其平台交易少缴纳的增值税及企业所得税。相关部门还在制定规则（未定稿）以强制企业登记一个应税分支机构，违者将受到网站被封的处罚。此外，印度尼西亚也选择了通过多边工具来实施BEPS常设机构更新。

澳大利亚：2015年出台的一般反避税法（MAAL）和2017年出台的转移利润税，

为企业所得税执法引入了复杂而富有挑战性的新规定，尤其与电子商务企业相关。与此同时，澳大利亚还要求中介平台运营商对平台商户及服务供应商的增值税承担责任。澳大利亚也选择通过多边工具来实施 BEPS 常设机构更新。

其他亚洲国家也纷纷效仿上述国家的做法，其中，越南、菲律宾、马来西亚和巴基斯坦均将预提税的适用范围扩展至数字产品和服务；日本、韩国和新西兰通过多边工具来实施 BEPS 常设机构更新。除了这些新颖的税收规则及执法手段外，中国数字经济企业还需应付各种更为主流的税务规则的强化执行。中国企业在印度及其他亚洲地区遇到常设机构及转让定价问题的案例日益增多便印证了上述趋势。多数亚洲地区也对数字服务采用以目的地为基础的增值税规则，并希望将低价值有形产品进口纳入增值税的征收范围中。如上述案例所反映，平台被赋予越来越多的征税中介义务。

亚洲不是唯一一个拥有多样的、复杂的数字经济税收规则的地区，欧洲也是如此，中国的数字经济企业在欧洲越来越活跃，在拉丁美洲和非洲也开始活跃起来。继 Wayfair 案之后，数字经济企业在美国的销售税也变得更加复杂。中国数字经济企业面临的复杂性也因此以难以管理的速度增加。

（三）修订共同（统一）企业税基，确定新的利润分配规则

法国 DST 要求企业根据“在法国”的所有用户的比例将收入归因于法国，以互联网广告业务为例，企业以 DST 所定义的针对性广告服务涵盖的全球收入，乘以法国用户看到的所有此类广告的份额计算税基。

美国对这种分配方式的不准确性提出了质疑和批判，认为只有在支付 DST 的企业为每个观看的广告赚取“金额相同的收入”的前提下，这种分配方式得到的在法国的税基才能准确反映在法国的实际收入。

USTR 以表 17－3 和表 17－4 举例说明。根据法国 DST 方案，“企业广告应税收入＝法国广告投放数占全球比例×全球投放广告总收入”。两种情况下，由于“法国广告投放数占全球比例”不变，但企业在法国地区单个广告收入不同，导致了企业在法国承担了更重的税负，即企业在法国收入低于全球平均水平情况下，仍需按更高的全球单个广告收入水平计算应税收入。

表 17－3 情况下，企业单个广告在全球范围、法国地区和法国以外地区赚取的金额均为 1 美元，则企业应税收入 50 万美元；

表 17－4 情况下，“单个广告收入不相同”，单个广告在法国地区营业收入为 0.75 美元，而在全球范围和法国以外地区营业收入为 1 美元，即企业在法国的单个广告收入低于全球和法国以外，即企业在法国的单个广告收入低于全球和法国以外平均收

入，在法国广告收入为37.5万美元，然而，根据DST要求计算的应税收入仍为50万美元，比实际收入多计12.5万美元。

表17－3　　准确的情况①

	Total Ads Placed（广告投放总数）	Average Revenue per Ad（单个广告收入）	Actual Revenues（#ads × average revenue）（实际广告收入）	Revenues under DST Formula（% all Ads × total revenues）（法国DST方案计算的应税收入）
World（全球）	5000000	$1.00	$5000000	$5000000
"In France"（法国）	500000	$1.00	$500000	$500000
Not "In France"（法国以外地区）	4500000	$1.00	$4500000	$4500000

注：（1）本表基于"每个广告收入相同"情况计算，即单个广告在全球范围、法国地区和法国以外地区赚取的金额均为1美元；

（2）实际广告收入＝广告投放总数单个广告收入；

（3）法国DST方案计算的应税收入＝法国广告投放数占全球比例×全球投放广告总收入。

表17－4　　不准确的情况②

	Total Ads Placed（广告投放总数）	Average Revenue per Ad（单个广告收入）	Actual Revenues（#ads * average revenue）（实际广告收入）	Revenues under DST Formula（% all Ads * total revenues）（法国DST方案计算的应税收入）
World（全球）	5000000	$1.00	$5000000	$5000000
"In France"（法国）	500000	$0.75	$375000	$500000
Not "In France"（法国以外地区）	4500000	$1.00	$4625000	$4500000

注：（1）本表基于"单个广告收入不相同"情况计算，即单个广告在法国地区营业收入为0.75美元，而在全球范围和法国以外地区营业收入为1美元；

（2）实际广告收入＝广告投放总数×单个广告收入；

（3）法国DST方案计算的应税收入＝法国广告投放数占全球比例×全球投放广告总收入。

虽然法国DST有其必然发生的背景，但其以全球收入乘一定比例计算税基的方法略显"简单粗暴"。数字经济无形性、隐蔽性、对无形资产的依赖性、大规模的数据

① 资料来源：UNITED STATES TRADE REPRESENTATIVE：Report on France's Digital Services Tax Prepared in the Investigation under Section 301 of the Trade Act of 1974，2019－12－2。

② 资料来源：UNITED STATES TRADE REPRESENTATIVE：Report on France's Digital Services Tax Prepared in the Investigation under Section 301 of the Trade Act of 1974，2019－12－2。

使用性等特征，使其颠覆了传统的价值创造理念，收入来源地也变得模糊、难以区分。因此，《公开咨询文件》中提出的“用户参与”提案与“营销型无形资产”提案，均构建了新的利润分配规则。两个提案虽然出发点与关注点不同，但都对企业因数字化价值创造产生的剩余利润进行重新分配，并赋予价值创造地征税权。新的利润分配规则在理论上具有可行性，但实务操作中难度非常大。例如，如何计算剩余利润，如何分配剩余利润，需考虑哪些要素，这些要素在利润分配中占多少权重，等等。另外，“用户参与”提案目前仅适用于社交媒体平台、搜索引擎、在线商城这三类高度数字化企业，相对于数字经济范畴而言，适用范围较小。

欧盟数字经济公平课税方案未提及 CCCTB 改革事项，但欧委会《报告》附件 10 提出了假设性分解用户贡献的替代性公式。公式设计的难点与重点在于如何估算出数字企业占经济规模的百分比，从而将数字投入因素嵌入到现行 CCCTB 公式中。《报告》指出：目前，全球尚未对数字经济定义形成广泛共识，很难估算出数字产品附加值的具体规模。考虑到经济数字化的迅猛发展，欧委会综合现有测算结果，将欧盟范围内数字企业对经济的规模贡献假定为 5%。由此，便可推导出一个包含数字化要素的所得税分配公式，即：数字化 CCCTB =0.05 × （1/8 工资 +1/8 员工数量 +1/4 企业资产 +1/4 销售额 +1/4 用户投入） +0.95 × （1/6 工资 +1/6 员工数量 +1/3 企业资产 +1/3 销售额）。而此建议也为数字经济下企业全球收入的分配和转让定价方法的重塑提供了一个新思路。

（四）数字服务征税的趋势展望

2019 年 10 月 9 日，OECD 发布了新一轮数字经济征税意见征询文件。该文件提出了 BEPS 2.0 框架下支柱一的统一方法（Unified Approach under Pillar），旨在将更多的征税权分配给消费者所在国，而无论该商业活动是否在该国构成了实体存在。这一方法融合了 OECD 包容性框架成员国提出的 3 项待考虑方案的特点，适用于面向消费者的大型企业（Large Consumer - facing Businesses）。因此，不仅高度数字化企业（如高科技、在线平台企业）将受到影响，其他类型企业（如零售业）的征税方式也可能面临变化。

2019 年 11 月 8 日，OECD 发布了关于数字经济征税方案支柱二下全球防税基侵蚀解决方案的意见征询文件，就引入统一的全球最低税额规则（Global Minimum Tax Rules）公开征询意见。全球最低税额规则旨在通过对跨国集团实际有效税率低于最低税率的差额部分进行征税及其他措施以确保跨国集团承担足额税负，因此可能会给更多企业的带来额外税负及合规成本。

若这两份意见征询文件能获得包容性框架成员国的共识并最终通过，这将是1920年以来国际税收体系最大的变革，从根本上改写国际税收制度。初步研究表明，新实际联系规则及新的利润分配规则可能会使全球整体税收金额略有提高，但是会导致应税利润在各国之间的分配方式产生重大的变化：中低收入国家将会获得更多的应税利润，而较大的市场国将可能受益最大，与此同时投资中心将会因此蒙受重大损失。因而，在三类国家之间会达成怎样的协议，还尚待分晓：拥有高度数字化商业模式且处于领先地位的跨国企业的母国（如美国和中国）、具有传统高价值品牌且处于领先地位的跨国企业所在的国家（如法国和德国）、倾向于进行更大范围分配的国家（如印度）。

OECD提出，希望各国政府能于2020年年底前就新实际联系规则、新的利润分配规则及全球防止税基侵蚀规则达成共识，尤其期望能够在2020年6月计划举行的包容性框架成员国会议上实现此目标。若各成员国能够就此达成共识，那么紧随其后的将是大量的技术性研究工作，因为“统一方法”只是提供了一个框架，接下来还有大量的细节需要推敲。这意味着从各国对“统一方法”达成共识到能够落地实施可能需要很长一段时间。

在未来政策制定的过程中，笔者认为有一点是可以从“统一方法”中借鉴的，那就是制定简单易执行的政策。OECD秘书处在拟定“统一方法”时始终遵循着这一原则。该点在“统一方法”中多处得以体现，例如，在新实际联系规则中提出的以收入作为衡量企业是否与市场国有实际联系的标准；在新的利润分配规则中提出的通过使用固定比例的方法来确认剩余利润额以及剩余利润中可分配给市场国的部分等。制定一个易于执行的方案会使得这个方案更容易在国际上得到认可，而一个取得国际共识的方案才能给企业带来确定性。

案例 18：

泛美卫星公司涉税案相关法律问题再探讨——兼论被告税务机关为何胜诉[①]

泛美卫星公司涉税案是2002年北京“民告官”十大典型案件之一，最终以被告胜诉落幕。本案要点：税务机关作出一个税务处理决定，必须进行“合同性质”—“收入定性”—“是否涉税所得”的客观分析过程。在事实认定清楚证据确凿的基础上，形成处理决定环节的关键便是“适用法律”。“收入定性”正确不等于“适用法律”无误。“收入定性”与“适用法律”的规则不一样。为此，本文从争议焦点、原被告诉讼策略、税收执法程序中原告的举证义务、专家证言如何取舍、协议性质、收入定性、行政程序的法律适用、行政审判的法律适用、《中美税收协定》条款的理解、国家税务总局（211）号文和（566）号《批复》的评价等角度对该案作进一步回顾和探讨。

一、案情简介[②]

（1）1994年4月3日泛美卫星公司与中央电视台（以下简称“央视”）签订《数字压缩电视全时卫星传送服务协议》，央视支付了订金、保证金、季度服务费和设

① 本案例由中央财经大学国际税务研究中心客座研究员、中国社会科学院财经战略研究院研究员滕祥志编写。本文为准备北京大学法学院税法硕士案例分析专题演讲而作，曾获得中国财税法学教育研究会2006年上海年会论文二等奖。原文载于《厉风—中国税务稽查》2006年第4辑，此次有修订。

② 傅纳红．美国泛美卫星公司应否在中国纳税，载于刘剑文．财税法学案例与法理研究．高等教育出版社，2004：300－304.

备费。

（2）1999 年 1 月 18 日北京市国税局对外分局稽查局发出：《关于对央视租赁泛美卫星等外国卫星公司卫星通讯线路支付的租赁费用代扣代缴预提所得税限期入库的通知》。此即 001 号通知。

（3）泛美卫星公司不服，向北京市国税局对外分局提起复议申请，1999 年 3 月 26 日泛美按 7% 缴纳税款。8 月 23 日，对外分局作出维持 001 号通知的行政复议决定。原告据此以北京市国税局对外分局稽查局上级机关北京市国税局对外分局为被告向北京市第二中级法院提起行政诉讼。

（4）2000 年 6 月 26 日，北京市国税局对外分局以征税主体不合格为由撤消 001 号通知。被告表示退税，原告撤回起诉，北京市第二中级人民法院批准其撤诉。

（5）2000 年 6 月 30 日，北京市国税局对外分局第二税务所发出第 319 号通知：《关于对中央电视台与泛美卫星数字传送服务协议所支付费用代扣代缴所得的征税的通知》。原告不服，再次向北京市国税局对外分局提起复议。2000 年 11 月 17 日北京市国税局对外分局作出维持 319 号通知的复议决定。

（6）此后的 2000 年 11 月 29 日，原告以北京市国税局第二税务所为被告，中央电视台为第三人诉至北京市第一中级人民法院。

（7）2001 年 10 月 11 日判决维持第二税务所 319 号通知。泛美卫星公司向北京市高级人民法院提起上诉，2002 年 12 月 26 日北京市高级人民法院作出终审判决，驳回上诉，维持原判。

二、争议焦点[①]

原告认为：

（1）协议性质认定应以《合同法》为依据，应有国内法依据。租赁合同的主要特征是转移租赁物的占有。协议约定由泛美卫星公司操作使用其位于外层空间的卫星及美国的地面设施，为央视提供传输服务。未发生任何设施的占有或使用权的转移，不符合租赁合同的特征。故其收入不属于租金。

---

① 刘怡，林喆．ABC 卫星公司税收案例分析，载《涉外税务》2003 年第 1 期。杨长湧．解读美国泛美卫星公司税收案，载《北京大学经济学院网》。法悟．美国泛美卫星公司是否应向中国纳税，载《中国经济快讯周刊》2003 年第 8 期。2002 年北京法院公布“民告官”十大典型案件，载人民网。刘媛．泛美卫星国际系统责任有限公司诉北京市税务局第二税务所代扣代缴预提所得税决定案评析——暨跨国所得定性及国际双边税收协定与国内税法协调适用问题，载中国财税法网。

（2）《中美税收协定》第11条中“使用或有权使用工业设备”的使用者应是积极的实际使用。整个传输过程中，全部设施完全由泛美卫星公司独立操作使用，央视无权也未实际使用泛美公司所供设施，故卫星公司的收入性质不是特许权使用费。且中国国内法“特许权使用费”所指为知识产权、无形资产的特许使用收取的费用。故“特许权使用”没有国内法的基础。

（3）泛美卫星公司长年不断工作，其收入系不断积极工作所得的积极收入，这应属于《中美税收协定》第5条和第7条规定的营业“利润”。且泛美卫星公司在中国未设常设机构，故不应在中国纳税。税务局对《中美税收协定》第11条作“扩张性解释不合逻辑”。

（4）应适用国际惯例。按照国际惯例，营业利润属于积极运营收入，而特许权使用费属于消极收入。

专家证人在一审时出庭作证。原告专家证人斯劳·欧洛夫·罗丹（国际财政协会主席）当庭证言：虽然《中美税收协定》中对于“使用或有权使用工业设备”没有进行定义，但是在经合发展组织（OECD）的税收协定范本及联合国税收协定范本（即UN范本）的条款、官方评论及相关学者的权威论述中提供了解释的指导性意见。这里的“使用”仅指使用者实际占有有形财产的使用，不包括对无形财产比如本案中第三人（中央电视台）对原告卫星设备的使用。而且特许权使用费是一种消极的收入，即被动的收入，只有当客户自己直接行使合同定义他的权力时，所付款项才构成特许权使用费，其不同于营业利润等营业者通过积极活动取得的积极收入。此外联邦德国税收法院曾经有过判例，判决根据卢森堡和德国《避免双重征税协定》第15条关于“工业设备使用”的定义，卫星传输合同不构成租赁，不是一个转发器使用合同，而是节目转输协议，因此，专家认为：本案中央视支付给原告的费用不属于特许权使用费，双方合同是服务合同，原告在中国不负有纳税的义务①。

被告税务局认为：

（1）《中美税收协定》所指特许权使用费的所谓“使用”，既包括有形财产的使用，也包括无形财产的使用。“使用”一词并非仅限于对实物的实际利用，也应该包括对某种信号的使用，这属于对无形物的操作。该“操作”也是使用的一种方式。

（2）《中美税收协议》约定，央视有权利用卫星公司的卫星设备转发卫星信号，即应有权使用卫星公司的卫星转发器的带宽，其向卫星公司支付的服务费和设备费属

① 有关专家证人证言情况，参张靛卿、刘景玉．涉外税收行政纠纷法律适用研究—泛美卫星国际系统有限责任公司诉北京市税务局对外分局第二税务所代扣代缴预提所得税决定案法律问题研究，载《审判前沿：新类型案件审判实务》总第7期，法律出版社2005年版，第60－71页。

于《中美税收协定》中的特许权使用费。

（3）泛美卫星公司卫星中专门转发器的全部或部分由央视专有使用，符合我国税法关于将财产租赁给中国境内租用者的规定，也符合租赁中关于转移财产使用权的特征，故卫星公司的收入性质系“租金”。

三、本案行政程序及诉讼策略问题

（一）原告确定被告时犹豫再三：从程序上错失一次胜诉良机

原告二审代理人认为：“由于最初具体对外行文征税的主体是稽查局，人们可能获得的第一反应是起诉稽查局。但是，稽查局在法律上没有明确的地位。这是我国税收政策法定主义的另一个表现。所谓法定主义，除了征税的种类、幅度等实体内容，由选举产生的代表通过法律设定之外，还意味着征税机关的法定主义。我们注意到税务总局自己发文强调过该机构的主体地位，但是，这在法律上是无效的，因为行政机关的创设权属于议会（人大）。基于上述考虑，最初起诉的是稽查局的上级机构。在诉讼过程中，被告表示退税，原告撤诉。几天后，一个税务分所作出了同样内容的决定，原告又重新走一遍复议和起诉。表面上看，原告在诉讼策略上失败了，但是从坚持税收法定主义的立场上看，原告保持了原则。[①]”

评价：原告起诉时确立被告错误，错失一次胜诉良机。理由如下：

（1）旧《税收征收管理法》（1993 年 1 月 1 日施行）第八条：“本法所称税务机关是指各级税务局、税务分局和税务所。”税务局稽查局不包括在内。

（2）通说认为，稽查局（新征管法颁布之前）不具有独立的主体资格。因而，以稽查局名义作出处理决定，处罚决定皆不合法，实践中，曾有稽查局作出的处理决定被法院撤销的真实案例。“税务稽查局不具有独立的执法主体资格”，以稽查局名义作出的决定，处理决定“超越职权”，应被撤销。另外，最高人民法院 1999 年 10 月 21 日发布的《关于对福建省高级人民法院〈关于福建省地方税务局稽查局是原具有行政主体资格的请示报告〉的答复意见》，地方税务局稽查局以自己的名义对外作出行政

① 陈端红．电视信号卫星传输所得涉外税收中的法定主义．载北大法律信息网。

处理决定缺乏法律依据[①]。

（3）原告1999年8月底以稽查局上级机关京国税对外分局为被告向北京市第二中级人民法院提起行政诉讼时，新的《税收征管法》（2001年5月1日施行）及其实施细则尚未出台。即原告第一次起诉时，税务局稽查局的“主体资格”问题制定法上尚未明确。

（4）实际上，当稽查局撤销税务处理决定后，原告先是向北京市第二中级人民法院申请撤销对稽查局的行政诉讼。当被告更换主体，再次作出税务处理决定后，又以北京市国税局对外分局第二税务所为被告，起诉到北京市第一中级人民法院。理论上，原告从程序上错过了起诉稽查局并胜诉的良机。

（二）国税局以不同主体先后作出决定：行政行为反复无常

（1）被告北京市国税局对外分局下属机构行政行为反复无常，颠三倒四，先以稽查局名义作出处理决定，适用国家税务总局1999年211号文，认为其所获报酬系“租金”。实际上，被告在历次庭审中都主张原告所获报酬既是“租金”又是“特许权使用费”。可是，稽查局在以自己的名义作出处理决定后，在原告已经缴纳税款、复议、起诉完毕之后，突然宣布撤销这一决定，4天之后，国税局对外分局二税务所（另一执法主体）又以同一违法事实再作行政处理决定，此次处理决定依据国家税总（1999）第566号批复，认定原告所获报酬为“特许权使用费”，因此，中国税务机关对原告所得有税收管辖权。

（2）这两个具体行政行为的作出机关不同，依据的规范性文件不同，但基于同一事实（经营行为和获利事实）。这一反复无常的行为是否构成国税局的滥用职权？由此引起原告诉讼成本增加，原告是否有权由此依法请求赔偿？赔偿的主体是谁？原告的利益要获得补偿，原告律师能否在庭审和代理词中直接向法庭指出？或者须单独提起一个诉讼？对这些问题的回答，关键取决于滥用职权的构成要件和滥用职权的主体确定。本文在此不作更深入的讨论。

---

① 最高人民法院于1999年10月21日发布的《关于对福建省高级人民法院〈关于福建省地方税务局稽查局是否具有行政主体资格的请示报告〉的答复意见》，其内容为：“地方税务局稽查分局以自己的名义对外作出行政处理决定缺乏法律依据。”孔祥俊．《行政诉讼证据规则与法律适用》，人民法院出版社，2005：第417－425页。该著对上述答复意见有详尽分析。传统行政主体理论本身十分缺欠，相关论文参石红心：2003年北京大学法学院博士学位论文《社团治理及其法律规制》，第140－153页。上述福建省高级人民法院案例和最高人民法院的《答复》即有传统行政主体理论的影子，本文对此不作深入详细讨论。

（三）行政程序中相对人的举证义务

1. 制定法依据

（1）《税收征管法》（2001 年 5 月 1 日起施行）第五十六条："纳税人、扣缴义务人必须接受税务机关依法进行的税务检查，如实反映情况，提供有关资料，不得拒绝、隐瞒。"《税收征管法》（1993 年 1 月 1 日起施行）第三十三条规定了同样内容。

（2）最高人民法院《关于行政诉讼证据若干问题的规定》第五十九条："被告在行政程序中依照法定程序要求原告提供证据，原告依法应当提供而拒不提供，在诉讼程序中提供的证据，人民法院一般不予采纳。"

2. 法理依据探讨

（1）实际上，在行政程序中相对人负有法定的举证义务。从法理上看，行政程序中，行政主体作出一定行政行为如果侵犯利益或授予权益，都会对相对人的权利义务状态产生影响。税务稽查行为作为典型的潜在的侵益性行政行为，对被稽查人的财产构成潜在的或现实的威胁。即一旦发现被稽查对象存在某种税务行政违法行为，稽查机关就有权实施征收税款的决定或者实施行政处罚。

（2）作为相对方，为了主张自己的权益或证明自己的行为合法，势必要配合税务机关，履行接受检查的义务，出示原始合同、财务账簿、财务凭证等以备稽查机关检查。同时，为证明自己的主张，纳税人要向税务机关尽可能地出示相关证据。从公平的角度而言，稽查机关应当审核这些证据的真实性、相关性和合法性。从纳税人权利保护角度而言，这与其说是纳税人的义务，不如说是纳税人的权利。当然，就税收征管秩序与效率而言，无疑是纳税人一种法定义务。

（3）最高人民法院《关于行政诉讼证据若干问题的规定》第五十九条属于"漠视行政程序的证据排除规则"①。而且，此类证据是本应当进入行政程序案卷的证据。因其未进入案卷而应当被诉讼程序排除的证据。该规定体现了司法复审的特点。因为行政程序是法律设定的程序，行政管理相对人必须尊重行政程序，如果无视行政程序的要求而在诉讼程序中搞证据突然袭击，必然损害行政程序的应有价值。

（4）由上一点可知，稽查程序中原告提出"国际惯例"的主张，应该对此提出证据，以供税务稽查机关判断。

---

① 孔祥俊．最高人民法院《关于行政诉讼证据若干问题的规定》理解与适用．中国人民公安大学出版社，2002：136。另参：张树义．最高人民法院《关于行政诉讼证据若干问题的规定》释评．中国法制出版社，2002：257－261。

四、《卫星传送服务协议》的性质分析

（一）协议的内容

（1）协议内容约定：特定卫星转发器的特定频道带宽，由央视专有使用。

（2）泛美公司发射卫星、连续运营、干预、检测并保证信号传输稳定并承担信号传输失败的风险。

（3）当中央电视台独家使用特定的卫星频道传输节目到太平洋、美洲、大洋洲时，“特定卫星频道”的使用权、占有已经发生转移。“占有”即事实上对物的管领和控制①。物包括有形物和无形物。

（4）协议标的：转让“特定卫星频道”的使用权。

（二）《卫星传送服务协议》的标的：转让特定卫星频道的使用权

按照协议的主要内容，卫星公司向电视台提供压缩数字视频服务，实现方式是向电视台提供特定带宽和特定功率所组成的转发器（包括地面设施）以供电视台使用，电视台支付约定的费用。该转发器的特定带宽只能用于传输央视的电视信号。由于卫星公司拥有卫星设备及其附属设施的所有权，其有权向包括央视在内的不特定客户转让卫星设施中特殊约定的转发器的带宽。同时，从运营的角度，为维护客户对于特定频率的带宽的使用权，卫星公司显然必须聘请技术人员对卫星及地面设施进行连续的干预和检测。但是运营、维护、干预、检测、维修等活动不改变协议的标的——转让特定卫星频道（供客户发射数字卫星电视）使用权的性质。

（三）本案协议具有租赁合同的典型特征

1. 租赁合同的特点分析

（1）转移占有和使用权（赠予、借用、买卖、租赁、融资租赁）。

（2）支付约定的对价（买卖、租赁、融资租赁）。

（3）约定维修费用承担（租赁、借用、赠予）。

（4）约定期满后原物返还（租赁、借用、典当）。

---

① 王泽鉴．民法物权2－用益物权·占有．中国政法大学出版社，2001：154－176。对有形物而言，占有不等于使用，但使用必先占有，有使用必存在占有，不占有却使用难以设想。无形财产亦然。本案中央电视台排他性地独家使用“特定卫星频道”，同时也实施了对“特定卫星频道”的“占用”或“占有”。

其中：转移占有和使用权是必备要件。

从逻辑关系以看出，只要（1）（2）（3）三个要件同时满足时，一定成立租赁合同法律关系。

2. 理由分析

（1）本案协议标的是转让“特定卫星频道”使用权，符合租赁合同“转移占有”和“使用”的特点。从物质特性看卫星设备系有形财产，特定卫星频道是无形财产。我国法律没有禁止关于无形财产的租赁①。实际上，本案特定卫星频道亦符合“租赁物”的一般特点，即非消耗物与非种类物。

（2）本案双方约定使用对价，也符合租赁合同的第（2）个特点。本案双方约定卫星公司承担传输风险维修卫星通讯设施，由卫星公司承担维修费用，使卫星频道始终处于适用、适租状态，符合租赁合同的第（3）个特点。双方约定一定的使用期限，期满后其特定的卫星频道仍归卫星公司所有并掌控，符合租赁合同的第（4）个特点。

（四）原告的“服务协议”主张不能成立

根据上述分析，卫星公司与央视所签协议的标的是“转让特定卫星频道”使用权，因此，其聘请技术人员对设施进行维修、检测和干预并不构成服务合同。理由如下：

（1）“服务协议”是以提供劳务为标的的合同，区别于转让“所有权”或“使用权”的合同，系合同的三大类别之一，不属于任何一种有名合同；（2）“服务协议”系无名合同，内容十分宽泛、庞杂，有些租赁合同被冠以“服务协议”之名。正如本案，事实上称之为“服务协议”至少不准确；（3）本案双方协议标的是“转让特定卫星频道的使用权”，而不是“提供劳务”；（4）原告主张“承担传输风险”系典型的“服务协议”特征，这并不准确，至少在逻辑上“以偏概全”。因为，“承担传输风险”旨在维护通讯设施，使其“特定卫星频道”处于“适租状态”，这也是“租赁协议”的特征之一。“承担传输风险”的内在和根本要求是承担设施运营和维修费用，

① 《合同法》第二百一十二条：“租赁合同是出租人将租赁物交付承担人使用、收益，承担人支付租金的合同。”《合同法》第二百一十三条：“租赁合同的内容包括租赁物的名称，数量、用途、租赁期限、租金及其支付期限的方式，租赁物维修等条款。”我国制定法未禁止“无形财产”的租赁。另现实中的“股权租赁”也对租赁仅包含“有体物”提出挑战。实际上，如果“物”仅仅局限于“有体物”而不包含“无体物”逻辑上也难以自足。法律落后于生活，生活永远是法律的挑战者，法律也不是一成不变，法律也是一个开放的体系。“租赁物必须是有形物”，在丰富多彩的现实生活面前显得捉襟见肘。无形财产可以成为物权的标的，已经为制定法和诸多学说认可。参见：马俊驹，梅夏英．无形财产的理论和立法问题．载老行者之家网。王利明．物权立法若干问题新思考．载《正义网》。另参《论职务侵占罪的犯罪对象》，载《找法网》。从刑法看侵占罪的犯罪对象应包括无形财产。尹田．物权法理论评析与思考．中国人民大学出版社，2004：18－23。尹田著作论证了无形财产可以成为物权的标的。

这正好是“租赁合同”的必备要件。

五、收入性质：营业利润抑或特许权使用费

（一）《中美税收协定》与“营业利润”①

泛美卫星公司认为，其雇用人员、运营设备、干预与检测并维修设备，耗费巨资发射卫星，安装并维护地面设施，向电视台提供的特定卫星的频道服务，属于从事积极的运营活动，所获得的收入是营业利润，而不是租金，也不是特许权使用费。营业利润系积极运营所获得的收入，而特许权使用费系对权利进行许可使用以收取对价所得，系消极性收入。即营业利润具有“积极特性”，特许权使用费具有“消极特性”。又因为特许权使用费仅对无形资产（知识产权、工业产权、商誉、商权、专利等）的特许使用获得，不包括对有形资产的许可使用获得费用，此为“国际惯例”。因此，收入定性应当是营业利润而非租金，也非特许权使用费。

本文认为：收入的定性要看双方所签合同的性质，也要依据《中美税收协定》的条款。首先，根据《中美税收协定》及其双方对协定的修改稿，找不出“营业利润”的准确定义，在协定没有给出“营业利润”准确定义的前提下，卫星公司主张收入的营业利润性质，没有合法合理的依据。

（二）专家证言如何取舍？

（1）诉讼中，泛美卫星公司提供了国际财政协会主席的证人证言。专家证人完全站在卫星公司一方，支持卫星公司的观点，即卫星公司收入系积极营运的收入，而非消极收入，且特许权使用费仅指无形财产的特许使用，并不包括有形财产。

（2）关于专家证言如何取舍，以下几个问题需要思考：

其一，专家的证言是否足够专业？其论述的“国际惯例”本身是否具有客观性？需要相当的知识背景和积累，甚至需要经过专门研究才能得出可靠结论，一般来说，法院并不具备这一研究和识别能力。

---

① “名称之争”实质是中国税务机关有否“税收管辖权”之争。根据《中美税收协定》，外方获得“营业利润”又在内国（中国）没有“常设机构”，则在中国不负有纳税义务。见《中美税收协定》第七条第一款：“缔约国一方企业的利润应仅在该缔约国征税，但该企业通过设在缔约国另一方常设机构在该缔约国另一方进行营业的除外。如果该企业通过设在该缔约国另一方的常设机构在该缔约国另一方进行营业，其利润可以在该缔约国另一方征税，但应仅以属于该常设机构的利润为限。”

其二，假定专家证言的客观真实性无误，那么，专家证人证言描述之下的“国际惯例”对人民法院审理行政案件有没有约束力？回答是否定的。以中国当下的司法体制运作来看，再分析相关制定法，得不出人民法院审理案件需要适用“国际惯例”的法律依据。《外商投资企业和外国企业所得税法》《行政诉讼法》和《行政诉讼法若干问题的解释》都没有相关规定。

其三，根据前述分析，原告在税务稽查程序中负有对“国际惯例”进行说明和阐释的义务，如果原告在稽查程序中拒作阐释，则诉讼程序中提供的专家证言的适当欠缺可采纳否？这就会最终影响法庭对“国际惯例”的采信。

因此，卫星公司主张收入性质系“营业利润”，理由不充分。

（三）原告主张：谁在“使用”卫星？

（1）泛美卫星公司认为，中央电视台未“使用”卫星，因而不存在对《中美征收协定》第十一条第二款所谓对“工业及其科学设备”进行使用的问题。卫星公司提出谁在“使用”卫星真正用意是：其收入不构成“特许权使用费”。因此谁在“使用”卫星设施便成为本案最大的争论焦点。

（2）原告代理人认为①：泛美卫星公司发射卫星，运营卫星、检测、干预、维修卫星，本质上是自己在“使用”卫星，央视仅仅是利用卫星的特定频道，达到传输信号的目的而已（电视台缔约合同的目的就是要将信号传输到目的地）。卫星公司通过使用自己的卫星为客户传输电视信号获取报酬，负责传输的整个过程并雇用相应的工作人员。因此，卫星频道就是运载信号的工具，好比运输用的汽车，电视台缔约不是要使用卫星或其中一部分，而是要求对方负责将信号传输到指定的范围。由此可见，只有卫星公司在使用卫星。双方协议的性质是服务协议。关于服务协议不能成立理由前文已经述及。

（四）原告提出问题“谁在使用卫星”之评析

（1）从物质特性上讲，卫星设备属于有形财产，特定卫星频道则属于无形财产，无形财产有其形成和赖以存在的有形物质基础，不能不通过有形财产而无中生有地表现出来，无形财产也有其物质基础，对无形财产的使用也涉及对无形财产赖以存在的有形财产的使用，即本案央视使用特定卫星频道的同时也构成对卫星设施的使用。很难想象，电视台不使用特定的卫星频道而能够将信号传送出去（到达指定的区域），

---

① 陈端红．电视信号卫星传输所得涉外税收中的法定主义，载北大法律信息网。

也很难设想电视台使用特定卫星频道而没有对卫星及其附属设施进行“利用”或“使用”。因此，当作为卫星公司客户的电视台在使用这一特定频道的转发器时，电视台也正在使用卫星公司的通讯设备。

（2）合同的目的是将卫星信号传输到指定范围，这是双方所签合同要达到的目的和结果。但是，合同的目的不等于合同标的更不等于合同的性质。合同的标的即合同法律关系的客体，指在合同中当事人权利义务所指向的对象。在交易实践中，当事人交易的目的和合同内容皆不相同，必然表现在具体的合同中，合同的客体各不相同，但都表示为一定的行为。本案合同标的是转让特定卫星频道使用权。交易双方正是通过转让“特定卫星频道使用权”的方式，达到电视信号传输的目的，不能将合同的目的与合同的性质简单划等号。

（3）正是基于对卫星公司通讯设备的使用，电视台才支付“设备费”。按照原告的理由，卫星公司在使用卫星而电视台没有使用卫星设施，那么为什么卫星公司要在中国境内安装地面设施并收取“设备费”[①]？卫星设施是卫星及其附属设施构成的一个整体，对其附属设施的使用并支付“设备费”可以视为对卫星设施的“使用”。

（五）《中美税收协定》：特许权使用费定义中“使用或有权使用”[②] 分析

（1）考虑到《中美税收协定》第十一条第三款对“特许权使用费”进行界定时，所作的表述是：“使用或者使用……的权利”（the use of, or the right to use…），即特许权使用费的外延包括使用工业、商业、科学设备或者享有使用上述设备的权利所支付报酬。

（2）“The use of ”与“The right to use”并列使用，意味着两种款项的产生方式，相互区别。“The use of”是使用者对实际占有被使用物的“使用”。“The right to use”则可以认为是一种抽象的使用权利，享有这种使用权的使用者不一定实际占有使用物，对于无形财产（比如知识产权、著作权等），不存在使用者对使用客体实际占有的可能性，但是却有利用或使用其无形财产的权利。“The right to use”显然包含这一

① 诸多文章“案情介绍”中都提到“设备费”。但是，“设备费”发票具有明显的法律意义，在本案中显然对被告主张其使用“卫星通讯设施”有利。从诉讼策略上讲，被告律师庭审时应该紧抓“设备费”的法律意义不放。

② 《中美税收协定》第十一条其英文表述如下：Article11：3. The term “royalties” as such in this Article means payments of any kind received as a consideration for the use of, or the right to use, any copyright of literary, artistic or tapes used for radio or television broadcasting, any patent, technical know – how, trademark, design or model, plan, secret formula or process, or for the use of, or the right to use industrial, commercial or scientific equipment, or for information concerning industrial, commercial or scientific experience. 同条第 2 款表明中国税务机关有权对泛美卫星公司所获“特许权使用费”收入课税。见 Article11：2. However, such royalties may also be taxed in the Contracting State in which they arise and according the laws of the contracting State.

层意思。

（3）本案中卫星转发器具有传输信号的功能，每个转发器的各部分带宽均可以被独立地运用于传输信号，正常情况下一旦这些特定的带宽被用于传输中央电视台的电视信号，则此部分的指定带宽（频道）的使用权为电视台独享。带宽由卫星系统提供，央视有权使用带宽应视为有权使用卫星系统。

（4）即使使用带宽不被视为对卫星系统的使用，仅仅视为对“特定卫星频道”（这一无形财产）的使用，亦构成《中美税收协定》的第十一条第二款“对于工业设备”等有形财产和“特定带宽的卫星频道”的无形财产的使用，因而符合《中美税收协定》关于特许权使用费的“使用”特性。

（六）“特许权使用费”（Royalty）的含义：能否包括无形财产？

“Royalty”即“特许权使用费”。查 L. B. Curzon（科尔森）所编《朗文法律词典》第六版得知：

（1）“Royalty①：Share of a product or profit paid to the owner of property from which it arises.”从有形或无形财产使用中产生并支付给权利所有人（物主）的金钱或产品给付，均为“特许权使用费”。

（2）“Property②：1. That which can be owned. 2. Rights to the possession and use of goods and land, etc. 3. An aggregate of rights having money value. 4. Includes money and all other property, real or personal, including things in action and other intangible property.”

注意：“Intangible property”即无形财产。由此可见：property 的含义既包括有形财产也包括无形财产。由此，从有形或无形财产使用中产生并支付给物主或权利人的金钱或产品给付，均为“特许权使用费”。这与我国国内相关制定法所谓的特许权使用费有别，《个人所得税法》和《外商投资企业和外国企业所征税法》对“特许权使用费”的解释均为对无形财产的使用而支付给“权利所有人”许可的费用，不包含对有形财产的使用情形。

（3）根据上述分析，由于本案中央电视台既使用了特定的卫星频道这一无形财产，同时也构成对卫星及其附属设施的“使用”或“利用”（use 本身即有“使用”、“利用”之意）。因此，无论如何，本案央视支付给泛美卫星公司的相关费用性质上符合《中美税收协定》所指的“特许权使用费”。

---

① 《朗文法律词典》，法律出版社 2003 年版，第 375 页。

② 《朗文法律词典》，法律出版社 2003 年版，第 337 页。

六、本案法律适用问题：兼评国家税务总局（1998）第 211 号文及（1999）第 566 号《批复》

下面的问题是：被告既主张原告所获报酬系“租金”又主张其所获报酬性质上系“特许权使用费”，这岂不矛盾？逻辑上是否难以自足？

（一）国家税总两份文件两个定性，市国税局先后作出两个决定，前后定性的逻辑是否矛盾？

先看这两个文件：

1. 国家税总（1998）第 211 号文：《国家税务总局关于外国企业出租卫星通讯线路所取得的收入征税问题的通知》

“近期，一些地区询问，外国公司将其所拥有的国际通讯卫星等通讯线路租给我国用户使用，其所取得的收入是否征税，要求总局进一步明确。经研究，现明确如下：外国公司、企业或其他组织将其所拥有的卫星、电缆、光导纤维等通讯线路或其他类似设施，提供给中国境内企业、机构或个人使用所取得的收入，属于《中华人民共和国外商投资企业和外国企业所得税法》（以下简称“税法”）实施细则第六条规定的来源于中国境内的租金收入，应依照税法第十九条的规定计算征收企业所得税。”

2. 国税函（1999）566 号《国家税务总局关于泛美卫星公司从中央电视台取得卫星通讯线路租金征收所得税问题的批复》

“北京市税务局：你局《关于对外国企业出租卫星通讯线路征收预提所得税问题的请示》（京国税外〔1999〕384 号）收悉。美国泛美卫星公司于 1995 年与中国中央电视台签订《数字压缩电视全时卫星传送协议》（以下称协议）。根据协议，中央电视台及其授权的国内单位可在协议规定的期限内通过泛美卫星公司所拥有的固定卫星设施进行电视信号转发；泛美卫星公司则按期从中央电视台收取费用。关于是否对泛美卫星公司取得的上述租金收入征收预提所得税的问题，现批复如下：

泛美卫星公司承诺通过提供其固有的卫星设施进行电视信号转发而从中央电视台取得的全部定期费用（包括服务费和设备费等），属于《中华人民共和国和美利坚合众国政府关于对所得避免双重征税和防止偷漏税的协定》（以下称中美税收协定）第十一条规定的‘使用或有权使用工业、商业、科学设备或有关工业、商业、科学经验的情报所支付的作为报酬的各种款项’和《国家税务总局关于外国企业出租卫星通讯线路所取得的收入征税问题的通知》（国税发〔1998〕201 号）规定的‘外国公司、企业或其他组织将其所拥有的卫星、电缆、光导纤维等通讯线路或其他类似设施，提供给中国境内企业、机构或个人使用取得的收入’。对其应依照中美税收协定和《中华人民共和国外商投资企业和外国企业所得税法》第十九条的规定计算征收企业所得税。”

3. 评论：两个文件对收入之定性并无矛盾

（1）一项涉外税收行政执法的法律适用，税务局必须先寻找并确定国内法的基础或依据，税务局正是依据《外商投资企业和外国企业所得税法》第十九条第一、二款确定原告所得是否为应税所得，原告与第三人中央电视台交易性质符合租赁合同的性质和本质特征，从而确定了此项交易的实际纳税义务人为原告，扣缴义务人为第三人中央电视台。而且稽查局第一次作出处理决定时正是依据国税总局（1998）第211号文，认定了租用卫星通讯线路取得收入为租金性质，并以此课税。因此，税务稽查局第一次对泛美卫星公司的收入定性为“租金”收入，其依据是国内法，即我国《合同法》关于租赁合同的相关规定，其结论系运用法律关系性质判定分析得出，并无不当。

（2）根据上文的分析，由于交易性质确系财产租赁合同，我国法律又未明文禁止无形财产的租赁，因此，国税总局（1998）第211号文确认原告所得系“租金”收入且“应依照税法第十九条的规定计算征收企业所得税”无可厚非。但是，稽查局按照（1998）第211号文得出“应依照税法第十九条的规定计算征收企业所得税”这个结论是错误的。虽然收入定性正确，但是错在适用法律问题。理由容下文再述。

（3）根据《中美税收协定》，泛美卫星公司的上述所得系“特许权使用费”。但根据国内法（《合同法》）泛美卫星公司的上述所得定性为“租金收入”。两者似乎发生冲突。不过，《外商投资企业和外国企业所得税法》第二十八条规定：“中华人民共和国政府与外国政府所订立的有关税收的协定同本法有不同规定的，依照协定的规定办理。”这样，本案稽查程序中的法律适用指向了《中美税收协定》。按照《中美税收协定》，泛美卫星公司所得系“特许权使用费”。这样，收入的性质就发生了转化。涉外民事纠纷之中，适用不同的法律规范会得出不同的结论，并非罕见。涉外税收行政争议也不例外。

（4）因此，两个收入定性并不矛盾。“租金收入”源于国内法，“特许权使用费”源于《中美税收协定》。

（二）本案税务行政执法过程适用法律简析

（1）由于涉外税收执法涉及政府间避免双重征税的双边税收协定，因此，依据

《外商投资企业和外国企业所得税法》第二十八条规定："中华人民共和国政府与外国政府所订立的有关税收的协定与本法有不同规定的，依照协定的规定办理"，直接导致优先适用《中美税收协定》。根据上述分析，被告理所当然应该适用《中美税收协定》来确认和判定原告收入的法律性质①。

（2）如此看来，税务局税收行政执法过程中的法律适用的一般过程是：先寻找国内法的基础和依据，然后寻找可资适用的双边协定、国际条约及其联结点，在找到相关联结点之后适用双边协定或国际条约。这体现了税收行政执法过程中适用法律活动的客观过程。实际上，国税局发现：当稽查局的主体资格存在法律障碍时，当依照《中美税收协定》认定原告收入导致所得性质发生变化时，国税局很聪明地撤销了前一个具体行政行为，再由另一个税务执法主体作出第二个具体行政行为，将问题隐形化解。第二个具体行政行为依据规范性文件系国家税务总局（1999）第566号《批复》。当然，《批复》的内容和结论（将泛美卫星公司收入定性为"特许权使用费"）显然基于对《中美税收协定》的仔细研究和解读，无疑具有相当的法理依据②。

（3）问题是，收入的定性取决于合同法律关系的性质分析，最终的税务处理决定则涉及法律适用问题和法律适用规则问题。被国税局对外分局撤销的第一个税务处理决定，虽然"收入定性"正确（"租金"收入系根据国内法和法律关系分析得出），但是"适用法律法规"错误。对收入的正确定性不等于正确作出税务处理决定，因为作出税务处理决定必须考虑法律法规的适用，二者要依照不同的技术、遵循不同的规则。因此，稽查局按照（1998）第211号批复作出处理决定混淆了"收入定性"与"适用法律"的界限。

（三）本案行政诉讼适用法律简析

（1）由于国家税务总局（1999）第566号《批复》直接针对本案原告，属于针对特定事项、特定对象，因此具有可诉性。但原告并未对国税总局提起诉讼，其如何考量不得而知。法院在判定被诉具体行政行为合法性时，直接放弃对国税局两个文件的适用，而适用了比国家税务总局的规范性文件位阶更高的相关法律和《中美税收协

---

① 翟继光．从泛美卫星案看中美双边税收协定的国内法适用．载《中国财税法网》。该文认为：该笔所得是否需要在中国纳税，首先要由《中美双边税收协定》来判断，根据其规定，应当在中国纳税，其次，再来判定如何征税。关于如何征税的问题，《中美双边税收协定》将其权力完全交给了中国国内法，即由中国国内法来决定，《中美双边税收协定》不解决这一问题。中国既可以将其作为"特许权使用费"征税，也可以将其作为"租金"征税，甚至将其作为其他项目征税。

② 原告律师认为：本案原告真正的对手是国家税务总局，诉讼中总觉得有一个非常专业且强大的对手站在背后并未出场。参陈端红．电视信号卫星传输所得涉外税收中的法定主义，载北大法律信息网。

第 566 号《批复》，因此，将两个规范性文件同时提交，显得欠缺笃定与自信。被告代理人也未回答诸如交易法律关系若何、收入定性如何、所得定性若何、是否涉税所得、何种涉税所得、为什么根据《中美税收协定》之相关规定认定泛美卫星公司所得性质为“特许权使用费”、国内法之“特许权使用费”与《中美税收协定》之“royalties”（特许权使用费）有何区别等等问题，因而虽然本案税务机关胜诉，但是回避上述问题或者在未对上述问题详细阐述的前提下赢得这场官司，显得不太令人折服。从这点看，二审法院虽然判决被告胜诉，但是放弃对国家税务总局两个规范性文件的适用，其中深意值得体味。

案例 19：

彭博集团诉英国税务海关总署常设机构利润归属案例——当合伙企业遇上常设机构，如何确定常设机构利润归属？[①]

在国际税收中合伙企业适用税收协定和常设机构的利润归属是两个比较复杂的问题。当这两个问题叠加时，如何适用税收协定和协定缔约国的国内税法就更加复杂。2018 年“彭博集团诉英国税务海关总署常设机构利润归属案”[②]就是一个非居民合伙企业一方合伙人在收购了另一方合伙人的全部合伙份额的情况下，其在东道国的常设机构如何适用和 OECD 授权方法基本一致的英国税法中的“分设独立企业原则”确认常设机构利润归属即应税所得的典型案例。其不仅涵盖了国际税收协定中的合伙企业、常设机构利润归属以及转让定价相关规则，还涉及这些规则的税收协定解释、国际国内税法衔接，税务、会计处理之间的相互影响等知识点。本案例运用中外比较研究的方法引导学生既探究税收协定中合伙企业和常设机构利润归属的基础理论渊源，又学习国际税收理论在不同国家税法中的应用及其相关的税务实务，拓展学生国际视野，提升学生理论联系实践，分析、解决复杂跨境税务问题的综合能力。

① 本案例由中央财经大学国际税务研究中心客座研究员、上海华赫企业管理咨询（集团）有限公司王珲编写。

② 彭博集团诉英国税务海关总署常设机构利润归属案 Bloomberg and another vs. HMRC［2018］UKFTT 205（TC）.［EB/OL］.（2018 - 4 - 16）.［2021 - 7 - 20］. http：//financeandtax. decisions. tribunals. gov. uk//judgmentfiles/j10409/TC06449. pdf。

一、案例背景

BloombergInc.（以下简称“彭博集团”）是1982年成立于美国的国际知名金融数据库公司。Bloomberg Inc.（BI）和Merry Lynch L. P. Holdings Inc.（ML）于1986年12月在美国特拉华州注册成立了有限合伙企业Bloomberg LP（BLP）。2008年7月17日前，BI和ML分别持有BLP的80%和20%份额。

BLP和Bloomberg（GP）Finance LLC（GP LLC）于2007年11月5日在特拉华州设立了有限合伙企业Bloomberg Finance Holding LP（BFH LP）。Bloomberg Finance LP（BFLP）于2007年6月5日在特拉华州成立。

BLP和BFLP一起在全球多地包括英国运营彭博集团的业务：BFLP向客户收取月度费用，为客户提供（1）复杂金融产品的分析与评估；（2）金融信息数据库。BLP向BFLP提供服务。BLP和BFLP在英国都构成了常设机构（Permanent Establishment，PE）。

BLP Acquisition Holding LLC（BAH LLC）于2008年7月14日根据特拉华州《有限责任公司法》设立，是美国税务居民企业。2008年7月17日，ML将其持有BLP的20%合伙份额转让给了彭博集团，BI和BAH LLC分别受让19.5%和0.5%。截至2008年年底，BLP在英国有大约2000名员工，BLP的业务在收购前后保持不变。收购后彭博集团下属企业持有BLP全部100%份额。

根据英国企业所得税法，有限合伙企业构成的常设机构的纳税义务需穿透至其合伙人层面，因此BI和BAH LLC（以下简称“上诉人”）在英国的PE负有按照其在合伙企业BLP和BFH LP的份额缴纳企业所得税的义务。BI和BAH LLC并未对其英国PE单独建立会计账簿。

BLP合伙份额转让前后简化架构具体如图19－1和图19－2所示。

二、案情简介

彭博集团认为此转让有限合伙企业BLP 20%份额的交易适用美国财务会计准则委员会（Financial Accounting Standard Board，FASB）第141号准则《业务合并》（SFAS No. 141：Business Combinations）。彭博集团应用了“购买法”（Purchase Method）将购买BLP20%合伙份额的对价按照购买日的公允价值分配到合并企业即BI和BAH LLC受让的BLP各项资产和承担的债务上。此购买有限合伙份额的交易在BI和BAH LLC

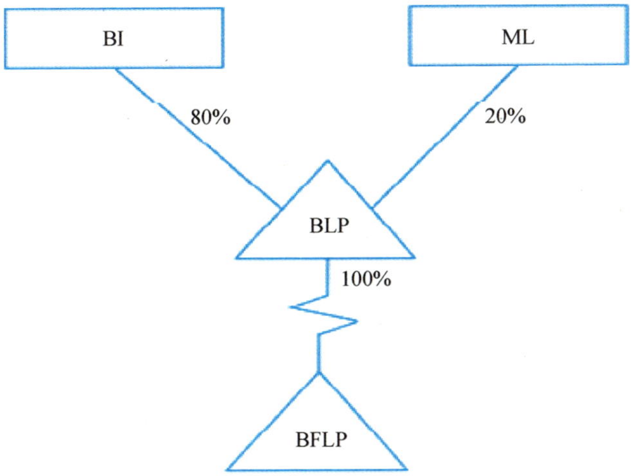

图 19－1 有限合伙 BLP 份额转让前简化架构

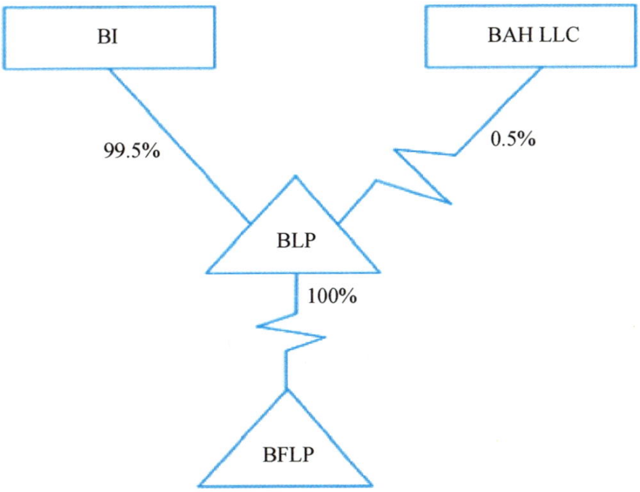

图 19－2 有限合伙 BLP 份额转让后简化架构

资料来源：英国第一层税务法庭对案件的裁定附件 1（［2018］UKFTT 205（TC）Appendix 1）。

的合并报表的借方根据美国会计准则确认的资产包括无形资产和商誉。

BI 和 BAH LLC 在计算其通过 BLP 这个有限合伙企业分别构成的常设机构的英国企业所得税时，根据《英国和美国避免双重征税协定》中对 PE 的"分设的独立企业"(Separate and Distinct Entity）原则，把其在受让 ML20% 合伙份额时获得的资产按合伙比例穿透分配给了各自的常设机构，按照英国《2002 年财政法》表 29[①] 确认为常设机

① 《2002 年财政法》(2002 Finance Act）中表 29（Schedule 29）允许企业选择按照固定比例对资本化的无形资产进行减值后在企业所得税前扣除。该条规定后被平移到《2009 企业所得税法》（Corporation Tax Act 2009，CTA2009）中。

构用于确认其利润归属的名义会计账簿（Notional Accounts）中的“无形资产”（Intangible Fixed Assets，IFA），选择每年按照4%进行减值（write－down）[①]，并在企业所得税前扣除。

英国税务和海关总署（Her Majesty Revenue & Customs，HMRC）在检查BI和BAH LLC由于合伙企业BLP在英国构成的常设机构2008—2013会计期间的所得税申报表时，认为根据英国税法，非居民合伙人的利润或亏损应该在合伙企业层面计算确认后，再根据合伙份额分配给每个合伙人及其常设机构。由于BI集团收购ML在BLP 20%合伙份额的交易发生在合伙企业BLP层面，交易的结果是合伙企业BLP合伙人的变更，在BLP常设机构的名义账面上并没有构成收购无形资产，因此按照表29进行的对IFA减值的选择无效，不能在企业所得税前扣除，应补缴所得税。

双方由此产生争议，BI和BAH LLC将HMRC诉诸英国第一层法庭（税务）（First－tier Tribunal（Tax Chamber），FTT）[②]。FTT于2018年4月发布判决书，支持HMRC的观点：非居民合伙企业常设机构的虚拟会计账目应该建立在合伙企业层面而非合伙企业的合伙人层面，因此本交易中BI和BAH LLC的PE未构成对固定无形资产的收购，不存在减值，不能在企业所得税前扣除。

三、裁判过程

上诉人和HMRC都认为根据英国/美国税收协定，同意在英国税法下有限合伙企业BLP是“透明体”，其合伙人BI和BAH LLC在英国是非居民纳税人，基于各自的常设机构负有英国公司税纳税义务。常设机构是英国和美国的避免双重征税协定中对收入来源国和居民国之间征税权进行分配的一个基本概念。争议双方对此没有异议，但是双方根据常设机构利润归属“分设独立企业”假设对本交易的定性是投资还是购买资产存在争议。

（一）专家证据概述

由于本税务争议——彭博集团对ML 20%合伙份额的收购的英国税务处理定性受会计处理的影响，本案中上诉人和HMRC都引入了专家证据（Expert Witness）。但原被告双方的专家没有技术分歧，联合出具了专家意见。

① 英国会计准则下对无形资产的减值（write－down）概念类似于我国会计准则下的摊销。

② 英国第一层税务法庭FTT处理对英国税务海关总署做出的涉及个人所得税，公司所得税，资本利得税，增值税，关税等的税务处理决定产生的税务争议。参见https：//www.gov.uk/courts－tribunals/first－tier－tribunal－tax。

专家一致同意本案的财务报告框架要基于2008年12月31日前的国际会计报告准则（International Financial Reporting Standards，IFRS）和英国通用会计准则（General Accepted Accounting Principles，GAAP）。根据上诉人和被上诉人的要求，专家对本交易的下述4个假设方案出具了会计处理意见。

方案一：假设“分设独立企业”指的是构成BI和BAH LLC的英国常设机构的合伙企业BLP，英国GAAP要求以BLP为主体申报财务报表。在此方案下，PE是一个单独设立的企业，本交易是针对这个PE企业的所有权的变更，无关PE本身的经营业绩以及其资产或负债的变动，因此无须在PE企业的“独立”（Solus）会计报表中做任何会计处理。

方案二：假设BI和BAH LLC构成了各自的常设机构，交易是常设机构收购BLP的合伙份额。两位专家都同意BI和BAH LLC的PE的会计处理一致，应该以公允价值（购买价）把通过收购增加持有BLP的合伙份额作为“投资”按比例计入各自独立的“名义”资产负债表中。

方案三：假设交易是收购BLP的业务、资产和负债；BI和BAH LLC的常设机构都应该按照购买价格——交易对价代表每项资产和负债的市场公允价值逐项增加各自从ML的PE购买的资产和负债项目。两位专家同意在此假设下，无论将交易定性为“业务合并”还是“购买资产和负债”，都要确认无形资产。

方案四：上诉人特别要求其专家考虑增加了本方案（判决书没有列示这些假设的细节），即交易是收购ML所构成常设机构代表的资产和负债。根据上诉人专家Barden意见，此交易是“业务合并”还是“购买资产和债务”是本案的一个关键问题。两位专家一致认为如果此交易是“业务合并”，那么无论是在国际会计准则还是英国会计准则下都不应适用“合并会计”（Merger Accounting）[①]，而应该确认无形资产IFA。

综上，专家认为方案一和方案二的会计处理是增加投资；方案三和方案四是购买资产，要确认无形资产。接下来要看争议双方的法律分析。如果HMRC的观点正确，即交易需要在合伙企业层面定性，那么根据会计处理，此交易应该定性为投资。如果上诉人正确，即根据常设机构利润归属遵循的分设独立企业原则，本交易应该适用的会计处理是常设机构层面购买无形资产IFA，那么其按照所得税法规定减值的选择有效。

---

① 根据英国会计准则，合并会计下资产和负债应以账面价值入账，不确认商誉。参见https://library.croneri.co.uk/cch_uk/dgaap/b19-6-4。

（二）上诉人观点

上诉人认为根据《英美税收协定》第 7 条第 2 款，OECD2000 年、2008 年、2010 年及 2014 年协定范本及注释中的 OECD 授权方法（Authorized OECD Approach，AOA），以及《OECD 合伙企业适用税收协定范本报告（1999 年）》（《OECD1999 年合伙企业报告》），如果一个合伙企业在税务上被认定为透明体，那么其税务影响需要穿透至合伙人。常设机构是一个独立于其总部（Head Office）的虚构（Fiction）、分设的独立企业，本身是报税主体。由于常设机构的总部存在，其本身无法持有合伙企业份额。无论是 OECD 协定范本注释还是英国国内税法都要求依据分设及独立企业原则对常设机构作功能风险分析，以分配给常设机构履行其职能和赖以产生利润的资产（包括无形资产）的经济所有权。上诉人认为在《OECD1999 年合伙企业报告》中，例 14 特别阐明了合伙企业每个合伙人的 PE 应该被分配合伙企业资产的经济所有权。因此，适用“有力”（Strong）的虚构方法——“分设的独立企业原则”要求本交易被定性为“资产转让”，适用上述方案三或方案四的会计处理逻辑。

由于合伙企业仅仅是基于合伙协议的一个法律概念，没有法人资格，合伙企业的常设机构就不满足协定中“固定营业场所”这个条件，因此不符合税收协定利润归属规则中的“相似条件（Similar Conditions）”①。由此推出合伙企业不能适用“独立分设企业”原则，因此不持有资产，不建账，这个原则应该适用于各合伙人，合伙人的资产应穿透分配到常设机构。

如果按照 HRMC 的观点，常设机构没有在此交易中收购无形资产，那么本交易将会产生一个不当税务后果——“征税虚无（Tax Nothing）”：对获得了资本利得的 ML 不征税，而 BI 和 BAH LLC 用真金白银购买的增值后的资产不能减值并在所得税前扣除。若适用上诉人的方法，则交易的税收后果对交易双方是简单、对称、连贯的，不会产生扭曲，即 ML 处置了无形资产，BI 和 BAHLLC 购买了这些无形资产。

综上，合伙企业合伙人拥有的资产（包括收购 ML 合伙份额的中的资产）应该按照合伙比例“穿透”分配给各合伙人的常设机构。

（三）HMRC 观点

HMRC 认为英国税法对合伙企业的规定对非居民合伙企业也适用，与《英美税收

① 《OECD 税收协定范本》第 7 条第 2 款，“……缔约国一方企业通过设在缔约国另一方的常设机构在该缔约国另一方进行营业，应将该常设机构视同在相同或类似情况下从事相同或类似活动的独立分设企业，并完全独立地同其所隶属的企业进行交易，所可能取得的利润，在缔约国双方进行归属”。

协定》不矛盾。HMRC 同意上诉人适用协定中常设机构“分设的独立企业”原则的观点。但 HMRC 主张要根据英国国内税法确认和计算常设机构的利润。根据英国税法，虽然合伙企业本身并不是英国税法上的纳税主体，但是其利润和亏损要在合伙企业层面计算。HMRC 认为上诉人“协定第 7 条第 2 款要求常设机构持有资产”的观点是对税收协定在协定国之间分配征税权之功能的误解。这个分配功能是对每个协定缔约国对常设机构征税的利润归属设定了一个限额，它并没有延伸到常设机构，因此能够持有英国《2002 财政法》表 29 中的无形资产。

HMRC 援引 FTT 案例 Armajaro Holdings Limited v HMRC［2013］UKFTT571（TC）：用于企业所得税目的的假设不必然延伸到财务会计。在整个诉讼期间，HMRC 的立场都是争议交易即合伙份额所有权的变动发生在 BLP 的合伙人 BI、BAH LLC（收购方）和 ML（转让方）之间，而常设机构的“名义账簿”应根据合伙企业 BLP 来设立。因为合伙企业 BLP 没有发生任何资产变动，也就不存在收购了无形资产。

（四）法庭观点

法庭援引了“爱尔兰银行诉 HMRC 案例①”以支持 HMRC“税收协定的目的是在缔约国之间分配征税权”的观点。对常设机构作为“分设独立的企业”进行类比和虚拟的功能以及事实分析并不必然导致本交易必须“自下而上”地被认定是转让资产。OECD 协定范本及释义对在合伙企业层面构建常设机构的名义账簿持赞同态度。针对上诉人提出的《OECD1999 年合伙企业报告》的范例 14，法庭认为该范例是为了阐明在税收协定中，居民国应该认可来源国国内税法对合伙企业的税务处理，即使居民国根据国内法律不应对该收入征税，居民国仍有义务根据协定第 23 条提供避免双重征税的机制。范例 14 不是对 PE 拥有合伙企业资产经济所有权的认可，而是阐明一个在来源国和居民国的税务处理有差异时的处理方法。尽管法庭十分认可“分设的独立企业”假设原则，但法庭认为 OECD 对范本第 7 条第 2 段的释义并不鼓励适用先确认一个企业全球利润然后再分摊给其 PE 的利润归属确认方法。延续此逻辑，法庭不认为由于在 BI 和 BAH 层面收购了合伙份额，就意味着他们的 PE 也收购了合伙份额所代表的无形资产。

法庭也不认可上诉人认为“虚构（Fiction）”是个“有力（Strong）”的论点之逻辑。法庭认为虚构本身没有强、弱之分，要根据立法原意来解读其包含的文义。法庭认为 OECD 涉及合伙企业的若干资料都更倾向 HMRC 的观点——先在合伙企业层面计

① Irish Bank Resolution Corporation Limited（in special liquidation）and another v HMRC［2017］UKFTT 0702（TC）.

算所得然后再分配给合伙人的方法。

而上诉人的“不确认无形资产导致征税虚无”的主张比较无稽。本交易中 ML 是与本案无关的第三方，法庭不以此来评判案件的连贯性和对称性，且这个问题不是本案的重点。法庭无须判断 ML 应如何缴税以及做账务处理。

最终，法庭驳回了上诉人“在分设独立企业原则下，本交易应视为一个资产交易”的主张。判定合伙企业的常设机构应该在合伙企业层面来创设名义会计账簿，本交易合伙企业并没有收购无形资产，上诉人在会计上选择的诉求无效。

上诉人未进一步上诉。

四、教学目标与用途

（一）教学目标

通过教师讲解、课堂案例分析演示、模拟法庭等多种教学方式，运用中外比较研究的方法，培养学生既“向外看”又“向内看”的对外投资和对内投资场景下国际税收思维，锻炼学生资料检索、调研和分析复杂跨境案例的能力，完成以下内容的学习：

根据《OECD 税收协定范本释义》《OECD 合伙企业适用税收协定范本报告（1999）》，掌握合伙企业适用税收协定的一般原则。

掌握 OECD《2010 年常设机构利润归属报告》，《OECD 跨国企业和税务机关转让定价指南》中对于常设机构的利润归属原则和方法论的发展变迁；与 OECD 国家和目前中国作为发展中国家对常设机构的征税的相关法律法规与实务进行分析比较。

了解《维也纳条约法公约（1969 年）》（Vienna Convention 1969）中适用于国际税收协定的条约解释原则，与国内税法的协调适用。

（二）教学用途

本案例适用于税务专业硕士（Master of Taxation，MT）的税收协定适用、国际税务争议解决机制、税收相关法律，比较税法/制等课程的教学。

五、启发思考题

1. 合伙企业适用税收协定有什么特殊考量？为什么？

2. 常设机构的利润归属方法有哪些？根据 OECD 授权方法即 AOA，税收协定以及缔约国国内税法，如何确定常设机构的利润归属即应纳税所得额？

3. 我国目前对常设机构利润归属、合伙企业的所得税税收征管政策是什么？与英国比较有什么主要差异？

4. 在税务争议案件期间，新旧国际国内法如何衔接？

六、分析思路

根据英国企业所得税法，由于合伙企业 BLP 和 BFLP 在税务上是透明体，合伙企业本身并非纳税人，其纳税义务穿透至合伙企业的合伙人 BI 和 BAH LLC，二者分别在英国构成常设机构是没有争议的。问题主要在计算合伙企业常设机构的应纳税所得额时适用 OECD 授权方法——“虚拟分设/独立企业原则假设”的程度。

案件的主要焦点在于在计算常设机构的利润时，是在合伙企业的哪个层面计算？合伙企业作为一个纳税虚体本身是否可以持有资产？是否可以依据“独立分设企业”原则把合伙企业合伙人的资产穿透分给常设机构？这是针对税法的问题，而非一个会计问题。但是本案中会计准则的适用对交易的定性即是一项投资还是资产与负债的转让又影响税务处理。彭博集团认为此交易的性质是资产转让，而非权益（即合伙企业份额）转让。而 HMRC 认为本交易的实质是“投资”的增加，而非资产转让。

根据案件的主要争议点，分析思路如下。

（一）合伙企业如何适用国际税收协定？

合伙企业适用税收协定，需要对以下 3 个问题进行分析：（1）合伙企业是否构成协定中的“人”？例如《英美税收协定》第一条定义了该协定适用于缔约国一方或者双方居民的“人”。协定第三条第一款表明“人”的范围包括合伙企业。（2）结合税收协定和国内法分析合伙企业是否构成税收协定中的“居民”？如果合伙企业不构成，其合伙人构成吗？（3）分析税收协定如何协调所得来源国与对方缔约国国内税法的差异。

（二）如何确定合伙企业常设机构的利润归属问题？

根据英国国内税法，英国对合伙企业的税务处理采用的是“集合说”，即合伙人集体从事经营的行为，其经济后果直接归属于合伙人，所有的税收事项也直接归属于合伙人而非合伙企业。先在合伙企业层面计算应纳税所得额再分配到各合伙人的规定是非常清晰的。那么，问题就在根据国际税法（优于国内税法）——英美税收协定、

OECD 范本及其释义等，非居民合伙企业在适用常设机构的“分设的独立企业原则”能否打破这个一般规则？

七、理论依据

（一）法规依据

判决书的第 36—76 段列示了本案的法律框架如下：

《英国美国避免双重征税协定》第 1 条、第 5 条和第 7 条

双方同意按照下列文件对《英国美国税收协定》进行解释：

2001 年 7 月双方换文（Exchange of Notes between the UK and the USA）;

《OECD 税收协定范本释义（2002）》；在本案涉及期间，OECD 范本在 2010 年进行了更新，双方同意两个版本都纳入释义考量；

《OECD 合伙企业适用税收协定范本报告（1999 年）》（The Application of the OECD Model Tax Convention to Partnerships 1999）;

《OECD 对常设机构利润归属的报告》;

Mummery J in IRC v Commerzbank AG [1990] STC285 案例中列明的对国际协定释义的原则；

《维也纳条约法公约（1969 年）》（The Vienna Convention on the Law of the Treaties 1969）；特别是公约的 26 条（国际协定对协定双方有约束力，适用时需遵循诚信善意原则），27 条（一当事国不得援引其国内法规定为理由而不履行条约），31 条（协定解释的一般规则：条约应就其用语按照上下文并参照其目的的宗旨所具有的通常意义，善意地予以解释），32 条（协定解释的补充手段：为了证实由于适用前述规则进行解释所得到的意义不明或难解时，或显然荒谬或不合理时，为了确定该用语的意义，得使用补充的解释资料，包括该条约的准备资料及其缔结的情况）。

英国国内法

《1988 年所得和公司税法》（Income and Corporation Taxes Act 1988，ICTA 1988 或 TA）

《2005 年所得税法（贸易与其他所得）》（Income Tax (Trading and Other Income) Act 2005，ITTOIA 2005）

根据《2002 年财政法》《表 29 - 固定无形资产》（后平移到《2009 年公司税法》即 Corporation Tax Act 2009 第 8 部分），企业可以对购入的无形资产选择按照 4%/年固

定比例减值（write - down）

《1992 年应税资本利得法》（Taxation of Chargeable Gains Act 1992，TCGA1992）

《2010 年税法（国际税及其他条款）》（Taxation（International and Other Provisions Act 2010，TIOPA 2010）

（二）法规分析：英国国内税法规定

1. 非居民企业常设机构利润归属

英国《1988 年所得和公司税法》规定，非居民企业通过设在英国的常设机构进行营业，归属于该常设机构的利润应是一个独立分设企业，在相同或类似的情况下从事相同或类似活动，并完全独立地同其所隶属的企业进行交易，常设机构的利润应属于该常设机构。这些国内税法规定与《英美税收协定》中的利润归属条款以及 OECD 的授权方法基本一致。

2. 无形资产制度

英国《2002 年财政法》表 29（后平移至《2009 年公司税法》）规定，对“无形资产”的定义与会计定义一致。企业可以选择按照每年 4% 对符合资本化条件的无形资产 IFA 进行减值，减值额可以在企业所得税前扣除。无形资产包括商誉以及由商誉形成的合伙企业份额，商誉的定义和会计上的定义一致。

3. 合伙企业的所得税

《1988 年所得和公司税法》明确合伙企业不是纳税主体。在计算应税所得时，应该先在合伙企业层面计算利润或者亏损，然后再按照合伙份额把利润或亏损分给合伙人，包括非居民合伙人，由后者申报纳税。

4. 税收协定

《英美税收协定》中关于常设机构利润归属与 OECD 协定范本基本一致，适用“职能独立实体”法。

当缔约国双方对合伙企业的所得税处理有冲突时，在把合伙企业视为“透明体”、其合伙人对合伙企业所得负有纳税义务的缔约国，合伙人被认定为税收协定的“居民”。

2010 年 OECD 范本释义，第 7 条第 66 段第 3—4 句：

…As already explained, Article 7 does not deal with the computation of taxable income, but, instead, with the attribution of profits for the purpose of the allocation of taxing rights between the two Contracting States. The article therefore only serves to allocate revenues and expenses for the purposes of allocating taxing rights and <u>*does not prejudge the issue of which*</u>

revenue are taxable and which expenses are deductible , which is a matter of domestic law as long as there is conformity with paragraph 2.

范本释义解释了税收协定的第7条是对缔约国分配征税权，至于对常设机构如何征税，哪些收入需征税，哪些费用可以扣除等具体的税额计算问题是国内税法管辖的问题。

八、建议的课堂计划

课前把本案例问题清单、必读材料和选读材料作为作业发给学生。课堂形式分为两个环节：

第一环节，有两种形式可以选择：

模拟法庭方式：将学生按照上诉人、被上诉人HMRC和法官三个角色分组准备本方的资料。课堂前一部分用模拟法庭方式各组进行陈述和辩论；或

案例分析汇报方式：将学生分组，以课前问题清单为基础对案例进行分析汇报。

第二环节：教师引导同学进行点评，最后对案件的整体架构和中英税务处理异同进行分析。

九、案例的建议答案以及相关法规依据

（一）合伙企业适用税收协定有什么特殊考量？为什么？

这一部分以《OECD1999年合伙企业报告》为基础，主要给学生讲解合伙企业适用税收协定产生的特殊税务问题，报告编纂的背景及其主要规则。

不同国家对合伙企业是否作为一个纳税主体征收所得税的规定存在差异，有的国家把合伙企业归为纳税虚体，合伙企业的纳税义务按照合伙份额归属于合伙人来征税；也有少数国家赋予合伙企业纳税实体地位，合伙企业同公司一样缴纳公司所得税。这种国家间针对合伙企业课税方式的税法差异会影响合伙企业是否以及如何适用双边税收协定。为了协调这种差异可能带来的国家间双重征税或双重不征税的问题，OECD发布了《合伙企业适用税收协定范本报告（1999年）》来协调。很多国家在谈签税收协定以及协定执行时会参考这份报告里确定的原则。

（二）常设机构的利润归属方法有哪些？根据 OECD 授权方法即 AOA，税收协定以及缔约国国内税法，如何确定常设机构的利润归属即应纳税所得额？

在国际经济交往中，一个企业在另一国的“经营所得”（business profits）是否要在另一国征所得税通常根据税收协定中是否构成“常设机构”来测试。OECD 协定范本第 5 条定义了“常设机构”，第 7 条约定了缔约国如何确定常设机构的利润归属。

常设机构利润归属的计算方法通常有两种：相关经营活动法（relevant business activity）和职能独立实体法（functionally separate entity approach）[①]。这两个方法的本质区别在于是把常设机构假设为是一个企业的一部分（前者）还是独立的一个“实体”（后者）。

在《OECD 对常设机构利润归属的报告（2010 年）》中，OECD 选择了职能独立实体法。这个方法把不具有法人资格的常设机构本身视同一个职能独立的实体，按照独立交易原则来确定其功能和风险，以及在此基础上应该分得的利润来征税，被称为常设机构利润归属的“OECD 授权方法”，即 Authorized OECD Approach。具体方法适用概要如下：

第一步：功能和事实分析（Functional and Factual Analysis）。这一步的目的是确定常设机构承担的具体功能，为了实现其功能所需要使用的资产，以及承担的风险。在《OECD 对常设机构利润归属的报告（2010 年）》中，确定常设机构利润归属的方法是假设常设机构是一个虚拟分设的独立企业（separate and independent enterprise），这是一个重要假设（hypothesis）。根据这个虚拟的企业所发挥的其独有的功能，可归属于常设机构的利润应当是按照独立交易原则获得的利润。

第二步：确定常设机构与企业交易的独立交易价格。因为常设机构是一个企业法人或商事主体派生出的一部分，没有独立法人地位，所以它们之间基于虚构的“独设企业和独立交易”假设下的交易“天然”是关联交易。因此常设机构利润归属要适用《OECD 跨国企业和税务机关转让定价指南》中的“独立交易原则”（arm’s length principle）和转让定价方法来确认常设机构的应纳税所得额。从本案看，BI 因此还和英国税务海关总署签订了预约定价协议（Advance Price Agreement，APA），APA 的期间为 2006 年 12 月 31 日至 2016 年 12 月 31 日。

在上述两步法后，常设机构的应纳税所得额如何计算，则要结合协定缔约国国内

① 参见国际财税协会（International Fiscal Association，IFA）2006 年年会报告 B《常设机构利润归属——总报告》第 30 页，[EB/OL]，(2006) [2021 - 7 - 20]. https://www.ifa.nl/media/2813/ifacahier_2006_volume2_genrep.pdf。

企业所得税法的详细规定。

（三）我国对常设机构利润归属、合伙企业的所得税税收征管政策是什么？与英国比较有什么主要差异？

1. 我国对常设机构利润归属的规定

我国在2008年《企业所得税法》颁布后，形成了非居民税收集成管理体系如下，其包含了对常设机构利润归属的征税方法：

国家税务总局令第19号《非居民承包工程作业和提供劳务税收管理暂行办法》

国税发〔2009〕6号《非居民企业所得税汇算清缴管理办法》

国税发〔2010〕18号《外国企业常驻代表机构税收管理暂行办法》

国税发〔2010〕19号《非居民企业所得税核定征收管理办法》（19号文）

在《企业所得税法》中，和常设机构对应的概念称为“机构、场所”。19号文第三条提出了查账征收的原则，有些类似于OECD早期的“独立账簿”（separate accounting）原则，要求对非居民“应当按照税收征管法及有关法律法规设置账簿，并应按照其实际履行的功能与承担的风险相匹配的原则，准确计算应纳税所得额，据实申报缴纳企业所得税”。但是我国现行税务法规行文中并没有完全参考OECD授权方法通过完整的功能和事实分析以及独立交易原则中的转让定价方法来确认常设机构的利润归属，而是提供了以收入总额、成本费用以及经费支出为基础、按不同业务类型推定利润率的三种具体的“核定征收”的方法①。从征管实践看，实务中由于常设机构通常不单独按照税法利润归属口径设置会计账簿，其利润归属较多适用19号文中核定征收的方式。

通过中英比较可以看出，在常设机构利润归属上，我国目前适用的方法本质类似于“相关经营活动法”，且为了征管便利，在实务中多数案例未应用复杂的OECD授权方法及《OECD转让定价指南》中的相关定价方法，较多根据19号文适用核定方法。

2. 我国对合伙企业所得税管理

我国目前对境内设立的合伙企业，采用了“集合说”来确认征税主体：合伙企业本身不是纳税主体，以每一个合伙人为纳税主体，自然人缴纳个人所得税，公司合伙人缴纳企业所得的税②。与英国规定相同，在应税所得计算方面我国目前以“先分后

---

① 国税发〔2010〕19号《非居民企业所得税核定征收管理办法》第四条、第五条。

② 财税〔2008〕159号《财政部、国家税务总局关于合伙企业合伙人所得税问题的通知》第二条：合伙企业以每一个合伙人为纳税义务人。合伙企业合伙人是自然人的，缴纳个人所得税；合伙人是法人和其他组织的，缴纳企业所得税。

税”为原则[①]，先在合伙企业层面确定应纳税所得，再分配给各合伙人征税。

关于非居民合伙企业如何适用税收协定，我国尚缺乏全面、体系性的规定与具体的操作规程，仅规定了境外合伙企业适用税收协定的原则[②]，目前只有《中法税收协定》对合伙企业适用税收协定进行了较为详细的规定。

因为我国对非居民合伙企业适用税收协定和常设机构利润归属仅有原则性规定，若此案例发生在我国，税收后果不确定，产生税务争议的可能性较大。可以引导学生理论联系实际，在这个领域进一步研究探索。

（四）新旧国际国内税法如何衔接？

跨国税务争议案件通常会跨越数年，税法在争议期间有所变动是常态，有时对新旧法如何衔接适用也会产生争议。本问题旨在引导学生从历史视角、运用动态思维来分析税务问题。

本案涉及的年度中，OECD 协定范本及其释义经历了数次修订，双方均同意应综合考虑适用协定范本第 7 条 2010 年前后的所有版本。针对无形资产的税务处理，英国相关的国内税法也有修订，但是基本内容从《2002 年财政法》平移到了《2009 年企业所得税法》，没有变化。本案在新旧法衔接上没有争议。

（五）总结

2018 年“彭博集团诉英国税务海关总署常设机构利润归属案”是一个非居民合伙企业一方合伙人在收购了另一方合伙人的全部合伙份额的情况下，其在东道国的常设机构如何适用和 OECD 授权方法基本一致的英国税法中的“分设独立企业原则”确认常设机构利润归属即应税所得的典型案例。其不仅涵盖了国际税收协定中的合伙企业、常设机构利润归属以及转让定价相关规则，还涉及这些规则的税收协定解释、国际国内税法衔接，税务、会计处理之间的相互影响等知识点。

本案例运用中外比较研究的方法引导学生既探究以 OECD 税收协定范本为基础的《英美税收协定》中合伙企业和常设机构利润归属的基础理论渊源，又学习国际税收理论在不同国家税法中的应用及其相关的税务实务，拓展学生国际视野，提升学生用历史、动态的视角理论联系实践，分析、解决复杂跨境税务问题的综合能力。

---

① 财税〔2008〕159 号《财政部、国家税务总局关于合伙企业合伙人所得税问题的通知》第三条：合伙企业生产经营所得和其他所得采取“先分后税”的原则。

② 国家税务总局 2018 年第 11 号公告《关于税收协定执行若干问题的公告》规定，除税收协定另有规定的以外，只有当该合伙企业是缔约对方居民的情况下，其在中国负有纳税义务的所得才能享受协定待遇。

参考文献

必读资料：

案件 TC06449——Bloomberg Inc（UK Permanent Establishment）2 BLP Acquisition Holdings LLC（UK Permanent Establishment）vs. HMRC 英国第一层法庭判决书原文，[2021－1－31]．http：//financeandtax. decisions. tribunals. gov. uk//Aspx/view. aspx?id＝10409

《OECD 税收协定范本注释（2017 年）》（OECD Model Tax Convention Commentary 2017）：第七条 Article 7 https：//www. oecd－ilibrary. org/taxation/model－tax－convention－on－income－and－on－capital－condensed－version－2017_ mtc_ cond－2017－en

《OECD 常设机构利润归属报告 2010 年》（2010 Report Attribution of Profits to Permanent Establishment，OECD），第一部分 http：//www. oecd. org/ctp/transfer－pricing/45689524. pdf

《OECD 合伙企业适用税收协定范本报告（1999 年）》（The Application of the OECD Model Tax Convention to Partnerships 1999）

推荐拓展阅读资料：

《OECD 跨国企业和税务机关转让定价指南（2017）》，OECD Guidelines for Multinational Enterprises and Tax Administration 2017

https：//www. oecd. org/tax/oecd－transfer－pricing－guidelines－for－multinational－enterprises－and－tax－administrations－20769717. htm

Kees van Radd，Materials on International，TP & EU Tax Law（2020－2021），Volume A，[M]．International Tax Center Leiden

国家税务总局《中国居民企业赴英国投资税务指南》，[2020－5]（注：该投资指南定期更新，教学时建议参考最新版）

http：//www. chinatax. gov. cn/chinatax/n810219/n810744/n1671176/n1671206/c4394378/5116224/files/d2290e01028444e282e18114b4d607a9. pdf

商务部《对外投资合作国别指南——英国》（注：该投资指南定期更新，教学时建议参考最新版）

http：//www. mofcom. gov. cn/dl/gbdqzn/upload/yingguo. pdf

下篇

实务案例精选[1]

① 下篇实务案例精选主要是基于深圳思迈特财税咨询公司张学斌及其团队汇编的中国实际发生的国际税收案例，主要来源是《中国税务报》等专业报刊。

8

特别纳税调整

案例20：

向低税率地区转移利润避税有风险[①]

国家税务总局关于《特别纳税调查调整及相互协商程序管理办法》的公告（国家税务总局公告2017年第6号）第三十八条规定：实际税负相同的境内关联方之间的交易，只要该交易没有直接或者间接导致国家总体税收收入的减少，原则上不作特别纳税调整。

M集团股份有限公司（以下简称“M集团”）是一家国内知名食品企业，在全国设有70多家子公司，负责生产集团旗下的各品牌产品。甲市通过招商引资方式，将M集团引入当地，成立了A公司。日前，税务人员借助税务信息化软件进行数据横向比对时，系统提示：A公司多项数值偏低，可能存在异常情况。

一、症状：税收贡献率明显偏低

系统数据显示，2017年，A公司实现利润1亿元，利润率为5.3%；实现税收0.8亿元，税收贡献率为4.2%。而在该年度，M集团整体利润率为9.11%，整体税收贡献率为9.7%，A公司的利润率和税收贡献率明显低于集团整体水平。同时，纳税申报数据显示，A公司2017年度增值税税负率为2.48%，企业所得税税负率为1.11%，显著低于当地同类型企业的平均水平。

① 资料来源：《中国税务报》，2019年1月11日，作者：国家税务总局黄冈市税务局高峰，原标题：向低税率地区转移利润避税：有风险！

为何A公司的税负率水平明显偏低？其中是否存在税务风险？带着疑问，税务人员调取了M集团设立在外省乙市B公司的相关数据。B公司在业务性质、市场环境、经营范围和营收规模等方面，均与A公司大体相当。数据显示，B公司2017年实现利润2.5亿元，利润率为10.52%，税收贡献率为9%。对比可以看出，这两家业务性质相同、规模相近的企业，利润率和税收贡献率差异却不小。

二、诊断：通过内部交易转移利润

通过对A、B两家公司的经营数据进行深入对比分析，税务人员发现，A公司销售给M集团的产品价格过低，是导致其利润率及税收贡献率较低的主要原因。如A公司生产的M食品，销往M集团的价格为每箱21.4元，而M集团对外销售的价格为每箱40.3元；又如N食品，销往M集团的价格为每箱21元，而M集团对外销售的价格为每箱38.2元。

同时，税务人员还发现，A公司适用25%的企业所得税税率，而M集团注册在西部地区，根据《国家税务总局关于深入实施西部大开发战略有关企业所得税问题的公告》（国家税务总局公告2012年第12号）的规定，可减按15%的税率缴纳企业所得税。因此，A公司向M集团销售的产品价格过低，有把利润从高税率地区向低税率地区转移的可能。

在掌握大量数据的基础上，税务人员与M集团相关人员进行了沟通。最终，M集团负责人表示，集团公司与各子公司的内部交易确实没有严格规范，存在内部交易价格不合理和利润转移的情况。今后将严格规范集团内部交易，合理确定内部交易价格。

三、处方：提升内部交易规范水平

本案例中，M集团虽然没有发生明显的税务风险，但其设立在甲市的A公司，在落户时享受了当地政府的多项优惠扶持，最终M集团通过内部关联交易，将利润和税收转移到了税率较低的地区，没有为价值创造地作出应有的贡献，这给该集团的形象带来了不良影响。

因此，对于有影响力的大型企业集团来说，应提升集团内部交易的规范水平，公平、公允地确定各地生产厂商的合理价格，在合理开展整体税务安排时，要兼顾自身的社会形象。同时，地方政府在招商引资过程中，应逐步重视与企业就合理定价等问题达成共识，避免花费高成本引来“金凤凰”，却没有产生实际发展效益的情况。

案例21：

某上市公司低价转让股票给关联个人被税务局调整补税3005.57万元并加收滞纳金30.06万元[①]

同期转让的两批相同性质的股票，价格为何相差1/3？交易双方是什么关系？“便宜事儿”的背后隐藏着什么秘密？聚焦上市公司股权交易疑点，检查人员追根溯源，最终找到了上市公司“贱卖”优质股的原因。

一、交易蹊跷：同股为何不同价

宁波市税务机关近期根据股权转让专项检查中发现的企业交易疑点，追根溯源，通过详细了解企业交易情况，核实交易实质，最终确认，M工业公司在交易其无限售流通股时，转让给关联人的价格比其他交易方的价格明显偏低。宁波市税务机关依法对企业股票交易价格进行了重新核定，最终依法进行纳税调整，对企业作出补缴增值税423.4万元、企业所得税2582.17万元，加收滞纳金30.06万元的处理决定，目前企业税款及滞纳金已全部入库。

① 资料来源：《中国税务报》，2019年4月2日，作者：本报记者施斌，原标题：追根溯源：揭开优质股“贱卖”真相。

2017年6月，国家税务总局联合中国证券监督管理委员会开展股权转让专项检查活动。宁波市税务机关按照上级部署组织检查人员对辖区内企业2014—2017年3年间企业的股权转让交易开展专项检查。在此过程中，检查人员发现，M工业公司交易存在一些异常。

M工业公司是宁波一家以工业制造为主业的上市公司。税务人员发现，近几年来，该企业资本结构变动频繁，股权交易金额较大。检查人员在查阅该企业股权变动资料过程中发现，一年多以前，该企业对外转让了4.5亿股无限售流通股，其中转让给刘某、金某等自然人共计2亿股，每股价格为14.87元，而转让给自然人谭某的2.5亿股股票的每股价格仅为10.03元，同期转让的股份为何价格不同？谭某是谁？为何谭某与刘某、金某等人的成交价格差距如此大？

带着疑问，检查人员赴市场监管局等部门进行了外围调查，详细了解企业相关情况，并查阅了M工业公司自成立以来的法定代表人、公司股权、公司股东等人员的历史变动信息。通过调查和核实企业经营资料，M工业公司控股股东谭某某引起了检查人员注意。

检查人员比对了外部获取的交易信息中的M工业公司股权受让人谭某和谭某某的个人相关信息，发现两人居住地址临近，结合两人的姓氏相同等因素，税务人员初步判断，两人很可能存在亲属关系。M工业公司在之前的股权交易中，有可能涉嫌通过关联人之间低价交易的方式，逃避缴纳税款。检查人员于是决定对M工业公司股权交易立案调查。

二、首度约谈：低价交易露端倪

检查人员向企业下达了《询问通知书》，依法对M工业公司高管赵某进行约谈询问。约谈之初，谈及企业经营业务范围、经营状况时，赵某滔滔不绝，但当检查人员问起谭某是谁等问题时，赵某皱了皱眉头，含糊地向检查人员表示谭某只是公司的一个普通股东。当检查人员进一步问及企业的股权变动具体情况时，赵某立刻表示，M工业公司是经营规模较大的正规上市公司，向来守法经营，股权变动都是严格按照国家相关法律法规在证券交易所进行的合法交易。

赵某在谈及企业股权受让人谭某，以及相关股权交易时的反常表现，让检查人员意识到，赵某可能试图在隐瞒一些情况。

检查人员于是向赵某出示了谭某某和谭某的身份核查信息，以及前期核查取得的股权交易定价差异的相关资料，并向赵某进行了税法宣传，表示作为企业管理人员有义务配合税务机关进行税收核查工作。

面对检查人员提供的信息资料，赵某最终表示，谭某是 M 工业公司控股股东谭某某的亲属，并且承认当时企业确实是以较低的价格将股票转让给了关联人谭某。

检查人员随即告知赵某，按照《企业所得税法》第四十一条规定："企业与其关联方之间的业务往来，不符合独立交易原则而减少企业或者其关联方应纳税收入或者所得额的，税务机关有权按照合理方法调整。"按照该项规定，税务机关可根据交易实际情况，对该公司与谭某的股票转让交易价格进行重新核定，并依法进行纳税调整。

对此，赵某向检查人员表示，股权交易金额较大，属于企业重要事项，其纳税调整等事务，需要企业董事会研究后，才能作出决定，希望检查人员给企业一些时间进行交易资料整理和内部核查。

三、二次询问：企业坚称股价"合理"

但在此后的数月时间里，检查人员多次询问 M 工业公司财务人员企业交易资料整理情况和核查进度，但该公司人员均以企业负责人出差、董事会会议未召开、相关资料部分遗失等为理由搪塞。

多次沟通无果后，检查人员再次向企业下达《询问通知书》，要求企业人员提供相关交易资料，并详细说明交易情况。

这一次，M 工业公司收到税务机关执法文书后，委托了会计师事务所执业人员与检查人员接洽。M 工业公司代表随后向检查人员提交了一份企业股权价值评估报告。企业代表认为，会计师事务所对该企业股权转让所属年度资产进行盘点和评估的结果显示，企业当时每股资产对应的股份价格区间应为每股 10 元至每股 15 元之间，M 工业公司以每股 10.03 元价格将股票转让给了企业关联人员谭某，虽然交易价格比同期转让给刘某、金某等人的略低，但是仍然处于合理定价区间内，因此这项交易的定价情况不属于《最高人民法院关于适用〈中华人民共和国合同法〉若干问题的解释（二）》（法释〔2009〕5 号）中规定的"交易不合理低价"，企业情况并不符合《企业所得税法》第四十一条所规定的条件，因此不需要重新核定交易价格和进行纳税调整。

四、依法核定：转变态度补税款

面对这一情况，检查人员召开了针对性分析会议，仔细研究企业提供的评估报告，并对 M 工业公司近几年的财务资料进行了全面分析，对企业的资产情况进行了重新审视和评估。最终检查人员认为，该企业自成立以来经营状况良好，盈利持续增加，会计师事务所在进行企业股份价值评估的过程中，使用的数据和计算方法虽然有一定依据和道理，但并不全面和准确。

检查人员认为，分析确定企业股权价值，需要综合分析公司性质、资产构成、所属行业、企业规模、历史与未来经营情况、企业收入和成本结构等多项指标。

根据M工业公司近年来的实际经营情况，并综合比较了交易净利润法、算术平均法、加权平均法和四分位法等股权价值计算方法后，检查人员从M工业公司实际情况出发，结合《国家税务总局关于发布〈特别纳税调整及相互协商程序管理办法〉公告》（国家税务总局公告2017年第6号）文件相关规定，最终认为采取基于算术平均法的“可比非受控价格法”核定企业股权价格更符合企业股份实际市场公允价值，即按照上市企业重大资产重组停牌前一个交易日的开盘价与收盘价的算术平均值的55%核定计算企业股权价格。按此方法计算，M工业公司与谭某交易股份的市场公允价格应为10.47元/股。以此定价作为计税依据，进行重新测算，则M工业公司须补缴增值税423.4万元、企业所得税2582.17万元。

税务机关意见明确后，向企业下达了《税务处理决定书》，向企业告知了核定交易价格所用方法的合理性和合法性，以及在此计税依据下，企业应补缴的税款。面对税务机关无可批驳的计算依据和方法，M工业公司最终认可了税务机关的定价方式，并且未对税务机关的处理意见表示异议。

但是接到税务机关处理意见后，M工业公司却迟迟未到税务机关补缴税款。执行人员多次打电话催缴，企业每次都称：该笔税款金额较大，需要时间筹措。

检查人员随即再次约谈了企业，向M工业公司的企业负责人表示，不履行税务机关处理意见，不仅不能解决企业欠税问题，而且由于该企业须补缴税额数额较大，时间多拖一周，就将新产生约10万元的滞纳金，这对企业来讲是一笔不小的损失。此外，故意拖欠税款不缴，情节严重不仅会承担相应的法律责任，而且将影响企业纳税信用，会对企业今后生产经营带来不利影响，这是得不偿失的。

权衡利弊后，M工业公司主动联系了税务机关，按要求提供了与案件有关的全部股权交易资料，并依法全额补缴了税款和滞纳金。

五、案例点评：盯住重点，消除盲点[①]

本案是一起典型的以不合理低价进行股权交易的涉税案件。涉案企业将股票以低

① 点评人：国家税务总局宁波市税务局第三稽查局局长邬志明。

于市场价格的方式转让给关联方，以达到避税的目的。

涉案企业的这种做法在股权交易违法违规案件中较为多见。低价转让股权行为因其形式隐蔽，往往“混迹”在企业的诸多股权交易中，不易察觉。这种交易行为一方面扰乱了股权、股票交易市场正常的交易秩序，同时也会导致国家税收流失，因此必须予以重视和查处。

本案能够最终成功查办，其关键点有两个。其一，及时精准锁定交易方的关联人身份。本案中检查人员聚焦企业股权交易价格疑点，首先从外部调查入手，核查涉案企业股权结构、股东情况和疑点交易各方的信息，在此过程中，检查人员敏锐地发现了企业大股东与股权交易受让人姓氏相同、住址临近等特征，并在随后的调查中进一步锁定了股权受让人为企业关联人员的身份，为最终案件定性、税款的追征创造了条件。

其二，股票定价方式客观公允、合理合法。如何合理确定交易价格，并让涉案企业无异议，是本案的关键环节。本案中，检查人员综合分析涉案企业股权关系、历史与未来经营情况等因素，并在综合比较加权平均法和四分位法等多种方法后，最终采取了“可比非受控价格法”核定交易价格。事实证明，这一计价方式客观、合理，符合企业股票当时的公允价值，以此为计税依据作出的纳税调整意见，最终让企业无话可说，使案件顺利查结。

以案为鉴，为加强股权关联交易监管，防止税款流失，税务机关应建立完善股权交易预警机制，以及时锁定异常交易活动。在与证券交易管理部门、工商部门加强数据共享的基础上，税务机关应针对辖区内的上市企业构建管理数据库，将辖区上市公司运营数据和历史股价交易数据等信息纳入其中，通过设定相关参数和指标，建立上市公司股价预警模型，对辖区上市公司股权转让价格进行动态监控，如发现交易方具有关联性、交易价格超出合理浮动空间等情况，及时采取征管措施，化解税收风险。

案例22：

一起关联交易转让定价反避税案，补缴税款600多万元[①]

在对纳税人申报的2017年度关联申报资料进行审核的过程中，淄博市税务局主管税务人员发现某上市公司（母公司）及其关联公司（子公司）在关联交易中存在利润留存低税率公司，造成少缴企业所得税的风险。

一、案例基本情况

（一）母公司

母公司有员工455余人，注册资本42044万元，2010年12月在深交所A股上市。公司产品包括装饰原纸、表层耐磨纸、无纺壁纸原纸三大系列500多个花色品种，产品出口30多个国家和地区。公司采用直销的销售模式，由终端客户直接向公司下订单，公司直接将货物发给客户并与其结算。该公司2014—2016年度经营收入分别为253504万元、234076万元、270230万元，企业所得税适用税率为25%。

① 资料来源：《国际税收》，2019年1月17日，作者：国家税务总局青岛市税务局王禹娇，国家税务总局淄博市税务局李丽、刘莉、姚书琦。

（二）子公司

子公司是以生产装饰原纸为主业的特种纸生产企业，员工 1148 余人，注册资本 18000 万元，是国家“火炬计划”重点高新技术企业，拥有山东省装饰原纸工程技术研究中心、院士工作站和 14 条国际先进的特种纸生产线。该公司 2014—2016 年经营收入分别为 226675 万元、217096 万元、249117 万元，企业所得税适用税率为 15%。

（三）母子公司关联交易情况

根据母子公司购销合同约定，交易数量以母公司当月销售数量作为双方的交易数量，交易价格以母公司最终售价扣除 1.5% 的毛利作为双方的交易价格（见表 22－1）。

表 22－1　　母子公司 2014—2016 年关联交易情况　　单位：万元

年度	主要关联方	关联交易类型	关联交易内容	金额
2014	子公司	有形资产所有权受让	装饰原纸	226675
2015	子公司	有形资产所有权受让	装饰原纸	210201
2016	子公司	有形资产所有权受让	装饰原纸	249031
合计				685907

二、避税疑点

通过采集企业填报的关联业务往来报告表、财务报表，利用互联网收集可比企业利润水平指标，综合绘制了盈利能力指标对比表、2012—2016 年中国造纸行业毛利润走势图进行疑点分析。

（一）母子公司利润水平对比

从表 22－2 可以看出，子公司息税前营业利润率、营业利润率、毛利率三项指标均高于母公司相关指标，说明子公司的盈利能力远远大于母公司，而母公司与子公司关联销售定价毛利率仅为实际销售价格的 1.5%，明显不符合独立交易原则，造成大额利润留在享受高新技术企业优惠的子公司，存在调节利润规避企业所得税的风险。

（二）与可比企业利润水平对比

利用互联网收集山东省同行业 A 公司、B 公司 2014—2016 年利润率指标与母子公司进行对比后发现，母公司的毛利率远低于 A 公司、B 公司，说明其盈利能力远远低

表 22－2　　盈利能力分析指标对比

分析指标	母公司			子公司			A 纸业（同行业）			B 纸业（同行业）		
	2014 年	2015 年	2016 年	2014 年	2015 年	2016 年	2014 年	2015 年	2016 年	2014 年	2015 年	2016 年
息税前营业利润率	0.016	0.017	0.006	0.14	0.15	0.06	0.05	0.044	0.078	0.12	0.15	0.14
营业利润率	0.008	0.011	0.011	0.132	0.138	0.056	－0.017	－0.056	0.03	0.07	0.095	0.1
毛利率	0.037	0.035	0.025	0.22	0.22	0.142	0.13	0.118	0.146	0.196	0.23	0.212

于同行业企业，反映出母公司关联采购、关联销售的定价方面可能存在转让定价不合理的风险；子公司营业利润率指标高于 A 公司、B 公司，说明子公司的盈利能力高于同行业企业。从母子公司与可比企业盈利能力对比来看，母公司盈利能力偏低，不符合经济业务实质，存在利润留存低税率的子公司造成少缴企业所得税的风险。

（三）与同行业利润水平对比

从全国造纸行业毛利润走势图（见图 22－1）的对比分析可以看出，子公司 2014 年、2015 年毛利率高出全国造纸行业 9% 左右，2016 年基本持平，总体来看其明显高于全国毛利率水平，存在盈利能力偏高、人为留存大额利润的风险。

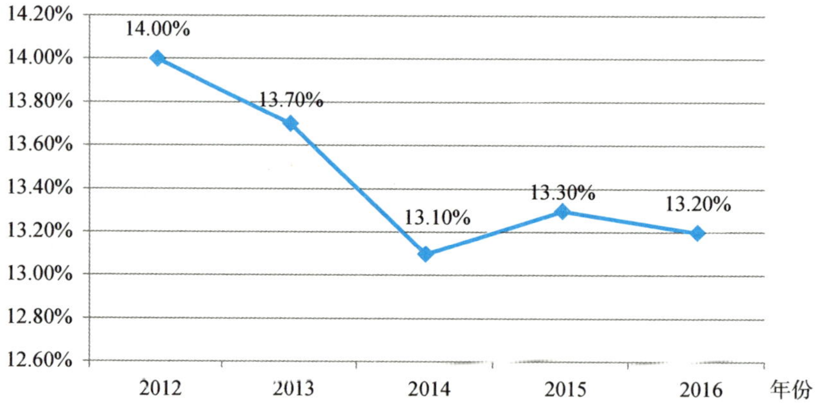

图 22－1　2012—2016 年中国造纸行业毛利润走势图

（四）企业功能风险分析对比

根据企业报送的《报告企业信息表》及经主管税务所日常管理了解，母子公司经营管理与实质控制属于典型的“两套牌子，一套人马”，母公司负担行政、人事和资金等管理和服务职能及风险，同时承担市场推广及销售功能；子公司主要承担全部的生产、研发功能和部分采购功能。结合母子公司利润率指标分析，母子公司在生产经营活动中存在承担的功能风险与利润回报不匹配的风险。

三、工作措施

（一）团队攻关，三级应对

主管税务机关向上级主管部门汇报并成立了由法规税政科、税源管理科、征管科、稽查局及中心所业务骨干组成的关联申报资料审核小组，在反避税小组的指导下，形成了市、区、中心所三级攻关团队，共同研究探讨确定工作方向。为保证反避税工作顺利开展，关联申报资料审核小组在关键环节和重点问题上及时向省局请示，取得了国家税务总局、省局反避税专家的大力支持和精心的业务指导。

（二）采集资料，验证推断

关联申报资料审核小组要求母子公司提供签订的购销合同、采购计划等资料，同时要求其填写报送《企业功能风险分析表》，深入了解掌握了购销流程、定价原则、运转模式及各自承担的功能等情况，进一步验证了前期的分析判断，为下一步开展谈判工作打下了坚实的基础。

（三）服务引导，提示风险

关联申报资料审核小组强化服务意识，以“关联申报说明会”的形式与该公司负责人及财务人员进行了多次座谈，向企业提示存在的纳税风险。

（四）勇于尝试，保障入库

在新上线的“金三”优化版国际税收岗责配置不够健全的前提下，主管税务所人员会同前台大厅人员，大胆尝试，多次对特别纳税调整模块进行测试，从报表填报、基准利率确定、利息加收测算、税款开票等各个环节进行全过程模拟，确保自查补税的顺利入库。

四、案件处理

（一）企业提出的意见

（1）对于母公司留存 1.5% 的毛利作为关联双方的交易价格，是由于母公司只承担管理和销售职能，自身不具备盈利能力，留存 1.5% 的毛利保证其运营是合理的。

（2）对于同行业的利润水平对比是没有可比性的，因为每个企业都有其自身的特性，盈利能力往往是由自身特性决定的，不能一概而论。

（二）存在的问题

一是可比企业的选择难。山东省乃至全国范围很难找到生产产品品种、经营规模、运作模式基本相同的企业。

二是企业功能风险分析难。关联企业之间的功能往往你中有我、我中有你，很难清晰地划分各自应承担的功能，且功能比例也无明确参数。

三是可参照的典型案例难。按照典型案例指引思路经过筛选，在山东省内未找到可参照的典型案例。

（三）案件处理

从母公司填报的《企业功能风险分析表》可以看出，母公司承担行政人事管理服务、市场推广及销售功能，不否认子公司承担的生产、研发功能是经营活动中的重要功能，但母公司留存 1.5% 的毛利与其承担的功能不匹配，存在将部分利润人为调节到享受税收优惠低税率的子公司的风险。

关联申报资料审核小组利用“关联申报说明会”形式上门为企业提供纳税服务，使该公司认识到自身存在特别纳税调整风险，同意按照《特别纳税调查调整及相互协商程序管理办法》（国家税务总局公告 2017 年第 6 号）规定自行进行调整补缴税款及利息。经调整，母公司分别调增 2014—2016 年应纳税所得额 1012 万元、852 万元、920 万元，累计调整应纳税所得额 2784 万元，入库企业所得税 696 万元，加收利息 55 万元。

五、案例启示

（1）关联申报是反避税工作的基石。关联申报是税务机关了解和掌握企业关联业务往来的有效手段，税务机关应当就关联交易税收管理开展政策宣传和纳税辅导，提高税收政策落实的确定性，明确告知法律、法规和相关政策对关联申报的规定，使企业清楚自己的权利和应承担的义务，增强企业主动申报意识，努力提高关联申报质量。

（2）功能风险分析是反避税工作的手段。充分利用企业关联申报的《报告企业信息表》掌握企业职能部门设置、业务运转及关联交易各方履行的功能，借助《企业功能风险分析表》及功能访谈结果，综合分析企业执行的功能与承担的风险是否相符，从而确定关联各方的功能风险与利润回报是否匹配，加大税务机关在纳税约谈中的筹码，更有利于提高反避税工作质效。

(3) 领导重视是反避税工作的保障。淄博市税务局为抓好关联申报和反避税工作，成立了以分管局长为组长，各业务科室及稽查局负责人为副组长，业务骨干为主要成员的关联申报审核小组，为反避税工作提供了组织保障。此外，总局、省局反避税专家的多次业务指导也保障了反避税工作的顺利开展。

(4) 服务意识是反避税工作的关键。关联申报审核小组想纳税人所想，急纳税人所急，帮助纳税人掌握税法，提高纳税申报质量，有效解决纳税人因主观疏忽或对税法理解偏差产生的涉税问题，规避处罚风险，并针对问题提出有效、合理的征管建议，不断深化纳税服务内涵，满足纳税人日益增长的纳税服务需求。

案例23：

乳山市税务局对某日资来料加工企业进行反避税调查，补税22万元[①]

看着税款入库，谈起反避税调查取得的成果，乳山市税务局党委书记赵永谦喜笑颜开："别看补税的数字不大，可首仗打胜了，为我局今后的反避税工作开了一个好头，也鼓舞了干部对反避税工作的士气。"

据了解，乳山市某日资企业于2007年12月设立，初始投资35万美元，贸易方式全部为来料加工，交易类型是与其日本母公司的关联交易。企业自2010年正式生产经营以来，经营规模逐年扩大，2011—2014年营业利润率平均为27.4%，但2015—2017年，随着收入的增长，利润水平降幅较大，尤其是2015年、2017年出现较大程度的亏损，在企业经营环境、贸易方式未发生变化的情况下，这与企业收入规模不断扩大的态势不相符。

乳山市税务局抓住这一漏洞，精细筛选，利用全球上市公司数据库（Osiris）和欧洲行业分类代码，选取远东及中亚地区，行业代码为2932（汽车零部件生产）且独立性指数为B+等级以上的企业，获得395家潜在可比公司，在此基础上，对以上备选公司进行定量和定性筛选，最终确定了6家可比企业。2015—2017年，可比企业组加权平均完全成本加成率为4.1%，而企业同时期完全成本加成率平均值为-3.5%，企业利用关联交易转移利润进行避税的问题昭然若揭。

① 资料来源：《齐鲁晚报》，2019年5月14日，作者：孙媛媛。

正式约谈前，乳山局谈判小组收集整理相关联的日资企业经营状况、分析行业报告上百份，查询了300多家上市公司2012年以来的年报，准备谈判资料数十本。经历了5轮谈判后，最终税企双方达成一致，企业2015—2017年加权平均完全成本加成率从-3.5%调整为4.1%，累计调整应纳税所得额100.3万元，实际补缴入库企业所得税20万元，利息2万元。

谈起今后反避税工作的持续推进，赵永谦说道："乳山市税务局会继续理顺反避税工作中'信息采集、数据分析、风险应对、动态监控'的链条式管理方式，加强预警提醒，实行动态跟踪，将反避税工作进行到底。"

案例24：

关联个人向房企提供借款未代扣代缴个税而被税务局依法作出补缴税款392.56万元并罚款196.28万元[①]

蹊跷的借款业务、身份特殊的借款人……果真如企业所称，借款人为帮企业渡难关，“忍痛”放弃了收益，还是其中另有隐情，检查人员通过调查找到了答案。

最近，国家税务总局宜昌市税务局稽查局查处一起企业未依法代扣代缴个人所得税案件。涉案企业通过在账目之中做手脚，提供虚假补充协议等方式，试图逃避个人所得税代扣代缴义务。检查人员紧盯企业借款项目，点面结合多方查证，最终锁定了企业未代扣代缴税款的违法事实，依法对该企业作出补缴税款392.56万元，罚款196.28万元的处理决定。

一、蹊跷的资金往来凭证

不久前，宜昌市税务局稽查局按照“双随机，一公开”工作要求，开展市级重点税源涉税检查，宜昌H置业有限公司被列为检查对象。

---

① 资料来源：《中国税务报》，2019年6月25日，作者：本报记者徐卫兴，原标题：一出演砸了的“友情借款”情景剧。

检查人员了解到，H公司成立于2010年12月，注册资本为5000万元，性质为有限责任公司，为一般纳税人。2015—2017年企业年均预售收入7276万元，3年年均纳税额超过1500万元。主要从事以商业住宅为主的房地产开发经营等业务。

查前，检查人员通过征管信息系统查询了近几年H公司的涉税信息和财务信息。发现该企业近3年共征地10.78万平方米，主要开发了“中央街区”房产项目。因为是旧城改造项目，建设进展缓慢。检查人员了解到，H公司的“中央街区”项目截至检查人员核查之时，可售房产只销售了一半，项目尚未全部竣工。根据该企业前期征地较多，拆迁补偿金额较大的情况，检查人员决定重点对该企业预售收入核算情况，以及征地和拆迁补偿涉及的土地使用税、契税等缴纳情况实施核查。

此外，检查人员发现，检查期内企业资产负债表信息显示，“其他应付款”科目数额逐年增长，3年增幅近30%。一般情况下，随着项目陆续完成，进入预售阶段，企业其他应付款项应逐步下降，但企业却不降反升，检查人员觉得异于常态，也应进一步核查。

检查人员进户后，调取了H公司2015年—2017年电子账目，并要求企业提供相关记账凭证，以及“中央街区”项目的立项、开工等证明资料和文件。

检查人员对企业账目与纳税信息资料进行了仔细核查。发现企业征地和拆迁补偿涉及的土地使用税、契税等均已按时缴纳；记入“预收账款”的预售收入也已按规定缴纳土地增值税和企业所得税等税款。

在核查企业“其他应付款”科目时检查人员发现，H公司检查期内资金进出频繁，且数额较大。对于“其他应付款”科目金额连年持续增长的情况，企业人员称因为项目太大，在房产建设的同时，后期征地等工作仍在进行，因此企业仍在不断融资所导致。

在此过程中，2015年2月的一张凭证引起了检查人员的注意，凭证上记载H公司收到罗某1500万元的往来款。之后检查人员发现2015年5月有罗某6张类似凭证，单笔最高金额5800万元，合计6420万元，这一情况引起了检查人员注意。

对此，企业财务负责人张某称，H公司开发“中央街区”项目，连年征地，但银行贷款无法到位。罗某与公司董事长是夫妻关系，融资能力较强，因此公司需要资金周转时，罗某常向企业提供借款，这些往来账是罗某向企业借款的业务。检查人员随即要求查看借款合同。张某称是临时借款，且借款人与公司关系特殊，当时是否签订书面合同，需到档案保管员处查阅，但相关人员正在休产假，暂时不能提供详细资料。

检查人员随后再次查阅往来科目，发现不止罗某，往来款项业务中还有邓某、江某、刘某等6人有类似资金的往来情况。企业人员称往来款项目中此6人的业务也为该企业借款。经统计，此 7 人涉及借款金额共 1.96 亿元。

检查人员认为这些业务的实际情况需要进一步核查，于是向 H 公司下达了税务事项通知书，要求企业提供相关业务借款合同等资料。几天后，张某提供了部分借款合同，称费了很大周折只找到了这些合同，其余的之前公司搬家可能遗失了。

检查人员查阅 H 公司与邓某等人签订的这些借款合同发现，这些合同均写明："借款只用于'中央街区'项目开发；借款期限为 1 年，借款利息为年利率 10%，按月计息，利息按年支付；到期后如未归还，自动延期，延期后的利息据实计算。"

检查人员于是将检查年度 H 公司与上述 7 人的往来账目与合同明细账情况逐一核查。经核实，H 公司向 7 人借款业务中，有 1.73 亿元无合同对应，3 个年度内企业累计归还的资金金额超过借款近 2000 万元。其中，罗某收取 1500 万元，其他 6 人收取 400 多万元。根据掌握的资料证据，检查人员判断，这些多出来的款项应为该企业向个人支付的借款利息。但在向张某询问相关情况时，张某却称时间长了记不清楚，需要核实一下再回复。

二、"不付利息"的借款业务

检查人员对检查年度内企业向借款人多支出的近 2000 万元款项的缴税情况进行了核查，发现该企业并未就这些支出代扣代缴个人所得税。

检查人员随即通知企业人员，如企业不能说明向借款人多支付的资金的性质，那么按照商业惯例和相关法规规定，企业应依法就这些支出代扣代缴个人所得税。收到通知信息后不久，张某找到检查人员称，公司借款期初确实准备付息，借款合同中也有支付利息条款，公司按期计提了利息并在往来款里支付了利息。但项目开发建设过程中，房地产市场不景气，售价和成交量下滑，并且公司同时承建了旧城改造工程，拆迁难度大、时间长，导致开发项目受阻，经营困难。因此经与借款人协商，双方一致同意不再支付利息，只偿还借款人本金，对以前年度已经支付的利息，后续抵作本金偿还，这些借款没有支付利息，企业因此没有代扣代缴个人所得税。随后张某还拿出了 2018 年 1 月 15 日记录有上述信息的企业董事会会议纪要。

对此，检查人员认为，企业提供的借款合同和账务处理信息均显示企业支付过利息，而不是偿还本金，仅凭一份会议纪要，无法证实张某所称的情况属实。

对此，张某解释称，企业与借款人后来就不付息一事签订了补充协议，财务部门已在 2018 年 2 月对账目进行了调整，对往来账目信息进行了更正，但检查人员调阅的是 2015—2017 年度账簿，所以没有看到 2018 年已经调整后的电子账目信息。张某随即向检查人员出示了7份《补充协议》复印件和相关调账凭证。

三、非“关联”调查打开突破口

为了核实企业提供情况是否属实，检查人员决定对第三方借款人实施核查，以确认企业提供情况的真实性，从中寻找线索和突破口。检查人员仔细分析了7名借款人员的身份等情况后，发现7名借款人中有6人均与H公司有关联关系，不是股东和高管，就是董事会成员家属。7人中唯有刘某与H公司没有任何关联关系。核查信息显示，刘某曾两次借款给H公司，分别是200万元和20万元，H公司共支付刘某274.85万元。

检查人员随即约谈了刘某。谈话之初，刘某向检查人员表示H公司所说利息抵本金和补充协议均属实。但当检查人员向其出示了H公司账目信息，并询问刘某H公司多支付给其54.85万元的情况时，刘某无法作答。

见此情景，检查人员对刘某作了税法宣传，向其表示，逃避缴纳税款，不配合税务机关调查，不仅会影响其信用和信誉，如果情节严重还将会承担法律责任。经过检查人员耐心工作，刘某最终道出了实情。

刘某称，H公司之前并没有与他们这些借款人签订补充协议，也没有利息抵作本金偿还这件事，补充协议是最近才临时制作签订的。

从刘某处取得补充协议的真实情况后，检查人员决定通过电子账目查证的方式，核实企业所称2018年2月调账一事的真伪。在技术人员的支持下，检查人员对H公司财务软件进行了检查。检查人员发现，企业财务软件操作日志显示，企业电子账目调整时间为检查人员进户检查之后，共调账36笔，而并非企业会计张某所称2018年2月。检查结果证明，张某提供情况并不属实。

检查人员随即扩大了检查范围，依法对企业财务部门的所有电脑进行了核查。在此过程中，发现财务负责人电脑中有一个加密的隐藏文件，经过破解，发现这个文件正是H公司向个人借款和付息的所有记录。

证据链完整后，检查人员再次约谈了H公司有关负责人，面对检查人员出示的证据，企业人员无法自圆其说，最终承认了近2000万元的借款利息没有依法代扣代缴个人所得税的违法事实。税务机关依法对H公司作出补缴392.56万元个人所得税，罚款196.28万元的处理决定。

四、案例点评：本案是一起典型的企业逃避个人所得税代扣代缴义务的违法案件[①]

本案中，涉案企业向个人融资借款用于运营，但支付利息却未依法代扣代缴个人所得税。在检查人员发现疑点后，向检查人员提供虚假的补充协议和会议记录，佯称因经营困难，出借人免除了企业利息，试图掩盖违法行为。但检查人员通过详析企业账套、外调“非关联”出借人、利用信息化手段证实企业账目作伪等方式，最终锁定了企业的违法事实。

在房地产企业的核查过程中，检查人员除应关注增值税、土地增值税、企业所得税等大税种外，企业的个人所得税代扣代缴情况也不容忽视。房地产企业属于资金密集型企业，其运营需要大量资金流支撑。自国家对房地产行业实施调控，收紧银根后，房地产企业融资渠道受限，因此企业的民间借贷行为显著增多。

在日常经营中，一些房地产企业常通过“其他应收款”“其他应付款”往来科目挂账，并以与相关单位或个人之间业务属“无息拆借”为由，隐匿借款利息支出，以此达到少缴税款的目的。

因此，在税收核查中，检查人员应注意核查企业开发房产项目的立项文件，了解项目的总规模；查看股东出资额度、银行贷款数据、产品预售回款等信息，了解核实企业所需资金和实际资金运行情况，综合判断企业的往来资金账目中，是否存在未如实反映借款融资活动的情况。如发现企业个人借款业务有异，应迅速启动调查程序，要求企业提供借款合同，追踪核查业务详细情况。通过借款人调查、账目信息证伪、银行账户核查等多种方式，锁定违法证据，确保税款不流失。

① 点评人：国家税务总局宜昌市税务局稽查局局长蔡良宏。

案例 25：

集团内无偿借贷谨防税务风险①

前不久，四川大通燃气开发股份有限公司发布关联交易公告称，控股股东北京顶信瑞通科技发展有限公司自愿向其提供不超过 1 亿元人民币的无息借款……目前，上市公司向关联方借款的情况屡见不鲜，其中，无偿借款的现象也越来越普遍。那么，集团内资金无偿借贷，在涉税处理上应该注意哪些问题？

一、案例：集团内无偿借贷资金

A 集团由其母公司、子公司和参股公司组建而成，B 公司为其母公司，C 公司、D 公司和 E 公司均为其全资子公司。2018 年 1 月 1 日，B 公司将自有资金借给 C 公司，金额为 1000 万元，年利率为 0，借款期限 3 年。2019 年 2 月 1 日，D 公司自银行借入长期贷款 5000 万元，年利率 5%，期限 1 年，按年支付利息，其中 2000 万元转借给 E 公司，年利率为 0，借款期限 1 年。

二、分析：分三步判断是否免税

根据《财政部、国家税务总局关于明确养老机构免征增值税等政策的通知》（财

① 资料来源：《中国税务报》，2019 年 7 月 26 日，作者：国家税务总局宁波市税务局孙姣娜、施斌。

税〔2019〕20号，以下简称“20号文件”）规定，税收优惠的适用范围是企业集团内单位（含企业集团）之间的资金无偿借贷行为，即非企业集团不能享受免税优惠。欲判断B公司能否适用新政策，需要进行主体判断。

第一步，需要判断A集团是否符合企业集团的规定。根据《企业集团登记管理暂行规定》（工商企字〔1998〕第59号）规定，符合税收优惠条件的主要有以下两类企业集团：一是2018年8月31日前经企业集团核准登记，持有《企业集团登记证》的企业集团。二是2018年9月1日后，将企业集团名称及集团成员信息通过国家企业信用信息公示系统向社会公示的集团母公司。如果A集团属于上述两种情况之一，向主管税务机关备案后，可以享受增值税免税优惠。

第二步，判断B公司与C公司之间的借贷行为是否符合新规。20号文件第三条规定，自2019年2月1日—2020年12月31日，对企业集团内单位（含企业集团）之间的资金无偿借贷行为，免征增值税。同时，第五条规定：“本通知自发布之日起执行，此前已发生未处理的事项，按本通知规定执行。”因此，B公司和C公司同为A集团的成员单位，且1000万元借款年利率为0，符合集团内无偿借贷定义，虽然发生在2018年1月1日，仍可以按照20号文件规定执行，自2019年2月1日起享受免税优惠。

第三步，判断D公司和E公司之间的借贷行为是否符合新规。20号文件仅对资金流向进行了限定，但没有对资金来源作出限制性规定，既可以是自有资金，也可以是外部资金。D公司和E公司同是A集团的成员单位，D公司以借入资金无偿借给E公司，可以免缴增值税。

值得注意的是，新政策只对增值税进行了相关规定，而在企业所得税处理上，关联方之间的无偿借贷行为可能涉及纳税调整。在不符合独立交易原则的情况下，予以纳税调整是常态。若实际税负相同且没有直接或间接导致税收减少，原则上不作调整，但也不排除调整的可能性。因此，笔者建议，在企业所得税处理上，企业集团内单位之间的无偿借贷行为应遵循独立交易原则，以规避税务风险。

三、提醒：掌握免税的前提条件

根据现行规定，并非所有关联方之间的借贷行为都能享受税收优惠，只有符合企业集团定义的集团母公司及成员单位，才能进行备案、享受免税优惠。笔者建议，相关纳税人从企业集团整体进行考虑和判定，并及时将相关信息告知成员单位，保证税务处理的一致性。同时，建议企业加强内控建设，根据集团内外、是否有偿等信息对贷款合同进行区分，对符合优惠条件的借贷行为进行单独核算。

案例 26：

避税与反避税的博弈——以上市公司为例[①]

江苏卓胜微电子股份有限公司（证券代码：300782，以下简称“江苏卓胜”）于2019年6月3日的招股说明书中披露，2014—2015年就特别纳税调整事项，自行调增应纳税所得额近3000万元，并缴纳补税的利息。其曾就与关联方卓胜香港的关联交易被税务局特别纳税调整事项专门进行了转移定价的合理性说明。

下面我们从特别纳税调整，也就是通俗说的反避税角度来回顾一下这个企业为何被调整，以及税务局的反避税逻辑。

一、判断双方的关联关系

根据该企业招股说明书第五节“发行人基本情况”之“五、发行人子公司和参股公司基本情况”和第七节“同业竞争与关联交易”之“三、关联方、关联关系及关联交易”显示，“截至本招股说明书签署之日，卓胜香港为本公司的子公司，本公司持有卓胜香港100%股权”，所以卓胜香港为江苏卓胜的全资子公司。

依据《国家税务总局关于完善关联申报和同期资料管理有关事项的公告》（国家税务总局公告2016年第42号）：

“二、企业与其他企业、组织或者个人具有下列关系之一的，构成本公告所称关

① 资料来源：陇上税语微信公众号，2020年1月2日，作者：杨散逸。

联关系：

（一）一方直接或者间接持有另一方的股份总和达到25%以上；双方直接或者间接同为第三方所持有的股份达到25%以上。”

因为江苏卓胜持有卓胜香港100%股权，所以双方具有关联关系。

二、理清双方的关联交易情况

（一）交易流程

在2014—2017年年初，发行人采用的业务流程如下：江苏卓胜从晶圆制造商（如TSMC）采购晶圆，将晶圆以成本加成的方式定价后，销售给卓胜香港，由卓胜香港向封测厂商（如苏州日月新）委托封测加工服务，然后将芯片成品销售给下游客户。

在该业务流程中，货权转移与物流并不是在同一地点同步进行的，如图26－1所示：①货权从TSMC转移至江苏卓胜时，货物实体从中国台湾转移至日月新的非保税仓库（境内非保税仓），这一过程中进行进口报关；②江苏卓胜将货权转移至卓胜香港时，货物实体从境内非保税仓转移至受海关监管的苏州日月新境内虚拟保税仓，这一过程中，进行出口报关（江苏卓胜将货权转移至卓胜香港过程中，货物的实体转移发生在内地，通过境内物流园转关操作的方式实现货权的转移），以保税来料加工的方式进入苏州日月新进行封测；③卓胜香港将封测后的芯片成品销售给境外客户时，以保税出口报关的方式完成。

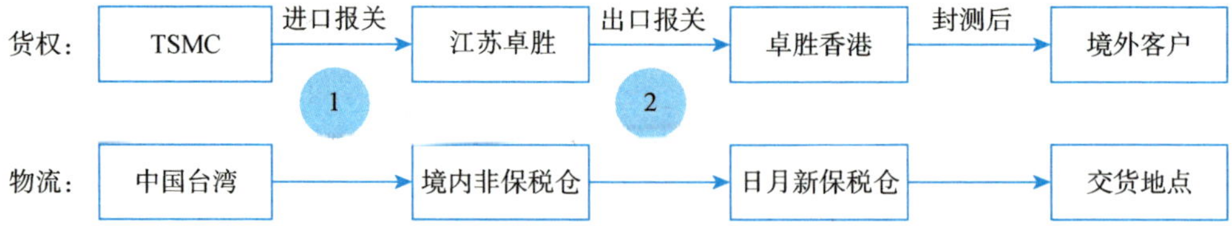

图26－1　业务流程

由于卓胜香港销售货物获得美元收入，且与江苏卓胜的关联交易也采用美元结算，因此，江苏卓胜在对外采购晶圆时，直接以现汇美元结算，无须通过银行进行购汇。

（二）交易金额与交易定价的合理性

由于税务局调整的为2014—2015年度，不在该上市招股说明书所陈述的2016—

2018 年度期间，且香港公司为其全资控股企业，被合并报表也不在关联交易披露中显示，由于未披露江苏卓胜和卓胜香港的个别报表，所以无法推算出具体的关联交易金额和双方交易的利润率，以推断其交易定价的合理性。但是从特别纳税调整结果看，卓胜香港完全成本加成率被调整为 5%，那么原先的完全成本加成率应该是远超过 5% 的，作为一个中间环节的离岸公司，过高的利润率明显是不合理的。

三、关注双方的税负差

江苏卓胜享受高新技术企业 15% 的优惠税率，卓胜香港在香港实际缴纳税款为 0。此结论的依据为招股说明书第 9 节之主要税收政策、缴纳的主要税种及税率：

“（三）卓胜香港存在经营获取利润未向香港税务局缴纳利得税的原因和合规性

根据香港《税务条例》第 112 章第 14 条的规定，任何人只有符合下列三项条件，才须要承担缴税责任：(i) 必须在香港经营任何行业、专业或业务；(ii) 应课税利润必须来自在香港所经营的行业、专业或业务；以及 (iii) 利润必须在香港产生或来自香港（售卖资本资产所得的利润除外）。根据《香港税务条例释义及执行指引第 21 号（修订本）》就应税利润来源地的基本验证原则的解释，任何人士的利润只有在香港产生或来自香港，才须课缴利得税。

根据香港翁余阮律师行出具的《法律意见书》，卓胜香港存在经营获取利润未向香港税务局缴纳利得税的原因为：卓胜香港并未在香港雇用员工进行任何商业活动，其主要的日常业务是由其母公司卓胜有限的员工在内地进行，其赚取利润的活动不是在香港完成的，而是在内地完成，因此，符合香港离岸申报的原则及相关法律法规规定。此外，香港税务局对卓胜香港 2014 年度至 2016 年度的利得税报税表及税额计算表均表示认可，确认卓胜香港为离岸公司，实际缴纳税款为 0。”

众所周知，香港没有流转税，同时所得税使用的是只对来源于香港利润征税这种典型的避税地条款，所以国内企业出口时通过香港进行转口贸易，将国内生产商与境外实际采购商之间的正常利润部分截留到香港，以达到避税的目的。

本案中该企业在香港的全资子公司卓胜香港作为离岸公司实际缴纳税款为 0。

跨国交易时只有造成我国税收损失就可以进行特别纳税调整，但是“实际税负相同的境内关联方之间的交易，只要该交易没有直接或者间接导致国家总体税收收入的减少，原则上不作特别纳税调整。”[《国家税务总局关于发布〈特别纳税调查调整及相互协商程序管理办法〉的公告》（国家税务总局公告 2017 年第 6 号）第三十八条]。

四、进行反避税调整

程序走到这里，才能进入特别纳税调整程序，它主要是以下几个步骤：

第一步是功能风险分析。

对交易双方在价值链上所承担的功能风险进行分析，一般是对功能较为简单的企业进行调整。其理论基础是迈克尔·波特教授在《竞争优势》中提出的价值链分析理论，但有所改动。以前使用的《企业功能风险分析表》按照研发、生产、营销、销售、管理服务五大类分了上百个小项目。

招股说明书在第四“主营业务情况”之三“经营模式”中通过合理性说明的形式描述了香港公司的功能分析：

“（2）转移定价的合理性说明。根据无锡市税务局第二税务分局出具的《纳税评估税务事项通知书（纳税人自行补正）》，税务局认可“企业自行按照完全成本加成率5%的标准就2014年度、2015年度以特别纳税调整的方式解缴税款，并按规定缴纳利息。”因此，发行人以完全成本加成率5%为标准计划实施转移定价，即将预留在卓胜香港的部分产品毛利通过特别纳税调整的方式体现到江苏卓胜交税，以供卓胜香港正常的经营需求，由于卓胜香港的地位不仅仅是一个贸易公司，在发行人业务模式上有不可或缺的重要性，主要体现在以下几个方面：①供应商资质。卓胜香港申请到了包括韩国三星在内的众多客户的供应商资质，这对于企业来说是一项价值巨大的无形资产；②备货资金。由于发行人的晶圆加工商为国际一流加工商，多为美国、以色列等境外供应商，而晶圆生产周期较长，发行人需要以足够的资金提前备货，才能满足客户的需求；③坏账风险。由于卓胜香港直接同客户交易，在此交易的过程中，很可能会产生货款收不回来的风险，发行人在卓胜香港需要留存一些利润来应对此类风险；④存货报废。卓胜香港货权的存货占整体存货的大部分，卓胜香港承担了大部分存货的报废损失；⑤销售佣金。卓胜香港按照每月实际销售量会支付给三星中间商一定比例的佣金及奖励（奖励为或有事项，视公司与三星当年的经营业绩决定）；⑥委外研发及售后支持。为开拓韩国市场及维护客户并实现持续销售，卓胜香港承担境外销售所需的委外研发及售后支持费用。”

由此可以看出，香港公司承担了以下功能风险：销售和分销风险中拥有供应商资质这个无形资产，同时承担存货费用、存货风险、坏账风险、销售费用、承担售后费用，及研发风险中的委托第三方研发和支付研发费用的功能。

第二步是选取可比企业，进行可比分析。

这个在招股说明书中没有体现，依据《国家税务总局关于发布〈特别纳税调查调整及相互协商程序管理办法〉的公告》（国家税务总局公告2017年第6号）主要考虑以下方面内容：

“第十五条　税务机关实施转让定价调查时，应当进行可比性分析，可比性分析一般包括以下五个方面。税务机关可以根据案件情况选择具体分析内容：

（一）交易资产或者劳务特性，包括有形资产的物理特性、质量、数量等；无形资产的类型、交易形式、保护程度、期限、预期收益等；劳务的性质和内容；金融资产的特性、内容、风险管理等；

（二）交易各方执行的功能、承担的风险和使用的资产。功能包括研发、设计、采购、加工、装配、制造、维修、分销、营销、广告、存货管理、物流、仓储、融资、管理、财务、会计、法律及人力资源管理等；风险包括投资风险、研发风险、采购风险、生产风险、市场风险、管理风险及财务风险等；资产包括有形资产、无形资产、金融资产等；

（三）合同条款，包括交易标的、交易数量、交易价格、收付款方式和条件、交货条件、售后服务范围和条件、提供附加劳务的约定、变更或者修改合同内容的权利、合同有效期、终止或者续签合同的权利等。合同条款分析应当关注企业执行合同的能力与行为，以及关联方之间签署合同条款的可信度等；

（四）经济环境，包括行业概况、地理区域、市场规模、市场层级、市场占有率、市场竞争程度、消费者购买力、商品或者劳务可替代性、生产要素价格、运输成本、政府管制，以及成本节约、市场溢价等地域特殊因素；

（五）经营策略，包括创新和开发、多元化经营、协同效应、风险规避及市场占有策略等。”

目前的可比企业选取，主要使用全球上市公司数据库，国内目前使用的是已经被美国穆迪公司收购的BVD数据库，这个软件有中文版而且功能强大，可以逐步设置条件选取关联方，提供一个关联方选取的逻辑流程而不仅仅是最终结果。此外，税务机关还可能选用标准普尔的数据库作为依据。

第三步是选择转让定价方法。

“第十六条　税务机关应当在可比性分析的基础上，选择合理的转让定价方法，对企业关联交易进行分析评估。转让定价方法包括可比非受控价格法、再销售价格法、成本加成法、交易净利润法、利润分割法及其他符合独立交易原则的方法。”

本案中税务机关选取的是交易净利润法中的完全成本加成率进行调整的。

“第二十条　交易净利润法以可比非关联交易的利润指标确定关联交易的利润。

利润指标包括息税前利润率、完全成本加成率、资产收益率、贝里比率等。具体计算公式如下：

（一）息税前利润率 = 息税前利润/营业收入 ×100%

（二）完全成本加成率 = 息税前利润/完全成本 ×100%

（三）资产收益率 = 息税前利润/［（年初资产总额 + 年末资产总额）/2］×100%

（四）贝里比率 = 毛利/（营业费用 + 管理费用）×100%

利润指标的选取应当反映交易各方执行的功能、承担的风险和使用的资产。利润指标的计算以企业会计处理为基础，必要时可以对指标口径进行合理调整。

交易净利润法一般适用于不拥有重大价值无形资产企业的有形资产使用权或者所有权的转让和受让、无形资产使用权受让以及劳务交易等关联交易。

交易净利润法的可比性分析，应当特别考察关联交易与非关联交易中企业执行的功能、承担的风险和使用的资产，经济环境上的差异，以及影响利润的其他因素，具体包括行业和市场情况，经营规模，经济周期和产品生命周期，收入、成本、费用和资产在各交易间的分配，会计处理及经营管理效率等。”

完全成本可以等价于营业收入减息税前利润，完全成本加成率和息税前利润率是可以互换的，所以选择完全成本加成率是一种交易净利润法而不是成本加成法。

最终，税务机关按照5%完全成本加成率对江苏卓胜进行特别纳税调整的监控管理，要求企业自行查补。2014年自行调增应纳税所得额13594949.16元，2015年自行调增应纳税所得额15962738.06元，同时按《中华人民共和国企业所得税法》第四十八条及《特别纳税调整实施办法（试行）》第一百零七条的相关规定，对补税加收利息。

案例27：

解开产品低价外销秘密[①]

2016年辽宁沈阳国税局运用价值链分析方法对“高”利润企业开展反避税调查，补征税费1650余万元。

税务人员发现了一个蹊跷现象：企业虽然90%产品外销，但内销产品价格却远高于外销产品。为何内外销产品差价巨大？细心的税务人员通过严谨细致的调查找到了答案。

沈阳市国税局对A电子公司及其关联企业B国际电子公司实施反避税调查。调查人员通过广泛采集企业信息，运用企业运营价值链分析方法，解开了关联企业通过低价交易方式避税的秘密。沈阳市国税局依法对A公司实施特别纳税调整，补征企业所得税、利息合计1650余万元。

一、运营分析：发现疑点信息

沈阳市国税局反避税调查人员在对A电子公司经营数据和企业信息进行分析时发现，A公司的母公司B国际电子公司是该行业的全球领军企业，A公司近年来营业收入平稳增加，并且A公司的毛利率和利润率也处于较高水平，近10年企业平均利润率达到10%左右，从该企业产销和收入的经营数据，以及申报情况来看，似乎没有什

① 资料来源：《中国税务报》，2016年8月16日，作者：宋晓燕。

么问题。

但是，调查人员在对比分析企业销售情况时，却从该企业销售占比很小的内销产品价格上发现了一些异常：企业内销产品的价格大大高于同类外销产品价格。经过进一步调查发现，A 公司内销产品数量不多，产品 90% 以上均外销给关联企业 B 公司，但 A 公司外销 B 公司的产品毛利率很低，同类产品内销毛利率要高于外销毛利率 3 倍。

为什么相同产品内外销价格差别巨大？企业 90% 产品均低价外销且交易额巨大，会不会存在将本应留在本地的利润转移境外的可能？

带着这些疑问，调查人员对 A 公司部分产品内外销价格、毛利情况开展了相应调查。调查之初，A 公司并没有主动配合税务机关的调查工作，企业相关负责人称公司利润率较高，并且按期申报纳税，不存在避税方面的问题。

经过调查人员耐心说服，A 公司提供了企业相关业务的会计报表。在调取 B 公司和 A 公司境内、外分销商的销售报表信息后，调查人员对 A 公司产品的整个销售各环节进行细致梳理和分析，发现 B 公司毛利率虽然很高，但其他境内、外分销商相关产品的毛利率均高于 B 公司。相比之下，A 公司的外销毛利率最低，而且企业内外销毛利率相差巨大。

尽管企业在销售行为和销售价格方面的疑点越来越大，但为稳妥起见，调查人员决定采集和对比国内同行业企业、国际同业上市公司经营数据，并分析比较同类母公司及其他关联交易公司的财务数据，进一步确定 A 公司的经营销售情况，以明确其是否存在通过关联交易避税的问题。

二、价值链剖析：解开避税秘密

经过实地调查以及对企业经营信息进行分析，调查人员确定了 A 公司在集团公司中的功能以及与其母公司的营运方式：A 公司在生产过程中执行母公司为其设定的产品规格、质量标准以及生产工艺技术，执行相应质量控制流程，生产销售相关产品并负责售后服务工作。但是，在营运时，其没有产品的定价权，也不开展产品营销活动，产品内外销售价格均由其母公司 B 公司决定。

根据企业的营运情况，结合行业集团企业价值链分析方法，调查人员认为，A 公司的利润水平在其集团总利润中占比较低，造成这种情况的原因是其管理模式中，母公司掌控了集团各环节产品的销售价格体系，A 公司对其销售价格完全没有决策能力。

从整个集团价值链来看，A 公司仅执行有限的生产职能和售后服务职能，研发及营销职能均由B公司完成。从内部交易性质看，B公司从A公司收购产品，A公司因此从B公司获得一定收益，但同时，A公司使用B公司技术和工艺设计，同时也需向B公司支付一定费用。

但实际交易信息显示，由于A公司的销售价格受控于B公司，A公司外销产品给B公司时，销售价格明显低于独立企业对外产品交易价格。A公司作为该集团公司的主要生产基地，只获得集团整体价值链利润的10%。综合各类企业数据及证据，调查人员认为，A公司通过低价关联交易的方式转移利润至境外母公司B公司并避税的问题已经明确。

调查人员根据掌握的证据与A公司进行了多次约谈。调查人员指出，根据国际税基侵蚀和利润转移（BEPS）计划中有关无形资产转让方面的内容："企业虽然没有无形资产或无形资产相关资产转让，但受控交易方将生产的产品销售给关联方，需识别受控交易各方所使用的无形资产，并考虑其对交易的影响。"同时，根据《〈特别纳税调整实施办法（试行）〉的通知》（国税发〔2009〕2号）第四十条规定："企业与关联方之间收取价款与支付价款的交易相互抵消的，税务机关在可比性分析和纳税调整时，原则上应还原交易，这部分应缴纳预提税。"

调查人员认为，A公司在产品生产中应用了B公司的专利技术，而且已影响产品的价格，因此A公司的内、外销价格差中的一部分应属于特许权使用费。但即使如此，A公司销售给B公司产品仍然明显低于独立企业市场价格，不具有合理性，因此应予以调整，并补缴企业所得税。经过调查人员多次约谈，面对翔实证据，A公司最终接受了税务机关的意见。

同时，调查人员在A公司国际税收业务进行风险分析时还发现，该企业存在对其母公司及其他关联企业违规支付服务费问题，以及B公司利用空壳C公司转让A公司股权，试图利用税收优惠少缴股息税款问题。针对A公司存在的相关问题，沈阳市国税局依法对A公司发出特别纳税调查调整通知书，补征企业预提所得税1250万元，企业所得税185万元，利息215万元。

三、案件点评：反避税要有国际视野①

本案是对经营状态良好的"高"利润企业开展反避税调查的一次有益尝试。在案件调查过程中，调查人员没有放过任何一处疑点，以企业相同产品的内外销价格的巨

① 点评人：沈阳市国税局副局长王力江。

大差异为线索，详查企业运营业务，结合企业集团价值链分析法，发现了企业不同产品售价背后的秘密，最终通过转让定价调整补征企业所得税款、利息合计 1650 余万元。此案的成功为反避税工作提供了一个新的视野和思路。

本案所调查企业如果单纯看企业的利润指标，其利润率是正常水平，貌似不存在避税问题，避税行为隐蔽性较强，税务人员往往忽视对这类企业的反避税分析与调查。

此案的成功查办提醒税务人员，当前跨国公司采取的避税方式已越来越具有隐蔽性，反避税人员需要更加细致严谨地开展调查工作，不放过任何蛛丝马迹。同时，要善于用国际视角对跨国公司全球运营的价值链进行分析，以有效维护国家税收主权，减少税收流失。

案例28：

未注竣工结算期引来反避税调查[①]

2016年，新疆巴音郭楞蒙古自治州地税局稽查局为进一步规范企业纳税行为，降低重大税收流失风险，在全州范围内开展以自查为先导的重点税源企业税收专项检查，A建筑安装公司被列为检查对象。

该稽查局在检查时发现，A公司与库尔勒经济技术开发区一家房地产公司（简称B公司）及库尔勒市一家房地产公司（简称C公司）之间存在建筑劳务合同关系。经详细查看合同，税务人员发现A公司在和B公司、C公司签订的合同及补充协议中，均未注明具体工程结算日期及结算后付款日期。

经询问，A公司的解释含糊其辞。A公司此项业务从账面上看未反映收入，存在避税嫌疑。于是，在报告上级机关获得批准后，该局对A公司进行了反避税立案调查。

一、案例分析

本案的关键是确立A公司和B公司、C公司的关联交易关系。经调查，三方之间确实存在共同利益关系，根据《国家税务总局关于印发〈特别纳税调整实施办法（试行）〉的通知》（国税发〔2009〕2号）第九条、第十条的规定及《税收征管法实施细

① 资料来源：《中国税务报》，2016年3月18日，作者：党鸿。

则》第五十一条对于关联关系的规定，确认了A公司与B公司、C公司的关联交易关系。

税务人员在检查中采取了迂回的办法，以查看企业印花税缴纳情况为名，向企业索取了2012—2014年签订的合同、工程结算单等，并将合同书、预算单、工程价款结算账单、有关会计账簿和报表互相核对，了解工程收入是否全部入账，有无漏记工程收入的情况。同时，结合税法中对纳税义务发生时间的规定，审查A公司有无明显故意推迟确定纳税义务时间，延迟缴纳税款的现象。

税务人员深入开展反避税调查，实施对关联企业申报信息的审核、分析和评估，依托国土、建设、规划等第三方信息应用平台等多方取证，积极查找涉税疑点。同时，采取约谈A公司主要负责人、财务主管和办税人员，组织实施纳税评估等方式，落实税政、稽查与征管相互协作工作机制。最终，调查组指出A公司存在避税问题的同时，认真讲解税收政策，要求A公司足额缴纳清算工程项目应纳税款。A公司认可企业存在偷逃税款的事实，同意依法缴纳各项税费共计195.5万元，其中营业税92.2万元。

二、案例启示

（一）加强关键领域、关键关系之间的反避税调查工作

建筑业与房地产行业是关联交易最集中的地方，同一控制方的建筑公司给房地产公司提供建筑劳务，双方协议不规范、营业额不公允现象较普遍，较易影响地方税收及时足额入库，在日常税收征管工作中，应密切关注企业的生产经营状况，关注企业非常规经营行为，运用现行税收政策加强反避税管理，防止税收流失。

（二）从关联企业异常现象中积极查找潜在税收风险

建筑行业偷税现象普遍，既有行业自身的原因，又有对关联行业税务管理不到位的因素。现阶段，由于建筑行业与房地产行业之间寻求共同利益的最大化，往往会采取一定的手段，隐瞒或虚报收入，以达到偷逃税收的目的。

（三）深入开展反避税调查

加大税政、稽查与征管工作协作力度，切实加强对关联企业申报信息的审核、分析和评估，强化区域和行业联查工作，注重对以前年度纳税人的投资经营、关联交易、

纳税申报进行跟踪监控，采取纳税评估、约谈、立案调查等方式，切实加大关联交易反避税调查管理力度。

（四）进一步加强部门之间的协作配合，形成齐抓共管，综合治税的合力

切实加强税务机关与国土、建设、规划、房管等部门的协作，及时、准确掌握房地产企业开发、销售情况，将从有关部门取得的相关文件、材料与企业报送的纳税资料进行比对分析，发现可能存在的问题，严厉打击偷逃税行为，防止税款流失。

案例 29：

北京部分企业集团税务风险点——三类关联交易蕴含巨大税务风险[①]

近日在梳理北京市部分企业集团税务风险点时发现，母公司承载功能过多、母子公司“一套人马，两块牌子”和关联企业相互挂靠三类现象很普遍，成为企业集团税务风险的高发源。对关联交易税务风险，很多大企业只关注境外部分，境内部分往往被忽视。其实，无论是国家税务总局的例行检查，还是各地税务机关的专项审计，对境内关联交易的关注越来越多，被调查的概率也越来越大。

一、母公司承担功能过多，费用分摊很混乱

（一）现象描述

目前，企业发展集团化成为全球趋势。笔者发现，我国一些企业在集团化发展的过程中，由于母公司和子公司的功能定位不清晰，导致母公司承担了子公司的众多职能。特别是一些被“捏合”的集团企业，其管理模式和管理理念远未跟上集团化扩张的脚步，企业集团内部职能划分和费用分摊十分混乱，由此引发很大的税务风险。

① 资料来源：《中国税务报》，2016 年 2 月 26 日，作者：周新雨、周妍、汤雪源。

（二）典型案例

S公司是国有大型能源类集团的母公司，亦是A股上市公司。2010年10月份，S公司启动了一项大型软件工程研发项目——A信息系统。A信息系统总投资20.22亿元，由S公司委托集团内子公司开发。A信息系统共包含11个功能模块，2012年底开始试运行，2013年推广到集团范围。在A信息系统开发过程中，所有支出均由S公司负担并列支，而在A信息系统逐步试运行乃至推广使用时，S公司却并未向其子公司收取任何费用。S公司作为母公司，不仅承担了系统开发的职能，而且也承担了本应由集团内企业共同承担的开发费用。经统计，仅出售A信息系统部分功能模块的收入，就涉及增值税2亿元。

（三）风险提醒

在上述案例中，S公司作为母公司，并不具备系统开发功能和资质，虽然委托其子公司开发，但实际成本由S公司承担。开发A信息系统的初衷是给全集团公司共同使用，受益者是母公司和所有子公司，但S公司独自承担此项费用，未和子公司共同承担开发成本、费用；系统开发完成后，推广使用时也未就出让该项无形资产的使用权，向子公司收取任何费用，导致S公司和其子公司无法清晰划分收益和费用，进而导致管理上的混乱。

在实务中，母公司和子公司功能重合、费用分摊不清的现象比较普遍，这极易引发税务风险。在流转税方面，母公司软件系统、专利成果等无偿提供子公司使用，母公司向子公司无偿发放贷款等均可能涉及增值税和营业税。例如，上述案例中，A信息系统的推广使用，虽然未收取相应费用，按照增值税条例规定，将自产、委托加工或购进的货物无偿赠送其他单位或个人的应视同销售，应按销售软件产品征收增值税。

在企业所得税方面，根据企业所得税法规定，企业与其关联方之间的业务往来，应符合独立交易原则。S公司无偿提供A信息系统软件给子公司使用，该关联交易明显不符合独立交易原则。S公司涉及的主要是境内关联交易，S公司集团内子公司税负复杂，包括亏损企业和低税率企业，S公司无偿提供A信息系统使用权，导致利润转移到子公司，会导致国家税款的流失。

二、一套人马，两块牌子，税务处理一团麻

（一）现象描述

我国大型企业集团中，“一套人马，两块牌子”的现象比较普遍。这一现象导致的直接后果之一，就是关联企业之间成本费用划分不清，很容易导致税务风险。大型企业集团财税负责人应注意，关联企业之前的费用核算应清清楚楚、明明白白，才能规避税务风险。“亲兄弟也要明算账。”有关专家说。

（二）典型案例

A 公司和 B 公司同属于 Z 集团。其中，A 公司是 Z 公司的二级分支机构，属于商品流通企业，主要负责成品油及化工产品的销售贸易、仓储物流及营销网络建设等业务，在过去 5 年一直盈利并缴纳企业所得税；B 公司是 Z 公司的全资子公司，长期亏损。A 公司和 B 公司为同一个法定代表人、同一个注册地址、同一套管理团队，是典型的“一套人马，两块牌子”。根据企业人员介绍，两家企业办公场所、设备和人员重合，在实际使用和会计核算上都未作明确区分。对于固定资产，房屋建筑、运输工具、电子设备、办公设备都归 B 公司所有，由其承担折旧，A 公司在 2011 年向 B 公司支付房租 1277 万元后未再支付任何租金，但办公楼的装修、改建支出作为 A 公司的长期待摊费用，分期摊销；对于人员，除行政保卫部 20 多名员工的工资薪酬、福利费和“五险一金”等在 B 公司税前列支外，其他都在 A 公司税前扣除了。

根据《企业所得税法》第八条和第十条之规定，在计算应纳税所得额时，企业只能扣除实际发生的与取得收入有关的、合理的支出；根据《企业所得税法》第四十一条的规定和实质重于形式的原则，关联企业间的期间费用发生额应合理分摊列支。由于 A 公司和 B 公司在房屋建筑、办公设施和人员完全重合，在实际工作中没有区分，在会计核算上也没有作出符合功能风险定位的划分，那么除了销售费用（只有 A 公司有销售功能）和财务费用（资金所有权在会计上划分明确）以外，房屋设备折旧和维护支出、纸笔水电等办公支出、人员薪酬福利和培训支出等其他成本费用，即管理费用，应在两个公司间合理分摊。据测算，盈利企业 A 公司在 2010—2014 年累计税前扣除了应由亏损企业 B 承担的费用近 1.1 亿元，应补缴企业所得税逾 2700 万元。

调查还发现，存在“一套人马，两块牌子”现象的企业，有的至今还在共用一本账，共享一个银行账号。

（三）风险提醒

不可否认，企业存在“一套人马，两块牌子”的现象有历史原因，但是这类企业频频出现较高的税务风险，说明这些企业高层人员税务风险防范意识淡薄。许多企业集团的管理层认为，集团成员企业是“一家”，“两块牌子，一套人马”的两家企业更是“不分你我”，费用在哪个公司列支都没有关系；还有一些企业集团的管理层认为，母公司为子公司列支费用、兄弟公司之间相互承担费用是普遍存在的现象，是“行业惯例”，也无须特别纳税调整。殊不知，这样不仅会让企业管理混乱，还会带来违反会计和税收相关法规的风险。

笔者认为，对于存在上述问题的企业，管理层和财税人员都应该高度重视，提升税法遵从意识，采取相关整改措施，防范相关税务风险的出现。一方面，全面自查是否与其他企业在机构、业务、财产、人员、财务或其他方面存在混同现象，例如是否与其他企业共用一个财务部或人力资源部、是否与其他企业共同研发某产品、办公楼是否被母公司无偿使用等。若存在上述问题，则应该厘清相关资产、业务和人员边界，并确定合理的价格与费用分摊方案，在源头上防范税务风险。另一方面，在明确资产、业务和人员关系的基础上，针对关联企业之间的交易和费用分摊制定专门的核算制度，培训财税人员和业务人员，建立财税人员与其他部门的沟通渠道，加深财税人员对关联交易的了解，以严格落实会计和税法的相关规定。

三、只图便利挂靠母公司，风险不仅在税务

（一）现象描述

建筑行业在我国近年经济发展中扮演着重要的角色。随着经济的发展和社会结构的变化，建筑企业在生产经营中也相应衍生出错综复杂的雇佣与劳务关系，并随之带来处理不当的涉税问题。其中，一些企业为图管理便利或获利便利，在具体的财务和税务处理上挂靠实力更强的母公司，就是导致这一后果的重要原因。实践中，即使是“国字头”的大企业，在税务风险的防范与处理上也会存在此类问题。

（二）典型案例

某知名大型建筑企业 A 公司具有多项国家特级建筑资质，控股数个子公司，其中包括 B 建筑公司。在承接某甲方工程项目时，凭借母子公司关系，A 公司将该项目以

自身名义中标后，直接交付 B 公司承建。B 公司派出实际管理人员，全面接管了该工程项目的采购、运行和分包等全流程业务，并获得 A 公司财务会计账务处理权限。该项目的标书、与甲方签订的合同、开具和收到的发票等外部凭证口径均为 A 公司。B 公司派出的管理人员所发生的职工薪酬在工程项目中记入“工程施工——间接费用——职工薪酬”。

经查，企业的具体操作为：B 公司为该工程项目提供服务时，将其职工薪酬计入 A 公司工程施工成本，同时冲减 A 公司对 B 公司的其他应收款。在 B 公司财务账中，相应冲减对 A 公司的其他应付款并确认应付职工薪酬。在按期与甲方结算工程价款时，以 A 公司名义收款，但实际资金转入 B 公司名下。同时，A 公司增加对 B 公司的其他应收款，B 公司增加对 A 公司的其他应付款。待工程结束后，A 公司再将账面上的其他应收款余额与 B 公司结清。

税务人员通过向 A 公司财务人员核实，得知该项目管理人员为 B 公司员工，由 A 公司借调至该项目名下，其职工薪酬由 B 公司计提，管理人员的雇佣关系实际归属于 B 公司。因此，这种挂靠方式在实质上应认定为 B 公司为 A 公司提供劳务，将实际不属于 A 公司的员工薪酬计入 A 公司工程项目中，增加了 A 公司的工程成本。虽然最终 A 公司用往来款项支付了对价，但 A 公司未能提供相关的劳务合同和其他有效凭证，在税务处理方面产生了风险。

（三）风险提醒

从上述案例可以看出，A 公司主观避税的意图并不明显，但的确在客观上产生了税务风险。税务人员认为，由于该项目工程的合同额超出了建委规定的标准，以 B 公司的资质无法承接此施工项目。同时，A 公司的人员规模无法承担繁重的工程管理任务。A 公司和 B 公司作为母子公司，在集团内关联密切，最终产生了这样一种特殊形式的挂靠。A 公司和 B 公司只图管理上的便利，忽视了重大税务风险。

笔者认为，对于此类挂靠行为，在遵守其他相关法律的同时，A 公司和 B 公司应对实际不属于 A 公司、由 B 公司承担并通过往来款项结转的工程成本，签订正规劳务合同并交换有效凭证，以总、分包的形式对其作出财务和税务处理，有效防控税务风险。同时值得一提的是，此类行为往往蕴藏着工程质量与安全的隐患，如果一旦发生纠纷，被挂靠企业则成为被告，挂靠企业逍遥法外。所以在建筑行业中历来被我国的相关规章、规范性文件、法律法规所禁止。

案例30：

山东潍坊国税局查结一起通过避税港进行避税的案件——入库税款及利息1438.57万元①

一、案例背景

2016年8月，山东省潍坊市坊子区国税局查结一起通过关联交易境外避税案件，经层报国家税务总局批准后，通过特别纳税调整，入库税款及利息1438.57万元。

A公司是一家于2003年6月成立的外资建材生产企业。2014年5月，调查人员通过对税收综合征管系统中的关联交易数据和A公司报送的同期资料等数据进行分析发现，A公司营业收入一直保持较高的增长势头，但历年盈利情况一直处于微亏或微利状态。A公司的投资方均来自世界著名的避税港地区，企业产品90%销往国外，交易方主要为母公司C集团及其在百慕大设立的控股子公司B公司，全部为关联受控交易。该局经过前期案头审核后，认为A公司的生产经营态势与盈利能力相悖，存在通过关联交易等方式进行利润转移的嫌疑，于2014年7月层报总局立案后对A公司进行反避税调查。

① 资料来源：《中国税务报》，2016年8月19日，作者：本报记者张同鹏。

二、案例分析

贯穿本案的关键点在企业的关联交易数据分析、企业功能风险定位和可比企业组选取。为此，一方面，该局对企业2003—2012年度的相关财务指标进行了汇总分析，发现A公司的偿债能力、运营能力及增长能力与企业的盈利能力不相匹配，存在人为控制利润的嫌疑。另一方面，通过对A公司及其价值链上的关联方所执行功能、承担风险和资产分析，确定A公司在关联交易中定位为承担部分研发职能的生产型企业，税务人员据此选取了可比公司；并使用了全球上市公司BVD数据库中建材企业的可比财务数据，选用交易净利润法对A公司2003年至2012年期间的关联交易进行了调整。在确凿的证据面前，经与A公司多轮谈判最终达成一致，补缴的税款及利息已全部入库。

三、案例点评：加强关联方在避税港公司的反避税调查①

（一）加强投资方、关联方在避税港地区的反避税调查

由于资本逐利的本性，跨国公司可以轻易地将利润从高税国转移到低税国或避税港，从而造成国际双重不征税。本案中A公司的投资方分别来自百慕大和维京，均为著名避税港。母公司C集团为实现集团利益最大化的目的，利用关联集团组织架构，将实现的利润大量囤积在没有实质经济活动发生的百慕大B公司，侵害了我国税收权益。

（二）税务机关应加强关联交易分析，通过关联交易分析发现避税疑点企业

现在纳税人进行所得税汇算清缴时都要报送关联交易申报表，达到一定规模的外资企业每年还要报送关联交易同期资料。税务人员要充分利用税收综合征管系统中的关联交易数据和纳税人报送的同期资料数据进行关联交易分析。本案中A公司产品关联销售盈利水平明显低于非关联销售盈利水平，税务机关经过关联交易审核分析后，将其确定为重点疑点企业进行调查。

① 点评人：潍坊市坊子区国税局局长付辉。

（三）合理确定避税企业的功能风险定位

在对境外关联交易进行反避税调查时，合理确定避税企业的功能风险定位非常重要。本案中，税务人员从整个集团价值链分析A公司在整个价值链条中承担的功能和风险，确定其功能定位为承担部分研发职能的生产型企业而非全职能公司，进而根据A公司的功能定位确定可比企业组。若避税企业的功能定位不准确，反避税效果将大打折扣。

（四）税务机关反避税人员除不断提高业务能力和知识储备外，还要注意提高谈判技巧

反避税人员谈判时，面对的往往是跨国公司的高级主管或者是著名会计师事务所的高级主管，每一次谈判都要精心准备，做到有理有据，游刃有余。

9

非居民股权转让

案例31：

扬州市税务局以外部数据交换获得的信息为线索对外籍个人股权转让交易追踪核查追缴个税470万元[①]

这是一起金额逾亿元的较为特殊的股权交易——转让方为外籍自然人，受让方为境内异地企业。主管税务机关得知线索时，距双方签署协议的时间已有两个多月，并且交易方未依法申报。如果交易完成，外籍转让人离境，则相关税款有流失风险。

一、可疑的股权转让交易

近日，国家税务总局扬州市税务局以外部数据交换获得的信息为线索，对外籍客商王某与深圳S控股公司的股权交易追踪核查，核实王某向深圳S控股公司转让其名下的扬州H房地产开发有限公司全部股份，但未依法及时就其转让所得进行纳税申报。该局依法向深圳S控股公司下达了《税务事项通知书》，告知企业对王某应纳个人所得税具有扣缴义务，最终深圳S控股公司如期向税务机关申报缴纳了王某股权交易个人所得税470万元。

① 资料来源：《中国税务报》，2019年2月26日，作者：杨旭东、尹时辉、史景、本报记者徐云翔，原标题：一起没有“税收安排”的股权交易。

2018年10月，扬州市税务局风险管理人员通过市政府综合治税平台与其他部门交换涉税数据时发现：2018年8月，外籍客商王某与深圳S控股公司签订协议，将其拥有的扬州H房地产开发公司全部股份，以1.18亿元的价格进行了转让。

但风险管理人员随后登录税收征管信息系统查询，却并未发现与该项股权转让相关的税款申报信息和税款缴纳记录。风险管理人员认为，该项股权交易转让方可能未依法进行纳税申报，遂将股权交易对象——扬州H房地产开发公司列为风险管理案源，对该项股权交易进一步进行核查。

风险管理人员随后对扬州H房地产开发公司房产、土地等资产情况进行了全面筛查，发现该公司共有3项资产：其一为2016年购入的面积为3.36公顷的一块土地，该公司取得土地后两年多时间，并没有进行开发；其二为400万元左右的货币资金；其三为价值20余万元的办公设备。风险管理人员分析该企业信息后认为，该公司最重要的资产是土地，近几年来扬州市土地价格快速上涨，在此情况下，该公司资产随着土地价值增值应升值较大，企业股权变更，转让方可能获利并涉及较大金额的个人所得税。于是，风险管理部门将该项股权转让交易列为重点核查任务，向扬州H房地产开发公司的主管税务机关进行了推送。

二、身份特别的出让方

接到风险管理部门的任务后，H房地产开发公司主管税务局的税务人员对该公司的财产登记信息、纳税数据、资产负债表、利润表进行了仔细分析比对，发现扬州H房地产开发公司由外籍客商王某投资设立，注册资本和企业实收资本均为9450万元，企业主要从事房地产开发等业务。从历史经营情况看，该企业除在2016年购买土地，并实施了房产开发前期所需的“三通一平”工作之外，并无其他经营活动。

税务人员发现，在该公司资产负债表的“存货”科目下，自2016年开始一直有一笔8128.8万元的记录，截至税务人员核查时，该科目的期末数仍然未变。“存货”科目，一般记载企业的产成品、在产品以及生产过程中耗用的物料等信息。一个自成立以来从未进行过房产开发经营的房地产公司，为何“存货”科目下却有较大金额？税务人员判断，这8128.8万元很可能是该公司所购土地的入账价值。

企业股权交易价格为1.18亿元，企业注册实收资本为9450万元，结合这些数据，税务人员认为，该项股权转让交易的转让方从交易中获益不菲，其依法应申报缴纳个人所得税，但截至税务人员核查之时，交易方并无申报行为。

该项股权交易进行到了何种阶段？价款是否已支付？该项交易情况具有一定特殊

性，股权的转让方即纳税义务人王某为外籍自然人，税务机关征管系统中查不到其任何信息，其目前是否在我国境内或者是否能够联系上，尚不得而知。此外，股权的受让方是深圳市企业，并非扬州市税务局管户，如果交易尚未完成，其能否主动配合税款征收，尚存在一些未知因素。

股权转让协议签署时间，距风险管理人员发现交易线索相距两个多月时间，税务人员判断，该项股权交易的双方可能还处于协议落实、事项交接阶段，未完成最后款项交付的可能性较大。如果情况属实，税务机关可依法要求股权受让方深圳S公司就王某应缴的个人所得税履行代扣代缴义务。但如果双方已完成款项交付，税务机关则需向股权转让方王某追缴税款，而王某为外籍自然人，如果其在境内没有其他资产和企业，那么税款的追缴将会大费周折。

税务人员迅速与工商部门联系，核查扬州H房地产公司的登记注册信息有无发生变更。结果显示：该企业股东仍为王某——企业股权登记信息未变，交易尚未完成。

为确保税款不流失，税务人员决定，以被转让企业扬州H房地产开发公司为核查突破口，对其进行调查，了解掌握该项股权交易细节和转让人王某的相关情况，为下一步税款征收创造条件。

三、没有涉税条款的协议

税务人员与扬州H房地产开发公司取得联系，要求该公司提供股权转让方王某及受让方深圳S公司的基本情况、H公司章程、股权变动相关会议纪要等资料。在该公司的配合下，税务人员取得了企业股权变动的部分资料，并确认，该公司资产负债表中“存货”科目中的8128.8万元，确为企业的土地购入和整理费用。

税务人员随后依法向交易的转让方外籍人士王某、受让方深圳S公司分别寄送了《税务事项通知书》，要求双方按照我国税收征管法和《国家税务总局关于发布〈股权转让所得个人所得税管理办法（试行）〉的公告》（2014年第67号）规定，对该项股权转让所得涉及的税款分别履行申报和扣缴义务。

深圳S公司接到税务机关通知后十分重视，迅速安排财务人员和企业法律顾问赴扬州与税务机关接洽，并对扬州市税务机关是否对该笔交易具有税收征管权提出了异议。

深圳S公司认为，其主管税务机关位于深圳，企业的涉税活动和税款申报应由深圳市税务机关管辖。对此，扬州市税务局税务人员指出，《国家税务总局关于发布〈股权转让所得个人所得税管理办法（试行）〉的公告》明确：“转让方为自然人的非上市公司股权转让，由被投资企业所在地税务机关管理；个人股权转让所得个人所得税，以股权转让方为纳税人，以受让方为扣缴义务人。”依据规定，扬州市税务局对该项股权交易转让所得相关税收具有征管权。外籍人员王某作为转让方负有纳税义务，深圳S公司作为受让方，负有税款扣缴义务。面对税务人员有理有据的陈述，深圳S公司人员无言以对。

但当税务人员提出查看双方交易协议时，深圳S公司人员又以资料保管人员不在等为理由，迟迟不提供股权转让协议。税务人员耐心地向该公司人员进行了税法宣传，表示其具有扣缴义务和配合税务机关调查的义务，并强调如扣缴义务人未按照规定期限办理扣缴申报手续、报送交易相关资料，税务机关有权依法对其作出处罚。经过税务人员做工作，深圳S公司最终配合调查，拿出了与王某签署的股权转让协议。

协议显示，根据资产评估机构评估，扬州H房地产开发公司截至2018年7月净资产价值为1.15亿元。深圳S公司与王某议定以1.18亿元价格购买扬州H房地产开发公司全部股权。双方约定，股权转让协议签订后，先支付交易价格的50%，余款待工商登记完成变更后一次性付清。税务人员仔细审阅发现，协议中交易双方对相关税款由谁负担并无约定。税务人员了解到，由于H房地产公司股权信息尚未变更，因此该项交易的余款仍未支付。

四、颗粒归仓的追缴

虽然掌握了该项股权交易的真实情况，但是，税务人员与股权转让方王某的接触工作却并不顺利。王某的电话仅拨通过一次，随后就再也无法接通，而税务机关发往王某境内联系地址的《税务事项通知书》也如石沉大海，无任何回音。

根据深圳S公司提供的股权交易协议，结合从受让企业扬州H房地产公司调查了解的信息，税务人员最终确认该项股权转让方的收入为1.18亿元，股权转让成本为9450万元，股权转让所得为2350万元，转让方王某应依法缴纳个人所得税470万元。在多次联系王某未果的情况下，扬州市税务局税务人员再次向受让方深圳S公司强调，其对税款具有法定扣缴义务。

此时，深圳S公司人员又提出了新的问题：一是其主管税务机关在深圳，该公司在扬州从未办理过税务登记，以前也没有处理过此类业务，因此不知应该如何代王某在扬州扣缴其应纳税款。二是股权转让方为外籍个人，不知可否有相关税收优惠。

针对深圳S公司问题，扬州市税务局及时组织税收征管、国际税收等部门人员会商，并及时给予了回应：依照我国税法以及相关国际协定规定，该项股权转让交易不涉及税收优惠。深圳S公司可在代扣王某税款后，到扬州市税务机关办理扣缴登记手续，以扣缴申报方式申报缴税。

在扬州市税务局税务人员的协助下，深圳S公司顺利办理了该项交易相关税款的扣缴登记手续，依法履行了对王某的税款扣缴义务，向扬州市税务局申报缴纳税款470万元。

五、案例点评：延伸触角，掌握先机①

本案是一起典型的跨境个人税收风险应对案件。本案案情并不复杂，税款计算也较简单，但在企业股权交易活动日益频繁的当下，案情却具有很强的代表性，从发现案源、线索调查、直到最后成功扣缴税款，整个过程体现了跨境个人税收风险管理中发现案源难、交易隐蔽性强、人员流动性大的管理难点和特点。

跨境个人涉税活动具有隐蔽性强、流动性大等特点，如果税务机关不能及时掌握案源线索，并迅速跟进调查，非常容易导致税款流失。

本案中，税款的成功追缴得益于“两快”：其一，线索发现快。风险管理人员及时发现企业股权转让信息，为调查抢得了先机。其二，核查追踪快。发现线索后，税务人员迅速介入，抢在受让企业付清股权价款前，依法通过受让企业扣缴了外籍个人股权转让税款，防止了税款流失。

以案为鉴，为加强跨境个人税收监管，防止税款流失，税务机关应在拓宽跨境税源信息来源渠道、提高税收风险识别能力等方面多下功夫，并探索形成相应的快速反应风险管理机制。

一是进一步增强涉税数据信息获取能力。应进一步拓展政府各部门数据的采集和共享路径，依托政府综合治税数据平台等媒介，加大企业和个人的第三方涉税数据获取力度，尤其要注重收集跨境个人投资撤资、收付汇、股权转让等方面的信息数据。

二是提高税收风险识别能力。应建立“股权转让”“境外所得”“对外支付”等跨境税收风险识别模型，依照跨境股权转让等活动的特点，对不同渠道采集的涉税数据信息分类别“过筛子”，通过增强疑点信息数据综合识别能力，及时发现跨境税源线索，为后续加强跨境个人税收监管，及时追征税款，防止税收流失奠定基础。

① 点评人：国家税务总局扬州市税务局所得税科科长汤海波。

案例 32：

长春市税务局对非居民股权转让监管重实质——被转让企业亏损 4 亿元，但转让方缴纳税款 4800 万元[①]

香港 ACE 公司自 2007 年投资设立长春 SD 有限公司以来 10 多年间持续亏损，经营业绩连年萎缩。近年来，香港 ACE 公司一直酝酿实施股权转让，拟从被投资企业长春 SD 有限公司撤资。但截至股权转让前的评估基准日，被投资企业长春 SD 有限公司就已累计亏损 4.09 亿元，累计经营性亏损数额巨大，已严重资不抵债。香港 ACE 公司转让如此严重亏损的被投资企业，会涉及在中国内地缴纳所得税吗？股权转让方、股权受让方和被转让企业均认为，上述股权转让实际上是投资方避免被投资企业被破产清算的无奈之举，转让价格应该远远无法弥补投资方多年来的实际损失和潜在损失，不可能产生转让收益，不可能在中国内地缴纳所得税。但长春市税务局和长春市经济技术开发区税务局 TP 团队通过对该项非居民股权转让持续监管让这种不可能变为可能，经税企双方全面分析、客观评估、精确计算，香港 ACE 公司最终主动认缴股权转让企业所得税 4800 余万元，目前已全部入库。

① 资料来源：长春市税务局 TP 团队，2019 年 3 月 9 日，作者：孙莫、刘伯书。

一、基本案情

长春 SD 有限公司成立于 2007 年 5 月，大型商贸企业，中外合资企业，中方股东长春 HH 有限公司占 35% 股份，外方股东香港 ACE 公司占 65% 股份。该公司自营业以来，由于管理不善、地理位置较偏、周边尚未形成整体商业氛围、外部经营环境不景气等多种因素，导致招商工作举步维艰，商场经营面积大量闲置。截至股权转让前，该企业持续亏损，经营过程中从未缴纳过企业所得税。鉴于该公司多年不良的经营管理状况和对未来市场的不良预期，最终该公司的外方股东香港 ACE 公司决定将所持 65% 的股份转让给中方投资者长春 HH 有限公司。经长春市税务局和长春市经济技术开发区税务局国际税收团队的持续监管，向香港 ACE 公司送达《税务事项通知书》，提示其本次股权转让可能存在的涉税风险，最终在双方采用成本法评估，确定最终股权转让价格为 51365 万元，被转让方长春 SD 有限公司原始注册资本 5000 万元，转让方初始投资成本为 3250 万元，应计算的股权转让收益为 48115 万元。

二、监管情况

长春市税务局年度例行向全市非居民企业下发《非居民股权转让相关信息统计表》和《非居民股权转让风险提示》，了解到长春 SD 有限公司的外方投资者香港 ACE 公司计划从该公司撤资，长春市税务局第一时间查询了香港 ACE 公司在中国的其他投资情况，未查询到其在中国境内有其他投资情况，遂将本次香港 ACE 公司股权转让列为日常监控管理对象，避免因监管不到位可能会造成税款永久性流失的潜在风险。

长春市税务局国际税收团队全面审核被转让企业资产状况、经营成果及现金流量，重点关注被转让企业资产构成，对流动资产、固定资产、无形资产等进行逐项统计分析。调查人员关注到该公司取得的土地价格历史成本较低，现场访谈被转让企业所在经济技术开发区管委会，了解到该公司所处土地为其成立时在管委会购买的，价格仅 3000 余万元，至 10 年后的股权被转让前，随着公司所处区域发展较快，建设速度较高，该土地市场价值已远远超过其历史成本价格，调查人员遂将土地升值部分作为重点跟踪监控项目。

调查人员分别约谈被转让企业长春 SD 有限公司、股权转让方香港 ACE 公司和股权受让方长春 HH 有限公司财务负责人，分别向被转让企业、股权转让方及股权受让方传达并讲解了他们各自应承担的股权转让涉税义务，在被转让股权的中国居民企业所在地主管税务机关申报缴纳企业所得税义务和股权受让方扣缴股权转让税款义务。同时，向他们分别说明了不履行相应义务所面临的法律风险。

三、补税情况

长春市税务局和长春市经济技术开发区税务局TP团队在访谈长春市经济技术开发区管委会、长春市国土资源局和长春市专业评估师事务所的基础上，对被转让企业所拥有的商业地产项目市场价值进行持续关注，并且对股权转让方股权转让价格及转让收益实施持续监控管理。当股权转让方香港ACE公司被长春市税务局和长春市经济技术开发区税务局TP团队要求就股权转让事项计算申报缴税时，该公司财务负责人员非常惊讶，他们认为，自香港ACE公司2007年投资成立长春SD有限公司以来，一直持续亏损，10多年间没有获得任何投资收益，相反，该项投资令他们损失惨重，转让一个已累计亏损达4亿多元的企业股权仍要交税是他们所没有想到的，也是无法接受的。

调查人员向股权转让方香港ACE公司解释：该公司就股权转让事项是否需要向中国交税和交多少税，一是取决于香港ACE公司转让持有的中国境内居民企业股权，是否属于来源于中国境内所得，由于权益性投资资产转让所得按照被投资企业所在地确定，因此，该等股权转让所得属于来源于中国境内所得，中国具有征税权；二是取决于是否存在股权转让所得，若有所得，则被转让股权所在地税务机关就需要按照来源地履行征税权；三是取决于内地和香港签订的《内地和香港特别行政区关于对所得避免双重征税和防止偷漏税的安排》约定的股权转让应执行的税率。监管人员继而解释，该公司尽管持续亏损，但由于被转让企业所属固定资产中的土地，10多年间形成了大幅增值，在对被转让企业进行价值评估时，不能只静态地看资产负债表和利润表，由于资产负债表中的资产基本上都是按照历史成本法记账的，而股权转让过程中，涉及的资产计价是需要遵循市场定价原则的，结合该公司的具体情况，在充分考虑土地现行市场价值基础上，被转让企业评估后的价值较高，从而形成了现实的股权转让所得。同时，由于ACE公司所在的香港与中国签订的税收安排约定，股权转让所得应按照10%的税率在中国缴税。经过多轮辅导和耐心讲解，最终，股权转让方完全理解了我国的税法和内地与香港的税收安排的规定，并欣然同意就本次股权转让在对被转让股权企业的土地价值进行专业评估的基础上，就转让所得在长春申报缴税，最终在成本法评估的基础上，经税企双方多轮谈论，股权转让方主动向被转让股权企业所属税务机关申报缴纳股权转让企业所得税4811.50万元。

案例33：

外资企业个人股东平价转让股权被税务机关调整补缴个人所得税[①]

一、案例概述

YY公司始建于2005年11月3日，注册资金2200万元，主要生产销售一次性医用外科手套，产品销往美国、法国等国家和地区，国内销售主要集中在大中型城市医疗机构。2013年12月31日认缴出资时香港LY公司占股50%，NOITL公司占股32%，新西兰个人JS占股18%。2016年YY公司实现经营收入9711.6万元，利润445.3万元。2016年11月19日，YY公司股东会议通过了股权转让的决定，并签订了股权转让协议，新西兰个人JS将自身持有的YY公司18%的股权以396万元转让给LY公司，NOITL公司将自身持有的YY公司32%的股权转让给LY公司。LY公司主要从事贸易经济与代理业务，现为境内企业YY公司实际控制人，占股100%。根据《中华人民共和国政府和新西兰政府关于对所得避免双重征税和防止偷漏税的协定》规定，"缔约国一方居民转让财产取得的收益，发生于缔约国另一方的，可以在该缔约国另一方征税"，而且协定没有单列转让股权应达到25%的规定，因此我国对新西兰个人JS转让

① 资料来源：《国际税收》，2019年第4期，作者：国家税务总局聊城市税务局 国家税务总局临清市税务局郝晓伟、侯国华、姜会峰、王殿珠，原标题：关于非居民个人股权转让的案例分析。

居民企业 YY 公司股权的行为具有征税权。

二、涉税疑点

税务人员根据该企业提供的股权转让协议，确认新西兰个人 JS 的股权转让行为未进行个人所得税申报。税务人员认为 JS 存在通过以无合理理由的平价转让方式达到规避股权转让个人所得税的问题。

三、税收管理措施

（一）调查取证

税务人员通过“金税三期”系统，查询该企业的变更记录，核实股权转让的变更时间、股权转让单位及个人、转让金额、持股比例。查看发生股权转让的前一个月即 2016 年 10 月的财务报表，企业资产负债表“所有者权益”期末数 50215585.05 元，其中实收资本 22000000 元，资本公积 39658.64 元，盈余公积 2444328.63 元，未分配利润 25731597.78 元。

（二）案头分析

税务人员对调查取得的资料进行了细致的比对分析，就 JS 是否属于以合理理由的平价转让进行事实认定。经分析研究，税务人员认为 JS 的行为属于无合理理由的平价转让，存在避税的主观动机。原因为 JS 的股权转让行为不适用《股权转让所得个人所得税管理办法（试行）》（国家税务总局公告 2014 年第 67 号，以下简称《办法》）中第十三条前三款规定。对于第十三条第四款“符合股权转让双方能够提供有效证据证明其合理性的其他合理情形的股权转让收入明显偏低，视为有正当理由”的规定，判定是否属于合理情形有三个原则：一是不以避税为目的；二是符合商业常规，独立交易；三是交易的过程符合公平、公正原则。而该案例中股权转让双方提供的借款合同存在明显纰漏，无法证明其合理性。

（三）纳税约谈

在调查取证与案头分析的基础上，税务人员与 JS 的委托人刘某进行了三次纳税约谈。在约谈中，刘某提出 JS 的股权转让行为适用《办法》中第十三条相关规定，具体理由如下：（1）JS 向 LY 公司借款 455 万港元，约定 2016 年 12 月 31 日前还清。由于 JS 无力偿还，LY 公司又多次催促其还款，JS 选择低价转让。刘某出具了 JS 与 LY 公司的借据以及关于股权转让的解释，认为股权转让行为适用《办法》中第十三条第四款“股权转让双方能够提供有效证据证明其合理性的其他合理情形”的规定。（2）国内对于环保的重视程度日益加大，JS 担心 YY 公司会因此受到影响，不看好 YY 公司未来发展前景，因此选择低价转让。适用《办法》中第十三条第一款“即能出具有效文件，证明被投资企业因国家政策调整，生产经营受到重大影响，导致低价转让股权”的规定。基于上述理由，刘某认为 JS 不应缴纳个人所得税。针对刘某提出的理由，税务机关作出以下判定：（1）JS 因向 LY 借款无法偿还，所以将该股权平价转让属于不公平交易，也不符合商业常规。（2）税务人员通过查询 2013—2016 年以来企业的营业收入和利润，发现该企业的效益无明显下滑。通过咨询环保部门了解到该企业的环保设施和生产工艺符合环保要求，认定该企业的经营不会因政府部门加强环保监管受到较大影响，JS 因为效益和环保压力而低价转让股权的理由不合理。根据掌握的资料，税务机关初步计算出应缴个人所得税税额 101.58 万元［（5021.56 × 18% − 396）× 20%］，未考虑转让过程中的其他费用。

2017 年 11 月，刘某主动找到税务机关，提供了股权转让时第三方出具的 YY 公司评估报告，评估目的是为 LY 公司了解 YY 公司股东的全部权益提供价值参考。刘某表示 JS 和 LY 公司希望以评估价值为依据，评估报告中显示净资产评估价值为 3794.56 万元。《办法》第十四条规定，“主管税务机关应依次按照下列方法核定股权转让收入：（一）净资产核定法，股权转让收入按照每股净资产或股权对应的净资产份额核定。被投资企业的土地使用权、房屋、房地产企业未销售房产、知识产权、探矿权、采矿权、股权等资产占企业总资产比例超过 20% 的，主管税务机关可参照纳税人提供的具有法定资质的中介机构出具的资产评估报告核定股权转让收入。”YY 公司的土地使用权、房屋资产价值为 2795.29 万元，企业总资产为 5912.35 万元，占比为 47%，比例超过 20%，应核定缴纳个人所得税 57.4 万元［（3794.56 − 2200）× 18% × 20%］。税务机关同意了此意见。

四、案例启示

（一）重视税务约谈作用，快速锁定税收疑点

税务人员认真研究本案案情以及类似案例的认定方法，充分运用税务约谈这一利

器，拟定思路清晰、层次分明的询问提纲，将案头分析中发现的疑点问题与纳税人进行沟通，听取解释，进一步判定纳税人提供的证据是否符合法律规定，为开展下一步工作提供方向。

（二）加强信息采集应用，降低税收追缴难度

由于股权转让往往涉及转让双方，当转让方失去与投资方的资金投资关系后，税务人员对转让方应缴税款的追缴难度较大。及时掌握纳税人股权转让的第一手资料，便于税务部门及时获取股权变更的相关信息，及早介入调查核实，掌握主动权，降低追缴难度。因此，应进一步加强与相关部门的信息交流和沟通，充分依托现有渠道和资源，归集企业信息、法人信息和信用信息等数据，消除“信息孤岛”，实现信息资源共享。

（三）组建风险管理团队，提高风险应对成效

在本案调查核实过程中，法规、税政、税源充分发挥科室联动作用，对企业提供的材料进行多次集中研究，充分发挥政策支撑、风险评估等工作措施的职能作用，在认定股权转让双方提供的材料合理性、股权转让收入明显偏低的主观动机和商业目的方面，积极研究税收政策，并通过及时请示市局、省局，逐步得到核实确认。在接下来的工作中，可以将其形成工作机制，对于疑点重大、多部门联合推送的风险任务，由税务局分管局长牵头，抽调业务骨干组建风险管理团队进行统一应对，并以实际案例解读的方式对同类型任务进行应对指引。

案例 34：

青岛市税务局一起成功案例，三点实操经验告诉你非居民企业股权转让如何适用特殊性税务处理①

据中国证监会并购重组委发布的公告显示，截至 2019 年 5 月 10 日，2019 年我国已有 33 家企业成功通过并购重组审核。在全球经济回暖的趋势下，非居民企业跨国并购重组的情况也越来越多见。我国对包括非居民企业在内的，符合特殊性税务处理条件的企业重组业务，提供了延迟缴纳税款的优惠政策，不少企业都希望通过合理安排，享受到这一优惠。

在实践中，非居民企业适用特殊性税务处理，有比较严格的条件限制。据国家税务总局青岛市税务局国际税收管理处处长刘建华介绍，青岛市曾受理一起非居民企业成功适用特殊性税务处理的案例，这为相关企业提供了一个成功的借鉴。

一、成功案例

转让方 M 公司是一家在美国注册成立的非居民企业。2016 年 12 月，为优化集团投资管理，M 公司将其持有的中国境内 Q 公司的全部股权（共持有 75%），转让给 M

① 资料来源：《中国税务报》，2019 年 5 月 17 日，作者：实习记者李雨柔。

公司在英国注册成立的全资子公司 M1 公司。M1 公司以其自身的 49214 股普通股作为对价支付，交易不包含任何现金支付。

2017 年 4 月，M 公司授权委托 Q 公司，及时代其办理特殊性税务处理备案资料，并委托专业涉税服务机构，结合公司发展战略和实际情况，阐述本次转让具有合理的商业目的且未改变预提税负担。同时，受让方 M1 公司作出书面承诺，自股权转让工商变更登记之日起，连续 12 个月内不改变 Q 公司的实质性经营活动。M 公司也作出书面承诺，本次股权转让完成工商变更之日起 3 年内，不会转让 M1 公司的股权。

主管税务机关根据《财政部、国家税务总局关于企业重组业务企业所得税处理若干问题的通知》（财税〔2009〕59 号，以下简称“59 号文件”）及《国家税务总局关于非居民企业股权转让适用特殊性税务处理有关问题的公告》（国家税务总局公告 2013 年第 72 号，以下简称“72 号公告”）的相关规定，从备案资料是否完整、重组安排是否具有合理商业目的、重组交易对价中涉及的股权支付金额是否符合规定比例等方面，对此次重组安排进行核查。结果显示，M 公司的重组安排符合适用特殊性税务处理的条件。

二、实操经验

结合上述案例，有关专家总结出三点重要经验。

一是硬性条件必须要满足。毕马威税务合伙人李晨告诉记者，非居民企业重组交易适用特殊性税务处理，除了要满足 59 号文件第五条规定的 5 个条件外，还需要同时符合 59 号文件中第七条的 3 个要求。值得关注的是，根据 59 号文件第七条的规定，非居民企业重组交易中，若受让方为非居民企业，则只有非居民母公司向其全资非居民子公司转让居民企业股权时，才有可能适用特殊性税务处理。如果受让方不是转让方的全资子公司，或者子公司向母公司转让居民企业股权，都不能适用特殊性税务处理。

二是交易不能有明显的避税目的。为了防止跨国集团企业利用重组安排避税，59 号文第七条还规定，不能因此次重组安排，导致今后该项股权转让所得的预提税负担发生变化。此案例中，M 公司注册地为美国，M1 公司注册地为英国，根据《中美税收协定》和《中英税收协定》中的规定，在股权转让方面我国均有征税权，其预提税税率均为 10%。因此，今后 M1 公司若将 Q 公司股权转让给其他公司，我国的税收管辖权和税收利益均不会被损害。如果受让方所在国的预提税税率低于转让方所在国的预提税税率，那么我国的税收利益很可能因为此次重组安排而受到损害，那么也就不可能享受到税收优惠政策了。“全资控股、预提税变化等政策细节，非居民企业在进行重组安排时一定要予以关注。”李晨提醒。

三是要加强对未分配利润的后续管理。即使非居民企业适用了特殊性税务处理，也不意味着一劳永逸——后续的税务管理也有很多细节之处需要注意。例如，未分配利润的归属就是关注的重点之一。国家税务总局青岛市税务局国际税收管理处副处长潘歌提醒，根据72号公告第八条规定，转让方与受让方不在同一国家或地区的，若被转让企业股权转让前的未分配利润在转让后分配给受让方的，不享受受让方所在国家（地区）与中国签订的税收协定（含税收安排）的股息减税优惠待遇，并由被转让企业按税法相关规定代扣代缴企业所得税。潘歌建议，受让方与被转让方应通过辅助账等方式，做好未分配利润的区分和准确核算，保证在未来分红时，能够正确进行相应税务处理。

案例35：

青岛市税务局两个典型CASE解读非居民企业股权转让的外汇及合理商业目的问题[①]

近日，国家税务总局青岛市税务局召开专题研讨会议，结合近期办结的一系列非居民企业股权转让案件，深入分析了非居民企业股权转让中的共性风险，其中既有一些新动向，也有一些老问题。

非居民企业股权转让，是直接或间接持有境内居民企业股权的非居民企业股东，将其全部或部分股权进行转让的行为。根据税收协定、企业所得税法及其实施条例以及相关规定，转让所得按照10%的税率由非居民企业自行申报，或由支付人扣缴企业所得税。在实践中，由于一些非居民企业及其扣缴义务人对相关税收法规理解不到位，很容易产生税务风险。

一、新动向：股权转让中忽视外币的折算时点

非居民企业申报因转让其所持的中国居民企业股权所缴纳的税款时，通常需要支

① 资料来源：《中国税务报》，2019年5月17日，作者：本报记者阚歆旸、胡海啸、实习记者李雨柔，原标题：非居民企业股权转让中存在一些共性税务风险，专家建议——非居民企业：关注新动向，重视老问题。

付外币。但是，外币应当汇多少金额，由于税务机关计算税款汇率与银行换汇汇率规定的不一致，外币汇款金额不能准确确定。非居民企业在缴纳税款时，可能因汇率差异出现多汇或少汇税款的情况。据国家税务总局青岛市税务局国际税收管理处处长刘建华介绍，非居民企业因忽视汇率差异问题，导致需要汇款不能足额缴纳税款的情况时有发生。

二、典型案例1

2017年境外B集团将其间接持有的中国A公司20%的股份，分别转让给中国D集团旗下的几家境外子公司，本次转让合同总金额1.8亿美元。

假设B集团采取自行申报方式从境外汇入外币缴纳此次股权转让税款，根据《国家税务总局关于非居民企业所得税源泉扣缴有关问题的公告》（国家税务总局公告2017年第37号，以下简称“37号公告”），应当按照填开税收缴款书之日前一日人民币汇率中间价折合成人民币，计算非居民企业应纳税所得额。假设该日美元兑人民币中间汇率为1:6.826，而中转银行根据银行换汇规定，应按照税款入库当日外币购入价汇率进行折算。假设该日美元兑人民币购入汇率为1:6.821。实际办理税款申报入库时，按照税收相关规定，此次股权转让需要缴纳税款为：$1.8\times6.826\times10\%=1.22868$（亿元）。但是，按照银行换汇规定，此次股权转让税款应折算人民币为：$1.8\times6.821\times10\%=1.22778$（亿元），这就产生了9万元的差异，导致税款不足，进而影响后续的解缴入库。

（一）分析建议

国家税务总局青岛市税务局国际税收管理处副处长潘歌介绍，根据37号公告规定，非居民企业纳税人在中国境内缴纳税款，根据不同缴纳形式对照不同的外币折算时点。由扣缴义务人扣缴企业所得税的，非居民企业需按照扣缴义务发生之日人民币汇率中间价计算应纳税所得额；取得收入的非居民企业在主管税务机关责令限期缴纳税款前，自行申报缴纳应源泉扣缴税款的，应当按照填开税收缴款书之日前一日人民币汇率中间价计算应纳税所得额；如果是主管税务机关责令取得收入的非居民企业限期缴纳应源泉扣缴税款的，应当按照主管税务机关作出限期缴税决定之日前一日人民币汇率中间价折计算应纳税所得额。

但是，根据《中国人民银行、财政部、国家税务总局关于采用国外汇款方式缴纳税款缴库有关事项的通知》（银发〔2008〕379号）第三条规定，指定银行收到国外汇款方式缴纳的税款并根据当日外汇买入价办理结汇后，于当日、最迟次日上午通过“待结算财政款项”科目，将税款资金划转收款国库“待缴库税款”专户，划款时应注明汇款用途（附言）信息。

潘歌分析，如果汇款当日买入价汇率与37号公告规定的折算时点汇率相等，税款可以正常入缴国库；但如果汇款当日买入价的汇率少于37号公告规定的折算时点的汇率，非居民企业就会存在税款缴纳不足的风险，可能需要再行补缴税款。潘歌建议非居民企业及其代扣代缴义务人，在缴纳税款时提前考虑到汇率差异的影响，必要时可以委托境内子公司或相关境内代理人，在中国境内开设一个银行账户，以方便准确、及时地缴纳税款。

（二）老问题：间接转让中商业目的合理性不足

在非居民企业股权转让中，间接股权转让是最为复杂的一种形式，其商业目的的合理性一直是业界关注的“老问题”。

间接股权转让与直接股权转让的主要区别在于非居民企业所转让股权的持有形式。如果非居民企业A持有另一非居民企业M的股权，而M持有我国居民企业C的股权，A公司属于间接持有C公司的股权。A公司转让M公司的股权时，C公司的股权也被转让。在这种情况下，我国对该笔交易是否具有征税权，主要取决于非居民企业此项交易安排是否具有合理商业目的。如果非居民企业此次交易安排单纯是为规避我国企业所得税纳税义务，不具有合理商业目的，我国税务机关就有权对该笔交易重新定性，确认其为直接转让中国居民企业股权，要求非居民企业在我国缴纳税款。

在实践中，非居民企业间接股权转让因不具有合理商业目的而被重新定性的情况并不少见。如果非居民企业需就其发生的间接股权转让交易在我国缴纳税款，还会涉及扣缴义务的问题，需要非居民企业关注。

三、典型案例2

2018年，4家境外基金公司将其持有的境外公司M1的股权出售给境外E公司。境外公司在我国申报时认为，本次股权转让完全出于自身业务需要，具有合理商业目的，不应被定性为直接转让中国居民企业股权，不需要在中国缴纳企业所得税。

经税务人员调查发现，被转让方境外公司M1，以及M1的全资控股中国香港M2公司均不具备实际经营所需的基本要素，收入的主要来源为投资中国公司获得的股利，两家公司均具有明显的“导管”性质。穿透境外M1、M2两家控股公司后，此次转让使得中国境内的居民企业F1、F2的股权被间接转让。因此，最终确认该笔交易不具有合理商业目的，其股权转让所得在中国具有纳税义务。

分析建议：

刘建华告诉记者，合理商业目的判定是非居民企业间接股权转让实务操作中的难点之一。

根据《国家税务总局关于非居民企业间接转让财产企业所得税若干问题的公告》（国家税务总局公告2015年第7号，以下简称“7号公告”），合理商业目的判定，会根据整体安排结合实际情况综合考虑8项因素。刘建华建议企业着重关注境外企业股权的主要价值来源、境外企业资产的投资构成或收入的来源、间接转让中国应税财产交易在境外税负等情况，特别应关注境外中间控股公司实际履行的功能和承担的风险是否具备经济实质，预先判断其交易是否具有合理商业目的，避免在税务机关的后续管理中，被重新定性为直接转让中国居民企业股权。

非居民企业间接股权转让一旦被重新定性，需要在我国缴纳税款，扣缴义务问题同样需要企业格外关注。毕马威税务合伙人李晨表示，根据源泉扣缴制度，间接股权转让交易中，受让方是扣缴义务人。7号公告规定，扣缴义务人未扣缴，且股权转让方未缴纳应纳税款的，主管税务机关可以按照税收征管法及其实施细则规定，追究扣缴义务人责任。同时该公告也为在限期内及时向税务机关报告，并提交相关资料的扣缴义务人提供了责任减轻或免除保护。李晨建议受让方企业，在合同中明确交易双方的报告责任和税款扣缴等事项。

有关专家表示，除了合理商业目的判定和扣缴义务问题外，非居民企业准确识别其交易是否构成间接转让中国应税财产也很重要。实践中，间接转让中国应税财产的形式有很多种。根据相关规定，非居民企业重组，引起直接或间接持有中国应税财产的境外企业股东发生变化的情形，也属于间接转让中国应税财产。但是，境外企业股东间的合并、分立等交易，导致中国应税财产被转让时，非居民企业可能会认为，该交易不存在直接的股权转让行为，因而忽略了在中国的纳税义务。

案例 36：

非居民企业股权转让忽略汇率差，企业补税 500 多万元[①]

跨境股权交易，特别是“两头在外”的股权交易，往往涉及金额巨大且业务复杂。如果企业对相应的税收政策把握不到位，容易产生税务风险。近日，国家税务总局深圳市税务局就发现，某企业在标的资产的成本确定及汇率使用上出现偏差，存在少缴税款的风险。

一、症状：“两头在外”汇率异常

所谓“两头在外”的股权交易，指交易双方均在境外，交易也发生在境外，境内税务部门较难发现这类交易。由于不少境外企业对中国税制不了解，发生股权交易后容易出现少缴税款的风险。

近日，深圳市税务局税务人员通过使用“爬虫”软件监控到一条信息：中国香港上市公司 A 房地产投资信托基金（以下简称“A 公司”）发布公告，称其在深圳福田区存在大额股权转让交易。税务人员仔细研究该公告，发现这是一起典型的“两头在外”的股权交易：A 公司向注册地在巴巴多斯的 B 公司购买其在中国内地的子公司 Y 物业管理（深圳）有限公司（以下简称“Y 公司”），标的 Y 公司的主要资产为福田

① 资料来源：《中国税务报》，2019 年 5 月 31 日，作者：萧瑛、庄楚锐、陈俊峰。

区一处物业，占地面积大，且拥有众多商铺及车位，交易总价超过 51 亿元人民币。

随后，税务人员来到 Y 公司查阅相关资料，发现该公司注册资本为美元，在确定股权交易成本时，使用的是人民币对美元汇率中间价 8.0，与交易发生时的人民币对美元汇率中间价 6.7 相差较大。

二、诊断：股权交易成本"虚高"

税务人员了解到，被收购的 Y 公司成立于 2006 年，实收资本 3950 万美元，多年来股权未发生变动。Y 公司在列报此次股权交易成本以及估算相应税款时，使用的是 2006 年人民币对美元汇率中间价，从而导致 Y 公司列报的交易成本较高，该公司因汇率差异将少缴税款 500 多万元人民币。

根据《国家税务总局关于非居民企业所得税源泉扣缴有关问题的公告》（国家税务总局公告 2017 年第 37 号，以下简称"37 号公告"）的规定，财产转让收入或财产净值以人民币以外的货币计价的，先将以非人民币计价项目金额比照该公告第四条规定折合成人民币金额，再按照《企业所得税法》第十九条第二项及相关规定计算非居民企业财产转让所得应纳税所得额。在适用汇率方面，企业应当按照填开税收缴款书之日前 1 日人民币汇率中间价折合成人民币，计算非居民企业应纳税所得额。因此，Y 公司在进行股权转让所得纳税申报过程中，应先将 3950 万美元交易额按照 6.7 左右的汇率折算为人民币金额，再确定股权交易成本，计算相应的税款。

经过反复沟通，Y 公司在汇率的使用和成本的确认上接受了税务人员的建议，调减了此项股权交易成本，补缴税款 500 多万元。

三、处方：找准关键点吃透政策

在股权交易企业所得税事项中，确定交易收入及成本是关键。本案例中，由于该股权交易并非关联交易，且交易价格明确，对收入的确认税企双方没有疑义。在成本的确认上，37 号公告有明确的规定。Y 公司之所以出现税务风险，很大程度上是对税收政策理解不全面导致的。因此，建议企业加强对相关税收规定的研读，对把握不准的地方，主动与税务部门联系，以获取专业的政策解读和辅导，及时排除疑点，防范税务风险。

案例37：

7号公告下非居民企业间接转让境内公司股权案例分析[①]

一、案例简介

（一）交易基本情况

2018年8月，中国台湾地区A公司（以下简称“台湾地区A公司”）及其下属英属维尔京群岛（BVI）B公司（以下简称“B公司”）与中国境内合肥Y有限公司（以下简称“合肥Y公司”）签订股权转让合同，B公司将其持有的中国香港地区C公司（直接转让标的，以下简称“香港地区C公司”）49%的股权转让给合肥Y公司，从而间接转让了中国境内合肥Z公司（间接转让标的，以下简称“合肥Z公司”）100%的股权。股权架构具体如图37－1和图37－2所示。

（二）交易各方情况

1. 转让方基本情况

B公司是根据英属维尔京群岛法律设立并存续的公司，是台湾地区A公司的全资

① 资料来源：《国际税收》，2019年8月6日，作者：潘虹、沈武、斯丹丹、王瑜。

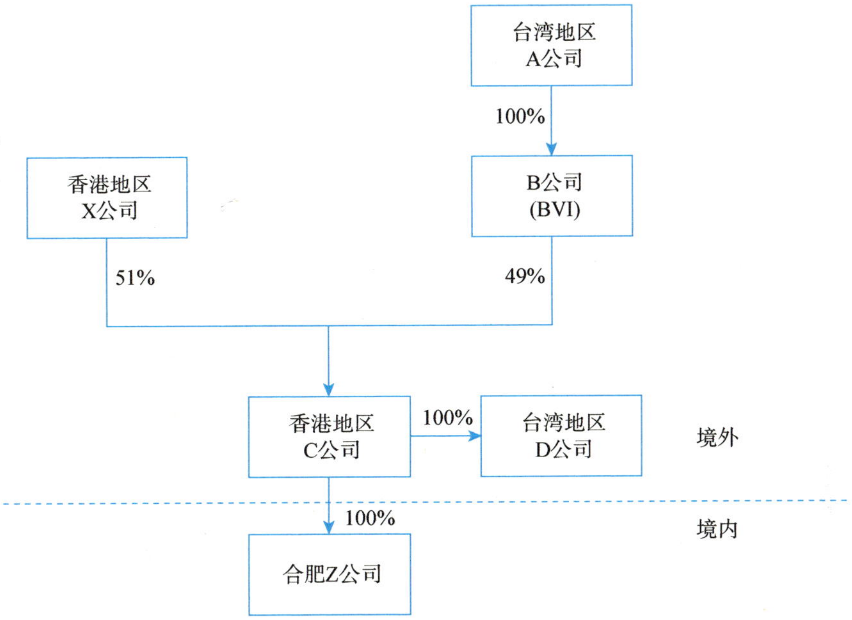

图 37－1　股权转让前架构

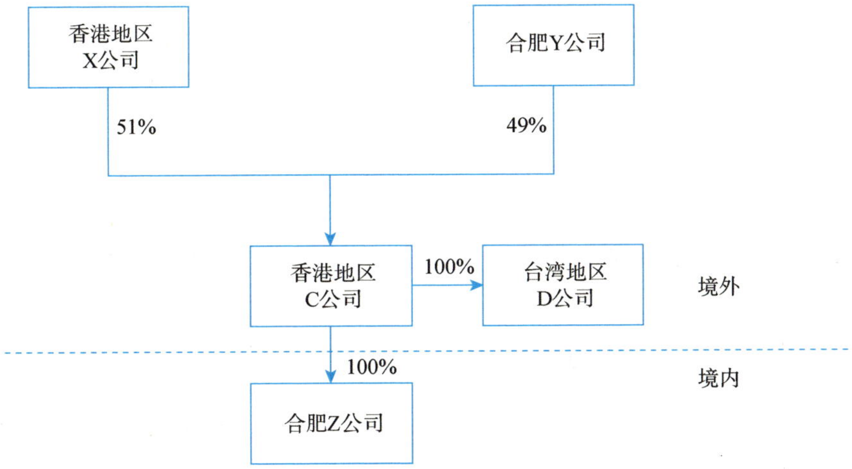

图 37－2　股权转让后架构

子公司，无实际经营。台湾地区 A 公司是中国台湾地区上市公司，是一家笔记本电脑代工企业，主要经营笔记本电脑、液晶电视、手机及各种电子零件的制造及销售业务。

2. 受让方基本情况

合肥 Y 公司是中国境内居民企业，成立于 2018 年，注册资本 14.43 亿元。其由北京 E 公司和合肥 F 公司共同投资设立，从事股权投资、管理及信息咨询业务，其实际控制人为合肥 F 公司，合肥市国资委 100% 控股合肥 F 公司（见图 37－3）。

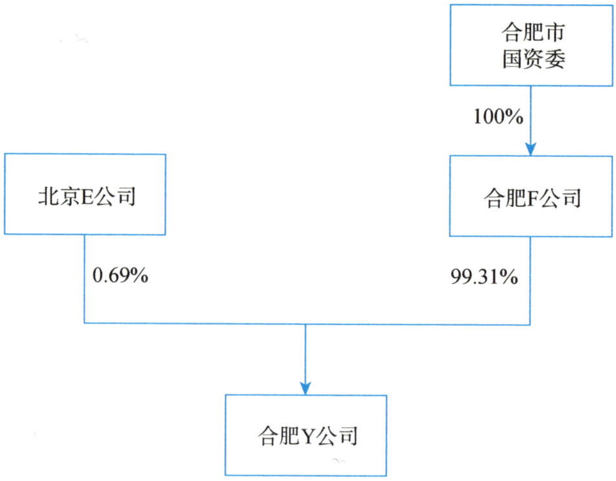

图 37－3　受让方股权架构

3. 标的企业基本情况

合肥 Z 公司是中国境内居民企业，成立于 2011 年，是香港地区 C 公司投资设立的外商独资企业（有限责任公司），注册资本 2.65 亿美元，主要从事计算机硬件、软件系统及配套零部件、办公自动化设备的研发和生产。

4. 中间层企业基本情况

香港地区 C 公司是根据中国香港地区法律设立并存续的有限责任公司，由香港地区 X 公司和 B 公司共同投资设立，成立于 2011 年，注册资本 3 亿美元，主要从事投资控股及贸易相关业务。其下属台湾地区 D 公司（分支机构，非独立法人）主要为集团提供技术支援服务。其中，香港地区 X 公司为中国香港地区上市公司。

（三）企业备案情况

台湾地区 A 公司及其下属 B 公司因集团整体发展策略，决定于 2018 年转让香港地区 C 公司 49% 的股权，从而间接转让了合肥 Z 公司 100% 股权。期间，转让方企业代表前往主管税务机关咨询相关涉税事宜，认为转让标的为中国香港地区公司股权，可不在中国缴纳所得税。

主管税务机关认真对照相关法律法规进行判定，立即将上述情况纳入跟踪管理，并及时向上级税务机关汇报相关情况。受让方合肥 Y 公司作为政府投资方代表，也前往税务机关进行情况说明和政策咨询。2018 年 8 月，台湾地区 A 公司和 B 公司委托中国台湾地区某会计师事务所作为代理人与主管税务机关取得联系，就该股权转让事宜进行再次沟通。主管税务机关按照《国家税务总局关于非居民企业间接转让财产企业所得税若干问题的公告》（国家税务总局公告 2015 年第 7 号，以下简称“7 号公告”）相关要求请企业提交资料，并就该案件进行审核分析。

二、分析审核情况

（一）关于合理商业目的的因素分析

1. 根据 7 号公告第五条和第六条进行分析

根据 7 号公告第五条，与间接转让中国应税财产相关的整体安排符合以下情形之一的，不确认其为直接转让中国居民企业股权：非居民企业在公开市场买入并卖出同一上市境外企业股权取得间接转让中国应税财产所得；在非居民企业直接持有并转让中国应税财产的情况下，按照可适用的税收协定或安排的规定，该项财产转让所得在中国可以免予缴纳企业所得税。

此次股权转让不是在公开市场进行的交易，且如果由 B 公司直接转让合肥 Z 公司的股权，该项财产转让所得在中国需要缴纳企业所得税。因此，此次交易不适用本条的豁免条款。

根据 7 号公告第六条的规定，间接转让中国应税财产同时符合以下条件的，应认定为具有合理商业目的：交易双方的股权关系符合相关规定；本次间接转让交易后可能再次发生的间接转让交易相比在未发生本次间接转让交易情况下的相同或类似间接转让交易，其中国所得税负担不会减少；股权受让方全部以本企业或与其具有控股关系的企业的股权（不含上市企业股权）支付股权交易对价。

股权转让方 B 公司与股权受让方合肥 Y 公司不具有相互持股的关联关系，且股权受让方并未以该企业或与其具有控股关系的企业的股权（不含上市企业股权）支付股权交易对价。因此，不能直接认定该交易具有合理商业目的。

2. 根据 7 号公告第四条进行分析（见表 37－1）

表 37－1　　分析结果

7 号公告第四条条款	分析情况	结论
1. 境外企业股权 75% 以上价值直接或间接来自中国应税财产	香港地区 C 公司主要资产为对合肥 Z 公司的长期股权投资，其股权价值几乎全部来源于中国应税财产	是

续表

7号公告第四条条款	分析情况	结论
2. 间接转让中国应税财产交易发生前一年内任一时点，境外企业资产总额（不含现金）的90%以上直接或间接由在中国境内的投资构成，或间接转让中国应税财产交易发生前一年内，境外企业取得收入的90%以上直接或间接来源于中国境内	交易发生前一年内任一时点，香港地区C公司资产总额（不含现金）的90%以上直接或间接由在中国境内投资构成	是
3. 境外企业及直接或间接持有中国应税财产的下属企业虽在所在国家（地区）登记注册，以满足法律所要求的组织形式，但实际履行的功能及承担的风险有限，不足以证实其具有经济实质	香港地区C公司员工较少，企业未提供足够的经营、人员、财产等证据证明其具有经济实质	是
4. 间接转让中国应税财产交易在境外应缴所得税税负低于直接转让中国应税财产交易在中国的可能税负	对香港地区C公司的长期股权投资属于资本性所得而非经营业务，此次交易产生所得不属于中国香港地区利得税征税范围	是

（二）初步结论

综上分析，主管税务机关认为该间接股权转让的整体安排应直接认定为不具有合理商业目的，按照《中华人民共和国企业所得税法》（以下简称《企业所得税法》）第四十七条的规定，重新定性该间接转让交易，确认为直接转让合肥Z公司股权的交易，对转让所得征收非居民企业所得税。该项股权转让存在通过实施不具有合理商业目的的安排，间接转让了中国居民企业股权。

三、处理方案

（一）纳税人、扣缴义务人的确定

根据7号公告和《国家税务总局关于非居民企业所得税源泉扣缴有关问题的公告》（国家税务总局公告2017年第37号，以下简称“37号公告”）等文件相关规定，B公司有来自中国境内的股权转让所得，是本次股权转让的纳税义务人。

根据7号公告第八条的规定，合肥Y公司作为依照有关法律规定或者合同约定对股权转让方直接负有支付相关款项义务的单位，应为该间接股权转让的扣缴义务人。

（二）纳税义务发生时间

根据7号公告第十五条的规定，纳税义务发生时间为股权转让合同或协议生效，且境外企业完成股权变更之日，根据纳税人提交的资料，此次股权变更之日为2018年8月31日，因此纳税义务发生时间为2018年8月31日。

（三）税款计算

主管税务机关要求企业补充提供初始投资签署的协议，包括香港地区C公司、B公司、台湾地区A公司2017年度财务报表等资料。按照37号公告等相关文件规定，股权转让收入减除股权净值后的余额为股权转让所得应纳税所得额。

1. 股权转让收入

转让对价：合同约定B公司向合肥Y公司转让股份最终对价为25736.8万美元，按2018年8月31日汇率折合人民币为17.56亿元。调减项目：香港地区C公司资产中应归属于台湾地区D公司的部分为5490.14万美元，按49%持股比例计算，应调减2690.17万美元，折合人民币1.84亿元。据此，确认转让收入为15.72亿元。

2. 股权转让成本

设立合肥Z公司时，香港地区C公司共投入资本26500万美元，其中49%来源于B公司，因此B公司股权转让成本为26500万美元×49% =12985万美元，折合人民币为8.83亿元。

3. 股权转让应纳税所得额和应纳税额

股权转让应纳税所得额为15.72亿元－8.83亿元＝6.89亿元，按10%的税率计算扣缴非居民企业所得税为6890万元。

四、案例启示

（一）结合实际判定合理商业目的

根据《企业所得税法》和7号公告，股权交易是否具有合理商业目的是判定间接转让在中国境内缴税的决定性因素。在7号公告出台之前，合理商业目的是一个相对来说比较主观的判断，更多依赖于税务人员的经验进行判定，容易导致操作标准不统一，给纳税人带来不确定性。7号公告明确了直接认定为不具有合理商业目的、直接认定为具有合理商业目的等情形。除此之外，还详细列举了若干条款综合分析是否具有合理商业目的，使合理商业目的的判定更具有操作性和针对性。但税企之间由于信息不对称、思考角度不同等因素，对于同一交易的判定结果往往不同。在实践中，税务机关在对间接转让进行判定时，不能仅从税收角度出发，应多方位思考其商业因素，从而作出相对合理公正的判断。

（二）完善税源监控机制

间接转让行为的税收监管难点在于股权转让方和被直接转让的企业均在境外，部分受让方也在境外。对于税务机关来说，很难掌握和了解其交易信息。本案受让方是合肥市企业，在其对外支付款项时主管税务机关顺藤摸瓜，最终掌握其交易情况并据此征税。如果股权受让方也在境外，税务机关就无法依靠传统手段掌握交易信息。这就要求税务人员对国际税收工作有高度的敏感性，关注报纸网络上的信息报道及企业架构变化。此外，税务机关应加强对来华直接投资的非居民企业的日常监管，关注居民企业股权结构、分配股息红利等情况，开展税源分析，及时发现跨境税源管理风险。

案例38：

资产评估：切勿忽视价格合理性[①]

在股权交易中，股权价格是否反映了企业不动产实际价值，往往是判断股权交易涉税处理是否准确的主要关注点。实践中，企业通常需要聘请有法定资质的第三方机构，对不动产价格、股权价格作出评估。但是，企业在确定公允的资产评估价格时，除了以资产评估报告结果为基础外，也需考虑同类企业可比价格等因素。深圳市C公司境外股东就因未能准确确定跨境股权转让价格，最终补缴企业所得税179万元。

一、症状：股权转让价格偏低

税务人员在开展对外支付税务备案复核工作时发现，C公司于2018年12月发生了一笔跨境股权转让交易，其股东已发生变更。

具体交易情况为：房地产开发企业H公司，向C公司原唯一股东新加坡S公司收购其持有的全部股权，股权转让价格为7058万元。新加坡S公司股权成本为874万元，股权收购方H公司于2019年2月申报扣缴非居民企业所得税618万元。

税务人员在日常管理工作中了解到，标的企业C公司主要经营五金制品的生产和销售，为从事简单进料加工的出口企业，每年均保持盈利，厂房为自有物业，占地不小，靠近行政区核心商圈。

---

① 资料来源：《中国税务报》，2019年10月11日，作者：国家税务总局深圳市坪山区税务局曾流民。

C公司提交的《关于C公司股东全部权益的价值评估报告》显示，标的企业C公司在评估基准日2018年10月31日股东全部权益的评估价值为7058万元（净资产账面价值为1771万元，评估增值5287万元），其中，拥有的工业用地21205平方米，评估值为3515万元（账面价值为229万元）；办公楼、厂房和宿舍等建筑物10151平方米，评估值为570万元（账面价值为399万元）。未发现C公司持有股权投资、无形资产等其他非流动资产。

税务人员结合实际情况和可比价格初步判断，被转让企业C公司拥有的不动产资产潜在利益巨大，不动产评估价格偏低。也就是说，股权转让价格未真实反映被投资企业净资产的公允价值，存在少缴税款的可能。

二、诊断：评估结果明显低于可比价格

针对该疑点，税务人员要求C公司提交股权转让合同、资产评估报告和财务报表等资料。

在约谈企业相关负责人、与房地产管理部门沟通后，税务人员发现，C公司提交的不动产价值评估结果与企业实际经营情况、资产情况不相符合。同时，与同类企业的可比价格相比也明显较低。因此，税务机关认定C公司不动产评估价格偏低，要求交易双方聘请具有法定资质的中介机构，对企业净资产公允价值进行再次评估。

随后，交易双方重新招标符合资质要求的评估机构，对被投资企业进行了重新评估，净资产评估值为8854万元。

《国家税务总局关于非居民企业所得税源泉扣缴有关问题的公告》（国家税务总局公告2017年第37号）规定，股权转让收入减除股权净值后的余额为股权转让所得应纳税所得额。股权转让收入是指股权转让人转让股权所收取的对价，包括货币形式和非货币形式的各种收入。股权净值是指取得该股权的计税基础。股权的计税基础是股权转让人投资入股时向中国居民企业实际支付的出资成本，或购买该项股权时向该股权的原转让人实际支付的股权受让成本。据此，2019年8月，新加坡S公司委托C公司申报补缴股权转让企业所得税179.6万元（股权成本不变，转让收入增加1796万元），现已全部入库。

三、处理方案：注重评估方法和价格合理性

股权交易中，标的企业如果拥有土地使用权、房屋建筑物、无形资产、股权等潜

在巨大收益的资产，一般情况下，股权交易双方应根据活跃市场价格或具有法定资质的中介机构出具的资产评估价格，确定净资产公允价值，并参照净资产公允价值份额确定股权交易价格。

如果交易双方为关联方，应评估转让价格的确定是否遵循独立交易原则。在确定资产价格时，企业也需根据同类企业可比价格等因素，判断资产评估报告结果是否合理。企业需要关注的是，若转让价格、资产价格明显偏低但有正当理由，企业可提供相关证明材料与主管税务机关提前进行沟通，确保税务机关认可其转让价格。

案例39：

非居民企业身份认定及集团内部企业重组的安全港规则应用案例[①]

近期，A公司IPO成功过会！因有望成为红筹上市第一股而备受资本市场瞩目。在A公司的公开发行股票相关资料中，披露了其复杂的股权架构及相关税收居民身份认定和集团内部企业重组的安全港规则应用情况。

一、A公司的基本资料

A公司为依据《开曼群岛公司法》设立的企业，自身主要承担投资控股职能，并不开展实际生产经营活动，其实际生产经营活动主要通过境内子公司开展，属于《上海证券交易所科创板股票上市规则》规定的红筹企业。招股说明书显示，A公司共有16家境内控股子公司、20家境外控股子公司以及1家参股公司。

A公司实际控制人为国务院国资委100%持股的某大型央企。其基本的股权架构如图39－1所示。

① 资料来源：陇上税语微信公众号，2019年12月16日，作者：姜新录。

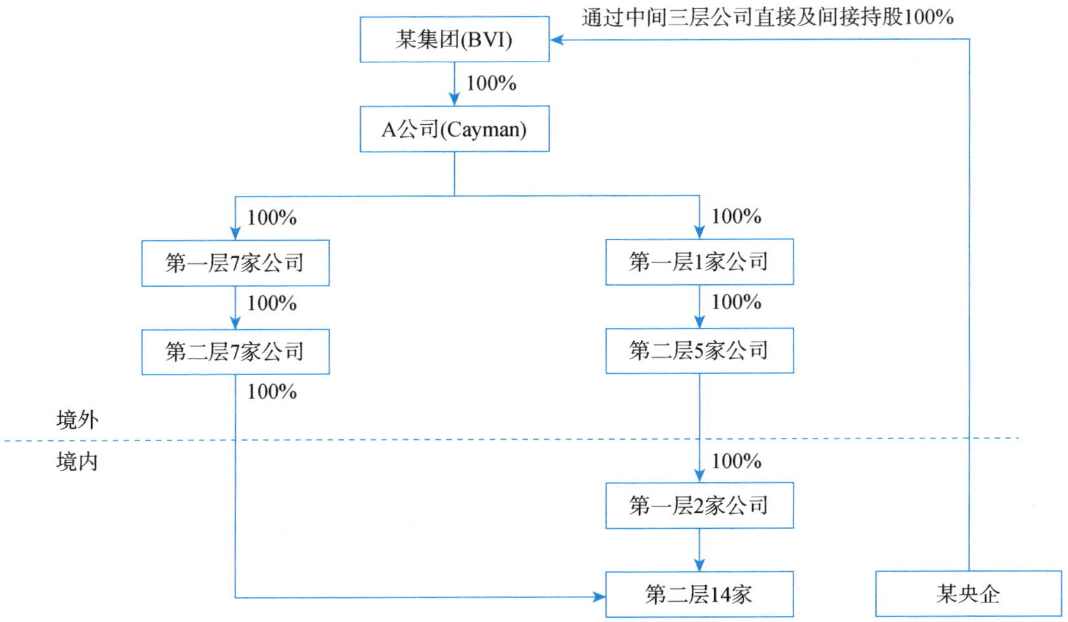

图 39－1　基本股权架构

二、税收居民身份认定

A 公司设立于开曼群岛，现申请在内地发行股票上市，会不会被内地税务机关根据《国家税务总局关于境外注册中资控股企业依据实际管理机构标准认定为居民企业有关问题的通知》（国税发〔2009〕82 号，以下简称“82 号文”）认定为居民企业呢？

在国际税收实践中，对于法人的居民身份的判断普遍采用“注册地标准”以及“管理和控制地标准”。鉴于 A 公司在中国香港进行商业登记且在香港当地申报纳税，加之 A 公司的主要财产、会计账簿、公司印章、董事会和股东会议纪要档案等位于或存放于中国香港，由此 A 公司认为其实际管理机构在中国香港，且香港某律师行已出具的法律意见书明确 A 公司属于香港税务居民。

A 公司认为，由于其主要财产、会计账簿、公司印章、董事会和股东会议纪要档案等位于或存放于中国香港，未同时满足 82 号文第二条项下关于认定非境内注册居民企业的 4 个条件，因此，A 公司不应被视为实际管理机构在中国内地的居民企业。

另外，就该事项，律师认为，经与 A 公司境内主要子公司的主管税务局上海某局访谈确认，以及 A 公司中国境内主要投资者的主管税务局深圳某局进行补充访谈确认，A 公司目前不应被认定为中国居民企业。

2018 年 11 月，A 公司以其拥有的香港全资子公司甲公司 100% 的股权作为出资，投资于其 100% 直接控股的另一境外企业乙公司，取得的对价为乙公司向 A 公司发行的1股股票。按中国内地税法计算，该行为涉及的税金约为7.41亿元。A公司认为，即使A公司被认定为中国税收居民企业，由于前述交易符合《财政部、国家税务总局关于企业重组业务企业所得税处理若干问题的通知》（财税〔2009〕59号）第七条第三项规定的特殊税务处理条件，该股权转让收益可在10个纳税年度内均匀计入各年度应纳税所得额，每年产生的应纳税额为0.74亿元。

三、集团内部企业重组的安全港规则应用

2018年9月，A公司吸收合并两个境外（均注册于英属维尔京群岛）全资子公司丙公司及丁公司。A公司认为，该交易系集团内部的架构重组，主要目的是通过减少境外持股公司的数量以优化持股层级、提高境外架构的管理效率，且根据《国家税务总局关于非居民企业间接转让财产企业所得税若干问题的公告》（国家税务总局公告2015年第7号）第六条的规定，该交易符合集团内部重组的安全港规则，具备合理商业目的，不应被定性为直接转让中国境内应税财产交易，无须在境内缴纳企业所得税。

税务总局公告2015年第7号第六条规定：

“间接转让中国应税财产同时符合以下条件的，应认定为具有合理商业目的：

（一）交易双方的股权关系具有下列情形之一：

1. 股权转让方直接或间接拥有股权受让方80%以上的股权；

2. 股权受让方直接或间接拥有股权转让方80%以上的股权；

3. 股权转让方和股权受让方被同一方直接或间接拥有80%以上的股权。

境外企业股权50%以上（不含50%）价值直接或间接来自中国境内不动产的，本条第（一）项第1、2、3目的持股比例应为100%。

上述间接拥有的股权按照持股链中各企业的持股比例乘积计算。

（二）本次间接转让交易后可能再次发生的间接转让交易相比在未发生本次间接转让交易情况下的相同或类似间接转让交易，其在中国内地的所得税负担不会减少。

（三）股权受让方全部以本企业或与其具有控股关系的企业的股权（不含上市企业股权）支付股权交易对价。”

本案中，A公司的具体运用为：

（1）从持股关系要求看，本次吸收合并交易的吸并方A公司持有被吸并方丙公司（BVI）100%的股权及丁公司（BVI）100%的股权；

（2）从不得减少税负要求看，本次间接转让后，被吸并方持有的下属境外公司将由吸并方A公司直接持有。假设A公司为中国居民企业，则后续通过境外架构实施间

接转让交易的适用税率为25%，高于丙公司（BVI）及丁公司（BVI）转让适用的10%税率，因此本次股权转让并不会导致后续间接转让的中国企业所得税税负降低；

（3）从支付对价要求看，系母子公司之间的吸收合并交易。

因此，A公司认为，该吸收合并交易产生的所得不属于来源于中国境内的所得，不属于间接转让境内应税财产的情形，无须在中国境内缴纳企业所得税。

案例 40:

网络寻信息　避税终被查①

海南三亚国税局通过关联申报和同期资料发现非居民企业间接股权转让行为入库企业所得税 1600 多万元。2016 年，经过多轮沟通和约谈，境外非居民企业 A 公司就转让境内企业股权在三亚市国税局申报缴纳企业所得税 1654.02 万元。该笔税款的顺利入库，为三亚市国税局深化非居民税收管理打开了新的局面。

2016 年 4 月，三亚市国税局税务人员在对辖区内某外商投资房地产企业 C 公司关联申报资料审核后，要求 C 公司补充提供同期资料，同时了解到 C 公司发生重要人事变化。凭借职业敏感，税务人员意识到 C 公司的股权可能存在被间接转让的情况。

发现疑点后，该局积极向 C 公司了解相关事宜，然而 C 公司人员以不知情为由搪塞，拒绝向税务机关提供相关信息。该局以上市公司发生重大事项必须对外公告这一规定为突破口，在互联网上搜寻资料，终于在香港某上市集团 B 公司公告中找到了涉及 A 公司股权转让的信息：A 公司为注册在某避税地的投资公司，B 公司为香港上市公司，C 公司为三亚某房地产企业。A 公司通过一个空壳公司间接持有 C 公司 98% 股份，A 公司与 B 公司签订协议转让空壳公司股票，从而转让了 C 公司股权。税务机关确认了境外非居民企业 A 公司间接转让 C 公司股权的事实。

在清晰的事实及强有力的证据面前，C 公司承认了股权被转让的事实。5 月底，该局开始与境外股权转让方 A 公司的代理人 D 事务所展开相关股权转让案件的沟通，

① 资料来源：《中国税务报》，2017 年 1 月 6 日，作者：周琰、龚晓、曲易伸、孙亮。

明确A公司申报纳税义务，并要求A公司按照《国家税务总局关于非居民企业间接转让财产企业所得税若干问题的公告》（国家税务总局公告2015年第7号）的规定，提交相关涉税资料。

三亚市国税局税务人员认真研读D事务所提交的相关资料，剖析A公司为股权转让搭建的组织架构，理清了间接股权转让的脉络，并按照经济实质对股权交易重新定性，交易双方均认同税务机关的处理。

案件审理过程中，税务人员发现，A公司在提交股权取得成本说明时，将一部分不应计入股权成本的款项隐藏在成本计算中，人为压缩税基，导致股权转让所得及应纳税款减少。税务人员就这一问题向代理人D事务所进行了严正说明，经过多番努力沟通，D事务所及A公司均接受了税务机关的调整意见，剔除不应作为成本的款项，并就转让所得进行了正确的申报。

由于A公司在境内没有常设机构和银行账户，针对这一特殊情况，三亚市国税局税务人员通过与国家金库三亚市中心支库、中国银行海南省分行以及代理人D事务所等多方沟通协调，最终保证税款及时足额入库，捍卫了我国的税收主权。

案例点评：多渠道获取非居民税源线索①

非居民企业股权间接转让往往发生在境外，涉及多个国家或地区的企业，具有极大的隐蔽性和复杂性，是非居民企业税收管理的难题之一。因此，税务人员在日常工作中要“擦亮眼睛”，保持高度警惕，时时关注企业（尤其是具有外资成分企业）的股权结构变化，注意从企业关联申报和同期资料中发现案源和线索。同时要与时俱进，充分利用互联网等渠道，获取案件信息。另外，非居民企业通常会委托业务水平较高且规模较大的中介机构作为税务代理人。因此，税务人员要不断加强业务学习，提高税收征管水平，确保在案件审理过程中，每一项调整都有理有据，每一项处理都有法可依，在捍卫税收主权的同时践行“税收法治”。

① 点评人：海南省三亚市国税局副局长冯天弟。

案例 41：

境外间接转让境内股权复杂架构难掩纳税义务[①]

随着国家“大众创业、万众创新”“互联网 +”战略的相继提出，北京市海淀区互联网相关行业的众多企业成为境外风险投资公司、私募融资公司等机构的投资热点。这些投资涉及不少境外股权转让交易，而且投资架构复杂，相关企业也没有及时申报纳税。近期，北京市海淀区国税局在日常征管资料中发现线索，查补境外某非居民企业股权转让税款 12 亿元。

一、线索：境外转让股权，避税目的明显

非居民企业税收的一个显著特点是“来无影去无踪”，稍不留神税款就会流失。基于此，非居民企业在中国境内转让股权尚且很难被发现，在境外转让股权被发现的概率更低。但是，随着国际税收征管协作的加强、我国税法的不断完善和国内税收征管能力的提升，这种局面正在被快速改变。近日，一笔非居民企业间接股权转让所得税款 12 亿元在北京市海淀区国税局入库。如此巨额的非居民税款入库，在国内罕见，其中还涉及某著名互联网企业 W 公司。

2015 年 4 月和 8 月，北京市海淀区国税局陆续受理了 15 家境外非居民企业分两次

① 资料来源：《中国税务报》，2016 年 7 月 15 日，作者：张剀。

间接转让境内3家居民企业股权的报送资料。境内被转让的3家居民企业分别是北京A公司、北京B公司和天津C公司。经调查，著名互联网企业W公司是境外非居民企业第一轮股权转让的受让方，同时也是第二轮股权转让受让方（4家境外企业）的有限合伙人。从企业报送的资料看，转让方均为注册于英属维尔京群岛、新加坡等地的境外投资机构；受让方为注册于开曼群岛、中国香港等地的上市公司及投资机构，转让标的为注册在开曼群岛的某非居民企业F公司。F公司通过持有注册于中国香港、开曼群岛等地的多家中间层公司，间接持有北京A公司、北京B公司和天津C公司3家居民企业的股权。交易采取现金与股权支付相结合的支付方式，交易总对价为27.5亿美元。

了解了境外15家非居民企业间接转让中国境内3家企业居民企业股权的基本情况后，北京市海淀区国税局相关业务人员立刻产生疑问：境外这15家非居民企业转让股权所得我国是否有征税权呢？基于此，北京市海淀区国税局第一时间将相关情况向北京市国税局国际税收管理处作了汇报，并立即组成业务团队开展审核、谈判工作。业务团队通过直接交流、案头审核和集体研讨，详细掌握了15家非居民企业境外转让股权的细节，决定首先研究其是否符合“安全港”规则。

据有关专家介绍，“安全港”规则是业界对《国家税务总局关于非居民企业间接转让财产企业所得税若干问题的公告》（国家税务总局公告2015年第7号，以下简称“7号公告”）第五条和第六条的形象说法。因为7号公告的这两条规定对非居民企业转让股权的不征税的情形作了明确规定。如果非居民企业符合这些规定，就会被认定为具有合理的商业目的，进而不用纳税，就是“安全”的。

经查，15家境外非居民企业分两次间接转让境内3家居民企业股权，不属于在公开市场买入并卖出同一上市境外企业股权取得间接转让中国应税财产所得。同时，除注册于卢森堡、新加坡、毛里求斯的3家非居民企业之外，其余转让方均无可适用的税收协定。另外，两轮交易中转让方、受让方不存在任何关联关系，交易对价不全部是股权支付，还包括现金支付。这些情况都与7号公告“安全港”的规则不相符，业务团队据此判断：此次交易不适用“安全港”规则。

与此同时，业务团队调查发现，15家境外企业虽然在所在国家（地区）登记注册，但主要是提供投资融资服务平台，没有实质经营业务，股权主要价值直接来源于中国境内的3家居民公司，其产品的研发、推广、营销均在中国境内，注册用户绝大部分来自中国境内，中间层公司对此次股权转让贡献价值很小，取得的收入几乎全部来源于中国境内，不足以证实其具有经济实质。同时，这15家境外企业全部注册在开曼群岛、英属维尔京群岛等地，均为全球著名的避税天堂，对股权转让不征税。这些情况完全符合7号公告第四条可以直接认定企业不具有合理商业目的情形。“在扎实的调查结论面前，15家非居民企业最终与我们达成一致意见。”北京市海淀区国税局有关负责人说。

二、重点：确定补缴金额，入库巨额税款

在确定15家境外非居民企业间接转让中国境内3家居民企业股权不具有合理商业目的之后，确定征税范围和计税方法就显得格外重要。尽管境外非居民企业投资架构复杂，北京市海淀区国税局还是抽丝剥茧，有理有据地确定了补税金额为12亿元。

正如前文所述，15家境外非居民企业都有比较复杂的多层投资架构，根据我国相关税法，北京市海淀国税局在征税时对所有中间层公司都做了“穿透”，即直接评估境内3家居民企业的股权价值。同时，通过谈判，税企双方认可按照股权转让协议中的转让价格作为计税价格，扣除中间层公司沉淀现金资产乘以转让比例的金额。另外，按照境外企业实际投入中国境内3家居民企业资金乘以转让比例作为股权转让的计税成本。这样，第一轮交易应纳税额总计近1亿美元，第二轮交易应纳税额总计1.09亿美元，两轮交易应纳税额总计约2亿美元。

确定征税范围后，税款按照什么样的比例在主管税务机关入库成为争论的焦点。一种观点认为，应该参照《国家税务总局关于沃尔玛收购好又多股权事项的批复》（税总函〔2013〕82号）的计算方法，综合使用境内3家公司截至股权转让时点的实际出资额、2014年年末净资产和2014年年末营业收入3项指标，对股权转让所得进行分配，每项指标占1/3权重。由此计算，归属于北京市海淀区国税局的应纳税额总计为1.83亿美元。对此，还有一种观点认为，应该用截至股权转让时点的注册资本额代替实际出资额，这样计算下来，归属于北京市海淀区国税局的应纳税额就变为1.77亿美元。

经过认真研究，北京市海淀区国税局坚持认为将截至股权转让时点的实际出资额作为分配收入的依据更加合理。因为注册资本是公司制企业章程规定的全体股权或发起人认缴的出资额，实收资本是投资者按照企业章程或合同实际投入企业的资本。由此可以看出，注册资本是股东愿意投入的资金，实收资本是企业实实在在投入企业运营的资金。如果实际资金没有到位，就是无源之水，企业根本无法运转。与此同时，在计算境外非居民企业到中国应该缴纳的税款时，使用的数据就是实收资本，而非注册资本。如果在计算税款在两地主管税务机关的分配额度时用注册资本，就导致两者计算口径的不一致。因此，相比较而言，将实际出资额作为收入分配指标更加合理。

三、提醒：尽早重视税收，提前谋划安排

据了解，15 家境外非居民企业在得知股权转让存在税务风险的情况下，都比较主动地配合税务机关，依法补缴了 12 亿元税款。税务机关建议，在各地税务机关不断强化非居民税收管理的背景下，一定要尽早重视税收，提前谋划安排，及时履行纳税申报义务，避免出现较高的税务风险。

记者了解到，关于非居民企业股权转让，我国企业所得税法及其实施条例、《国家税务总局关于加强非居民企业股权转让所得企业所得税管理的通知》（国税函〔2009〕698 号，以下简称“698 号文件”）和 7 号公告都有相关规定。相比之下，7 号公告的申报要求相比 698 号文件更加具体明确。北京市海淀区大企业和国际税收管理科副科长田成告诉记者，698 号文件规定申报的主体是实施间接转让的境外投资方（实际控制方），即作为转让方的非居民企业，而 7 号公告规定交易双方以及被间接转让的中国居民企业都可以向主管税务机关申报交易。同时，698 号文件对所要求提交的资料的规定相对较为笼统粗略，7 号公告对资料的规定提供了更为具体明确的指导，并且规定避税安排的筹划方也要按照主管税务机关的要求提供相关信息。“这一点尤其值得税务服务中介机构关注。”田成说。

北京市国税局国际税务管理处有关负责人告诉记者，虽然 7 号公告对间接转让中国应税财产交易没有设定强制的报告义务，由纳税人或扣缴义务人自行判定是否报告并提交资料，但是如果该交易需缴纳中国企业所得税，是否提交资料的法律后果是有区别的。根据现行规定，纳税人未主动申报纳税或缴义务人未及时扣缴税款，且股权转让方未缴纳应纳税款的，主管税务机关可以按照税收征管法及其实施细则相关规定追究扣缴义务人责任；扣缴义务人已在签订股权转让合同或协议之日起 30 日内按 7 号公告第九条规定提交资料的，可以减轻或免除责任。

记者了解到，间接股权转让相关案件的涉税处理时间往往较长，用时半年至一年的案件并不罕见。而根据 7 号公告及相关法规，如交易涉及缴税，缴税时间如晚于交易签订后次年 5 月 31 日，税务机关将按照同期银行贷款利率加收利息。因此，为了避免不必要的利息损失，除了按照 7 号公告建议在合同签订 30 日内及时向税务机关报告间接转让交易情况外，交易各方也应及早就纳税判定和税务机关展开始沟通，积极配合推进纳税判定工作。在实践中，如果非居民企业对是否应在中国缴税与税务机关意见有分歧，或者税款计算方法比较复杂，或者涉及多地主管税务机关，或者涉及比照直接股权转让交易申请适用税收协定待遇的情况时，相关非居民企业更要积极主动与

税务机关展开合作。

四、案例点评 1：12 亿元税款入库，是完善法规的结果[①]

北京市海淀区国税局查补非居民企业间接转让股权税款 12 亿元并成功入库，是我国不断完善相关法律法规的结果。

2009 年，国家税务总局发布了 698 号文件，第一次以法规的形式明确：非居民间接转让中国居民企业股权，在符合一定条件的前提下，有向中国税务机关提交资料的义务。同时明确：税务机关对不具有合理商业目的安排，可以重新定性和调整。698 号文件弥补了非居民转让中国居民企业股权的政策空缺，尤其在非居民间接转让股权的税收管理上，解决了非居民来源于中国境内股权转让所得双重不征税问题，也契合了 BEPS 关注的国际避税主题。

随着征管实践的增多，税企双方对非居民间接转让股权的确定性需求越来越强烈，国家税务总局于 2015 年出台了 7 号公告和《非居民企业间接转让财产企业所得税工作规程（试行）》，比较完整地规范了非居民企业间接转让财产的税收法规。

在 698 号文件和 7 号公告的基础上，北京市国税局为了加强地非居民企业间接转让财产企业所得税的管理，制定了《非居民企业间接转让财产企业所得税操作规程》，统一了非居民企业间接转让财产后续管理的工作程序和审核要求，并通过案件讨论会制度严格把关。2015 年已经上会讨论 60 件，2016 年上半年已经上会讨论 69 件，案件数量明显呈上升趋势。据统计，2016 年上半年，非居民转让财产所得入库税款比上年同期增加了 24 亿元，增长了 144%。

上述成绩的取得，一方面得益于 7 号公告增加了政策的确定性和对转让相关方提交资料及申报缴税的灵活性，另一方面也得益于我们加大了案件的审核力度，增强了税企充分沟通。北京市海淀区国税局查补非居民企业间接转让股权税款 12 亿元，就是一个最好的例证，也创下了全国同类案件单笔入库税款的新高。未来，我们将进一步关注经济运行的新变化，拓宽信息获取的渠道，强化对非居民间接转让股权的税收管理，服务区域经济发展。

---

① 点评人：北京市税务局第二直属税务分局副局长周跃振。

五、案例点评 2：非居民间接转让股权，税收征管面临五大挑战[①]

笔者在日常的税收管理中发现，非居民企业境外间接股权转让行为越来越多。自7号公告发布以来，间接股权转让行为隐含的涉税风险引起了各级税务机关和纳税人的高度重视。从基层税务机关的经验看，我国对非居民企业间接转让股权的日常管理中存在五大挑战。

第一，股权转让信息获取滞后，案件处理时效性弱。根据7号公告，间接转让中国应税财产的交易双方和被间接转让股权的中国居民企业，可以主动或按照税务机关要求向主管税务机关报告该转让事项，并提交相关资料。但在实践中，鲜有企业主动向主管税务机关报告转让事项。究其原因，主要有三点：一是被转让企业层级低，无法及时获悉股权交易情况；二是境外交易方不熟悉中国税法规定；三是境外非居民企业故意逃避纳税义务。税务机关对非居民税收征管滞后，加大了事后管理和税款追征的难度。

第二，扣缴义务履行困难，申报流程不完善。根据7号公告，对股权转让方直接负有支付相关款项义务的单位或个人为扣缴义务人。但是，作为扣缴义务人，如何判断转让方在中国境内存在纳税义务？特别是在合理商业目的又难以判断的前提下，扣缴义务人并不会花大量精力对此作出判断。当转让方不认可的情况下，扣缴难以执行。同时，一旦支付方决定履行扣缴义务，如何来确定扣缴税款的具体金额也是一个难题。作为支付方来说，获取计算股权转让所得的必要信息非常难，如果涉及多个中间控股公司，计算难度就更大了。

第三，举证资料来源单一，合理商业目的判定难度大。目前，对间接股权转让合理商业目的判定依然是实务中的难点，主要面临两个问题：一是判定所依据的信息和数据基础主要依靠交易双方和被转让居民企业主动提供，信息来源单一和信息获取不充分会对判定结果造成影响；二是判定对专业能力的要求很高。特别是其中股权价值构成、功能风险与经济实质、交易的可替代性等重要因素的判定均较为复杂。当涉及多层间接转让和税收协定安排时，判定难度更大——这对税务人员的专业素养有了更高的要求。

第四，转让标的架构复杂，实际征税地判定争议多。在实际申报环节中，虽然7号公告明确了股权转让方通过直接转让同一境外企业股权导致间接转让两项以上中国

① 点评人：江苏省无锡市税务局第六税务分局俞华。

应税财产，应分别到各所涉主管税务机关申报缴纳企业所得税。但实务中还存在很多复杂情况。例如，被转让中国企业的实际管理机构和职能机构所在地存在差异，被转让企业总部设在北京，而其下属各职能机构则位于多个二线城市，这种情况下由谁来征税并不明确。

第五，间接转让形式多样，转让所得计算复杂。间接股权转让应税所得计算的两大计算依据是股权转让收入和股权转让成本。股权转让收入方面，在涉及多个中间层或打包转让的情况下，由于境内外各标的物公允价值认定存在差异，受益划分标准不统一，确定合理转让价格难度较大。例如，被打包转让的标的企业A公司控股1家中国居民企业、3家境外企业，而其中1家境外企业又控股若干中国居民企业。在类似情况下，确定每个标的物价格的难度就非常大。同时，在关联间接股权转让所使用的评估方法使用上，成本法、市场法和收益法所计算的评估价格差异较大，对于使用哪种方法税法并没有明确的规定，导致税务机关和纳税人在选择股权评估方法上长期存在争议。

基于上述五大问题，建议税务机关积极采取措施予以应对。一是加大税收法规宣传力度，建立税企面对面沟通机制；二是规范操作，制定非居民企业申报配套措施；三是加强培训，提升税务人员业务素质和团队力量；四是进一步明确法律法规，减少税企争议和相关税务机关之间的争议；五是不断探索，总结典型案例指导实践。

案例 42:

一条股东变更信息，牵出境外千万税款[①]

一条股东变更信息，让 A 公司及其原股东境外 B 公司进入山东东营国税局检查人员视线。获知 B 公司股权交易未缴税款后，检查人员从调查交易价格入手，克服与境外企业联络难、外汇无法直接缴纳入库等困难，最终将 2541 万元税款追征入库。

山东省东营市国税局稽查局从一条企业股东变更信息中发现疑点和线索，通过追踪调查，最终查实非居民企业转让我国居民企业股权但未依法缴纳企业所得税。该局依法追缴企业股权交易所得税 2541 万元。

一、信息分析发现避税疑点

东营市 A 公司 2012 年 4 月注册成立，主要从事抽油机生产、销售及进出口业务。东营市国税局检查人员分析 A 公司涉税信息发现，企业股东构成中有一条变更信息：企业原股东已由 B 公司变更为 C 公司，并且 B 和 C 两家均为境外注册的非居民企业。

检查人员经了解得知，A 公司原股东 B 公司的注册地址为英属维尔京群岛，法定代表人为美国国籍。2012 年 4 月，B 公司出资 100 万美元，与我国另外一家居民企业共同在东营市注册成立了 A 公司，B 公司持有 A 公司 50% 股份。目前，B 公司将其持有的股份全部转让给境外注册的非居民企业 C 公司。

① 资料来源：《中国税务报》，2016 年 11 月 29 日，作者：刘后奋。

英属维尔京群岛是国际闻名的避税天堂。转让A公司股权的B公司在这里注册是否别有用意？B公司转让股权后，有无依法缴纳税款？检查人员上报线索后，东营市国税局稽查局成立专项检查组，决定深入调查。

检查人员进驻企业后，首先查看了A公司公司章程变动情况，随后查看了企业账簿资料，了解该公司股东变化的具体过程。账簿资料显示：2012年5月，B公司投入A公司100万美元作为股本；2014年7月，B公司分得股利1010万元人民币（A公司代扣代征企业所得税101万元）；2014年8月，B公司将其持有的A公司50%股份全部转让给C公司。检查人员通过实地调查和问询后确认，该项股权交易并未向税务机关申报缴纳非居民企业所得税。然而，当检查人员向A公司进一步了解企业股权变动过程时，该企业财务负责人却表示，企业股权变更是境外股东之间的行为，作为被投资方A公司并不清楚具体情况，相关资料均在境外股东处。

检查人员经过分析后认为，企业股权发生变更，其必然涉及转让协议与价格。此案调查突破的首要问题是必须获得转让价格。

二、剑走偏锋调查印花税获得重要线索

检查人员决定通过外围调查打开局面。检查人员了解到，外商投资企业外资股东变动时，被投资企业需到企业所在地商务部门提出申请，遂前往A公司所在地商务部门了解情况。但经查，商务部门只有A公司的股权转让申请，并不掌握具体交易价格。

检查人员认为，按照规定，企业从事产权交易需要缴纳印花税。但B、C两家企业均为境外企业，没有在境内办理税务登记，而A公司也没有代扣代缴印花税的法定义务。那么，印花税调查这个思路是否可行呢？

本着不轻易放过任何线索的态度，检查人员到A公司所在地区地税机关了解情况。果然，检查人员在地税机关没有查到B、C两家企业作为股权交易主体的印花税缴纳信息。但是，检查人员却查到A公司有一笔数额较大的印花税缴纳信息，缴税品目名称为“产权转移书据”。

检查人员再次赴A公司对该缴税信息情况进行核查。查验A公司的会计凭证发现，该项缴税信息正是A公司替B公司产权转让代缴的印花税25万元。对此，A公司人员解释称，虽然A公司没有为B、C两家企业代扣代缴印花税的法定义务。但如A公司不替两企业缴纳印花税，则企业无法在地税机关完成登记信息变更手续，因此为其代扣代缴了印花税。

以印花税为线索，检查人员从A企业的会计凭证摘要中了解到，该项产权转让价格为4100万美元。但A公司会计凭证中的信息仅是间接证据，而且是孤证，无法证明是否确实存在该笔交易，更无法直接证明其就是B、C两家企业股权交易的成交价格。至此，案件的调查工作仍缺乏最关键的证据文件——股权转让协议。

三、多轮约谈税款追缴入库

根据国家税务总局发布《非居民企业所得税源泉扣缴管理暂行办法》（国税发〔2009〕3号）第十五条规定，股权转让交易双方均为非居民企业且在境外交易的，被转让股权的境内企业应协助税务机关向非居民企业征缴税款。

据此，检查人员多次与A公司财务负责人接触，耐心为其讲解相关税收政策，开展税法宣传，要求A公司就B、C两家企业股权交易所得税款的征缴提供协助。

在检查人员的努力下，A公司人员同意协助税务机关联系C公司，索取股权转让的协议及相关资料。在A公司帮助下，检查人员最终获得了股权转让协议，协议中信息显示，B公司将A公司全部股权转让给C公司，转让价格为4100万美元。

根据《企业所得税法》和《企业所得税法实施条例》等税收法规，检查人员认定，境外企业B公司取得的股权转让收益，来自我国的居民企业，其取得转让收入应在我国缴纳企业所得税。因B公司与C公司没有关联关系，此次股权交易行为经由会计师事务所资产评估，确定其交易价格为公允价格。由于此次交易在境外进行，全部以美元计价，因此B公司应依据规定，缴纳非居民企业所得税400万美元，合计人民币2541万元。

虽然案件调查取得了突破，但如何联系境外B公司，境外企业税款如何入库这些问题仍有待解决。检查人员调查了解到，虽然境外B公司已向C公司转让了股权，但其法定代表人仍是A公司董事会成员。在A公司的协助下，检查人员联系到了B公司，经过多次税法宣传和说服工作，B公司最终同意补缴税款。但是，由于该项股权交易的转让方和受让方均为境外公司，受外汇管控限制，B公司外汇资金无法直接缴纳入库。

为此，东营市国税局积极与当地人民银行支行、外汇管理局、商业银行等相关机构协调，在中国银行东营市分行开设专门账户，B公司从境外将美元资金汇入该账户，银行进行换汇处理后，再将该笔税款直接划转至国库。随着B公司税款入库和税务机关完税凭证的开出，案件查办工作最终顺利结束。

四、案例点评：掌握非居民企业监管主动权[①]

本案是一例典型的非居民企业股权交易避税案件。本案的调查起始于一条股权变动信息，检查人员对疑点信息跟踪追击，深入调查，在获得境外企业股权交易的确凿证据后，通过多次约谈，最终从境外成功追缴两千余万税款入库。

非居民企业税收监管具有涉税项目散杂、信息资料不易取得等特点，一直是税务管理的难点之一。非居民企业股权交易，因交易双方均为境外注册企业，税务机关需加大与商务、工商和银行等部门的信息共享力度，及时获知企业股权交易活动信息；同时，应加强企业股权变更登记管理，要求申请办理股权变更的企业提供完整涉税资料，稽查部门定期筛查企业信息，以掌握股权交易监管主动权。

此外，税务机关应做好税款追缴应急预案，如非居民企业拒不履行纳税义务，可采取从非居民企业境内其他收入中追缴，或通知公安机关阻止相关企业负责人出境等惩戒措施，防止税收流失。

① 点评人：东营市税务局稽查局局长王峰烈。

案例 43：

利用避税港筹划股权转让风险大[①]

福建省漳州市国税局经过调查取证和沟通约谈，处理了一起非居民企业利用多层“夹层公司”间接转让股权的避税行为，成功追缴非居民企业股权转让所得税税款2483万元。

一、基本案情

借助第三方信息平台，漳州市国税局发现一条来自避税港英属维尔京群岛的非居民企业间接股权转让线索：2015年8月21日，注册地在英属维尔京群岛的J公司，与注册地在中国香港的F公司签订股权转让协议，J公司将持有的注册地位于另一避税港开曼群岛的M公司20%股权转让给F公司，转让价为3亿元。交易完成后，J公司与F公司分别持有M公司60%和40%的股份。

股权转让交易的转让方、受让方以及直接被转让的标的股权均不在我国境内，通常不会在中国境内产生纳税义务。由于漳州市国税局加大了对避税地“夹层公司”非居民企业的税收监管力度，J公司与F公司的股权转让交易引起了税务机关的关注。税务人员通过收集、分析J公司与F公司的股权转让协议、财务报告等信息，了解到M公司于2011年3月注册成立，通过100%全资控股非居民企业P公司，持有我国境

① 资料来源：《中国税务报》，2016年9月9日，作者：陈文裕、温沈华。

内几家公司的股权：P公司100%全资控股L公司、D公司、H公司；D公司、H公司分别持有S公司94.21%和5.79%的股份；S公司100%全资控股W公司；S公司、H公司分别持有N公司72%和28%的股份。股权转让前后的股权架构如图43－1所示。

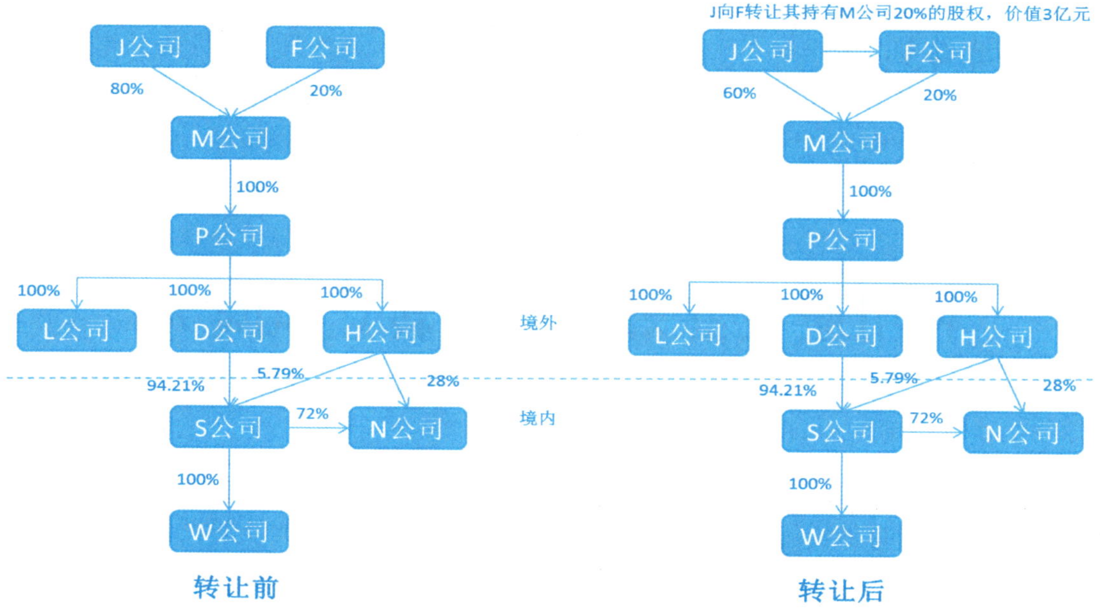

图43－1　转让前后股权架构

税务人员分析前期调查情况和企业信息，最终梳理出M公司旗下境外“夹层公司”的组织架构，主要包括P公司、D公司和H公司：P公司为M公司的100%全资控股子公司，注册地在开曼群岛，主营范围是投资控股；D公司为P公司的100%全资控股子公司，注册地在中国香港，主营范围是贸易及投资控股；H公司为P公司的100%全资控股子公司，注册地在中国香港，主营范围是投资控股。

税务人员随后约谈了S公司有关负责人。作为境外非居民企业J公司在境内的代理人，S公司同意代为办理股权转让涉及的纳税申报及相关事项，并按要求提供了委托代理协议等相关资料。

二、争议焦点

对于J公司向F公司转让股权取得的所得，中国税务机关是否有征税权，双方有以下争议：

（一）焦点一：J公司旗下M公司、P公司、D公司和H公司是否存在实质性经营？

S公司认为，M公司具有自己的经营管理活动，除了定期召开董事会进行投资管理决策，还对外签署诸多境外合作协议，承担了相应的义务，并非一家空壳公司；P公司、D公司和H公司配备了相应人员、办公场所和管理设备，是行使管理职能的公司。

税务人员认为，投资管理决策仅是M公司为了筹集P公司出资D公司和H公司的资本金，以履行其作为股东的出资义务，并非其自身的实质性经营活动。J公司所持M公司股权的价值主要取决于S、N、L三家公司的收益，而且其雇佣人员、办公场所、设备等信息与其巨额收入并不匹配。

（二）焦点二：J公司的股权转让安排是否存在滥用组织形式且不具有合理商业目的？

S公司认为，设立P公司、D公司和H公司，是集团公司应对经济全球化挑战、拓展国际市场和扩大投资经营渠道而进行的战略布局，具有合理商业目的，不存在滥用组织形式进行避税筹划或获取税收优惠。

税务人员认为，判定有无滥用组织形式，主要看"夹层公司"是否位于避税地或低税率地区，是否从事制造、经销、管理等实质性经营活动。J公司通过在避税港设立不从事实质性经营活动的组织形式，实施了"J公司—M公司—P公司—D公司和H公司"的结构安排，表面上是转让M公司的股权，实质上转让了S公司等境内被投资企业的股权，符合滥用组织形式的判定要素。因此，该安排不具有合理商业目的，境外公司在中国负有纳税义务。

针对争议焦点，征纳双方经过艰苦的谈判，最终达成共识：对于J公司这次境外股权转让价格在境内各子公司间予以分配，具体分配方案综合S公司、W公司、L公司和N公司4家境内公司的实际投资额，计算转让收入分配比例。近日，该笔税款已全额入库。

三、风险提示

很长时期以来，一些非居民企业为降低在股权转让所得来源国的税收负担，实现投资收益最大化，通过周密的税收安排来规避税收。除了类似上述J公司通过"夹层公司"间接转让股权进行避税外，更多的非居民企业将注意力转移到税收协定上，通过滥用税收协定实现避税。

关于股份转让征税问题，我国与新加坡等国家和地区签署的税收协定或税收安排均有条款明确规定，除转让主要由不动产组成的公司股份以外，缔约对方居民在转让其中国公司股份行为发生前 12 个月内曾直接或间接持有该中国公司至少 25% 资本，中国税务机关才有权征税。针对这一规定，一些境外实际控制方为了享受协定免税待遇，想方设法在组织架构上进行筹划，以股权比例低于 25% 为由享受协定免税待遇。

其实，非居民企业只有符合“受益所有人”身份的要求，才能享受到协定优惠。根据我国现行税法的规定，非居民企业如果仅是在协定国登记注册，以满足法律所要求的组织形式，而不从事研发、生产、销售、管理等实质性经营活动，很可能会被税务机关判定为税收利益而设立的“夹层公司”，不符合“受益所有人”身份，不能享受税收协定优惠。

并非所有的税收协定或安排都有股份比例的规定，不同的税收协定规定不同。比如，中国与日本、英国、德国等国家和地区的税收协定中则没有股权比例的要求，这就意味着这些国家和地区的非居民企业转让中国居民企业的股权，不管持有股权比例多少，中国都具有征税权。

因此，跨国公司在对我国居民企业的股权间接转让或筹划之前要慎重考虑，并就具体情况提前与税务机关沟通，探讨是否为中国具有管辖权的间接股权转让行为，能否享受税收协定优惠，增强税收确定性，避免事后调整的风险。

案例 44：

穿透“导管”公司 追缴非居民股权转让亿元税款[①]

一条不起眼的网上信息，一次“正常”的境外股权转让，4 家“普通”的关联企业，这背后，竟是企业利用境外控股公司转让中国境内应税财产，规避在中国境内的纳税义务。近日，贵阳市国税局历时 1 年，办结该省迄今为止金额最大的反避税案件，入库税款 1.44 亿元。

一、交易信息：注册资本 7 万元，股权转让 50 亿元

2015 年 12 月 10 日，贵阳市某区国税局在日常管理中，发现其所辖的贵阳 X 公司所做广告中，公司名称发生了变化，但其工商登记和税务登记信息均无变更。

税务人员上网查询，发现了一条与贵阳 X 公司相关的境外股权交易信息：贵阳 X 公司的香港关联公司 X（HK）公司已将其持有的 S 公司的 100% 股权转让给 Y 公司。S 公司和 Y 公司的注册地都是英属维尔京群岛（以下简称 BVI）。

职业敏感让税务人员立即将此风险信息上报给了贵阳市国税局国际税收管理办公室。

贵阳市国税局国际办要求贵阳 X 公司提供其上层控股公司股权转让交易信息及相

① 资料来源：《中国税务报》，2016 年 12 月 6 日，作者：刘霜、颜红宇、朱泓、王寅、本报记者周挺。

关财务报表。他们分析财务报表后发现，S公司注册资本折合人民币仅有7万元，股权转让成交价格却高达50多亿元。S公司100%控股的G公司是贵阳X公司的全资持有者。“由此我们判断，此次发生在境外的股权转让价值很有可能是来源于中国境内的应税财产，存在避税嫌疑，有必要进行深入调查。”参加此次案件调查的税务人员小颜回忆道。

二、两家公司：无工作人员和无实质商业行为

鉴于上述疑点，2016年1月16日，贵州省、贵阳市国税局迅速组织成立专案组。

专案组约谈了贵阳X公司负责人，分析其关联企业S公司和G公司交易信息、财务报表和各年度经营情况。他们初步查明，G公司注册地在香港，注册资本仅为1港元，是S公司的全资子公司。S公司和G公司常年无工作人员及实质商业行为。专案组认为，S公司和G公司均有“导管”公司的嫌疑，X（HK）公司很可能通过对S公司进行股权转让，将原本直接转让中国境内应税财产的行为变为在境外间接转让，利用BVI避税地规避在中国境内的纳税义务。掌握了以上信息后，专案组报经国家税务总局批准，对S公司股权转让一事立案调查。

三、各执一词：有合理商业目的或者无积极经营行为

专案组的调查惊动了S公司的母公司X（HK）公司，他们聘请了某全球知名会计师事务所与税务机关接洽。

企业方提出，此次股权转让发生在中国境外，标的物S公司也设立在中国境外，无须在中国缴纳任何税收。他们认为，X（HK）公司设立S公司和G公司，是为了履行境外融资功能，具有充足的商业目的，并非为了规避在中国的纳税义务。因此，税务机关将S公司与G公司认定为“导管”公司缺乏实际依据。

如何界定企业的商业目的是否合理？这次交易在中国境内该不该承担纳税义务？

专案组经过一系列调查取证，发现X（HK）公司转让S公司取得的收益，与S公司和G公司的实际注册资本、资产总额、生产经营状况、收入和现金流都明显不匹配。

调查人员分析了S公司、G公司和贵阳X公司2013—2014年财务报告，证实S公司与G公司除了间接和直接持有贵阳X公司的股权外，没有其他不动产、无形资产、存货和设备等有价值的资产，S公司的股权价值99%以上来自贵阳X公司。S公司与

G公司均无积极经营行为，其中，G公司2013年和2014年分别向银行贷款5亿元港币和3.55亿元港币给贵阳X公司，融资比例仅占G公司年度总债权的10.85%和7.7%，两笔贷款均由X（HK）公司提供担保，G公司承担的风险极其有限。

2013年和2014年，S公司没有收入，G公司的收入100%来自贵阳X公司的利息。

综合种种事实，再考虑到本次交易在BVI不需缴纳资本利得税或其他与财产转让有关的税收，税务机关认定，这次间接股权转让商业目的不合理。

四、半年博弈：企业认可征税权，依法补税逾亿元

经过历时半年的反复调查取证、谈判博弈，2016年8月，专案组认定，本次交易完全符合国家税务总局《关于非居民企业间接转让财产企业所得税若干问题的公告》（国家税务总局公告2015年第7号）中“应直接认定为不具有合理的商业目的的情形”所列举的条件，应按照企业所得税法规定，重新定性该间接转让交易，确认为直接转让中国居民企业贵阳X公司的财产。专案组人员多次约谈企业授权的会计师事务所人员，不断与其电函邮件交流，最终说服其接受了税务机关的观点。企业方认可中国税务机关拥有对此次股权间接转让所得的征税权，同意就此次股权转让纳税。根据相关规定，X（HK）公司按股权转让价减除股权成本价后的差额补缴预提所得税1.44亿元。

五、案例点评：大数据——反避税的利器①

此次贵阳市国税局成功办结境外控股公司间接转让中国境内应税财产案件，得益于反避税调查人员对互联网公开信息的及时收集和准确判断。

基层税务人员在日常税源管理中的高度责任感和对税收风险判断的敏感性，让他们立即察觉到了企业名称细小的变化，并通过互联网挖掘出其背后的境外股权转让信息，最终追征税款超过亿元。

跨境税源相对隐蔽，信息不确定，第三方涉税信息难以获取，因此，运用好互联网与大数据，是做好反避税工作，维护国家税收主权的重要保证。在反避税工作中，贵州省国税局抓住大数据这个关键点，“自上而下”，向基层主管税务机关推送风险提

① 点评人：贵州省税务局总经济师周进新。

示。同时，“自下而上”，由基层主管税务机关反馈跨境税源风险提示。通过对居民企业申报数据和财务数据的分析，基层主管税务机关将日常管理中搜集和接触到的零散信息，依据风险类型特征归集并向上推送。对确定为较高风险的跨境税源信息和事项，由省、市两级国际税收管理部门牵头，统筹全省国际税收团队力量实施应对。

10

非居民税收管理

案例 45：

未与非居民企业签订包税合同的非纳税义务人所负担的税款，能否在企业所得税税前扣除呢？[①]

包税合同，是指签订合同双方约定，由非纳税义务人负担纳税义务人应该缴纳税款的商业民事合同。包税合同下，非纳税义务人所负担的税款，能否在企业所得税税前扣除？实务中，交易双方签订包税合同的情形并不少见，非纳税义务人所负担的税款能否税前扣除的问题，一直是业界热议的焦点。笔者认为，只要满足一定的形式要件，并做好账务处理，非纳税义务人所负担的税款是可以在企业所得税税前扣除的。

一、案例

国内 A 公司与国外公司签订了特许权使用费包税合同。价款条款中明确，特许权使用费总金额为人民币 100 万元及其他附加，此附加为与国外企业在中国境内发生的税费相当的价款。国内 A 公司在扣缴相关税费后，于 2018 年 12 月 1 日对外支付了 100 万元人民币。假设适用税收协定优惠税率后，特许权使用费预提所得税的税率为 7%，

① 资料来源：《中国税务报》，2019 年 2 月 1 日，作者：国家税务总局湖州市税务局余俐，原标题：签订包税合同后，税金能否税前列支？

且不考虑城市维护建设税等附加。此时，A公司所负担的相关税费能否在企业所得税税前扣除？

二、分析

目前来看，我国税收法律、法规均明确了各税种的纳税义务人，并对税种、税率和应纳税额的计算方式等作了规定。但对于实际由谁缴纳税款，税法中并没有作出强制性或禁止性规定。包税合同并非约定谁是法律上的纳税义务人，而是约定了税款由谁来承担和实际缴纳。这种约定是一种履约的条件，是缔约双方利益分配的方式，与税法中的纳税义务人的强制性规定并不抵触。

《合同法》第四条规定，当事人依法享有自愿订立合同的权利，任何单位和个人不得非法干预。只要该约定是双方的真实意思表示，就具有合法性。同时，《国家税务总局关于非居民企业所得税源泉扣缴有关问题的公告》（国家税务总局公告2017年第37号）第六条规定，扣缴义务人与非居民企业签订与《企业所得税法》第三条第三款规定的所得有关的业务合同时，凡合同中约定由扣缴义务人实际承担应纳税款的，应将非居民企业取得的不含税所得换算为含税所得，计算并解缴应扣税款。这一规定相当于默认了包税合同的合法性。

那么，包税合同下的非纳税义务人所负担的税款，能否在企业所得税税前扣除呢？实务中存在不同的观点。

有观点认为，在合同存在包税条款的情况下，非纳税义务人所负担缴纳的应由纳税义务人缴纳的税款，一律不能在非纳税义务人的企业所得税前进行扣除。根据《企业所得税法》第八条的规定，企业实际发生的与取得收入有关的、合理的成本、费用、税金和损失等支出，准予在计算应纳税所得额时扣除。A公司所承担的税款，并不是本公司为了实现收入而形成的支出。因此，尽管相关支出能够取得完税凭证，也不能作为该公司的合法税金，在税前扣除。

笔者认为，此观点有待商榷。根据《国家税务总局关于雇主为雇员承担全年一次性奖金部分税款有关个人所得税计算方法问题的公告》（国家税务总局公告2011年第28号）的规定，雇主为雇员负担的个人所得税税款，属于个人工资、薪金的一部分。凡单独作为企业管理费列支的，在计算企业所得税时不得税前扣除。参照此规定，除增值税外（由于增值税是价外税，代扣代缴税金可以进行抵扣），A公司代扣代缴的企业所得税和附加税，本身是特许权使用费支出中的一部分。只要特许权合同的条款已明确约定，总价款中包括了这部分金额，同时作了正确的账务处理，是可以税前列支的。

三、观点

笔者认为，一项支出能否在企业所得税税前扣除，主要取决于该项支出是否与企业的生产经营有关，且该支出是否为合理的支出。

《国家税务总局办公厅关于沃尔玛（中国）投资有限公司有关涉税诉求问题的函》（国税办函〔2010〕615号）第二条的规定，如果合同约定，非居民企业取得所得应纳中国税金由中国企业承担，且非居民企业出具收款发票的注明金额为包含代扣代缴税金的总金额，原则上应允许计算企业所得税税前扣除，但主管税务机关应根据有关规定审核该项支付的真实性与合理性。同时，《企业所得税税前扣除凭证管理办法》第十一条规定，企业从境外购进货物或者劳务发生的支出，以对方开具的发票或者具有发票性质的收款凭证、相关税费缴纳凭证作为税前扣除凭证。

因此，笔者认为，如果包税合同条款明确约定，价款中包含了需代扣代缴的税金，且有相应的收款凭证以及与总价相配比的代扣代缴税款缴税凭证，并准确作了相应的账务处理，则非纳税义务人所承担的税款，可以在企业所得税税前扣除。

以上面的特许权包税合同为例，假设含税合同总价为X，则 $X-X\times7\%=100$ 万元。由此可知，含税合同总价X为107.52万元。A公司应代扣代缴增值税6.09万元（$107.52\div1.06\times6\%$），代扣代缴企业所得税7.52万元（$107.52\times7\%$）。

此时，A公司应进行如下账务处理：

（1）12月1日确认成本费用，扣缴义务发生日为相关款项实际支付或到期应支付之日。

借：管理费用	1075200	
应交税费——应交增值税——进项税金	60900	
贷：应付账款——外国公司		1000000
应交税费——代扣代缴企业所得税		75200
应交税费——代扣代缴增值税		60900
借：应付账款——外国公司	1000000	
贷：银行存款		1000000

（2）12月5日，申报、享受协定备案和解缴税款。

借：应交税费——代扣代缴企业所得税	75200	
应交税费——代扣代缴增值税	60900	
贷：银行存款		136100

如此，通过准确的财务核算，包税合同中的对外支付代扣代缴的税款包含在相关的成本费用中，并在税前进行列支。

笔者在此提醒纳税人，在财务核算前，如果对扣缴的税款和享受的税收协定待遇存在不确定，可咨询当地的税务机关，以避免后续审核带来的税务风险。

案例 46：

境外母公司派遣人员来子公司提供服务支付工资薪金被税务局认定构成常设机构，依法补缴企业所得税及滞纳金 12.71 万元[①]

对外支付税务备案是常见的国际税收业务，单凭备案信息中简单的陈述，税务人员很难判定企业支付背后的真实性和受益性。一笔不起眼的对外支付，也可能潜藏着跨境税务风险。前不久，从 B 公司向其母公司——日本 A 公司支付派遣人员工资、薪金的备案中，税务机关判定 A 公司构成在我国境内设立常设机构，A 公司最终依法补缴企业所得税 12.4 万元。

一、症状：两笔对外支付不常见

日本 A 公司创立于 1993 年，是全球知名的自动化控制及电子设备制造厂商，掌握着世界领先的传感与控制核心技术。B 公司是 A 公司于 1997 年在中国广东设立的电子部件生产部，目前有员工 2000 余人，年产值达 13 亿元。

① 资料来源：《中国税务报》，2019 年 6 月 21 日，作者：国家税务总局深圳市坪山区税务局李睿，原标题：两笔不常见的对外支付款。

税务机关在核查中发现，B 公司 2018 年内发生多次对外支付业务，其中两项对外支付备案，涉及派遣人员工资和奖金的发放，金额较小，共计约 160 万元。相对于 B 公司技术转让与股息分配等常态性支付业务，这两笔不常见的对外支付引起了税务人员的关注。

二、诊断：构成我国常设机构需缴税

税务人员通过 B 公司提供的派遣人员工资和奖金协议了解到，B 公司由于生产和管理需求，向 A 公司申请协助，A 公司派遣了 23 名日籍员工到 B 公司协助生产管理。B 公司与这 23 名人员单独了签订了劳务合同，并为其代扣代缴个人所得税。然而，基于日籍人员在日本的养老保险等考量，合同规定，B 公司应定期向 A 公司支付 23 名人员在日本的部分工资、薪金，再由 A 公司在日本境内向 23 名人员发放，并保障其养老保险等费用的支付。

基于了解的信息，税务人员对 A 公司是否构成在我国设立常设机构产生了疑问。随后，税务机关到 B 公司进行实地调查，发现几方面疑点：协议虽然规定人员派遣为每两年一批，但部分高管和关键技术人员存在延期和不定期任职的变更；日籍人员在中国境内任职的数量和标准完全由 A 公司决定，拥有对派遣人员的实际指挥权，而其中部分人员属于 B 公司高层管理人员；支付金额具有不确定性，不符合工资、薪金的基本属性，支付中包含部分奖金、补贴、住宿费等；A 公司在日本支付给派遣人员的实际费用，与 B 公司依照合同实际对外支付的金额不匹配，且 A 公司无法提供更多证明；虽然派遣人员与 B 公司签订了劳务合同，但其与 A 公司的劳务合同并未撤销且依然有效等。

根据《中华人民共和国政府和新加坡共和国政府关于对所得避免双重征税和防止偷漏税的协定》及议定书条文解释、《国家税务总局关于非居民企业派遣人员在中国境内提供劳务征收企业所得税有关问题的公告》（国家税务总局公告 2013 年第 19 号）及中日税收协定，非居民企业派遣人员在中国境内提供劳务，如果派遣企业属于税收协定缔约对方企业，且提供劳务的机构、场所具有相对的固定性和持久性，该机构、场所构成在中国境内的常设机构。

税务人员认为，A 公司的派遣人员属于为 B 公司提供管理和生产的专业服务，符合税收协定中“咨询劳务活动”的定性，同时满足国家税务总局 2013 年第 19 号公告中常设机构判定因素的其中两个条件，即接收劳务的境内企业向派遣企业支付管理费、服务费性质的款项，以及接收企业向派遣企业支付的款项金额超出派遣企业代垫、代付被派遣人员的工资、薪金、社会保险费及其他费用。同时，结合中日税收协定关于常设机构人员停留时间标准的规定，A 公司构成了在我国设立常设机构。最终，A 公司依法补缴企业所得税 12.4 万元，滞纳金 0.31 万元，共计 12.71 万元。

三、处方：加强企业内部部门间协调

本案例中，由于 A 公司、B 公司对相关政策法规和税收协定理解不到位，对其集团公司内部跨境人员调动派遣业务，没有结合税收规定判定其性质，忽略了关联公司间跨境劳务服务的实质和独立交易原则的要求，从而导致跨境税务风险。

建议企业在频繁发生跨境服务时，要加强内部人事部门、财务部门或税务部门的相互协同，严格审核现行派遣安排与内部规范，同时加强与税务机关的沟通互动，强化对跨境税收政策的了解和学习，定期审查企业内部派遣规范与相关税收政策遵从情况，主动掌控和防范跨境税务风险。

案例47：

误判交易性质可能少缴税①

企业向境外支付的款项，是特许权使用费还是咨询服务费？最近一段时间，A公司由于误判交易业务实质，补缴了企业所得税近70万元。虽然补税的金额不是很大，但是企业暴露出来的问题却很有代表性：对交易实质判定不准确。

一、症状：对外支付未扣税

A公司主要经营半导体集成电路、半导体分立器件、晶圆委外加工。税务人员在开展对外支付税务备案复核工作时发现，A公司于2018年8月发生了一笔跨境支付交易，对外支付825万瑞典克朗，折合人民币约600余万元，金额较大且未代扣代缴企业所得税。税务人员通过案头分析了解到，A公司成立两年尚未发生实际业务，账面仍处于亏损状态，且人员较少，存在较大税务风险疑点。

针对该疑点，税务人员审核了A公司交易合同、相关技术资料和财务报表等资料。A公司提交的资料中，有一份与瑞典B公司签订的《咨询服务合同》，涉及包括B公司为A公司提供生产制作公益、生产路线图和生产流程等内容。合同中显示，该公司在2018年8月15日向B公司支付了一笔关于碳化硅的咨询服务费。

在约谈中，A公司财务负责人表示，公司接受的是B公司提供的咨询服务，且完

① 资料来源：《中国税务报》，2020年1月10日，作者：国家税务总局深圳市坪山区税务局李睿。

全发生在境外。因此，A公司认为，无须在中国境内缴纳相关税费。该公司在交易过程中，也仅从技术层面进行了申报备案，没有进行其他税务处理。

二、诊断：交易实质判定不准

A公司的做法是否准确？带着这个疑问，税务人员梳理了A公司与B公司所签订的合同。过程中，税务人员发现，合同设置了保密条款和限制使用条款，且合同中明确约定，一方未经另一方同意，不得向第三方出让相关数据与图纸，并在合同到期后归还双方数据资料和图纸。也就是说，A公司在一定时间内，拥有B公司所提供资料的完整使用权，但没有所有权和处置权。由此，税务人员初步判断，A公司对交易实质可能存在误判。

《国家税务总局关于执行税收协定特许权使用费条款有关问题的通知》（国税函〔2009〕507号）第三条规定，与专有技术有关的特许权使用费，一般涉及技术许可方同意将其未公开的技术许可给另一方，使另一方能自由使用，技术许可方通常不亲自参与技术受让方对被许可技术的具体实施，并且不保证实施的结果。被许可的技术通常已经存在，但也包括应技术受让方需求而研发后许可使用，并在合同中列有保密等使用限制的技术。

据此，A公司向B公司支付的费用，属于特许权使用费。根据《企业所得税法》的规定，特许权使用费所得，按照负担、支付所得的企业或者机构、场所所在地确定来源地，或者按照负担、支付所得的个人的住所地确定来源地。瑞士B公司属于非居民企业，其在中国境内没有机构场所而取得来源于中国的所得，应在中国境内缴纳企业所得税。A公司作为扣缴义务人，应依法履行代扣代缴税款的义务。最终，A公司申报补缴了企业所得税款近70万元。

三、处方：交易实质判断须准确

笔者在实务中发现，许多企业由于对关键交易性质的判定出现失误，导致企业进行了错误的税务处理。跨境交易一般涉及金额较大，这很容易给企业带来重大损失。

在实际申报中，对于对外支付的合同计价标准、外汇中间价判定、税款计税基础等细节，税收相关法律法规都有较为详细的规定。因此，建议企业发生跨境交易，并对外支付资金时，加强与主管税务机关的交流，提前咨询相关业务与政策，避免因为误判交易实质而产生税务风险。

案例 48：

支付的这笔设计费需代扣预提所得税吗？[①]

山东省甲房地产公司委托中国香港特别行政区乙建筑事务所进行建筑工程设计，于 2018 年 3 月 1 日双方签订了建设工程设计合同，约定：施工图设计完成后，乙事务所保留设计的所有权，甲公司只拥有该设计的使用权且设计文件专用于该项目工程，合同总金额 110 万美元，由甲公司实际承担应纳税款。合同签订至设计图纸交付，乙事务所共派员工来甲公司考察累计 30 天。2018 年 9 月 4 日，施工图设计文件通过审查，甲公司支付设计费 110 万美元。甲公司需代扣这笔设计费的预提所得税吗？

甲公司认为：其是否需代扣预提所得税，需先判断乙事务所提供劳务的场所能否在内地构成常设机构。《内地和香港特别行政区关于对所得避免双重征税和防止偷漏税的安排》（以下简称“《安排》”）规定，一方企业的利润应仅在该一方征税，但该企业通过设在另一方的常设机构在该另一方进行营业的除外。如果该企业通过设在该另一方的常设机构在该另一方进行营业，其利润可以在该另一方征税，但应仅以属于该常设机构的利润为限。其中“常设机构”一语包括：“一方企业直接或者通过雇员或者雇用的其他人员，在另一方为同一个项目或者相关联的项目提供的劳务，包括咨询劳务，仅以在任何十二个月中连续或累计超过一百八十三天的为限。”乙事务所派雇员实地考察累计 30 天，未超过 183 天，在内地未构成常设机构。因此，甲公司不需代扣预提所得税。

---

① 资料来源：《中国税务》，2020 年第 1 期，作者：杨梅。

甲公司的认识其实存在误区。从形式上看乙事务所提供的是劳务，但合同明确约定设计的所有权归乙事务所所有，甲公司只有使用权，所以乙事务所提供的服务不应认定为“提供劳务”，该项支付应界定为“特许权使用费”，理由如下：

《安排》中“特许权使用费”一语是指使用或有权使用文学、艺术或科学著作（包括电影影片、无线电或电视广播使用的胶片、磁带）的版权，专利、商标、设计或模型、图纸、秘密配方或秘密程序所支付的作为报酬的各种款项，或者使用或有权使用工业、商业、科学设备或有关工业、商业、科学经验的信息所支付的作为报酬的各种款项。

依据《国家税务总局关于执行税收协定特许权使用费条款有关问题的通知》（国税函〔2009〕507 号）第四条规定，在服务合同中，如果服务提供方在提供服务过程中使用了某些专门知识和技术，但并不许可这些技术使用权，则此类服务不属于特许权使用费范围。如果服务提供方提供服务形成的成果属于特许权使用费定义范围，并且服务提供方仍保有该项成果的所有权，服务接受方对此成果仅有使用权，则此类服务产生的所得属于特许权使用费。

2018 年 8 月，国家税务总局国际税务司编制的《非居民企业源泉扣缴税收指引》在第四章特许权使用费中的案例 2 也对此作了进一步解释：我国 A 企业为汽车制造企业，委托境外 B 公司进行某项新技术的研发，双方签订了委托研发合同，合同约定新技术研发成功后，B 公司保留技术的所有权，A 公司只有该技术的使用权。尽管从形式上看 B 公司提供的是研发劳务，但由于 B 公司保留了技术所有权，A 公司只取得技术使用权，因此服务产生的所得应该属于特许权使用费。

综上所述，甲公司的看法并不正确，乙事务所提供的服务产生的所得应为特许权使用费所得，依据《中华人民共和国企业所得税法》第三十七条规定，对非居民企业取得本法第三条第三款规定的特许权使用费所得应缴纳的所得税，实行源泉扣缴，以支付人为扣缴义务人。税款由扣缴义务人在每次支付或者到期应支付时，从支付或者到期应支付的款项中扣缴。

因此，甲公司需代扣这笔设计费的预提所得税。

案例 49:

福建平潭税务部门首次成功追缴非居民企业跨境劳务税款[①]

近日，福建平潭综合实验区国税局办结该区首起非居民企业跨境劳务涉税案件，追缴入库企业所得税 35.51 万元，追征滞纳金 7.9 万元。虽然税额不大，但案件的特殊性，以及历时一年多的调查谈判历程，却很有启发意义。

一、锁定：一篇报道发现非居民避税线索

2015 年 8 月的一天，平潭国税局税政科科长林永登正在网上搜索涉税信息，一篇题为《海关给力，Y 企业提前享受政策红利》的报道立刻吸引了他。

一则普通的消息，却让从事税收工作多年的林永登“淘到了金子”：报道中提及区内 Y 企业与境外企业 A 公司存在大量设备交易，而 A 公司并未向国税局缴纳相关企业所得税。

税务人员立即查阅企业合同，确认平潭 Y 企业在 2013 年项目筹建阶段，与日本 A 公司签订了《设备买卖及安装服务合同》。该合同约定 A 公司向 Y 企业销售一台 SCS－5501 涂布机，设备总金额 14.56 亿日元。根据有关规定，A 公司应该根据合理标准划分劳务收费金额，并就该项劳务的利润额在我国缴纳企业所得税。

① 资料来源：《中国税务报》，2017 年 1 月 20 日，作者：叶生成。

“《非居民企业所得税核定征收管理办法》规定，税务机关可以根据实际情况，参照相同或相近业务的计价标准核定劳务收入。无参照标准的，以不低于销售货物合同总价款的10%为原则，确定非居民企业的劳务收入。所以，这家企业应该在中国缴纳劳务收入税款”。参加此次案件调查的税务人员介绍。

经查实，A公司并未缴纳相关税款。税务机关初步判断该企业存在避税嫌疑，有必要进行深入调查。

二、调查：第一时间与境外企业取得联系

经初步调查发现，该项目已经全部完工，区内企业又难以承担扣缴税款义务，这使得调查工作一度陷入僵局。为此，平潭国税局立即成立追缴欠税工作小组，拉开了跨境税源追缴的序幕。

鉴于本案涉及境外企业，由于非居民企业的特殊性，一旦确定避税行为，追缴税款的时机稍纵即逝。该局第一时间通过区内Y企业与A公司取得联系，并向其宣讲了我国有关非居民税收的法律法规，特别是《非居民企业所得税核定征收管理办法》（国税发〔2010〕19号）中关于承包工程作业和提供劳务税收管理的规定。

此后，调查人员多次与A企业取得联系，但该企业总是以资金困难等为由拒不缴纳税款。直至2016年8月，该企业仍未缴清税款。“如果放弃追缴，必然造成一笔跨境税源流失”。于是，调查人员找准政策突破口，穷追不舍。

三、博弈：协定待遇能否享受成关键

调查人员在展开税法宣讲攻势的同时，就该企业“是否享受税收协定待遇”问题与A公司代表进行谈判。

企业方提出，企业所派出的员工在该项目的工作时间未达到常设机构标准，要求补充享受税收协定待遇，并提交了《非居民纳税人享受税收协定待遇情况报告表》《税收居民身份证明》和《外籍人员来华工作相关说明》等材料，要求国税局对相关材料先行预审。

调查人员本着便利纳税人的原则，认真审核企业提供的证明材料，发现企业自行拟定的《外籍人员来华工作相关说明》无法证明其员工真实的工作时长，企业也无法提供护照复印件、出入境记录等第三方资料。为维护我国税收主权，平潭国税局于2016年9月19日向企业寄送《税务事项告知书》，要求企业尽快就该事项进行纳税申

报或作出必要说明。

对此，A公司提供了人员出入境证明，以及众多的数据和证明。分析证据资料后，调查人员发现其员工常驻中国时间超过半年。这就是说，该企业依法不得享受税收协定待遇，企业所得税税款和滞纳金需全额追缴。

经过与A公司多轮谈判博弈，不断与其电函邮件交流，最终说服其接受了税务机关的观点，并承诺如数补缴税款。

四、合作：税银联手确保税款入库

历时一年，税款追缴工作接近尾声，但没想到税款入库又遇到新问题。A公司在境内无存款账户，如何保证境外汇入税款顺利入库？为此，平潭国税局在获得这笔国外汇款缴税的承诺后，积极与人民银行、财政部门、专业银行等沟通联系，依托财税库行平台，及时协调处理。

平潭国税局多方沟通协调，由人民银行在辖区内对具备结售汇业务资格的商业银行进行代理国库业务、内控制度管理等综合考评基础上，指定兴业银行负责这笔国外汇款缴税业务。经过国税、人民银行研究确定后，开设了税款专户，再由国税局征管科办理临时税务登记，以便税款开票及入库。一切准备就绪，日前，该笔跨境税款终于顺利入库。

案例50：

广西来宾国税局破解技术服务费突增谜团[①]

一、案例

近日，广西来宾市国税局在对外付汇备案资料复核以及特许权使用费、利息所得非居民税收专项检查中发现，某企业以支付技术劳务费名义支付特许权使用费，造成少缴非居民企业所得税。通过4次约谈纳税人，并进行税法宣传后，企业通过自查补报，补缴非居民企业所得税304.69万元、增值税33.63万元，合计338.32万元。

二、分析

来宾市国税局国际税务管理科工作人员在对全市2014年对外支付备案资料进行例行复核过程中发现，某中外合资经营企业（A公司）技术服务费突增，对外支付频繁且金额较大。其中一份合同引起了工作人员的关注。该合同是A公司与其法国某关联集团企业（B公司）在合营之初签订的技术协助协议，约定B公司向A公司提供技术协助、知识、系统、方法、工艺和经验，包括信息技术以及境外关联公司建立和管理

① 资料来源：《中国税务报》，2016年11月25日，作者：黄佳源、梁鲜珍。

生产业务，尤其是在产品生产加工方面的具体专有技术等，并按营业额的3%提取技术服务费。合同中特别提到，技术的专利以及技术改进后的专利属于B公司所有，即使是在A公司的要求以及其他关联公司的配合下完成的技术改进。同时，合同还规定了大量的保密条款。

工作人员在深入研究合同后意识到该合同名义上是技术协作协议，实质上具有特许权的性质，属于特许权使用费。对外支付特许权使用费与支付技术服务费在税收上有什么区别？按税法规定，支付特许权使用费一般按10%税率代扣代缴企业所得税，而支付技术服务费，一般采用核定应纳税所得额再乘以25%税率的方式计算扣缴税额。在本例中，支付技术服务费应代扣代缴7.5%的企业所得税，与10%相差2.5个百分点。随后，该局以税法宣传和税源调查的名义与A公司相关人员进行约谈，并向A公司了解该合同的具体执行情况。约谈中了解到A公司没有相关研发机构，在技术上依赖法国集团总部，但境外关联B公司很少派员到境内提供劳务。这让工作人员更加肯定该合同实质是专有技术许可使用，属于特许权使用费的范畴。于是，该局向A公司进行宣传解释，但境外关联公司却提出异议，并委托税务代理人进行协商谈判。

谈判前，该局国际税务管理科工作人员认真梳理了税法以及协定待遇中有关特许权使用费的相关规定。在协谈中，该局工作人员和企业税务顾问进行了交流，并提出有力的证据和依据，耐心向纳税人和税务代理人宣传和解释有关税收协定方面的规定。经过近两个小时的协商谈判，该税务顾问最终认同合同性质为特许权使用费，但又提出法方派人员常驻企业进行指导服务，并构成常设机构，申请享受中法税收协定的营业利润条款。为此，该局要求企业在规定时间内提供相关证明资料进行佐证，如构成常设机构的，要求企业对常设机构的营业利润进行划分，如企业不能准确划分的，将由税务机关进行核定。最终，企业无法提供相关证据资料证明构成常设机构，依我国税法规定补缴了税款。

案例51：

北京——合同暗藏担保费企图避税有风险[①]

A航空公司在以融资租赁方式购入飞机的过程中，将支付给国外银行的担保费改变名目称为“出口信贷机构费”，企图作为境外劳务费用享受不征税的待遇。北京市顺义区国税局通过深入调查、分析，识破了企业的避税手段，最终按担保费征收了企业所得税789万元。

一、案例

国内一家大型航空企业A航空公司（被担保人），与法国B银行（被担保人的融资安排人）、美国C银行（被担保人的代理人）共同签订了一份关于融资安排及承诺的三方协议，两家国外银行为A航空公司两架飞机的融资租赁安排提供特定金融服务。协议中明确，美国A银行为两架飞机的担保人。根据协议，A航空公司将支付如下费用：（1）向法国B银行支付“安排费和共享经济额”，共计270万美元，用于该银行提供的融资安排一般性协助等工作；（2）通过法国B银行向美国A银行转付第一架飞机的“航空谅解协议佣金”98.02万美元和“出口信贷机构费”540万美元；（3）通过美国C银行向美国A银行转付第二架飞机的“航空谅解协议佣金”2.67万美元和“出口信贷机构费”540万美元。

① 资料来源：《中国税务报》，2016年1月1日，作者：北京市顺义区税务局稽查局成凯。

近日，北京市顺义区国税局经过调查，揭穿了A航空公司通过给担保费穿“马甲”——交易合同，将其变成“出口信贷机构费”，意图规避中国境内纳税义务这一事实，扣缴其境外合作伙伴美国A银行应纳税款789万元人民币。

二、分析

主管税务机关在审阅合同备案时，发现合同中提到的美国A银行并非本合同的签署人，但其作为该项融资租赁业务的担保人，反复出现在合同中。合同中实际支付给美国A银行的金额占支付总金额的74%以上。值得注意的是，合同中规定“出口信贷机构费”的计算方法为“按照相关担保金额初始本金额的4%计算”。主管税务机关怀疑该笔费用有可能是美国A银行担保费的一部分。同时，主管税务机关发现，境内公司虽在签订融资租赁合同时确定了担保银行，但未就担保费支付过款项。那么，该项合同中的部分款项是否就是担保费？

税务机关整理了以往有关融资租赁前端费用的相关合同，反复分析合同条款，并与企业不断沟通后认为，该合同中的“安排费和共享经济额”和“航空谅解协议佣金”可认定为境外劳务，但“出口信贷机构费”共计1080万美元应认定为A航空公司向美国A银行支付的担保费。根据《国家税务总局关于非居民企业所得税管理若干问题的公告》（国家税务总局公告2011年第24号）第二条的规定，非居民企业取得来源于中国境内的担保费，应按照《企业所得税法》对利息所得规定的税率计算缴纳企业所得税。

对此，A航空公司认为，美国A银行是出租方指定的担保银行，公司通过美国A银行提供担保，只是为了获得更加优惠的利率。因此，该项费用可以作为融资租赁租金利息的一部分。根据中美税收协定，对于租赁工业、商业或科学设备所支付的特许权使用费，只需要就这些特许权使用费总额的70%纳税即可。

税务机关则认为，根据《〈中华人民共和国政府和新加坡共和国政府关于对所得避免双重征税和防止偷漏税的协定〉及议定书条文解释》（国税发〔2010〕75号）第十二条第三款（二）的规定，特许权使用费包括使用或有权使用工业、商业、科学设备取得的所得，即设备租金，但不包括设备所有权最终转移给用户的有关融资租赁协议涉及的支付款项中被认定为利息的部分。也就是说，A航空公司针对该架飞机签订的是融资租赁协议，最终飞机的所有权会转移给A航空公司，因此该项费用不能按特许权使用费申请享受中美税收协定待遇。

此外，A航空公司认为，根据国家税务总局公告2011年第24号第四条关于融资租赁所得税务处理问题的规定，非居民企业按照合同约定期限收取租金，应以租赁费扣除设备、物件价款后的余额作为贷款利息所得计算缴纳所得税。现在支付的该项费用，是为融资租赁飞机优惠利息而发生的，属于贷款利息所得。并且，美国A银行是一家美国政府所有的金融机构，根据中美协定第十条第三款的规定，非居民企业可以申请就利息收入享受协定待遇免税。

税务机关则认为，根据国税发〔2010〕75号文件第十一条第四款的规定，与贷款业务相关的并附属于债权的所得可认定为利息，对于独立发生于债权方以外的，如单独收取的担保费等，原则上不应认定为利息。企业拟支付的款项并非融资租赁合同中明确的租赁费和利息项目，而仅是单独于融资租赁合同收取的担保费用，美国A银行并非贷款业务的债权人，而是担保人。因此，该项费用不属于中美税收协定第十条中提到的利息所得，不能申请享受税收协定待遇。

经过反复沟通，企业最终认同了税务机关的意见，撤回了针对该项费用境外劳务不予征税的申请。税务机关根据规定，扣缴了美国A银行应纳税款789万元人民币。

案例52：

宁夏宁东国税局完成首例非居民企业常设机构的认定工作[①]

近日，宁夏宁东国税局、地税局召开联席会议，将德国某公司这一非居民企业认定为常设机构，这是宁东地区首例对非居民企业身份认定的税务事项。

该德国公司是一家主要提供设计、技术咨询服务的企业。2011年8月，神华宁夏煤业集团有限公司同该企业签订了甲醇制烯烃技术服务合同，合同期限5年，主要为神华宁煤集团甲醇制烯烃项目提供现场技术指导服务。该企业的代理机构在合同签订后一个月内向宁东国税局办理了备案登记。在2015年以前，该企业每次派员到项目现场服务时间都很短，而且每次派员间隔时间都很长（均超过一个月），按照中德税收协定的规定不能对该企业认定为常设机构，该企业也不用在中国缴纳任何税款。

2016年3月，宁东国税局按照国际税收风险管控的有关要求对该企业进行后续管理，在查阅该企业来华员工的签证资料后发现该企业2015年3月到8月期间每月都有来华记录，随后召集神华宁夏煤业集团有限公司和该非居民企业的代理公司作进一步的问询，该代理公司承认2015年3月到8月非居民企业确实每月都派员为甲醇制烯烃项目提供现场技术服务，神华宁夏煤业集团有限公司也有相应的记录。按照中德税收协定的有关规定，该非居民企业在中国境内应构成常设机构。随即联系

① 资料来源：宁东税务局，2016年5月30日。

宁东地税局对这一事实进行认定，并明确了该企业在我国境内应向国、地税分别缴纳的各税种，按照合同金额，预计该企业总计可缴纳税款120万元左右。这是宁夏宁东国地税首次对非居民企业身份的联合认定，为以后国际税联合管理奠定了良好的基础。

案例 53：

浙江宁波：首家中外合作大学扣缴非居民企业所得税 1000 万元中外合作办学外方所得应依法纳税[①]

日前，宁波 N 大学的财务人员将 1000 多万元的税款足额缴入宁波市鄞州区国税局。这标志着全国首家中外合作办学机构非居民企业所得税案件画上一个圆满的句号。

长达四年多的调查和谈判过程中，宁波市和鄞州区两级国税机关的国际税务管理部门人员，准确解释与执行我国税法，维护了国家的税收权益，同时落实税收协定待遇，维护了非居民纳税人的合法权益，促进了国际交流和对外开放。

一、日常巡查，发现线索

2012 年，在日常巡查管理中，辖区内一家颇有知名度的中外合作大学的纳税情况引起了宁波市鄞州区国税局国际税务管理人员的注意。该大学是我国首家中外合作办学机构（具有法人实体），由中方 Z 大学与英国著名的 D 大学于 2004 年共同投资设立。根据双方的协议，外方提供一系列的教学服务，包括指派有经验的教员和管理人员；采办研究和教学材料、设备和图书；确保教学质量和其他支持工作等。作为回报，

① 资料来源：《中国税务报》，2016 年 8 月 12 日，作者：毛杰。

外方有权向宁波 N 大学收取相关管理和服务费用。

宁波 N 大学自成立以来招生数量和对外支付金额都不断增加，但多年来外方对收取的相关费用却从未缴纳分文的非居民企业所得税。外方理由在于，这些支付对应的服务发生在境外，中国税务机关没有征税权。于是，该大学的非居民所得税问题就被列为鄞州区国税局当年重点风险监控项目之一。

二、解释政策，突破难点

针对外方提出的理由，税务人员认真查阅相关文件，并着重研究了中英税收协定的有关规定，发现外方提出的理由并不完全成立，在随后长达 4 年的调查和谈判中，双方的争议集中在 3 个问题上。

（一）问题一：外方派遣人员是否构成常设机构

外方认为派遣的教员和管理人员都获得了在宁波开展工作的中国政府许可，与宁波 N 大学签订了开展工作的雇佣合同，因此不构成常设机构。但事实调查表明，外方所派遣人员与英方存在雇佣合同，并由外方支付工资。根据中英税收协定第五条的规定，这些在中国境内长期从事教学和管理工作的人员构成了常设机构。由此，来源于中国境内的且可归属于常设机构的利润应当纳税。最终，英方同意中方税务机关的观点，认为构成常设机构，并按《非居民承包工程作业和提供劳务税收管理暂行办法》的规定进行税务登记。

（二）问题二：外方所得的定性

外方坚持其所得均为劳务所得，且发生在中国境外，对中国税务机关不负有纳税义务。对此，税务人员对中外方之间的协议以及实际执行情况进行了全面审核，明确外方收取的“质量保证金”费用，主要是为确保宁波 N 大学各方面运作质量达到国际化水平而提供技术或者服务。调查人员发现，其中不少项目符合税法中“特许权”的定义，相关所得应当界定为特许权使用费所得。根据企业所得税法及其实施条例、中英税收协定、《国家税务总局关于执行税收协定特许权使用费条款有关问题的通知》（国税函〔2009〕507 号）关于特许权使用费的定义与描述，税务人员认为，诸如教学评估、学生学籍和成绩记录更新、课程发展和维护等均涉及外方“专有技术”的运用，包括外方对在这些特许权使用过程中提供的支持和指导等服务而收取服务费（如实际外部运营费用），需要通过派遣教师在华授课，审核教案等形式实现的，并非简单的教案购买活动，涉及知识产权有关的服务，相关支付构成特许权使用费所得。

面对充足的税法依据和税务人员的详细解读，外方承认质量保证金对应的是特许权使用费和劳务收费，但必须以93:7和37:63的比例分别划分特许权使用费和劳务费及境内外劳务费。我方税务人员根据各项目的内容判定所得性质，认真逐项审查其实际发生额，严格审核境内外劳务发生的证明。经过反复的磋商谈判，税校双方最终确定按19:81和47:53的比例分别划分特许权使用费、劳务费及境内外劳务费。

（三）问题三：常设机构利润归属与教师工资薪金

根据中英税收协定第十二条第四款规定，如果特许权使用费受益所有人作为缔约国一方居民，通过设在特许权使用费发生的另一缔约国的常设机构进行营业或者劳务活动，据以支付该特许权使用费的权利或财产与该常设机构有实际联系的，则应适用第七条，即营业利润条款。而对于除特许权使用费之外的劳务活动收费，根据国家税务总局上述规范性文件的规定，由于提供劳务人员已构成常设机构，则对服务部分的所得也应适用税收协定营业利润条款的规定。

然而，在宁波N大学支付给外方的名义为“派遣教师和管理人员工资”的费用的定性上，税校双方存在严重分歧。外方认为，所收取的这笔费用全部用于派遣教师和管理人员的工资，其实质是一种代收代支行为，依据据实征收，其应纳税所得额应为零。而我方认为，《非居民企业所得税核定征收管理办法》（国税发〔2010〕19号）规定非居民企业采取据实征收方式，应设置账簿，归集记账凭证，准确核算应纳税所得额。但英方既无法提供相关账簿和凭证，也无法进行准确核算，因此不适合据实征收方式，应采取核定征收方式。

税务人员充分考虑了宁波N大学非营利性法人的性质，也考虑了英方用于发放派遣人员工资所收取费用的实际情况，根据国税发〔2010〕19号文件的规定，从低核定利润率为15%。

三、以理服人，顺利结案

在为期4年的调查过程中，宁波市国税机关两级国际税务管理部门人员以他们精湛的业务水平，敬业的工作态度，动之以情，晓之以理，向外方详细解释我国税法和税收协定的有关规定，最终使外方心服口服地接受了案件处理结果，非居民企业所得税1088.51万元顺利入库。同时，税务人员充分考虑宁波N大学的特殊情况，落实税收协定待遇，并从低适用核定利润率。在维护国家税收权益的同时，促进了国际教育交流和全市的对外开放水平。

11

受益所有人

案例 54：

忽视特殊条款，申请协定待遇被否[1]

日前，国家税务总局湖州市税务局接到印度 B 公司享受税收协定优惠的申请。税务人员经后续管理和调查核实，确认其忽视了中印税收协定中的特殊条款，最终依法扣缴非居民企业所得税 81.94 万元，加收滞纳金 14.48 万元。

一、症状：申请享受协定待遇存疑点

湖州市 A 公司与印度 B 公司签订了一份技术服务合同。服务期间，B 公司派专人入境指导。A 公司认为，印度公司派驻的技术人员在中国境内停留不满 183 天，根据中印税收协定中常设机构条款，不构成常设机构。于是，B 公司向税务机关申请享受协定待遇，不在中国缴纳所得税。税务人员经后续管理并调查核实后，发现由于中印税收协定的特殊性，企业对政策产生了误解，企业不能适用协定中常设机构的条款来判定是否在中国纳税。

二、诊断：忽略中印税收协定特殊性

经过调查，税务人员了解到，A 公司与 B 公司签订的服务合同约定：由 B 公司对

① 资料来源：《中国税务报》，2019 年 2 月 22 日，作者：国家税务总局湖州市税务局余俐、张晓南。

A公司提供关于新生物制剂生产设备的设计、试运转及生物制剂验证方面的支持服务。服务期间，B公司派专人入境指导。B公司认为，其所派人员在中国境内的活动连续和累计均未达到183天，根据中印税收协定中常设机构的条款，不构成常设机构，因而不需在中国纳税。但是，企业没有关注到中印税收协定对技术服务费设定的特殊条款——特许权使用费和技术服务费不适用“183天”的常设机构判定标准。

中印税收协定第五条第二款规定，缔约国一方企业通过雇员或者其他人员，在缔约国另一方提供第十二条（特许权使用费和技术服务费）所规定的技术服务以外的劳务，但仅以该项活动在该缔约国另一方连续或累计超过183天的为限。第十二条第二款规定，这些特许权使用费或技术服务费，也可以在其发生的缔约国，按照该缔约国的法律征税。

同时，《国家税务总局关于执行中英等双边税收协定技术服务费条款有关问题的公告》（国家税务总局公告2011年第19号）第二条第二款规定，据以取得技术服务费的劳务，按照中国国内有关规定属于发生在中国境内，即使按所涉及税收协定规定不构成在中国境内的常设机构或固定基地，对于发生在中国境内劳务相关的技术服务费，应按照中国国内有关规定缴纳企业所得税。

也就是说，对于中国和印度两国的企业来说，只要一国企业在对方国家取得技术服务费，则该对方国家拥有对该收入的优先征税权，不需进行常设机构的判定。

接下来的问题是，印度企业到境内提供技术服务费，所得税应该怎么征？对此，企业认为，B公司派专人入境指导期限未达到构成常设机构标准，应按照《企业所得税法》第三条第三款无机构场所非居民所得的规定，由A公司代扣代缴10%的预提所得税。

税务人员与企业进行了沟通，告知其税收协定中是否构成常设机构，与国内法中是否有机构场所是两个不同的概念。境外非居民向境内派遣人员，提供劳务，其提供劳务的场所即是其机构场所，按照机构场所征税，可以据实申报，也可以核定征收，但所征税款不能超过协定限制的税率。

具体到上述案例，根据中印税收协定第十二条第二款的规定，如果收款人是特许权使用费或技术服务费受益所有人，则所征税款不应超过特许权使用费或技术服务费总额的10%。同时，按照《非居民企业所得税核定征收管理办法》（国税发〔2010〕19号）的规定确定核定利润率。在税务人员的辅导下，企业正确理解了协定的相关规定。最终，税务机关依法扣缴非居民企业所得税81.94万元，加收滞纳金14.48万元。

三、处方：准确理解税收协定相关规定

上述案例中，相关企业由于错误理解了税收协定政策，导致了补税和缴纳滞纳金的结果，值得“引进来”和“走出去”企业关注。

在处理非居民税收业务时，一方面，企业财税人员应提高对非居民税收政策的认识，依法正确处理税务事项，同时增强法律责任意识，及时扣缴非居民税款；另一方面，应注重对各国税收协定的学习研究，重点关注一些特殊条例或规定，确保在日常税务管理中能够准确应用协定条款。

案例55：

潍坊市税务局在后续管理过程中否定了香港某公司“受益所有人”身份，补缴税款153万元[①]

一、案例概述

HN公司是由内地一家公司和中国香港BY公司投资成立的中外合资经营企业，投资比例分别为内地公司55%和香港公司45%，主要从事风力发电场的开发经营、生产销售电力、提供电力项目咨询和其他相关服务。BY公司是香港一家投资控股公司，主要业务为持有HN公司股份。注册地在百慕大的WL公司为BY公司的实际控制公司，在香港联合交易所上市，公司主要业务为研发、生产及交易电子电池产品，证券交易、贷款融资和资产投资。

2018年5月，HN公司董事会决议分配股息6800万元，投资方BY公司取得股息3060万元。根据《内地和香港特别行政区关于对所得税避免双重征税和防止偷漏税的安排》第十条规定，如果受益所有人是直接拥有支付股息公司至少25%资本的公司，

① 资料来源：《中国税务》，2019年第2期，作者：于宁、姜晓冰、刘振华，原标题：揭开受益所有人身份迷雾。

所征税款不应超过股息总额的 5%。

BY 公司认为其拥有 HN 公司 45% 的股权，WL 公司实质控制 BY 公司且为香港上市公司、香港税收居民，符合“受益所有人”条件，因此申报享受内地和香港特别行政区税收安排 5% 优惠税率，缴纳非居民企业所得税 153 万元。

国家税务总局潍坊市税务局在后续管理过程中对申请人是否符合“受益所有人”条件，提出异议。

二、案例分析及处理情况

根据《国家税务总局关于发布〈非居民纳税人享受税收协定待遇管理办法〉的公告》（国家税务总局公告 2015 年第 60 号）第七条规定，BY 公司提供了《BY 公司非居民纳税人税收居民身份信息报告表》《BY 公司非居民纳税人享受税收协定待遇情况报告表》、HN 公司股息分配董事会决议、BY 公司香港税收居民身份证明进行了备案，经初步审核报送资料齐全，所填报告表填写完整，逻辑关系准确。

在后续管理过程中，主管税务机关进一步审核材料时发现，根据现有材料无法判断 WL 公司和 BY 公司同为香港税收居民，以及 WL 公司是否 100% 控制 BY 公司，怀疑 BY 公司不符合“受益所有人”条件，要求 BY 公司提供 BY 公司及相关控股企业简介、架构图、BY 公司 2016 年度财务报表、WL 公司香港税收居民身份证明、WL 公司香港交易所上市公司证明、WL 公司 2014—2016 年度财务报告等资料，进行进一步审核。

根据《国家税务总局关于税收协定中“受益所有人”有关问题的公告》（国家税务总局公告 2018 年第 9 号）相关规定，主管税务机关对申请人“受益所有人”身份进行了分析判定。

第一，BY 公司身份不是上市公司。从企业提供的相关资料及股权架构图分析，申请人虽是香港税收居民但不是上市公司，因此不符合国家税务总局公告 2018 年第 9 号第四条及其解读中关于“安全港”的规则，不能直接认定为“受益所有人”。

第二，BY 公司实际管理活动不构成实质性经营活动。BY 公司为一家香港投资控股公司，其主要业务为持有 HN 公司股份，仅有员工 2 名，且未开展过投资研究、行业分析、市场调查等工作。因此，BY 公司注册性质为投资控股公司，但实际并没有履行相关功能和承担风险的能力，无法从事实质性的投资控股管理活动，不符合国家税务总局公告 2018 年第 9 号第二条关于“受益所有人”条件的认定。

第三，WL 公司并未 100% 间接控制 BY 公司。WL 公司从事实质性经营活动，初步符合“受益所有人”条件。根据公司财务报告及股权架构显示，WL 公司虽构成实质控制 BY 公司，但仅持有 BY 公司 95% 的股权。

第四，申请人无法证明与间接持有人同为香港税收居民。主管税务机关对申请人税收居民身份资料审核时发现，申请人 BY 公司是在香港注册的投资控股公司且已取得香港税收居民身份证明，但是间接持有人 WL 公司无法提供香港税收居民身份证明。因此，间接持有人 WL 公司虽然从事实质性生产经营活动，具备“受益所有人”条件，但因其间接持有申请人股权比例未达到 100% 且未取得香港税收居民身份证明，不能以此认定申请人具有“受益所有人”身份。

综上所述，申请人 BY 公司应按照 10% 的税率征收非居民企业所得税，不予享受内地和香港特别行政区税收安排 5% 的优惠税率。根据国家税务总局公告 2018 年第 9 号第九条规定，潍坊市税务局将否定申请人的“受益所有人”身份的情况上报山东省税务局并获得同意。主管税务机关将处理结果及有关政策规定向申请人进行了详细解释，得到企业认可并补缴入库税款 153 万元。

三、启示

为加强税收协定执行，进一步完善“受益所有人”规则，国家税务总局出台《国家税务总局关于税收协定中“受益所有人”有关问题的公告》（国家税务总局公告 2018 年第 9 号），目的是进一步明确“受益所有人”的条件和判定标准，既要保证符合条件的企业享受税收协定待遇，又要防范协定滥用。因此，主管税务机关在后续管理过程中对于申请人“受益所有人”身份的判定，尤其是在否定“受益所有人”身份的情况下，一定要按照科学严谨的原则，正确执行税收协定，切实维护国家权益和纳税人利益。

一是注重信息的收集和研判。主管税务机关在后续管理过程中，发现申请人提供的信息和资料不足以证明符合享受协定待遇条件时，要收集有关信息，要对实质性经营活动、“受益所有人”身份等情况进行综合分析。

二是注重“受益所有人”判定的顺序和关键点。在实际工作中，判定“受益所有人”身份时可以按照“安全港”规则、申请人“受益所有人”身份综合分析、扩大“受益所有人”范围条件的顺序来进行操作。

三是注重加强与企业的沟通、交流。主管税务机关要主动做好税收协定的政策宣传和纳税辅导工作，向纳税人解释有关协定条款和政策依据，做到“有理有据”，努力得到纳税人的认可和配合。

案例56：

法国B公司因不符合持股时间要求而不能享受协定待遇，最终补缴税款75万元[①]

受益所有人判定，是税收协定优惠享受过程中的重要环节。要想享受税收协定待遇，缔约对方税收居民首先需要具有受益所有人身份。当涉及股息分配时，缔约对方税收居民还需满足持股时间和持股比例的要求，而这往往容易被忽略。有些企业对判定条件理解得不够全面和透彻，从而错误适用了优惠的协定税率，导致税务风险。前不久，法国B公司就因不符合持股时间要求而不能享受协定待遇，最终补缴税款75万元人民币。

一、症状：持股时间未满12个月

A公司为外商独资企业，由法国B公司出资1542万元人民币成立，为A公司的全资母公司。A公司于2019年3月召开董事会，作出关于向B公司分配2017年度股息1500万元人民币的决议。A公司作为扣缴义务人，向税务机关提交相关资料，申请B

① 资料来源：《中国税务报》，2019年8月16日，作者：国家税务总局绍兴市上虞区税务局金丹，原标题：满足前置条件方可享受协定待遇。

公司享受税收协定待遇中关于股息的优惠税率。

税务人员利用系统查询数据，发现A公司填报数据存在问题：B公司持有的A公司100%股份，实际为2019年2月从卢森堡C公司转让而得。这意味着B公司虽在股息分配时对A公司100%持股，但持股时间并未达到12个月。B公司在向税务机关提交的相关资料中，并未如实填报企业持股时间的准确信息。

二、诊断：不符合持股前置条件

税务人员初步判断，A公司作为B公司扣缴义务人，提交的资料齐全。资料显示，B公司实际注册地在法国，主营制造与塑料、有色金属等产品的生产和销售。截至2018年6月，B公司实际发生管理费用及工资、薪金支出均达到1000万欧元以上，证明B公司的经营活动，是构成实质性经营活动的正常公司。同时，B公司不存在对其受益所有人身份判定的不利因素，为该笔股息的实际受益人。

但是，B公司持有的A公司100%股份是2019年2月刚从卢森堡的C公司转让而得的，并不满足《国家税务总局关于执行税收协定股息条款有关问题的通知》（国税函〔2009〕81号）第三条第三款的要求，即该对方税收居民直接拥有该中国居民公司的资本比例，在取得股息前连续12个月以内任何时候，均符合税收协定规定的比例。据此，税务人员提出法国B公司不能享受协定优惠税率。

A公司人员表示，《国家税务总局关于印发〈中华人民共和国政府和新加坡共和国政府关于对所得避免双重征税和防止偷漏税的协定〉及议定书条文解释的通知》（国税发〔2010〕75号，以下简称“中新议定书”）相关条款明确，如分配的股息涉及12个月以前的企业未分配利润，则不再考虑股息受益所有人所分配利润所属年度的持股比例，是否满足要求。既然A公司分配的是2017年度的股息，是12个月之前的企业未分配利润，是否可认为B公司在2017年是否持有A公司的股份无须考虑呢？

税务人员经研究后作出答复：中新议定书上述条款中所列示的受益所有人，必须满足“持股时间12个月以上”这一前提。本案中，假设A公司将分配股息时间延迟至2020年2月，即B公司先满足“持股时间12个月以上”这一条件，即使其分配股息所属年度（2017年）B公司并未持股或参与经营，同等情况下B公司可享受协定优惠税率。

也就是说，B公司此次获得的股息虽是2017年度股息，但中新议定书中所列情形并不能免除B公司作为申请人和受益所有人，持股时间达到12个月这一前提条件。因此，B公司不能享受协定优惠税率，A公司需按照10%的税率代扣代缴企业所得税。

因 A 公司已按照 5% 的协定优惠税率扣缴了税款 75 万元人民币，因此又补扣缴 B 公司企业所得税 75 万元人民币。

三、处方：围绕关键要素开展自检

税收协定的优惠待遇，对企业来说是一大利好。但是企业在使用税收协定优惠条款之前，必须全面了解相关条文，根据实际情况填报和提交资料。尤其在判断是否可享受股息优惠条款之前，企业须明确三方面关键要素：一是“两种身份”要明确，即税收协定缔约对方税收居民身份和受益所有人身份；二是“不利因素”要排除，自我检测是否存在不利于受益所有人判定的情形；三是“持股时间”和“持股比例”要满足，并围绕这三方面开展自检，排除相关税务风险。

案例 57:

注意！常驻代表机构≠常设机构[1]

常驻代表机构并不等同于常设机构。企业如混淆了两者的概念，容易错误适用相关税收法律规定，不能正确享受有关国际运输的税收协定待遇。近日，税务机关发现，DH 公司就混淆了二者的区别，造成了多缴税款的税务风险。

一、症状："自判"错误存风险

DH 公司是 H 航空公司（H 国居民企业，以下简称"H 公司"）设在我国境内的常驻代表机构，专为 H 公司在华出售机票、提供地勤服务。

2019 年 5 月，DH 公司就其为 H 公司在我国境内销售机票收入 72.95 万元，向主管税务机关申报缴纳企业所得税 17.42 万元。DH 公司认为自己拥有相对固定的营业场所，已构成在我国的常设机构。税务人员根据 DH 公司提供的资料，并结合相关信息分析认为，DH 公司因对税收协定中常设机构的条款理解得不准确，存在多缴税款的风险。

二、诊断：误解常设机构条款

税务人员对 DH 公司的业务性质及流程、财务核算等信息综合分析后认为，DH 公

① 资料来源：《中国税务报》，2019 年 8 月 23 日，作者：国家税务总局安徽省税务局沈虹、郑建军、许蒙亚。

司会计核算健全、具备单一“准备性或辅助性”功能，不构成常设机构，可以代H公司申请享受国际运输税收协定待遇。

《国家税务总局关于印发〈中华人民共和国政府和新加坡共和国政府关于对所得避免双重征税和防止偷漏税的协定〉及议定书条文解释》（国税发〔2010〕75号）对常设机构条款作了例外规定，延续了“准备性或辅助性”活动的判定原则，即缔约国一方企业在缔约国另一方仅由于仓储、展览、采购及信息收集等活动的目的，设立的具有准备性或辅助性的固定场所，不应被认定为常设机构。

上述场所通常具备以下特点：不独立从事经营活动，并且活动不构成企业整体活动基本的或重要的组成部分；从事协定例举的准备性或辅助性活动目的时，仅为本企业服务，不为其他企业服务；职责限于事务性服务，且不起直接营利作用。本案例中，DH公司仅为H公司在华运输业务提供售票、地勤客服等，对H公司主营业务贡献较小，但与主营业务联系非常紧密，不能作为一项单独业务或所得来源，符合专为总部提供具有准备性或辅助性目的所设立的固定场所要求，因此DH公司不构成常设机构。

在此基础上，根据《非居民承包工程作业和提供劳务税收管理暂行办法》（国家税务总局令第19号）规定，非居民企业在中国境内承包工程作业或提供劳务项目，分季度预缴、年终汇算清缴企业所得税，并在工程项目完工或劳务合同履行完毕后结清税款。DH公司不构成我国的常设机构，在我国境内不构成独立的纳税主体。依据《非居民企业所得税汇算清缴管理办法》（国税发〔2009〕6号）、《非居民企业从事国际运输业务税收管理暂行办法》（国家税务总局公告2014年第37号）规定，DH公司可以代表总机构H公司，向所在口岸主管税务机关申报纳税。

同时，根据我国与H国签订的税收协定规定，以船舶或飞机经营国际运输业务所取得的利润，应仅在企业总机构或实际管理机构所在缔约国征税。因此，DH公司可为H公司申请享受国际运输免税待遇，其为H公司在我国境内销售机票收入72.95万元，可减免企业所得税17.42万元。

三、处方：加强经济实质分析

对我国境内所设常驻代表机构的所得税管理，是非居民企业面临的税收业务难点。建议企业一方面健全税收内控制度，加强对特殊业务税收政策的系统学习和管理；另一方面借助风险分析平台，加强财报、纳税申报表与经济实质的分析，避免以偏概全，简单判断，造成较高税务风险。

案例 58：

不能证明是“受益所有人”，香港一股东被征巨额税款[①]

浙江省湖州市国税局通过新闻媒体、互联网、上市公司公告等信息，在对上市公司重大事项涉税情况开展监管时，发现某上市公司一香港股东股份减持涉及非居民税款，通过持续跟踪调查、深入案头分析和主动政策辅导，该香港股东不能证明“受益所有人”身份，最终入库非居民企业所得税 7779 万元，创该市单户入库非居民税款新高。

2016 年 4 月 15 日，湖州市辖区内某上市公司复牌，并于次日发布公告，公告其一香港股东拟减持股份比例。此事引起了湖州市国税局的密切关注。该局税务人员立即兵分两路，一路人马查阅税收文件，开展案头分析，并做好跟踪调查；另一路人马就该事项与上市公司积极对接，希望其协助税务机关与该香港股东取得联系，配合做好涉税事宜。

一、吃透政策

按照规定，在公开证券市场上买入并卖出中国居民企业的股票取得的收益，不适用《国家税务总局关于加强非居民企业股权转让所得征收企业所得税管理的通知》

① 资料来源：《中国税务报》，2016 年 9 月 2 日，作者：宏雁、施小燕。

（国税函〔2009〕698 号）。但税务人员注意到，虽然上市公司该香港股东股份减持是在公开证券市场上卖出股票，但其所持股份为首发境外法人股（于 2013 年 6 月解除限售），并非从公开证券市场上买入。因此，该股权转让适用国税函〔2009〕698 号文件，初步判断此项股权转让所得符合征税条件。

在与上市公司财务负责人、该香港股东会谈时，该香港股东提出其持有上市公司股权比例为 24.77%，由于持有股权比例未达 25%，根据《内地和香港特别行政区关于对所得避免双重征税和防止偷漏税的安排》，应在香港征税。对此，已提前做足功课的税务人员指出，企业要享受这项税收安排，需提供能证明其具有“受益所有人”身份的相关资料。同时指出，在有关条件不符合时，税务机关可否定企业“受益所有人”身份，不享受内地和香港的有关税收安排。

税务机关综合分析后，认为该香港股东无法提供其实质性经营活动的证明，不能认定为“受益所有人”。对此，香港股东仔细对照条款后表示认可。

二、分析入微

根据《非居民企业所得税源泉扣缴管理暂行办法》规定，对非居民企业股权转让所得实行源泉扣缴，以支付人为扣缴义务人。对照政策，税务人员分析认为香港股东是通过证券交易所大宗交易平台减持股份，买卖双方互不见面，扣缴义务人难以确定；同时，即使扣缴义务人确定，因计算股权转让收益时涉及初始投资成本、汇率折算等问题，计算复杂，作为股权出让方通常不希望受让方掌握其当初取得股权的成本资料及收益情况，不会向受让方提供有关资料，这将导致扣缴义务人很难掌握足够财务资料以计算扣缴税款。因此，支付人客观上难以履行扣缴义务。对此，该香港股东表示认可。

据此，税务人员判定此种情况下，应由非居民企业于扣缴义务人支付之日起 7 日内，到所得发生地（即被投资企业所在地）主管税务机关申报缴纳企业所得税。该香港股东同意在股份减持完成时，及时到上市公司企业所得税主管税务机关即湖州市国税局申报纳税。

三、主动辅导

在计算股权转让所得时，该香港股东知道是差额征税，但对于如何计算不甚了解。税务人员主动辅导，帮助企业准确确定股权成本。税务人员通过查阅上市公司历年验资报告，得知该香港股东在企业成立时的初始投资为300万美元，在经历未分配利润转增资本、增资、股权转让等变更后，该香港股东对上市公司的投资额为666.3万美元，辅导其以此作为股权成本价的依据。

2016年上半年，该香港股东通过大宗交易平台完成4次股权转让，在税务人员的辅导下，最终向湖州市国税局直接申报缴纳税款共计7779万元。

四、案例点评：抓住三个环节管好非居民税收①

随着全球资本市场的发展，投资行为越来越普遍，与之相伴的股权转让行为日益增多，股权转让发生时蕴含的税收潜力逐渐显现，成为新的税收增长点。由于非居民股权转让信息难获取、交易形式复杂等多种原因，非居民企业股权转让税收征管难度一直较大。本案对如何加强非居民税收管理，有三点做法值得借鉴：

一是及时获取外部信息是前提。本案中股权转让信息来源于互联网上市公司公告，信息的及时获取为税款追缴提供了可靠保证。该股权转让发生在拥有中国境内居民企业股权的非居民企业和大量股民之间，股权转让的交易时间发生在工商、税务主管部门的变更登记之前，如果税务机关掌握信息滞后，国家税收利益就有可能流失。因此，通过加强对外商投资企业日常跟踪管理，利用互联网等渠道及时获取企业的动态信息，对非居民企业税收管理尤为重要。

二是积极争取境内企业协助是关键。本案中对香港股东股权转让收益所得税的成功追缴得益于境内企业的大力协助。在日常税收管理过程中，税务机关积极向相关企业宣传《非居民企业所得税源泉扣缴管理暂行办法》等政策，让境内企业了解其有义务协助税务机关向非居民企业征缴税款。

三是国际税收管理团队的专业知识和能力是保障。非居民企业股权转让税源管理的专业性和技术性，决定其更加依赖高层次、高素质的人才。本案中，最初税企双方对“受益所有人”身份确认，以及通过证券交易所大宗交易平台购入股份的支付人是否能够履行扣缴义务等问题有不同的理解，但经税务人员耐心细致解读后，香港股东不仅主动缴纳了税款，而且对税务人员的专业知识和业务能力表示认可。因此，面对越来越复杂的国际税收问题，提高国际税收管理人员素质是税务机关的当务之急，要通过常态化业务培训、经验总结和工作交流等方式，打造一支业务过硬的国际税收管理团队。

---

① 点评人：湖州市税务局国际税务管理处副处长余俐。

案例 59：

宁夏国税强化非居民税收管理，一笔利润分配扣缴所得税 1637 万元[①]

宁夏吴忠市国税局成功扣缴 H 公司非居民企业红利所得税 1637.57 万元，这是迄今为止宁夏入库的最大一笔非居民企业红利所得税。

2016 年初，吴忠市国税局国际税收管理部门通过第三方数据平台获取信息，得知辖区 H 公司计划年内就其 2013—2015 年利润 1.74 亿元向股东分红。税务人员对该企业的红利预提所得税进行了专门分析测算，认为其存在潜在非居民税源风险，于是开展了进一步调查核实。

一、深入调查，获得第一手资料

经调查了解，宁夏 H 公司由 3 个股东控股，其中香港 A 公司持有 H 公司 45% 的股权，英属维尔京群岛 B 公司持有 H 公司 49% 的股权，国内 C 公司持有 H 公司 6% 的股权。合计外资股份占 94%，内资股份占 6%。

税务人员致电 H 公司财务部，告知其公司外资股份占比高，未分配利润大，年内如董事会作出利润分配的决议，其中外资分红部分需要 7 日内到税务机关代扣代缴企业所得税。通过多方关注，得知 H 公司于当年 6 月作出了董事会决议，对其取得的利

① 资料来源：《中国税务报》，2016 年 9 月 23 日。

润1.74亿元进行分配。其中香港股东A公司就其从H公司分得的红利所得，委托H公司向税务机关提交《非居民享受税收协定待遇情况报告表》，申请享受税收协定待遇，并按照《国家税务总局关于发布〈非居民纳税人享受税收协定待遇管理办法〉的公告》（国家税务总局公告2015年第60号）的规定附送了其公司注册证书、董事会决议、利润分配明细表等相关资料。

二、抽丝剥茧，锁定疑点

税务机关根据A公司报送的相关资料进行了初审，发现A公司无法提供其在香港的居民身份证明，并且其提供的年度损益表中只发生银行手续费、汇兑损益、商业登记费和法定费用等少量费用支出，其年度盈利绝大部分来源于收到的红利收入即利润所得，几乎没有经营费用发生。因此，税务人员对其"受益所有人"身份提出了质疑，并约谈了委托代理人。

香港A公司委托代理人表示："根据《内地和香港特别行政区关于对所得避免双重征税和防止偷漏税的安排》的规定，我们持股45%，远超25%的持股比例要求，A公司'受益所有人'身份无须质疑，完全可以享受按5%税率纳税的优惠待遇。"

对此，税务人员根据《国家税务总局关于如何理解和认定税收协定中"受益所有人"的通知》（国税函〔2009〕601号）的相关规定，向其详细解释：一是目前香港A公司不能提供香港的居民身份证明；二是从A公司提供的资料显示，香港A公司的母公司是在英属维尔京群岛注册成立的D公司，A公司除持有所得据以产生的财产或权利外，没有或几乎没有其他经营活动；三是虽然从表面上看，香港A公司位于香港，且占宁夏H公司股份的45%，满足大于25%股份享受按5%税率纳税的优惠政策，但是其资产、规模和人员配置较小，与其所得数额难以匹配，不能满足"受益所有人"身份的条件。遵循实质重于形式的原则，通过对上述因素的综合分析，应判定香港A公司是导管公司，不能认定其"受益所有人"的身份。

经过摆事实、讲政策、作分析，香港A公司委托代理人表示会及时向香港A公司反馈吴忠市国税机关的意见。在大量的事实证据面前，香港A公司最终承认其不符合《内地和香港特别行政区关于对所得避免双重征税和防止偷漏税的安排》中第十条第二款中"受益所有人"的规定，不再申请享受税收协定待遇。

三、补征税款，实现历史性突破

由于我国与英属维尔京群岛未签订税收协定，英属维尔京群岛企业在我国内地取得的红利收益，应按我国税法规定的10%税率缴纳企业所得税，H公司在英属维尔京群岛的另一个股东B公司没有提出享受税收优惠的申请。

前不久，H公司的财务负责人按照10%的税率代扣代缴A公司应纳企业所得税783.94万元，代扣代缴B公司应纳企业所得税853.63万元，共计扣缴企业所得税1637.57万元。这也是宁夏入库的首笔突破1000万元的非居民企业红利所得税。

四、案例点评：非居民税收管理掌握信息是关键①

从多种渠道获取非居民企业相关涉税合同、涉税数据，及时掌握企业的涉税信息，有针对性地实施管理和服务，是从源头上加强非居民企业税收管理的关键。

一是要建立协作监管机制。上述案例中，如果不是多部门联合构建了强化非居民企业税源监控的立体网络，及时利用第三方数据信息获取了H公司计划分红的意向，税务机关很难层层递进掌握税源信息。因此，要持续加强多部门间的沟通联系，定期传递相关数据信息，进一步发挥各部门在跨境资金流动与税收领域的监管职能，推进监管合作，实现优势互补，谋求监管与服务水平的不断提升。

二是要增强全员非居民税收风险管理的意识。基层从事非居民税收管理的人员队伍不稳定，水平参差不齐，建议在加强专业岗位人员培训的同时，还应加强征管、纳服、评估、稽查等各岗位的全员性普及培训，使非居民税收风险管理的理念融入日常税收管理。

① 点评人：宁夏税务局国际税务处副处长杨广萍。

案例 60：

浙江常山——谨防导管公司“择协”避税①

2015 年 3 月 10 日，A 公司向其境外持有本公司股份 36% 的某有限公司（以下简称“B 公司”）汇出 2011 年以后的利润 1650 万元，A 公司以投资方 B 公司注册地在新加坡为由，代理 B 公司向税务机关申报时，预提所得税按 5% 税收协定的税率申报。A 公司是代理人，经主管税务机关审核，B 公司应缴纳企业所得税（扣缴）= 1650 × 10% = 165（万元）。

A、B 公司持有异议，称中国与新加坡有税收协定，B 公司股息、红利有权享受协定税率 5%，要求退税。

资料显示，B 公司的实际经营情况是 2005 年成立至 2014 年 5 月，在新加坡没有独立的办公场所，有新加坡会计师事务所出具的审计报告。报告还注明，B 公司在新加坡除了控股股权外（账面金额新币 1200 万元），没有其他资产，没有雇员；B 公司收到境内企业汇出的利润分配，在 30 日内就支付给第三方 C 公司，C 公司是 D 国的居民设立的一家公司，并且，D 国与中华人民共和国未有单边和多边税收协定。B 公司账户情况，成立起至 2013 年上半年，在新加坡尽管有银行账户，账户内无金额发生。综上表明，B 公司并无实质性从事生产经营活动。

根据《国家税务总局关于如何理解和认定税收协定中“受益所有人”的通知》（国税函〔2009〕601 号）第二条规定，B 公司在新加坡没有经营场所、没有雇员、资

① 资料来源：《中国税务报》，2016 年 7 月 15 日，作者：浙江省常山县地税局徐常山、余鑫。

产规模与所得难以匹配。且承担极少的风险，收到股息后，在不到12个月的时间内就汇给第三国居民，可以判定B公司不是“受益所有人”，B公司为导管公司。B公司不能享受中国与新加坡税收安排的5%协定税率，应按10%税率进行征税。

当事人或代理人在申报时，应当报送税法规定的相关报告表和资料。税务人员要认真审核当事人申报的各种资料，进行初步认定；明显属于导管公司，不得享受协定优惠，直接要求改正。各级税务机关应当通过加强对非居民纳税人享受协定待遇的后续管理，准确执行税收协定和国际运输协定，防范协定“受益所有人”滥用和逃避税风险。

12

情报交换

案例 61：

北京市顺义区税务局首例利用对外专项情报追缴个人所得税 12 万元税款入库[①]

北京市顺义区税务局从实从细做好自动情报交换工作，积极就疑点数据开展对外自发情报调查。近日，顺义局历时一年多坚持不懈努力，完成首例利用对外专项情报追缴大额税款案例，共计追缴个人所得税及滞纳金 12 万元。

顺义局在对外自发情报调查过程中，就某企业法人代表取得收入但未进行申报的疑点进行深挖，通过案头分析、辅导约谈和情报交换等措施，排除代理型常设机构可能性，最终按照劳务报酬所得成功补征税款。后续伴随金融账户涉税信息自动交换标准落地实施和新个人所得税法有关条款引入，顺义局将持续加强对高收入和高净值人士的个税监管，有效堵塞征管漏洞。

① 资料来源：国家税务总局北京市顺义区税务局，2019 年 5 月 5 日。

案例62：

“金融保密与税务合规”难两全，瑞银被处创纪录罚款①

近日，全球最大财富管理银行之一瑞银集团（UBS），被巴黎法院指控“非法招揽客户”“涉嫌为非法所得洗钱”以及“帮助客户隐瞒财产逃避纳税”等罪名，法院认为UBS非法帮助法国客户隐瞒资产高达数十亿欧元。巴黎法院勒令瑞银集团除了支付37亿欧元罚款，还得向法国政府支付8亿欧元赔偿金，瑞银集团需缴纳的这笔总额高达45亿欧元的罚款被法国媒体称为创纪录的数额，几乎与瑞银集团2018年全年的净收入持平。对于指控的罪名和罚款，瑞银集团表示不予接受，决定继续上诉。

一、终结保密传统：自动交换信息势不可挡

作为世界第二大私人财富管理机构，瑞银集团于1998年合并而成，累计为全球400多万个人和企业提供财富管理服务，总部设在享有“富人藏金之地”称号的瑞士。众所周知，瑞士是世界7个永久中立国之一，即使在两次世界大战期间，存放在瑞士的存款依旧安然无恙，因此瑞士成为富人保全财产的首选之地。早在1931年，瑞士就通过银行保密法，瑞士的银行一律奉行对客户所有信息保密的宗旨，即使是税务局、法院、国家元首也无权调取银行客户的信息，得益于保密传统，瑞士吸引了全球1/4

① 资料来源：《中国税务报》，2019年3月12日，作者：舒畅。

的财富。

然而，作为富人的避税天堂，甚至是全球金融动荡的隐患，越来越多的国家对瑞士的银行保密法产生怀疑，瑞士的银行业逐渐被推到舆论的风口浪尖。在2007年国际金融危机爆发后，欧洲各国税务部门下定决心联合打击全球范围内的金融犯罪，最终迫使瑞士终结银行保密传统。2014年，瑞士政府签署《银行信息自动交换国际公约》，承诺与其他90多个约定国分享更多账户信息，让金融犯罪无处遁形。

据了解，瑞银集团在金融非法操作方面屡有“前科”，仅在美国境内就曾支付过相当多的罚款。2009年，为了与美国司法部达成一项延期起诉协议，瑞银集团主动承认曾帮助美国客户隐瞒账户财产，帮助他们逃税的罪行。2012年，瑞银集团承认存在利率操纵问题，并向美国、英国和瑞士监管机构支付15亿美元罚款，这成为当时美国对银行处以的最大罚款之一。2018年，瑞银集团还身陷美国司法部提出的关于集团帮助客户出售住宅抵押贷款，以支持非法证券交易的诉讼。

此次瑞银集团涉嫌税务欺诈的案件源于前员工的举报。瑞银集团前职员布拉德利·比肯菲尔德早在2008年就曾揭露过瑞银集团帮助客户逃税的内幕，但无人问津。但是他并没有放弃，而是撰写了《路西法的银行家：我是如何摧毁瑞士银行保密的那些不为人知的故事》，继续曝光瑞银集团帮助客户逃税的违法行为。此书一经出版，立刻引起了法国检察院的注意，随后调查人员找到了案件的重要线索。

二、针锋相对：瑞银集团与法国检方各执一词

得益于瑞士对银行保密原则的取消，如今各国税务部门可以调取涉嫌金融犯罪的嫌疑人在瑞士银行的账户信息以追踪线索。就瑞银集团案件而言，法国国家金融检察官办公室调查了法国2004—2012年流向瑞士的资金详情，认定瑞银集团及其法国子公司涉嫌用“阴阳账本”帮助富人转移财产、逃避税款，同时涉嫌以非法方式招揽业务，以帮助藏匿财产为诱饵引导客户。

据调查人员了解，瑞银集团法国子公司曾多次派遣员工通过举办高尔夫球、狩猎或音乐会、艺术展览等活动向富有的企业高管或运动员招揽业务，以可避税作为银行特色服务说服他们把钱放在瑞士。经统计，2004—2012年，法国客户在瑞士非法藏匿的资产约达100亿欧元。因此在此案中，巴黎法院以非法帮助母公司提供客户的罪名起诉法国子公司。客户在将财产交给瑞银集团以后，瑞银集团就开始着手对客户的财产筹划管理。据了解，瑞银集团法国公司有一个账本专门装订着名为“牛奶券”“牛奶罐”的票据，实际上这都是客户资金的别名，瑞银集团以“牛奶券”来实时跟踪

"牛奶罐","牛奶罐"汇总资金的总额。银行雇员帮助客户以匿名或子虚乌有的姓名开设新的瑞银账户，将财富悄然转移到账户上，不用缴纳任何税款。在调查人员看来，这样一个账簿的存在证明，瑞银集团有一个非公开的平行的财富会计系统，将财富转移的过程藏匿在正常资金账目以外，同一个客户，两套账本，逃避税款。

对于巴黎法院的指控，瑞银集团不以为然。对于帮助客户隐匿财产逃避税款的罪名，瑞银集团的辩护理由是，这完全是客户的个人行为，客户误导银行合规工作人员，告诉工作人员他们已经向税务部门申报了这些资产并纳税，但印证辩词的证据，瑞银集团却一直无法提供。

瑞银财富管理副主席罗伯特在巴黎法院庭审中代表瑞银集团出庭。他在法庭听证会上不止一次公开表明，应该由客户而不是银行来承担对税务部门的责任。对于前员工的举报，罗伯特表示之前对他们进行过调查，称他们不可信。此番言辞直接引起了法官克莉丝汀·克林克的反击，在她看来，这正好足以说明瑞银集团可能已经存在相当严重的招聘腐败问题。

瑞银集团法国子公司的头号人物得法耶同样拒绝接受指控。在他看来，定罪依据只是来自前雇员的直接指控，缺乏公信力，而且由巴黎法院来完成裁决也完全是可能基于法国对瑞士的偏见。他认为，相较于瑞士的税收制度，法国的税负高是一个无可争议的事实，而瑞银集团的业务只是提供"瑞士法律框架下合法的、标准的财富管理服务"。更让他言辞坚定的一点是，法国检方目前尚未能提供任何一个客户的姓名或账号信息，来佐证瑞银集团确实存在税务欺诈的行为。

对于非法招揽客户的指控，瑞银集团高管赫夫·达伦表示，客户之所以在众多银行中选择瑞银集团做财富管理，是因为一批精英银行家组成的服务团队有助于财富的增加。瑞银集团在管理规定中明文写道，任何员工以非法手段寻找新客户，一经发现，当场解雇，根本不存在招揽的黑幕。

2007—2009 年，接替得法耶掌控法国子公司的鲍德里在法庭上公开怀疑法国客户很有可能是在得知法国税务部门已经开始追缴海外税款后，坚持选择将财产转移到瑞士银行。他认为，调查期间，法国检方只发现了一张"牛奶券"，就指控瑞银大规模欺诈，显然无法成立。

三、孰轻孰重：保护隐私与遵从税法的边界

调查过程长达 7 年之久的瑞银集团案件之所以受到社会广泛关注，除了因为巨额的罚款，还因为它的裁决是一项"非常重要的裁决"，法国政府律师高德克表示，这

将为涉及税务欺诈、洗钱等类似金融犯罪树立一个法律先例。世界很多跨国公司都在密切关注案件的进展，他们希望从裁决的结果中探到法律对于金融业规范的边界与底线。

瑞银集团曾尝试过与法国税务部门达成和解，但是对于罚款金额一直未能达成协议。法国政府律师本杰明认为，如果瑞银集团在最终裁决时被定罪，并勒令缴纳巨额罚款，这就会让其他相同处境的金融机构迫切地与政府寻求和解，如果没有定罪或是罚款数额很小，那么这些公司就会考量一个问题，就是与其直接接受可承受的罚款，不如继续在媒体和公众的关注下与政府周旋，以极小的金钱代价去试探金融业隐匿财富的边界，这无疑是令人恐慌的赌博。2018 年，汇丰控股就曾与英国皇家税务和海关总署谈判，以支付 2.5 亿欧元结束了一宗金融贿赂案件，法国巴黎银行、摩根大通也都曾以罚款与美国政府达成和解协议。

瑞银集团坚持认为自己是在合法的条件下为客户管理财富，实际是利用瑞士的银行保密法隐匿财富，为客户保护隐私而逃避税款，以税款换利润，这对于所有金融行业的服务规范都有误导嫌疑。面对巨额罚款，瑞银集团不予接受，要坚持上诉，甚至扬言要撤出法国，让巴黎失去成为欧洲未来新金融中心的可能。尽管私人财产神圣不可侵犯，但是当对私人财产的过度保护甚至隐瞒给全球金融环境带来威胁时，税法或更广意义上的法律遵从是完全必要的。与其他国家分享更多账户信息，自动进行信息交换也将在未来很长一段时间内成为金融业甚至法律界关切的热点话题。

案例63:

贵州利用情报交换反避税首战告捷[①]

近日，贵州省贵阳市云岩区国税局办税服务厅开出一张总金额为205.03万元的缴税凭证，标志着贵州省首次利用国际税收情报交换反避税取得成功，维护了国家税收主权和税法尊严。

据了解，此次税款查补工作信息来自国家税务总局收到的一份国际税收交换情报。该情报显示：过去几年，贵阳市某外贸企业在与日本企业进行出口贸易时，存在要求日方企业将多笔应得货款汇入其负责人海外个人账户而非企业自身账户的行为。该行为明显存在隐匿收入逃避纳税义务嫌疑，引起日本国税厅重视，并向中国国家税务总局传递了这一涉税情报。

接到国家税务总局转来的情报后，贵州省国税局第一时间组织工作人员实地走访、约谈涉嫌企业负责人，调取查阅企业财务账目，对情报交换中提及的企业利用海外账户隐匿收入的情况进行全方位的调查核实。在翔实的证据面前，经税务机关执法人员耐心细致的说服教育，企业负责人承认了其隐匿收入、逃避纳税义务的违法事实，承诺补缴税款，并接受相应处罚。最终，税务机关依法对该企业作出了追缴增值税119.09万元、加收滞纳金85.94万元的处理决定。

---

① 资料来源：《中国税务报》，2016年5月13日，作者：陇震学、蒋雅馨、刘霜。

案例 64：

深圳光明新区国税局首批情报交换及自主反避税案件调查完成[①]

一、情报交换，扫清跨境税源管理盲区

2016 年以来，光明新区国税局先后收到了来自 F 国和 R 国的两起情报核查任务。接到情报后，该局第一时间组建跨科室团队对相关企业的数据资料进行评估分析，多次现场约谈、实地走访核实，最终查实了两起情报涉及企业存在的涉税问题，查补税款及滞纳金 125.82 万元。

除了接收情报，光明新区国税局充分利用发出情报深化国际税收合作，严打跨境逃避税。

2016 年 10 月，该局在跟踪辖区企业对外支付情况时，注意到深圳市某科技有限公司备案了一份涉及 2 亿元关联交易的跨境服务合同。税管员小申核查该合同时认为其真实性存疑，政策法规科科长董秋红随即通过征管系统调出合同的影像资料，对企业申报数据进行分析，发现企业存在近期收入成本巨幅波动、合同中关联双方权利义务事实不清和合同内容前后矛盾等问题。董秋红迅速梳理了交易情况及存在疑点，起草了专项情报，经由上级税务机关发至对方缔约国（地区），首次通过向境外发起国

① 资料来源：《中国税务报》，2016 年 12 月 2 日，作者：曾娟、吴湟。

际税收情报交换开展案件核查。

二、数据搭台，助力反避税谈判博弈战

光明新区国税局历来重视信息系统数据应用，自主反避税工作组也配备了精通信息数据处理应用的计算机人才。通过对模具业、制衣业等建立起反避税行业风险模型，就连续 5 年的关联交易情况和各类财税指标设立阈值，结合横向行业水平及纵向经营规模、盈利能力变化等因素进行电子数据分析、自主风险排序和人工疑点校准，挖掘涉税风险点 7 起，目前已完成调查的风险点显示准确率达 100%。

除了内部的税收征管信息系统，外部的互联网也逐渐成为税务工作中不可或缺的辅助工具。这一批自主反避税案件中的深圳市某制衣有限公司一案，其突破点即来源于互联网提供的数据信息。该局反避税工作组负责人陈组长表示："前期对行业特点、产品价格构成、关联交易各方承担风险收益匹配度、利润率等数据的分析，是我们这次谈判博弈最强有力的支持。"

最终，双方就该案调查结论达成一致，企业调增应纳税所得额 2800 万元、补缴税款及利息 700 万元。

13

“走出去”税收

案例65：

四个典型案例告诉你：境外税收优惠怎样才能落袋为安？[①]

如何充分享受到东道国承诺的税收优惠政策，是中国“走出去”企业特别关注的重要税务事项。从实践看，“走出去”企业在投资意向谈判阶段和签约博弈阶段，就要抓住关键点，尽可能提前作出保障性安排，确保境外税收优惠落袋。

制定税收优惠政策，成为越来越多国家吸引外资的重要举措。实践表明，诸多中国“走出去”企业在享受东道国税收优惠上，走过弯路，受过损失。根据多年实操经验，笔者建议中国企业注重做好以下方面的操作，最大程度地保障白纸黑字上的税收优惠落到实处。

一、关键点一：获取权威法定机构的免税批文

（一）典型案例

某中资企业到东南亚某国承建水电站项目，与该国水电局（业主）签约时达成了免税条款。中资企业认为“合同在手，免税无忧”，没有争取获得该国财政部门的免

① 资料来源：《中国税务报》，2019年5月10日，作者：资深国际税实务专家、北京税海之星税务咨询有限公司创始人梁红星。

税函。几年过去了，该国因财政紧张，便以整顿税收秩序、加强征管为由，对所有外资企业进行稽查补税。该国基层税务稽查人员认定，虽有合同免税条款，但是没有财政部门的免税函，仍属程序不符，效力不够，最终决定对该企业以前年度追溯补税。合同中的免税条款，终成一纸空文。

（二）分析建议

对于很多境外投资项目，中资企业是跟东道国的相关政府部门（如能源部、水电局等）或国有企业谈签合同，并在合同中约定了相应的税收优惠。中资企业自然而然地认为，所签合同的税收优惠条款具有合法性和有效性。需要注意的是，从法律效力上看，东道国的税法制定和执行部门，可以否定或不予认可民事合同中的税收优惠条款。尤其在一些政局不稳定，立法、司法、执法相对分离，税制不健全的发展中国家，获得最高法律程序上（国会或议会）税收优惠审核批准，才能最大限度地保障税收优惠的确定性。

因此，中资企业（一般是乙方承建方）在与东道国相关政府部门或国有企业（一般是甲方业主）谈签合同时，建议在合同中明确约定：甲方（业主）有义务帮助乙方（中资企业）向政府相关部门（如财政部）申请，在一定期限内获取合同约定的税收优惠批文。合同谈签后，中资企业要及时跟进，催促业主积极推进，履行合同义务，并进一步与东道国的财政部，甚至国会（或议会）沟通协调，及时获取免税函或免税的总理令，或者国会批准通过的免税议案，以保障税收优惠条款得以有效落实。

二、关键点二：预留税收政策变化的保障条款

（一）典型案例

某中资施工企业投资卡塔尔某工程项目，在与该国业主签订合同时，因当时卡塔尔不征收增值税，就没有对未来新开征税种进行预判和预留约定。2018 年下半年，卡塔尔进行了税改，自 2019 年 1 月 1 日起开征增值税，税率为 5%，由业主支付工程款项时直接代扣代缴。该业主以合同中没有预先约定条款为由，不愿调价或补偿乙方（中资企业）相关税负。中资企业与业主协商无果，只得背负起新增税种的税负，直接影响到企业现金流。

（二）分析建议

中国“走出去”企业在谈判初期，对合同中税收优惠条款的阐述应专业且具体。需要特别提醒的是，中资企业的投资项目时间往往较长，东道国的税制和征税方式很有可能在此期间发生变动。因此，对合同条款要有预判，预留税收变化的保障条款，将东道国现有税种和征收方式做一个定性的归类预设很有必要，即便以后东道国税制或征税方式有变，还可以保障相同属性和实质类似的税种，延续享受签约时的税收优惠待遇。

比如，中资企业与越南业主合同的参考表述为：与甲方（越南业主）就本合同适用于越南财政部、其行政区或地方当局对本合同所述的承建项目涉及征收的所有税收，不论其征收方式，将给予免税。本合同适用的越南现行税种是：利润税、利润汇出税、增值税、关税、个人所得税。本合同也适用于本合同签订之日后越南政府征收的属于增加或者代替现行税种的相同或者实质相似的税收。甲方（越南业主）应将越南税法所作出的重要变动及时通知乙方（中资企业）。

三、关键点三：争取整体项目的税收优惠

（一）典型案例

某中资企业在西非某国总承包开发一个矿区，获得了免税 20 年的特殊优惠，是该国议会以法案形式特别审核通过的。但后因情况有变，该中资企业准备将该国的采矿权和相关股权转让给中国第三方企业，并签约了很多中国分包商和东道国当地供应商。那么，这一特批的免税优惠能否由未来的股权受让方（第三方中资企业）直接享受？其签约的上下游分包商、供应商能否同样享受？最终的答复是不可以，从而影响了该中资企业的股权转让合同以及分包合同的签订价格和条件。

（二）分析建议

中国“走出去”企业如果在东道国承建大型的整体项目，如开发一个特殊经济园区或一个资源矿区，整个项目将涉及很多上下游参建单位，那么，企业在与东道国政府申请税收优惠时，不仅要力争本企业（总承包方）的税收优惠，而且要力争整个项目的税收优惠，要把与本企业相关的上下游供应商、分包商的税收优惠都涵盖进去。因为若上下游企业不能享受相关税收优惠，税负仍会以合同含税价的方式转嫁给总承

包方，最终影响到总承包方的总体税负。

在这种情况下，建议中资企业以不可分割的一个整体项目申请最优的税收优惠（包括免税），而不仅申请本企业（总承包方）的税收优惠。当总承包商将来需要转让股权给第三方或准备退出该项目时，原先与东道国相关政府部门或业主谈定的税收优惠或免税批文，才能得到最大限度的保障和承继。

四、关键点四：提前约定税收损失赔偿责任

（一）典型案例

在境外投资项目谈判初期，某中资企业市场和商务人员在与业主谈判时，更多地关注商务要点、后续项目与业主的合作等，对专门的税收优惠违约的调价和补偿条款重视不够，未能单独明确约定。当东道国基层税务部门因故不理税收优惠合同、强行征税后，这家企业陷入了与业主的无果谈判，对于违约赔偿的责任，业主推诿拖延，最终不了了之，相关税收损失只能由中资企业承担。

（二）分析建议

中资企业（乙方）要特别重视在合同中专门约定税收优惠违约责任条款，要对业主（甲方）有详细和明确的调价及赔偿责任约定。这也是中资企业重要且可行的法律救济措施。将来，当东道国税务部门就合同约定的税收优惠进行征税或补税时，对于相应增加的税负，中资企业有权要求业主进行价格调增或者给予相应的补偿。

特别是在中方融资贷款的方式下，最好能够约定从融资划款的源头直接扣留相应的款项，以强有力地保障中资企业的税收利益。即便与业主有纠纷再谈判，甚至提起诉讼，有此合同依据，也能促使业主与东道国财税部门进行沟通、协商，保障已签订税收优惠条款在投资经营过程中得到真正落实。

案例66：

三个典型案例教你如何防范赴埃塞俄比亚承包工程的税务风险[①]

在境外承包工程过程中，因忽视税务风险防控而踩到“雷区”的中国企业不在少数。前不久，国家税务总局宁波市税务局结合当地企业主要投资埃塞俄比亚的实际，推出了一场国际视频连线政策宣讲活动。活动中，有赴埃塞俄比亚投资意向的中国企业，与已经在埃塞俄比亚投资的中国企业外籍财务人员，就相关跨境税务问题进行了交流。与会企业普遍认为，活动中一些亲历者提到的典型案例，很值得投资埃塞俄比亚的企业借鉴。

一、体会1：及时取得境外完税凭证

（一）典型案例

“交钥匙”工程是国际商务合作的一种形式，指跨国公司为东道国建造工厂或其他工程项目，建设完成后即将该工厂或项目所有权和管理权依合同完整地交给对方业主，由对方开始经营。

① 资料来源：《中国税务报》，2019年6月21日，原标题：中国企业赴埃塞俄比亚承包工程——防范税务风险："过来人"的切身体会。

L公司在埃塞俄比亚就承建了一项“交钥匙”工程，并与埃塞俄比亚的业主某啤酒公司达成了常设机构纳税条款。条款提及：中方项目部被认定为常设机构，应纳所得税由中方承担；业主每年支付工程款时按金额的2%预扣所得税，并向当地税务部门申报；在完工年度进行税款结算后，再将历年完税凭证一次性交与中方等。

项目完成后，L公司向中国税务部门提出申请，欲将直接缴纳的境外所得税在完工年度境外所得中抵免。但中国税务部门认为，该税款并非完全属于完工年度的境外缴纳税款，无法在该年度全额抵免。

（二）分析建议

境外承包工程项目建设周期一般较长，通常不止一个纳税年度。投资所在国税务部门为保证税款及时、均衡入库，会在每一纳税年度预征所得税。而业主出于操作方便的考虑，通常在项目完成、税款结算完毕后，才将完税凭证一次性交给中方。但根据中国规定，以前年度缴纳的税款不能在完工年度进行抵免。于是就出现了上述问题——L公司提交给中方的完税凭证，实际是以前年度累计缴纳的境外税款，无法全额抵免，L公司无形中双重纳税。

事实上，这一情况可以通过事先约定得以规避。中国“走出去”企业在境外承包工程时，务必注意把握好工期与税款缴纳时间。工期超过一个纳税年度时，建议企业在合同中明确约定：业主有义务在每次扣缴税款后及时将完税凭证交与中方。实际操作中，中方企业应及时跟进，在业主扣缴当年税款后，催促业主按时履行合同义务，以取得当年完税凭证。如遇特殊原因无法及时取得完税凭证，中方企业则应与中国税务部门积极沟通，争取在税法规定的追溯有效期内追溯抵免，尽量减少损失。

二、体会2：包税条款不能一签了之

（一）典型案例

M公司在埃塞俄比亚承建啤酒设备安装项目，与该国业主达成协议——合同协议所涉及的税款全部由业主负担，中方企业不负担在东道国可能产生的应纳税款。当地税务部门在项目完成年度发现，业主未扣缴税款，于是立即向中国承包商追缴，中方企业以协议中的包税条款为由进行辩解。但当地税务部门坚持认为，不论合同或协议条款如何表述，均不能改变该国税法所规定的外国承包商在该国应承担的纳税义务。最终，本案以中方企业补缴相应税款，并因迟缴境外所得税而支付滞纳金和罚款收场。

（二）分析建议

中方企业在境外承包工程时，通常会要求业主承担境外税收，以减少境外税收的不确定性。值得注意的是，当业主不履行合同义务时，中方企业并不能凭借合同条款免除约定好的纳税义务。换言之，此时中方企业不仅不能减少境外应纳税款，反而还可能因迟缴税款而被当地税务部门加收滞纳金和罚款。而这部分滞纳金和罚款属于违法支出，不能在境外所得中抵免。如此一来，就对中方企业造成了双重损失。

那么，应如何规避这一类型的税收不确定性？建议中方企业可在境外承包工程谈签前计算好该工程应纳税款，报价时留出空间，在保证项目利润的同时，避免包税条款中潜在的税务风险。若以保证税款缴纳确定性为目的，在合同中明确了包税条款，则中方企业需在合同执行的各个阶段及时跟进，一旦发现业主存在不履约行为，就立即启动追责程序。如有必要，可先行与当地税务部门联系，主动缴纳应纳税款，避免缴纳滞纳金和罚款，同时按合同规定向业主追回税款。

三、体会3：处理业务绝不能想当然

（一）典型案例

N公司在埃塞俄比亚成立分公司，以承建当地啤酒屋项目，每年需自行申报企业所得税。中方企业按照中国税法的规定，想当然地将员工的房屋租赁费、伙食费等列入费用，在所得税前扣除。几年后，当地税务部门对常设机构开展税收检查，认为应根据该国税法处理房屋租赁费、伙食费等与个人相关的费用，不得在税前扣除。最终，N公司埃塞俄比亚分公司只得补缴以前年度税款，并承担相应的罚款。

（二）分析建议

中方企业在境外承包工程时，会发生很多与员工相关的费用。按照中国境内税务处理的相关规定，这部分费用可在税前扣除。但项目所在国的税法可能与中国税收规定存在一定的差异，比如某些费用是否能在税前予以扣除等。"走出去"企业务必提前了解项目所在国税制，明确与国内的税务处理差异，必要时可聘请当地财务人员等，以最大限度降低企业的税务风险。

案例 67：

化解税收争议，选择合规途径[①]

因各国（地区）税法规定、税收征管规定等的不同，中国“走出去”企业与东道国税务机关发生税收争议的情形时有发生。结合多年海外实践经验，笔者建议中国企业尽可能通过法律、政府等合规途径，标本兼治地化解争议。

中国企业在“走出去”的过程中，与东道国税务机关发生涉及税务处罚、税收优惠等方面的争议不在少数。实践中，个别“走出去”企业出于商业关系、税企关系等方面的考虑，往往以外部公关的方式来疏通、和解。但是这种解决方式治标不治本，中国企业可能仍需承担部分不必要的税款。更重要的是，基于关系的税收豁免缺乏法律保障，无法从根本上解决问题，严重的还可能引发社会舆论风险，影响“走出去”企业在东道国的正常经营。笔者建议，“走出去”企业在面对税收争议时，尽可能选择法律途径、政府途径等合法合规的方式，达到标本兼治的效果。

一、法律途径：克服畏难情绪，做好充分准备

（一）典型案例

2016 年，中国葛洲坝集团股份有限公司就其科威特苏比亚项目的诉讼进展情况发

① 资料来源：《中国税务报》，2019 年 10 月 11 日，作者：梁红星、王纪林。

布了公告。公告称，2003 年，中国葛洲坝水利水电工程集团有限公司（以下简称“葛洲坝集团公司”）与科威特水电部签订了苏比亚配水工程承包合同。根据合同第十六条的约定，葛洲坝集团公司应当执行科威特部长委员会及财政部作出的有关反投资的决议，将合同金额的 35% 用于科威特境内投资，如果公司不履行投资义务，将被处以合同总价 6% 的罚款，合人民币 5300 多万元。

在工程实施过程中，由于葛洲坝集团公司与科威特相关部门在投资项目的选择上存在重大分歧，因此，葛洲坝集团公司一直没有履行在科威特的投资义务。2006 年 9 月，科威特有关部门起诉葛洲坝集团公司，要求葛洲坝集团公司向科威特财政部支付反投资罚款并承担诉讼费和律师费。经过长达十年应诉、谈判，其中两次败诉。2016 年，科威特最高法院作出终审判决，认定科威特水电部在承包合同中加入反投资条款的行为违反了法律规定，葛洲坝集团公司无须履行反投资义务，科威特有关部门也无权在该义务未履行时提起索赔。

（二）分析建议

法律途径是“走出去”企业化解税收争议的有效手段之一，主要包括诉讼和行政复议。由于部分国家没有提供税务行政复议的路径，相比而言，诉讼方式更为常见。值得注意的是，同东道国税务机关打官司，需要花费中国企业大量的人力、物力和财力，且耗时较长。葛洲坝集团公司的争议案件，用了十年时间才得以解决。笔者建议，“走出去”企业在通过法律途径化解税收争议时，要克服畏难情绪，做好充足的准备。

“走出去”企业可考虑聘请当地律师事务所、会计师事务所的专业人士，代表企业进行抗辩和申诉，企业的财税人员、商务人员要积极与委托律师配合，必要时企业总部可派财税专家、法律顾问到现场支持，收集并保全证据，提供关键财税数据和资料，推进调查和事实认定的顺利开展。通过合理、有效的配合，“走出去”企业可以提高效率、节省费用，更好地应对税收争议案件。

二、政府途径：主动寻求帮助，积极化解争议

（一）典型案例

2010 年，J 公司在哈萨克斯坦（以下简称“哈国”）投资注册了子公司，母公司以租赁方式将设备交给子公司经营。按照哈国税法规定，子公司应对其向境外母公司支付的租金，按 20% 的税率代扣代缴企业所得税。但根据中哈税收协定，中国企业对

哈国投资取得的租金收入，应按特许权使用费执行10%的税率。为此，J公司向哈国主管税务机关发起了退税申请，但哈国主管税务机关坚持执行国内法，驳回其申请。J公司主管税务机关了解到这一情况后，及时介入，辅导企业填写《启动相互协商程序申请书》，经省级税务机关报国家税务总局，启动与哈国相互协商程序。经过多轮艰苦的谈判，哈国最终退回了多征的150万元税款。

（二）分析建议

政府途径是“走出去”企业化解税收争议的又一有效路径。笔者建议“走出去”企业遇到国际税收争议时，主动向驻东道国大使馆、经商处和国家税务总局等政府部门求助，通过官方渠道，寻求合法合规的化解争议途径，最大限度地维护“走出去”企业在东道国的正当税收权益。同时，中国颁布的《税收协定相互协商程序实施办法》（国家税务总局公告2013年第56号），就对外开展相互协商的具体程序作出明确规定，符合条件的中国居民可申请启动相互协商程序。近年来，已有几十例以双边协商化解税务争议的成功案例。在提起相互协商申请时，建议“走出去”企业注重做好案件事实、政策依据和相关证据等资料的全面披露和汇报，另附当地律师、税务师的相关分析报告，从税务技术角度提出有力的抗辩说明，从而推动主管税务机关尽快安排相关案件的协商，提高谈判效率。

案例 68：

选对计算方法，抵免境外税款更划算[①]

居民企业取得来源于境外不同国家的所得，并在境外实际缴纳了企业所得税，应选择何种境外所得税收抵免计算方法？

一、真实案例

境内居民企业 H 公司在美国设立了分支机构 A 公司、在印度设立了分支机构 B 公司。2018 年度，H 公司来源于境内所得的企业所得税应纳税所得额为 1000 万元，适用企业所得税税率为 25%；按《企业所得税法》计算的分支机构 A、B 公司企业所得税应纳税所得额分别为 100 万元和 200 万元。分支机构 A、B 公司依据美国和印度的税法规定，2018 年度分别计算并缴纳的企业所得税税款为 21 万元和 70 万元。

H 公司来源于美国和印度的所得，适用哪种税收抵免计算方式，才比较划算？

在政策方面，《财政部、税务总局关于完善企业境外所得税收抵免政策问题的通知》（财税〔2017〕84 号，以下简称“84 号文件”）规定，企业可以选择按国（地区）别分别计算，即“分国（地区）不分项”，或者不按国（地区）别汇总计算其来源于境外的应纳税所得额，即“不分国（地区）不分项”，并按照《财政部、国家税务总局关于企业境外所得税收抵免有关问题的通知》（财税〔2009〕125 号，以下简

① 资料来源：《中国税务报》，作者：国家税务总局菏泽市牡丹区税务局王开智、王明波。

称“125号文件”）第八条规定的税率，分别计算其可抵免境外所得税税额和抵免限额。

二、方案一：分国不分项

“分国（地区）不分项”计算方式以一个国家为维度，计算可抵免境外所得税额和抵免限额。同一投资架构层级且位于不同国家的企业之间，盈亏不得相互弥补。

2018年度，H公司来源于中国境内、境外所得，依照《企业所得税法》及其实施条例的规定计算，应纳税总额为（1000+100+200）×25%=325（万元）。

根据125号文件第八条的规定，H公司来源于美国的所得，企业所得税抵免限额为325×100÷(1000+100+200)=25（万元）。由于A公司在美国实际缴纳了企业所得税税款21万元，小于该抵免限额，故可全额抵免；H公司来源于印度的所得，企业所得税抵免限额为325×200÷(1000+100+200)=50（万元）。由于B公司在印度实际缴纳了企业所得税税款70万元，大于其抵免限额，故可抵免50万元，超过抵免限额的20万元可在2019—2023年，用每年度抵免限额抵免当年应抵税额后的余额进行抵补。

根据125号文件第十二条的规定，H公司2018年度实际应缴纳企业所得税325-21-50=254（万元）。

三、方案二：不分国不分项

“不分国（地区）不分项”计算方法以同一投资架构层级为维度，计算可抵免境外所得税额和抵免限额。同一投资架构层级且位于不同国家的企业之间，盈亏是可以相互弥补的。

按照84号文件第一条的规定，H公司全部来源于境外的所得的抵免限额为（100+200）×25%=75（万元）。由于A、B公司按照美国、印度税法，共计缴纳了企业所得税21+70=91（万元），大于境外可抵免限额75万元。因此，在2018年度计算企业所得税时，H公司只能抵免75万元，超过抵免限额的16万元，可在2019—2023年，用每年度抵免限额抵免当年应抵税额后的余额进行抵补。

据此，H公司2018年度实际应缴企业所得税325-75=250（万元）。

四、建议

就本案例而言，与“分国（地区）不分项”计算方法相比，选择“不分国（地区）不分项”具有一定的优势。首先是居民企业的工作量相对减少，只需要计算一组数据即可。其次是居民企业整体税负有所降低。在H公司和境外分支机构A、B公司均盈利的情况下，用后者计算的H公司实际应纳税额250万元小于用前者计算的实际应纳税额254万元。

在实务中，建议企业谨慎选择抵免计算方法。按照84号文件的规定，计算方法一旦选择，5年内不得变更。实务中经测算可知，在境内居民企业、境外分支机构均盈利的情况下，选择“不分国（地区）不分项”计算方法，企业整体税负较低；在境内居民企业盈利、境外分支机构亏损的情况下，“分国（地区）不分项”计算方法反而更利于增加企业的抵免额，降低企业整体税负。因此，居民企业在选择计算方法时应采取谨慎态度。

不仅如此，企业还需厘清税收抵免与税收协定的关系。按照税法的规定，居民企业可以抵免的境外所得税，并不限于在已与我国签订税收协定的国家（地区）缴纳的所得税，企业在未与我国签订避免双重征税协定的国家（地区）缴纳的所得税，也可以按照我国税收法律法规的规定，在计算企业所得税时计算抵免。但如果涉及税收饶让抵免，则双方国家需签订了税收协定，且税收协定中有明确的规定。

案例69：

跨境融资利息：搞清业务实质，避免误用优惠①

目前，金融机构一个新的业务增长点，就是为“一带一路”建设提供金融服务。但在税收征管实践中，由于跨境金融产品复杂多样，J银行因未准确理解税法规定，误用了金融服务增值税免税政策，给跨境融资参与各方带来了税务风险。经税务部门辅导，境内实际借款方A公司代扣代缴了增值税及附加税费58.1万元。

一、症状：跨境融资利息未缴纳增值税

前不久，J银行向主管税务部门提交《服务贸易等项目对外支付税务备案》，向其总行境外分行F银行支付了跨境融资性风险参与融资利息。跨境融资性风险参与业务，是银行推出的一种国际业务创新产品，即境外分行占用客户授信额度，为客户提供的境外融资。J银行认为，F银行收取的利息收入，可归属于为J银行提供同业代付服务收取的费用，适用金融服务增值税免税政策，无须缴纳增值税。

税务人员获悉，境内A公司基于跨境融资需要，与J银行签订《跨境融资性风险参与合作协议书》，委托J银行向F银行提出申请，F银行作为风险参与行，在A公司

① 资料来源：《中国税务报》，2019年8月9日，作者：国家税务总局安徽省税务局沈虹、郑建军、杨扬、许蒙亚。

向F银行承担第一性还款责任并由境内J银行承担第二性保付责任的条件下，为A公司提供一年期的跨境融资服务，融资金额4450万美元，本次向F银行支付融资利息126.1万美元。

二、诊断：交易不符合增值税免税要件

税务人员认为，根据法律关系判定，跨境融资性风险参与情形下，F银行是借贷关系中的债权人，J银行是风险参与发起方和担保方，是代理人和担保人，双方并不具备同业代付（海外代付）交易“委托付款”的特征。因此，金融机构开展跨境融资性风险参与业务，不能享受金融服务增值税免税政策，应由A公司代扣代缴相应的增值税。

根据会计原则判定，跨境融资性风险参与业务的申请人A公司承担合同义务，向F银行在约定还款日偿还代付本金和利息，J银行仅在A公司到期未能偿还代付本金和利息时，才向F银行无条件偿还代付本金和利息。对于相关交易中的担保部分，J银行按财务担保合同规定处理；对于相关交易中的代理责任部分，J银行应当按照收入处理。同时，F银行将相关交易作为对A公司发放贷款处理，该业务并不具备同业付代（海外代付）的特征——受托行将相关交易作为向委托行拆出资金处理。

《财政部、国家税务总局关于全面推开营业税改征增值税试点的通知》（财税〔2016〕36号，以下简称“36号文件”）附件3和《财政部、国家税务总局关于建筑服务等营改增试点政策的通知》（财税〔2017〕58号）规定，免征增值税的金融同业往来利息收入，限于金融机构与人民银行所发生的资金往来业务、银行联行往来业务、金融机构间的资金往来业务。《财政部、国家税务总局关于金融机构同业往来增值税政策的补充通知》（财税〔2016〕70号）进一步明确，免征增值税的同业代付范畴，指商业银行（受托方）接受金融机构（委托方）的委托向客户付款，委托方在约定还款日偿还代付款项本息的资金融通行为。

根据上述规定，本案例中跨境融资性风险参与业务，不能按金融同业往来中的同业代付行为享受增值税免税政策，也不属于银行联行往来业务（主要指行间由于办理结算业务及资金调拨等，相互代收、代付所发生的资金往来）。

因此，J银行向A公司提供代理服务和担保服务收取手续费收入，应按照直接收费模式下的金融服务缴纳增值税；F银行向A公司提供贷款服务取得利息收入，应按照贷款服务缴纳增值税。根据36号文件规定，A公司在向F银行支付利息时，应按照实际支付日人民币汇率中间价折合成人民币，按贷款服务适用税率6%代扣代缴增值

税 52. 8 万元，并同时代扣代缴相应的城市维护建设税、教育费附加合计 5. 3 万元。

三、处方：根据业务实质准确适用政策

本案例中的企业之所以出现税务风险，主要原因是对享受跨境金融免税优惠的条件理解不到位。对跨境金融产品，国际税收风险识别不应拘于某一税种。产品不同，债权主体不同，委托方与受托方不同等，都对应不同的税收规定。实务操作中，建议相关企业深入剖析跨境金融服务的本质和税收规定之间的逻辑关系，准确适用税收政策。

案例70：

境内外收入不区分，增值税优惠难落袋[①]

“一带一路”倡议下，各国基础设施互联互通建设逐步走深走实。商务部数据显示，2019年前三季度，我国在“一带一路”沿线国家新签对外承包工程合同额868亿美元，占同期总额的59.2%；完成营业额558.9亿美元，占同期总额的54.7%。笔者发现，实务中，建筑企业很容易忽视出口货物环节的税收优惠政策。

一、症状：免税备案表上数据虚高

不久前，B公司向主管税务机关提交了《跨境应税行为免税备案表》，申请按合同含税总价款267.02万元，享受工程项目在境外的建筑服务免征增值税政策。主管税务机关依托实时风险监控系统开展后续管理，并结合金税三期系统中的免税备案、纳税申报和税控系统开具发票等数据信息，案头比对分析后，初步判断B公司申请的免税额虚高，其应税行为属于销售自产货物并提供安装服务，不属于境外建筑服务免征增值税的范畴，可能存在错误适用“走出去”税收优惠政策的风险。

二、诊断：未区分境内、境外收入

针对该疑点，税务人员调查了B公司提供境外建筑服务的事实。

① 资料来源：《中国税务报》，2019年12月6日，作者：国家税务总局安徽省税务局、国家税务总局黄山市税务局郑建军、沈虹、许蒙亚。

2018 年 8 月，境内 A 公司将 D 国园林景观修复和整修工程分包给境内施工单位 B 公司。分包合同约定，合同造价由境内制作和境外安装两部分构成。其中，境内制作部分为 B 公司在境内加工制作古建木、石结构产品，制作完成交付 A 公司报关出口，供境外工程使用，B 公司向 A 公司开具增值税专用发票，价税合计 137.94 万元；境外安装部分为 B 公司提供的境外建筑安装服务，B 公司向 A 公司开具增值税免税发票，工程价款 129.08 万元。

基于上述事实，A 公司、B 公司分别向各自主管机关申请不同的增值税优惠政策。

根据《营业税改征增值税跨境应税行为增值税免税管理办法（试行）》（国家税务总局公告 2016 年第 29 号）的规定，工程总承包方 A 公司和工程分包方 B 公司，为 D 国的工程项目提供建筑服务，均属于工程项目在境外的建筑服务。B 公司可按照有关规定，就其向境外工程项目提供的建筑服务，享受免征增值税的优惠政策。在首次享受免税优惠时，B 公司应到主管税务机关办理跨境应税行为的免税备案手续。需要注意的是，其备案的全部收入均应从境外取得，否则，不予免征增值税。由于 B 公司在办理免税备案时，没有将境内制作部分和境外安装部分区分开，因此出现错误适用“走出去”税收优惠政策的情况。

调查中，税务人员还发现，根据《财政部、国家税务总局关于出口货物劳务增值税和消费税政策的通知》（财税〔2012〕39 号）规定，A 公司报关出口为境外工程出口的货物，视同出口货物，应办理退（免）税认定，申报享受退（免）税政策。按照“其他建筑用木工制品”出口货物退税率 13% 计算，A 公司可向其主管税务机关申报享受退（免）增值税 15.46 万元。但是，由于 A 公司未按照有关规定，在该批工程物资报关出口之日次月起至次年 4 月 30 日前，向主管税务机关申报办理出口货物增值税免抵退税，所以，A 公司无法再就此批工程物资申报免抵退税，不能享受出口退（免）税政策。

三、处方：提升税收政策理解力

为更好地鼓励企业“走出去”，拓展海外市场，国家出台了一系列税收优惠政策。好的政策，需要纳税人的具体落实和执行才能发挥作用。笔者建议纳税人结合对外承包工程的各个环节，系统梳理现有的“走出去”税收优惠政策，熟知政策适用条件和实际操作中的各项要求，依法依规备案，用足用好税收优惠政策。

案例71：

选对方法，化解涉税争议更有效[①]

由于东道国与我国在税收征管机制、税制优化程度等方面存在较大差异，不少企业在“走出去”过程中面临涉税争议。结合国家税务总局济南市税务局调研成果看，自行协商、提起诉讼、启动相互协商程序等，都是化解涉税争议的有效方法。

近日，国家税务总局济南市税务局开展调研活动，走进山东省部分“走出去”企业，深入了解企业在“走出去”过程中遇到的涉税争议。调研结果显示，“走出去”企业常见的税务争议主要有国际双重征税争议、东道国税务处理不确定争议和税收政策理解差异争议等。调研中还发现，根据东道国经济发展、法制健全程度，争议标的额等的不同，“走出去”企业可以选择自行协商、提起诉讼、启动相互协商程序（英文简称MAP）等不同的方式。只要选对方法，化解涉税争议就会更有效。

一、自行协商：书面沟通有保障

山东省某对外合作公司M公司，其“走出去”项目的所在地多为经济发展较为落后的地区，东道国税法体系并不健全，面临较大的涉税风险。以M公司在某非洲国家F国的投资项目为例，F国税务机关没有明确以哪种核算方式确认收入、缴纳税款。M公司在该国成立某项目初期，按照收付实现制原则确认收入并缴纳税款，得到了当地

① 资料来源：《中国税务报》，2020年1月17日，作者：国家税务总局济南市税务局马建、曲波。

税务机关的认可。但是，项目运营几年后，F国税务机关发现按照权责发生制确认收入，可以征收到的税款更多，遂要求M公司更改核算方式，给公司带来额外税收负担的同时，也给公司的正常财务核算造成了不小的麻烦。

笔者在调研中发现，在“一带一路”沿线国家中，大部分国家为经济欠发达国家，财政收入水平普遍较低，当地政府面临着较大的财政压力。在这样的背景下，不少国家没有明确的政策执行标准和解释口径，在实际执行过程中缺乏公平性和确定性。一些国家的税务机关往往参照对本国有利的核算方式、纳税原则执行，税务检查也具有较强的随意性，检查频率很高，极大地影响了公司的正常运营。一些国家和地区的税务机关平均每年要进行3—5次审计，并且没有明确的税务检查程序。有些地方即使制定了税务检查程序，但当地税务机关往往搞突击检查，“走出去”企业不得不花费较多的人力、物力和财力加以应对。

在众多化解税务争议的路径中，与税务机关沟通协商解决争议是最简便、最经济的方式。但是，鉴于一些税务机关执法随意性较大，建议“走出去”企业在进行税企协商的过程中，尽量采用书面形式固化协商结果。在享受当地政府提供的临时性税收优惠政策时，建议企业取得较高级别政府部门的书面证明，以免在税务检查时引发争议。

二、提起诉讼：阐明事实很关键

最近，B国联邦税务局针对山东省某发电公司E公司投产的电站，在基建期内的销售税开展了相关审计活动。联邦税务局认为，E公司有约1900万美元的销售税不应该作为进项税额抵扣，就此事项与E公司产生税务争议。目前，E公司已经向B国某高等法院提起诉讼，并获得了止付令，案件仍处在审理过程中。

在法制体系较为健全的国家和地区，如果无法通过自行协商方式解决税务争议，一些“走出去”企业会选择通过司法诉讼程序，通常会借助熟悉当地法律的专业服务机构代为提起诉讼，化解涉税争议。虽然通过司法程序解决税务争议，企业可能会面临较高金额的诉讼费用和较为烦琐的争讼程序。但是，提起诉讼并获得法院的最终判决，对企业而言，其结果具有较强的确定性。在提起诉讼时，企业须关注如何以中立、客观的方式，清晰阐述引发争议的事实，同时形成完整的证据链条提交至法院。尽可能避免因事实阐述不明，导致法院等司法部门对争议事实产生误解，从而影响法官的判断。

三、启动 MAP：备齐资料是前提

山东省某电力公司 A 公司在 Y 国开展工程—采购—建设总承包业务（英文简称 EPC），其境外合同中的服务部分已在中国境内全额纳税。但 Y 国税务当局认为，境外合同的服务部分作为 EPC 的组成部分，其收入额应判定为来源于 Y 国境内，需要在 Y 国纳税。Y 国税务当局启动转让定价评估工作，A 公司将面临双重征税的风险，可能涉及的税款高达 4000 万美元。

近年来，新的业务形式不断涌现，但是，我国与部分“一带一路”沿线国家签订的税收协定年代久远，存在部分条款容易引发歧义的问题。以本案为例，中国与 Y 国签订的《关于对所得避免双重征税和防止偷漏税的协定》自 1995 年 1 月 1 日开始执行，对于 EPC 中的服务部分应当在哪个国家缴纳税款这一问题，Y 国税务当局与 A 公司有不同理解，因而带来了国际双重征税的涉税争议。

由于涉及税款金额较大，A 公司选择启动 MAP。企业需要关注的是，MAP 的各个工作流程、任务节点没有较为严格的时间限制，在实际处理中可能需要花费较长的时间。A 公司自提请 MAP 以来，中国与 Y 国双方已经开展了三轮磋商，仍未取得突破性进展。对此，笔者建议“走出去”企业，在提请 MAP 前须根据有关规定，准备好相应的证明文件和资料，尽可能减少 MAP 解决涉税争议的障碍。同时，在提请 MAP 后，应时刻关注相关进展，积极配合税务机关做好后续的支持工作。

案例 72：

天齐锂业控股子公司遭遇澳大利亚税务局反避税[①]

2020 年 1 月 11 日，天齐锂业股份有限公司董事会发布公告称，其控股的子公司遭遇澳大利亚税务局反避税调查，详情如下：

一、背景

2016 年 4 月 18 日，天齐锂业股份有限公司（以下简称“天齐锂业”或“公司”）控股子公司 Windfield Holdings Pty Ltd（中文名：文菲尔德控股私人有限公司，以下简称“文菲尔德”）根据澳大利亚外国投资审查委员会提出的要求，向澳大利亚税务局（以下简称“ATO”）提起了单边预约定价安排（APA）的申请，拟议的 APA 适用于 2017 年 1 月 1 日至 2019 年 12 月 31 日的所有跨境关联交易价格。具体内容详见公司分别于 2018 年 3 月 24 日、2018 年 8 月 30 日、2019 年 3 月 29 日、2019 年 8 月 23 日披露的《2017 年年度报告》《2018 年半年度报告》《2018 年年度报告》《2019 年半年度报告》之“财务报告、十四、资产负债表日存在的重要或有事项”。

① 资料来源：陇上税语微信公众号，2020 年 1 月 14 日。

二、结论

近日，公司收到ATO出具的《纳税调整通知书》（以下简称“通知书”），通知书表明：经过审查，ATO对文菲尔德2015—2018年度的技术级锂精矿交易价格进行了特别纳税调整，相应增加应纳税额3164.72万澳元；对文菲尔德2018年度化学级锂精矿的交易价格进行了特别纳税调整，相应增加应纳税额2040万澳元，文菲尔德合计应补缴2015年度至2018年度的所得税5204.72万澳元。

三、对公司的影响

按照《企业会计准则第13号——或有事项》及《企业会计准则第29号——资产负债表日后事项》的相关规定，文菲尔德补缴所得税事宜将计入其2019年度损益，预计减少文菲尔德2019年度净利润5204.72万澳元，预计减少天齐锂业2019年度归属于母公司股东的净利润12887.92万元人民币。

四、备查文件

澳大利亚税务局出具的《纳税调整通知书》：

敬请广大投资者注意投资风险，特此公告。

天齐锂业股份有限公司董事会

二〇二〇年一月十一日

【陇上税语注】：天齐锂业在2019年半年报及2018年年报披露：“本公司子公司文菲尔德已向澳大利亚税务局（ATO）提交了单边预约定价安排（APA）的申请。拟议的APA适用于2017年1月1日至2019年12月31日的所有跨境关联方销售定价。ATO正在审查2015年和2016年跨境关联方销售定价方法。截至本报告发布之日，文菲尔德与ATO就预约定价安排及过往年度审查的磋商仍在持续。公司认为预约定价安排所提议的定价措施以及2015年及2016年所采取的定价方法适当，但ATO可能持有不同立场导致文菲尔德额外的所得税负债。”

14

预约定价

案例 73：

APA 成功案例给跨国公司哪些启示①

4 年间的 10 多轮谈判，形成 60 多份 15 万余字的方案、报告和测算底稿——最终促成宁波首例中韩双边预约定价安排日前成功落地。在经济全球化背景下，预约定价安排因其能兼顾跨国公司和税收主权国的共同利益而备受关注，并且已经成为跨国公司寻求税收确定性的重要方式。那么，想要与税务机关高效谈签预约定价安排应该注意什么呢？已经谈签成功的案例，能给跨国公司不少有益的启示。

一、启示 1：主动参与其中，寻求合理定价方法

日前，国家税务总局宁波市税务局与韩国三星重工业（宁波）有限公司（以下简称“三星宁波公司”）签订双边预约定价安排（APA）执行协议，成为我国税务部门为跨境纳税人提供税收确定性服务的又一次成功实践。

APA，是跨国公司就其未来年度关联交易的定价原则和计算方法，向税务部门提出申请，与税务部门按照独立交易原则进行协商、确认后达成的协议。APA 在更大限度保障企业经营及税收的确定性，有效避免和消除国际重复征税的同时，有助于降低税务部门的征管成本，提升纳税服务水平，可谓双赢之举。

据记者了解，在 APA 的谈签过程中，可比性分析测试结果是备受各方关注、影响

① 资料来源：《中国税务报》，2019 年 7 月 19 日。

最为深远的环节。而受测方的行业定位，则是税务部门进行可比性分析的首要环节和关键步骤。在行业定位准确的前提下，开展可比企业的筛选，才能保证测算的独立交易利润区间具有可比性，为 APA 成功谈签提供可靠依据。

宁波市税务局国际处处长钱正平告诉记者，与三星宁波公司的 APA 谈判中，他们创新性地采用了“4C 法”，精准定位企业所属行业，帮助企业化被动为主动，顺利通过可比性测试。“这是谈签成功的关键一步”，钱正平说。

宁波市税务局国际处的吴敏儿，参与了与三星宁波公司 APA 谈签的全过程。她向记者介绍，“4C 法”，即基本职业判断（Career Judgement）、咨询约谈（Consultation）、实地取证（Field Confirmation）和综合剖析（Comprehensive Analysis）。与通常的方法相比，“4C 法”的创新之处在于，税务部门会到企业实地核查，并以此为基础进行综合判断，最终得到税企双方一致认可的行业定位。吴敏儿告诉记者，在“4C 法”下，此次 APA 谈签中的行业分歧问题得到有效解决，谈签工作顺利推进。

从上述案例来看，税务部门不断创新工作方法的核心，在于通过准确的行业定位，寻找到最合理的可比定价，进而更准确地确定企业的应纳税额。面对税务部门不断创新的工作方法，企业应对自身的谈签准备工作做相应的调整，积极配合税务部门的调查，形成合力，共同推动谈签目标达成。除了事先了解并掌握 APA 的流程，充分准备内部生产、财务、同期资料等信息资料外，企业在谈签的具体环节中，也要做出调整。

钱正平表示，在基本职业判断环节，建议企业利用其对行业的准确认知，积极提供相关资料，帮助佐证行业范围；在咨询约谈环节，建议企业多方协调，邀请研发、生产和财务等多部门业务骨干及一线生产工人参与约谈；在实地取证环节，建议企业发挥专业优势，详细介绍生产工艺流程，保证行业的精准定位。吴敏儿同时建议，在日常税务管理中，企业应适时对集团内部跨境关联交易中的转让定价问题进行风险自测，以确保符合独立交易原则。

从记者了解的情况看，税务部门在 APA 谈签过程中越来越注重创新。据福建省税务局国际处处长王志荣介绍，前不久，福建省创新推出“三精工作法”，完成了该省第一例双边 APA 的谈签工作。所谓“三精工作法”，就是精准把脉，找准谈判关键点；精准应对，化解涉税风险点；精准把控，掌握谈判主动权。同时辅以项目化团队管理模式，充分发挥项目组成员的能动性和积极性，从而高效推动本次双边 APA 的谈签。

北京市税务局第三税务分局副局长孔丹阳介绍，在一例 APA 谈签过程中，该局运用市场溢价理论，详细分析跨国公司在中国生产经营过程中市场溢价的产生、量化和归属问题，最终确定企业应有的、合理的利润水平。该方法体现出在市场溢价方面，中国市场特殊因素给跨国公司带来的价值贡献，有效地维护了我国的税收主权。

孔丹阳表示，近年来，北京市税务局受理的APA大多涉及世界500强，这些跨国公司通常具有关联交易金额巨大、交易种类繁多且交易模式复杂的特点。“这就要求税务部门在开展预约定价工作时，不断创新工作方法，也要求企业主动参与其中，共同寻求确定合理利润水平的方案——这有助于在谈判过程中达成共识。”孔丹阳说。

二、启示2：做实数据分析，提高申请资料质量

记者从国家税务总局不久前发布的《中国预约定价安排年度报告（2018）》了解到，2005—2018年，我国税务部门累计签署156例APA，包括89例单边APA和67例双边APA，跨国公司谈签意愿一年更胜一年。来自宁波的数据也印证了这一趋势——2019年已有日本、韩国、瑞士等多个国家的10余家外资企业表达了积极的APA谈签意愿。那么，在众多的APA申请企业中，跨国公司怎样才能“脱颖而出”，让税务部门优先受理呢？

宁波市税务局国际处处长钱正平告诉记者，税务部门在决定是否优先受理企业申请时，主要考虑四个因素：提交申请时间顺序、提交申请的质量、案件是否具有行业和区域等方面的特殊性以及双边APA申请中所涉对方国家（地区）的谈签意愿及其对案件的重视程度。基于此，企业在申请谈签APA时，应按照法规要求准备高质量的申请资料，尤其要准备有关价值链和地域特殊因素等事项的分析。

安永转让定价服务合伙人刘晓萌建议，企业应建立完善有效的转让定价管理制度，对日常关联交易安排进行切实有效的管理和监督，形成系统的资料留存，避免提交APA申请时“临时抱佛脚”。特别是在申请之初，企业应开展周密的准备工作，包括提交齐备的申请材料，对价值链或供应链进行完整、清晰的分析，充分考虑成本节约、市场溢价等地域特殊因素，对拟采用的定价原则和计算方法进行详细的分析。

根据多年的实操经验，德勤转让定价合伙人黄晓里表示，鉴于高质量的申请材料是提高APA谈签效率的重要因素，建议企业重视价值链分析和行业分析。在税基侵蚀和利润转移（BEPS）背景下，税务部门往往会使用价值链分析的方法来判断企业的功能风险、价值创造和利润是否匹配，并由此判断企业的转让定价政策是否合理。黄晓里提醒，仅进行定性的价值链分析可能缺乏说服力，企业需要进行一定程度的定量分析，同时要对自身所处的行业进行深入细致的剖析，做出一份可靠的经济分析和可比性分析报告。

黄晓里建议，企业在日常税务管理工作中，要有清晰的、符合独立交易原则的转让定价政策，并确保转让定价政策在关联交易合同签署、会计处理、财务报表等环节

得到有效执行，及时进行可比性分析，定期进行基准分析，确保转让定价政策和执行情况符合税法规定，并且准确反映当前的经济环境和企业功能风险。

在刘晓萌看来，我国APA的发展与国际税收规则的变化密切相关。随着BEPS行动计划的步伐加快，以及国际税收环境下交易信息透明度的不断提升，税务争议的数量将继续攀升，APA的重要性不言而喻。刘晓萌提醒企业注意，尽管我国致力推进APA工作，但纳税人日益增长的APA案件申请意愿仍超出了税务部门的审阅和磋商速度。可以预见，在未来的APA案件受理流程中，税务部门将进一步从技术层面以及信息披露层面提高对于申请的质量要求。“提高申请资料质量的重要性，怎么强调都不为过”，刘晓萌说。

三、启示3：了解总体趋势，制定务实谈签策略

谈签APA，跨国公司还需要做足一项功课：了解APA谈签的总体趋势，然后结合企业的实际情况，综合分析所在行业是否有必要谈签APA，是谈签单边APA还是双边APA，谈签的过程中可能会遇到哪些棘手问题，应该选择哪种转让定价方法。

《中国预约定价安排年度报告（2018）》数据显示，中国14年间共签署了89例单边APA、67例双边APA，分别占已签署APA总数的57.05%和42.95%。北京市税务局第三税务分局副局长孔丹阳分析，单边APA的谈签难度相对较小，因此成功谈签的数量多于双边APA。单边APA和双边APA各有利弊，企业应根据自身的情况，合理选择申请类型。

孔丹阳表示，如果企业关联交易金额不大，交易种类不多，可以选择申请单边APA，以获得税收确定性。如果交易金额大、种类多、交易模式复杂，或涉及无形资产、集团劳务等复杂问题的企业，申请双边APA更能为企业大大降低转让定价风险，避免被重复征税。

根据《中国预约定价安排年度报告（2018）》，APA涉及的关联交易类型方面，65%以上都是有形资产使用权或所有权转让，无形资产和劳务的比重相对较低，且制造业APA占已签署安排总数的84.62%。中央财经大学教授何杨认为，这从很大程度上说明，目前制造业等传统行业在我国申请APA的需求较大，在定价方法上也较容易达成共识。“一定规模以上并涉及较大比重关联交易的企业，就具有申请APA的可能性和必要性”，何杨说。

孔丹阳告诉记者，从申请APA的行业趋势来看，虽然目前制造业占绝大多数，但是服务业、高新技术等新兴行业申请的趋势在不断提升，涉及的关联交易类型越来越

多，交易模式也趋于复杂。一些新兴业态由于交易模式的复杂性可能会给 APA 的谈签带来一定困难，特别是涉及无形资产和集团劳务等情况。这些类型的企业如果申请 APA，一定要充分披露行业信息、交易模式、交易各方的整体情况，对价值链、地域特殊因素、各方对无形资产的贡献等问题进行详细分析，帮助税务部门及时了解企业的交易模式，掌握全面、详尽的信息，从而加快 APA 的谈签进度。

根据《中国预约定价安排年度报告（2018）》，已签署 APA 中最常用的转让定价方法是交易净利润法，利润分割法则较少被使用。结合近年来北京的 APA 实践，孔丹阳表示，目前不少 APA 案例的交易双方都涉及无形资产。在涉及无形资产和集团劳务的案例中，税务部门越来越重视价值链的分析，倾向对交易双方进行详细的测试，也会更多地采用利润分割法等更为合理的方法对企业进行评估。因此，企业应提供更为翔实的资料，协助税务部门对交易双方进行详尽的功能和风险分析、无形资产定价，运用剩余利润分割法等合理的方法，确定交易双方的利润率水平，促进 APA 工作顺利开展。

四、新闻回放：锁定目标，相向而行①

日前，福建省第一例双边预约定价安排协议谈签成功。据了解，此次成功谈签的中日双边预约定价安排协议，极大降低了企业关联交易中的税收不确定性，避免了国际双重征税，为申请企业节约了 4300 多万元的税收成本。

世界经济最大的确定性，就是具有不确定性。这一点，在跨境税收问题上尤其明显。

一笔跨境交易，往往会涉及不同国家之间、不同国家与企业之间的税收利益。如今，国际税收规则正在发生改变，各国国内税法也在进行不同程度的改革，加之可能发生的“黑天鹅事件”和“灰犀牛事件”，税收不确定性自然也会增加。在这样的背景下，申请签订单边或双边的预约定价安排（APA），成为很多跨国公司寻求税收确定性的理性选择。

国家税务总局发布的《中国预约定价安排年度报告（2018）》显示，我国 APA，尤其是双边 APA 的发展呈现出波浪式前进的趋势。尽管成功签署的 APA 以单边居多，但就签署意向来看，申请双边 APA 的企业数量，远高于申请单边 APA 的企业数量。这说明，在经济全球化背景下，企业更愿意选择申请双边 APA 来获得税收确定性。专家指出，只要税企双方能够牢牢锁定减少税收不确定性这个核心目标，坚持相向而行，就一定能在一些关键问题上实现突破，实现共赢。

① 日期：2019 年 7 月 19 日，作者：实习记者李雨柔。

一方面，需要创新确定利润水平的更合理方法。在APA谈签的过程中，确定符合独立交易原则的价格或利润水平是关键环节。随着经济全球化深入发展，关联交易类型不断增加，新兴的跨境交易模式也层出不穷，传统的确定价格或利润水平的方法可能会出现一定程度的脱节，甚至不能适用。这就需要税企携手，与时俱进地探索新的确定交易价格或者利润水平的更合理方法。远瞻咨询财税业务负责人李先生告诉记者，我国现有的定价规则或方法中，其实包含着许多前沿理论，比如成本节约理论、市场溢价理论等。税企双方应当共同加强对这些理论的研究及应用，以适应关联交易模式日趋复杂的情况。

目前，在无形资产转让定价问题的处理上，存在一种趋势：根据无形资产的应用行业或领域，来判断该项资产的价值回报。在李先生看来，这种判断方式就需要创新。他表示，无形资产的价值不仅取决于其应用行业，也应当关注该项资产的具体属性和相关研发的复杂程度。同时，跨国公司研发中心也会因自主决策权、风险功能定位和本地化程度等差异，创造不同水平的价值，这些因素都应当考量。“加快探索新的科学方法的步伐，提高转让定价技术分析的精细化程度，很有必要。”李先生说。

另一方面，在税务机关日益重视纳税信用体系建设的背景下，需要企业有更多的诚信行动。有关专家表示，APA可以看作是税企为降低各自风险而达成的一份“契约”。契约精神的核心，就是诚实守信。这种诚信不仅体现在APA谈签和执行过程中，更体现在纳税人日常的税法遵从中。因为APA的谈签过程，是一个税企相互交流信息的过程。在信息不对称的情况下，企业日常的税法遵从度越高、纳税信用等级越高，税务部门会更加认可其所提供信息的真实性和可靠性，审核资料的速度也会相应加快。

记者了解到，宁波首例中韩双边APA的谈签工作中，纳税信用就发挥了不小的作用。该案例涉及境外母公司退税、境外资金入境管理等多个环节，企业税款的及时入库面临一些挑战。考虑到申请企业历年纳税信用等级均为A级、税法遵从度较高，宁波税务部门及时下发相关文书，开设快速办理通道，帮助企业解决了相关问题，使得谈签工作顺利完成。

对一笔未来交易来说，由于税企双方的预期、立场、信息等不对称，存在着“非对称性风险”——税务部门希望稳定税收，维护国家税收主权；企业则希望降低税收风险与成本，增加利润。APA是消除非对称性风险的有效手段，其谈签的过程，既是税企双方寻求价格或利润信息对称的过程，也是不断寻求国家税收利益和企业经营利益之间平衡的过程。对于税企双方来说，应当把握技术和理论创新的机遇期，在探索应用区块链等新技术的基础上，以APA谈签为契机，不断促进税企之间更有效的沟通，开拓双方更广阔的合作空间。

案例 74:

解决国际税收争端的有效尝试——宁波市签订首例与韩国企业达成的双边预约定价安排协议[①]

6 月 13 日，中韩双边预约定价安排协议签字仪式在宁波洲际酒店举行。此次是宁波市税务部门首次与韩国三星重工业集团签订双边预约定价安排执行协议。协议的正式签订，将是宁波税务深化国际税收合作的一次有益实践，将是 G20 税改成果转化与落实的“宁波经验”。

据了解，预约定价安排是指企业与税务部门就企业未来年度关联交易的定价原则和计算方法所达成的一致安排，为科学应对国际税收争端提供了一个高效可靠的解决途径。预约定价安排作为一种解决跨国公司转让定价问题的有效方式，可以有效解决国际税收争端，亦可降低企业潜在的转让定价风险、改善税企关系。从企业角度来看，事先以预约定价安排的方法与税务机关达成协议，能确切地知道自己在国内应承担的税负，避免了被税务机关调查调整的风险，有利于企业进行长远的投资成本和效益的核算，不但避免了该企业国际双重征税，还增加了跨境纳税人未来年度税收与经营的确定性，稳定了跨国集团在宁波本地的发展。与此同时，预约定价安排还有利于改善地方的投资环境，有助于稳定投资者的预期、提振投资者的信心，提高对外资的吸引

① 资料来源：《宁波日报》，2019 年 6 月 14 日，作者：周静、曹凯。

力，是一举多得、互惠共赢的良方良策。

三星重工业（宁波）有限公司落户甬城多年，是北仑区的重点税源企业，为宁波经济发展作出了突出的贡献，树立了良好的外资企业形象。2015 年 7 月，三星重工业（宁波）有限公司就其与韩国母公司的关联来料加工业务向税务部门递交了双边预约定价安排正式申请报告，经过近 4 年 10 多轮磋商、谈判，宁波市税务局先后出具 60 多份、15 万余字的可比性分析方案和报告，并创新性地采用“精准行业定位 4C 法”，测算出符合可比条件的独立交易利润区间，最终促成国家税务总局与韩国国税厅达成中韩双边预约定价安排。

协议的正式签订将在全市、长三角，乃至全国范围内形成积极的示范效应，会有越来越多存在关联交易的企业和选择“走出去”的企业，主动选择预约定价安排，避免国际双重征税，降低潜在税收风险，真正实现税企双赢。据悉，目前我市已有来自日本、韩国、瑞士等多个国家和地区的 10 余家外资企业表达了积极的谈签意愿。

案例 75：

湖北首例单边预约定价安排签署[①]

法国巴黎—中国武汉，欧亚两座城，相距 8929 公里，直飞 12 小时。不久前，一位法国企业家风尘仆仆前来赴“约”。“约”的是企业未来 3 年的营业利润水平，也是一份饱含诚意的“税收协议”。

近日，湖北省首例单边预约定价安排在武汉市江汉区国税局成功签署。法国某公司法定代表人大卫·斯维赛与税务部门就 2015—2017 年武汉子公司的营业利润水平达成一致。根据预约定价，2015—2017 年，公司营业利润年均提高 2.2%，平均每年增加税款 200 万元左右。

“协议的签署为企业税收成本带来确定性，避免调查风险，也使税务部门降低转让定价管理及调查成本，维护了地方税源的稳定，可以说是税务、企业和地方政府三方共赢、互惠互利的好事。”武汉市国税局局长姜锋在签约仪式上表示。

随着我国外向型经济的发展，跨国企业越来越倾向于在中国布点。这类企业的关联交易十分频繁，往往存在转移利润、侵蚀税基的情况。由于这类企业规模大、管理新，税收调查存在较大难度。

近几年，武汉关联业务和有关联交易企业呈直线式上涨。数据显示，2015 年关联申报户达 96690 户，企业 1877 户，较上年增长 25.3%。由于专业人才和人力的限制，最终走完反避税调查环节的企业仅 3 户，补税 1.24 亿元，与整个户管量相比，差距

① 资料来源：《中国税务报》，2016 年 1 月 25 日。

很大。

“如果能够通过与企业达成一致，预先安排关联交易的定价原则和计算方法，取代事后的转让定价调查，是高效率处理关联交易税收问题的好方法。”武汉市国税局国际税处相关负责人说：“不过，这种方式必须是企业自愿提出，主动申请，双方达成一致意见，才能实现。”

过去的几次尝试，都因种种原因未能如愿。直到2015年年初，法国某无纺制品（武汉）公司因关联交易金额大、税负低等原因，纳入武汉市国税局反避税调查对象。在案头分析中，武汉市国税局发现该公司毛利率低于同行业平均水平，可能存在转让定价嫌疑。

经过与武汉子公司的约谈，武汉市国税局发现企业本身没有避税意愿，可能是因不熟悉中国税收政策才出现类似问题。对此，武汉市国税局建议企业寻求合理的定价方式，避免走上反避税调查的道路，承担补税和缴纳利息的风险。得知消息后，公司法定代表人大卫多次赶赴武汉，主动与税务部门约谈，并如实告知整个产业链条的利润水平。“大卫已经年过花甲，仍不远万里多次来和我们坦率交谈。他的契约精神和诚信纳税意识，让我们感动！”参与这次定价安排的税务人员对大卫赞叹不已。

经过长达半年的预备会谈、正式申请、审核评估、会谈磋商等规定程序和环节，这份诚意协议终于签署，营业利润在整体利润框架上合理确定，并设定保底条款，保证武汉公司保持合理利润率水平。同时，如经营发生重大变化，协议也规定了重新定价和终止安排等保护条款。

对这份考虑周全的安排，大卫也很满意。他告诉记者：“通过这次定价谈签，我觉得武汉的税收环境非常好。我愿意加大投资力度，生产附加值更高的产品，让企业与地方经济同步发展。”

“这次签约弥补了湖北省在单边预约定价方面的空白，显示我局特别纳税调整取得的新突破。”姜锋说。他希望今后更多存在关联交易的企业，主动选择预约定价安排，共同营造和谐稳定的税收环境。

案例 76：

湖南签署首例单边预约定价安排[①]

日前，湖南省首例单边预约定价安排由邵阳市国税局与在香港上市的某企业集团正式签署。根据预约定价安排，预计该集团在邵阳 3 户企业 2016—2018 年将实现企业所得税 4937 万元，较签署前的 2013—2015 年增加 3250 万元。

据悉，存在关联交易的企业，选择预约定价安排，可以避免双重征税，降低企业潜在的税收风险。预约定价安排，指企业就其未来年度关联交易的定价原则和计算方法，向税务机关提出申请，与税务机关按照独立交易原则协商、确认后达成的协议。此次单边预约定价安排于 2014 年 6 月启动，经预备会谈有效沟通后，由企业集团提出申请，再经过审核评估、多轮磋商等程序和环节，以及大量的调查研究，顺利进入预约定价安排签订阶段。

此次与邵阳市国税局签署单边预约定价的企业集团是全球三大鞋业制造商之一，被称为“亚洲鞋王”。2010 年来，该集团大规模进入湖南发展，先后在邵阳、怀化、衡阳、娄底等地投资建厂，其中在邵阳投资规模最大。目前，集团在邵阳设有 6 家生产工厂及 1 家销售公司，拥有产业工人 16000 余人，年产值逾 10 亿元。

企业集团有关负责人在签署仪式上表示，此次预约定价条款合理，明显增强了企业经营预期，让其切身感受到了税务机关及地方政府优化税务环境、打造引资洼地的强烈意愿和务实举措。据悉，自此次单边预约定价谈签工作启动以来，该集团在湘投

① 资料来源：《中国税务报》，2016 年 8 月 12 日，作者：李鑫超、王易华。

资力度明显加大，并拟将邵阳打造成其在中国境内的鞋业研发和生产核心基地，届时，将带动当地近5万人就业，其在湘成员企业年税收贡献也有望突破5亿元。

下一步，湖南省国税局国际税务管理部门将本着“服务企业、规范管理”的原则，密切跟踪执行情况，确保各项服务举措落到实处，切实增强企业生产经营税收预期，节约税企双方征纳成本。同时，积极总结经验，持续创新服务理念和手段，进一步提升新形势下国际税收治理能力，更好地推动湖南外向型经济发展。

15

海外经典案例

案例77：

印度：信托避税获法院支持①

近日，印度孟买法院的所得税上诉庭（ITAT）裁定，免除两位居民就其信托基金收益进行纳税的义务。判决理由是，他们是信托的自由受益人，而不是直接受益人。

一、法院裁决将产生深远影响

印度税务部门经调查认定，孟买居民迪帕克·沙阿和库纳尔·沙阿曾通过日内瓦汇丰银行设立了名为 Balsun Trust 的信托基金。汇丰银行账户中的资金应作为两人的"未入账收入"征税。经评估计算，两人应分别被征税 3060 万卢比（1 美元约合 69.995 印度卢比）和 27.4 万卢比。

税务部门追缴了税款和利息后，两人向法院提出上诉。法院经审理后认为，Balsun Trust 信托基金由持有比利时护照的迪潘杜·巴巴拉尔·沙阿于 1979 年创立，两人也声称对该账户的资金拥有全部所有权，并承认自己是本案信托基金的主要受益人。但两名上诉人仅是可自由裁量的受益人，对该信托没有出资或交易行为，不负有纳税义务。从而否定了税务局的征税行为。

此次印度法院的判决将会产生深远的影响。对于其他还没有被印度税务局盯上的富人们来说，他们或许可以从本案中得到不少启发。印度的税法专家认为，这样的裁

① 资料来源：《中国税务报》，2019 年 3 月 12 日，作者：阎传雨。

决可能为其他瑞士账户受益人和离岸避税天堂的投资者开辟新的前景，将他们从税务局手中解救出来。税务局在面对信托形式的避税安排将束手无策，而瑞士银行业的服务将会在印度富人中更有市场。税务官员则表示，根据他们的了解，瑞士方面一直在密切关注着国际上的有关裁决动向，并经常相应地修改他们的金融制度和操作程序。

二、自由裁量信托成避税利器

外界普遍认为，印度法院的裁决或将进一步促使信托基金的受益人结构成为一种非常有效的避税工具。信托指一个人将资产交给另一个实体，为第三人（受益人）的利益而存在的法律实体。受托人大多是银行或律师事务所。信托人和受益人的权利，可以根据建立信托时的协约而定。一般来说，信托的受益人分为固定受益人和自由受益人两类。其中，固定受益人通常指信托受托人依照信托协议的规定，必须向受益人分配确定的信托资产收益。通常情况下，固定受益人应当直接被认定为账户持有人或者实际控制人来对待，即会被税务局识别，并负有纳税申报义务。

自由裁量信托则是一种特殊设计的信托结构，其信托文件本身并不确定受益人可以享受的信托利益、信托受托人具有信托财产收益分配的自由决定权，可以基于信托协议所约定或是实际情况对信托资产收益做任意分配处理。在分配决定作出之前，受益人是否能获得信托利益、可获得多少信托利益都处于不确定之中。实际操作中，信托人通常会就分配事宜对受托人作出详细的指示，但是这些指示对外（包括政府部门）是保密的。在许多国家的司法实践中，可被自由决定的受益人被认为在信托中没有合法的正当权益。自由受益人通常只有在收到信托资产收益的当期，才被看作是信托的账户持有人或者实际控制人。如果没有被分配收益，则不被当成信托的账户持有人或者实际控制人，自然也就不涉及其信息被识别和纳税申报的问题。

印度税务官员称，目前印度的富人们主要是通过建立信托或是复杂的公司实体，在巴哈马、巴拿马和直布罗陀这样的避税地注册，在瑞士设立秘密银行账户，将财富汇集于此。这些把钱投资到印度以外地区的富人一般并不直接自己露面，而会招募代理人，通过与代理人之间的亲密关系，只保留着自己自由受益人的身份。由于相关商业结构安排的复杂和隐蔽性，对政府来说，尽管能够获得一些相关信息，但仍很难揭开其神秘的面纱，除非有明确证据证明这些财富是靠犯罪活动取得的，才能进行深入彻底的调查。

三、印度反避税形势严峻

汇丰银行曾经是瑞士最大的外资银行。为来自瑞士以外约150多个市场的客户提供服务。10年前，一位内部员工从汇丰银行窃取了大约3万个账户信息。这些账户总金额超过1200亿美元，多涉及逃避税款。他将账户信息交给了法国当局。法国政府在2011年将包含628个账户信息的问题名单移交给了印度政府，其中包括在汇丰银行日内瓦分行拥有账户的人士。直到此时，潘多拉的盒子才打开。此前，印度政府还不了解本国富人逃税行为严重到了何种程度。

接到法国移交的名单后，印度税务部门组织了突击税务检查，并强势要求涉事人员补税。这是印度首次打击瑞士银行秘密账户，但并没有得到调查洗钱活动的执法机构支持，后来草草收场。瑞士金融市场监管机构（FINMA）曾就汇丰银行的数据泄露事件给予其严厉斥责。汇丰银行后来耗资逾1亿瑞士法郎用于更新修补系统，以防范数据失窃风险。总部位于日内瓦的汇丰银行私人银行部及其子公司在美国被指控协助富人逃税而被课以巨额罚款。汇丰银行承认，为了解决各种指控和调查，它拿出了6.04亿美元的资金来应对。汇丰银行还同意在法国支付3亿欧元，以了结税务麻烦。但面对印度税务部门，汇丰银行却并未示弱。8年多来，一直在追查瑞士秘密账户的税务官员似乎未有更新的发现，而最近印度法院的裁决使得他们面临的问题更为棘手。

案例78：

主观意愿：判定税收居民的参考因素[①]

税收居民是国际税收管理中一个极其重要的概念，因为它涉及一个国家（或税收管辖区）对纳税人的税收管辖权，大多数国家对本国税收居民的全球所得征税。前不久，澳大利亚联邦上诉法院就一起税收居民案件作出裁定，具有比较典型的意义。

一、一个案件引发两种观点

格林·哈丁是一位飞机机械师，拥有澳大利亚国籍，此前是澳大利亚税收居民。2009年，他在沙特阿拉伯找到一份待遇优厚的工作，于是决定离开澳大利亚。他来到巴林，住在一个设施齐全的公寓里，每天到沙特上班，下班后回到巴林。

按照计划，哈丁的妻子和最小的儿子将于2011年年底搬到巴林与他一起生活。在此之前，他妻子带着孩子继续在他们澳大利亚的家中生活。期间哈丁经常给妻子寄钱，在巴林给她买了一辆汽车，还给最小的儿子在巴林一所学校办理了入学登记。妻子去巴林探亲时，两人还四处看房子，准备作为他们未来的家。后来两人感情出现问题，离了婚。此后哈丁变换了他在巴林的住址，搬进了同一小区的另一套公寓。

澳大利亚税务局在对哈丁2011年收入情况进行评估时，认为当年他仍是澳大利亚税收居民，应就全球所得申报个人所得税。哈丁不服，于2018年6月向法院提出上

① 资料来源：《中国税务报》，2019年5月31日，作者：国家税务总局国际税务司高峰。

诉，初审法官支持了税务局的主张。哈丁继续上诉，联邦上诉法院作出裁定，推翻了初审法官的裁定。

按照澳大利亚国内法有关规定，如果一个人满足以下四个条件之一，就是澳大利亚税收居民：一是在澳大利亚居住；二是住所在澳大利亚，除非能够证明他的永久居所（permanent place of abode）不在澳大利亚；三是相关纳税年度在澳大利亚停留 183 天以上；四是按照《1990 年超级年金法案》成立的超级年金计划的成员，或者是有资格享受《1976 年超级年金法案》的雇员，或者是上述成员或雇员的配偶或不满 16 岁的子女。

澳大利亚税务局判断哈丁为澳大利亚税收居民，主要依据是上述条件中的第二条。2011 年当年，哈丁的妻子和孩子都在澳大利亚，他们在澳大利亚有一个家，哈丁经常给他们寄钱，这些事实足以证明他在澳大利亚有住所。同时，哈丁没有充足的证据证明自己在澳大利亚以外有一个永久居所，他在巴林的公寓不过是家人与他会合前的临时栖身之所，他可以随时把行李放进箱子搬到另一套公寓。事实也证明了这一点：离婚后，他搬到了同一小区的另一套公寓。税务局还认为，虽然哈丁的主观意愿是永久离开澳大利亚，但这个主观因素无法否定他与澳大利亚存在的客观联系。

联邦上诉法院的 3 位法官认为，本案的关键是判断哈丁是否放弃了澳大利亚税收居民身份。对“永久居所”这个概念不能狭义地理解为一个固定不变的住址，“place”可以指市镇或国家，“住在哪个地方比住的形式更重要”。哈丁主观上已经决定永远离开澳大利亚，客观上采取了相关行动，在巴林建立了永久居所，因此不再是澳大利亚税收居民。

二、主观意愿也是参考因素

哈丁案是澳大利亚法官按照当地税法，在充分考虑纳税人的主观意愿与客观事实后作出的裁决——主观意愿也是判断居民身份的参考因素。澳大利亚联邦政府开始重新评估有关税收居民的规则，希望把法律变得更简单明确一些，该案对我们理解税收居民这个重要概念也有一些启发。

目前，各国税务部门在判断一个人的税收居民身份时，通常依据的是客观标准，即此人在本国是否居住或有住所，或者在某个纳税年度在本国出现的时间超过一定门槛（通常是 183 天）。但希腊、英国等国家也会考虑纳税人的主观意愿。例如，英国法律规定，成年人的住所要取决于他的永久居住意愿。

我国新修订的《个人所得税法》第一次明确提出居民个人的概念，无疑是个人所得税立法的一大进步。它规定在中国境内有住所或者无住所而一个纳税年度内在中国境内居住累计满 183 天的个人为居民个人。个人所得税法实施条例进一步明确，个人所得税法所称在中国境内有住所，指因户籍、家庭、经济利益关系而在中国境内习惯性居住。以上规定为税务部门和纳税人判断税收居民身份提供了法律依据。

值得注意的是，现有法律尚未明确在户籍、家庭和经济利益这三个标准互相冲突时如何处理。假想这样一种情形：一个中国人持有美国护照，妻子和孩子在中国香港居住，他的财产和收入主要来自中国，在这种情况下如何判断税收居民？现有法律尚未给出明确指导，需要后续配套细则作出进一步明确。

案例79：

以色列法院裁定的三则案例的启示：利益中心是判断个人税收居民身份的重要依据[①]

在判定税收居民身份时，各国税务机关通常会进行两个测试：一个测试是看纳税人在本国停留的时间是否达到一定标准；另一个测试是看纳税人的利益中心是否在本国。第一个测试比较客观，第二个测试则要综合考虑许多因素进行主观判断，容易引起税务机关与纳税人的分歧。如何判断纳税人的利益中心？以色列法院裁定的三则案例，可以为我们提供有益的借鉴。

一、自认为长期生活在美国，被判以色列税收居民

拉法莉1985年出生在以色列，8个月大时就开始了模特生涯，此后一路走红。2005年，她与好莱坞影星莱昂纳多·迪卡普里奥（粉丝也叫他“小李子”）拍拖。2015年12月，以色列税务局开始调查拉法莉瞒报收入情况，认为她在2009—2010年有450万美元收入应在以色列申报纳税。拉法莉的律师团队则认为，除了作为名模在

① 资料来源：《中国税务报》，2019年6月21日，作者：国家税务总局国际税务司高峰，原标题：利益中心：判断税收居民身份的重要依据。

世界各地走秀，拉法莉这一时期主要和“小李子”一起生活在美国，因此不构成以色列税收居民，无须在以色列申报纳税。由于双方分歧无法弥合，此案诉至法院。

以色列国内法关于税收居民是这样规定的：如果一个人1年中在以色列停留超过183天，或者3年中在以色列停留超过425天，其中最近1年在以色列停留至少30天，则构成以色列居民；此外，如果一个人的生活中心在以色列，也构成以色列居民。这里的“生活中心”，与国际上通行的“利益中心”类似。按照以色列国内法，判断“生活中心”要综合考虑以下因素：永久的家所在地，家人的居住地，纳税人经常工作的地点，经济利益所在地，房产、汽车等财产所在地，纳税人经常参加活动的组织或机构所在地等。

法庭调查发现，拉法莉2009年在以色列停留了185天，2010年停留了135天。在以色列停留期间，她主要生活在首都特拉维夫的两套豪华公寓里——这两套豪华公寓是以她家人的名义租下的。医疗记录也显示，拉法莉这一期间在以色列购买过处方药，接受过治疗，还在全国健康基金投了保险。法庭进一步调查发现，拉法莉在美国仅就其在美国取得的所得申报纳税，没有申报其全球所得，并告诉美国税务局自己是以色列居民。综合以上信息，法庭支持了税务局的主张，认定拉法莉在2009年～2010年是以色列税收居民。拉法莉就这两年未申报的450万美元收入，补缴近220万美元的税款，并负担34000美元的诉讼费用。

二、一年只停留30天，也被认定为以色列税收居民

阿米特今年40岁，是一名职业扑克手。从2002年起，他征战海外，在世界各地的锦标赛和互联网比赛中屡屡获胜，赢得了丰厚的奖金。在此期间，他的父母一直住在以色列的霍伦市，他先后寄给他们500万美元。

税务局认为，阿米特的生活中心仍然在以色列，因此构成税收居民，需要就全球所得申报纳税。阿米特认为，自己从2002年起就主要在海外生活，不再是以色列居民。双方的争议集中在2007年，那一年他只在国内停留了30天。双方另一个争议焦点是所得性质。税务局认为，阿米特在各类扑克比赛中获得的奖金收入应属于经营所得，适用最高50%的税率；阿米特则认为自己的收入是赌博所得，税率不应超过25%。双方把官司打到中央地区法院，法院支持了税务局的主张，阿米特继续向最高法院上诉。

法庭调查发现，阿米特在美国拉斯维加斯有一个银行账户，还有一个健身房的会员证；他在以色列有一个银行账户和信用卡账户，在以色列有房地产投资；2007年他

在加拿大多伦多买了一套公寓。2018 年 10 月，最高法院就此案作出裁决。法官指出，阿米特在海外没有固定的居住地，经常回以色列；他经常把奖金汇回以色列，而他本可以方便地把钱留在美国，那里的金融体系更加稳定。综合上述因素，法官裁定阿米特的生活中心仍然在以色列，是以色列税收居民。最高法院还认可了税务局对其所得性质的认定，即由于他是职业扑克手，他的奖金属于经营所得而不是赌博所得。

三、妻子和孩子都在以色列，却不是以色列居民

1994 年，萨皮尔带着妻子和孩子搬到新加坡，1998 年又举家搬回以色列。2001 年，萨皮尔只身回到新加坡，先在几家公司作高级顾问，后在当地成立了一家公司。2001—2005 年，萨皮尔向以色列税务局进行了年度申报，但不包括他在新加坡取得的收入。税务局认为他妻子、孩子都在以色列，经常回国探望，生活中心应该在以色列，因此应被视为以色列税收居民，就全球所得申报纳税。

双方把官司打到了特拉维夫地区法院。法院 2013 年作出裁决，驳回了税务局的请求，认为萨皮尔的生活中心不在以色列而在新加坡，应该是新加坡税收居民。税务局不服提出上诉，结果最高法院继续站在了纳税人的一边。

最高法院的法官认为，2001 年，萨皮尔是以色列居民，因为那一年他在以色列停留了 224 天；2002—2005 年，他的生活中心应该在新加坡。法官主要考虑了以下因素：萨皮尔在新加坡拥有一套公寓，取得了永久居留许可；他在新加坡开立了银行账户，买了养老基金、医疗和其他保险；他在新加坡有广泛的社会关系，积极参加当地犹太人社区活动等；在此期间他的所得完全产生于新加坡，并已在新加坡按税收居民接受管理。法官指出，虽然他的妻子、孩子都在以色列，但不是决定性因素。萨皮尔在以色列还有养老金福利、缴纳社会保险费，这些都基于其在以色列生活多年以及家人决定留在以色列的事实。无论从主观上还是客观上来分析，萨皮尔都与新加坡有更密切的联系。

这个判例在以色列国际税收领域具有里程碑意义，此前税务机关在考虑纳税人的生活中心时，往往仅凭其妻子和孩子在以色列，就判定为以色列税收居民。

上述三则案例显示，在通过利益中心来判断纳税人居民身份时，一定要结合纳税人的实际情况，综合考虑税法规定的所有相关因素，才能得出准确判断，不宜仅凭某个因素就草率得出结论。同样值得注意的是，税收居民身份不是一成不变的，时间上有相对性。纳税人自身情况的变化，可能引发居民身份的变化。

案例 80：

实际管理机构所在地判断标准研究——以澳大利亚 Gould 案为切入点[①]

实际管理机构所在地规则对于认定法人实体的税收居民身份以及解决双重税收居民身份冲突具有重要作用。税收协定范本和相关国家国内法对实际管理机构的认定基本都是以企业经营管理的最高决策为内核，以事实认定、个案认定为适用准则。我国对于实际管理机构的规定侧重于日常经营管理，构成要件过于严格、缺乏灵活性，容易被规避。建议我国应当尽快建立以控制为主、管理为辅的实际管理机构认定标准。

一、问题的提出

纳税人居民身份关系事实的存在，是一国对其行使居民税收管辖权的前提。对纳税人居民身份的确认，是各国居民税收管辖权的重要内容。实际管理机构所在地（Place of Effective Management）规则将关注重点从注册登记移至实质经济活动层面，对于认定法人实体的税收居民身份以及解决双重居民身份冲突具有重要作用。从国内法层面而言，各国在认定企业税收居民身份时一般采用“设立准据法主义”和“实际管理机构所在地主义”并行的双重标准。前者属于客观标准，认为应以企业注册成立地判断其税收居民国，该标准虽易于执行但容易被人为规避或滥用于避税目的。后者

① 资料来源：《国际税收》，2019 年第 9 期，作者：武汉大学法学院熊昕、郑金涛。

找到新的避难所——实体组织将沦落为徒具外壳的逃避税工具。这不仅违背实质重于形式原则，也有违横向的税收公平。

但如果对 CMC 所在地采用事实认定标准，而不以法律形式上的公司最高决策机构为必要条件，是否有悖现实中公司运营普遍受到外部影响和指示的一般商业运作规律，如容易由于母子公司之间的控制关系而影响 CMC 的认定？其实不然。母公司对子公司的指示和控制等普遍存在的第三人对公司决策的影响，均建立在母公司和子公司均是独立法人实体的基础上。通常而言，母公司通过向子公司推荐或委派董事的方式参与子公司的经营管理。子公司董事虽系母公司推荐或委派，客观上最终代表母公司利益，但董事在依据法律和章程行使公司管理权时，往往是以子公司利益最大化作出独立判断和决策。母公司无权直接干预子公司董事对子公司的经营管理作出的独立决策。如果母公司不满意其委派董事作出的决策判断，母公司只能重新推荐或委派董事。换言之，子公司在决策上虽要接受来自作为控股股东母公司的指示，但是其在意志表达上是自主的，只不过在这种股权关系下子公司通常以母公司的利益为最后依归，但这不能视为税法意义上的管理与控制。母公司作为控股股东，只有经过正当程序将其自身意志转化为子公司的意志，才能将其对子公司的外部控制合法转化为子公司的内部控制。如果母公司绕开子公司内部正常的决议形成机制，便属于篡夺了子公司的正常功能，此时子公司已然无独立人格，母公司对子公司的控制便是内外的全面控制，自然也满足 CMC 的条件。

三、其他国家和地区实际管理机构的认定标准和适用

除了上述澳大利亚的司法实践，其他国家和地区有关实际管理机构的规定也值得关注。本文选择了与澳大利亚同分属不同法系的英国和德国，以及与我国同为处于高速发展阶段的发展中国家印度，对其相关制度进行简要介绍，以期从中发现资本输出国和资本输入国在实际管理机构制度上的个性和共性。此外，我国台湾地区相关立法模式与大陆制度最为接近，但却有着关键不同，也值得关注。

（一）英国

最早提及管理和控制概念的是 1876 年英国的 CesenaSulphur 案。CesenaSulphur 公司成立于英国，但除了董事在伦敦，公司其他所有经营管理事务、人员、利润分配、财务账簿、其他文件均位于印度。而法官最后认定该公司属于英国居民，理由是公司董事是在伦敦聚首并作出对公司经营行为具有最重要影响的决定。1906 年的 DeBeers

案进一步确认了这种观点。DeBeers 是一家矿业公司，成立地和总机构均位于南非，且股东大会经常在南非召开，其中几位董事也居住在南非，公司全部经营活动也在南非。然而法官仍认定其 CMC 位于英国，因为其大部分董事居住于伦敦，在伦敦召开的董事会实际决定了除具体的矿井经营以外的其他所有重要经营事项，包括控制对外签订金刚石合同的协商过程，决定金刚石和其他公司财产的处置、决定利润分配和董事任命等。1925 年的瑞典中心铁路有限公司诉汤普森案也说明，英国对法人居民身份的判定不是根据公司章程规定的内容，而是从公司的经营实质上加以确定。

英国在 CMC 问题上始终坚持事实标准，尤其是涉及公司经营管理事务分布在两个或两个国家以上时，法官往往在个案中对发生于英国境内和境外的管理因素进行重要程度上的对比，并判断最重要的因素是否位于英国。虽然每个案例具体情况不同，比对的对象也不同，但就一般规律而言：首先，层次越高的经营战略和管理事项，如董事任命、对外签订重要合同、处置重大资产等，往往具有更高的重要性。其次，日常经营管理事务的决策和开展的重要性相对较低，即使全部日常经营活动均发生于一国也不足以确定 CMC 所在。最后，公司注册地、机构所在地、公司账簿和其他文件等实体物件在判断上往往只起到辅助作用。

（二）德国

德国税法对企业居民身份的认定采用形式和事实测试，只要注册成立地或实际管理处所位于德国，即被认定为德国税收居民。其中实际管理处所系事实测试，要求从经济利益实质归属的角度进行判断。《德国租税通则》第 10 条规定，实际管理处所系指“业务上领导管理的中心处所”，一般以作出业务经营所需重要的关键性决定的场所为准。

德国对于实际管理处所的认定采取和英国法院相似的见解，以企业经营的最高决策层作出关键决定的所在地为准，而日常经营管理一般不起决定性作用。此外，德国法院强调股东单纯参与公司决策并不构成实际业务管理，国内股东依据公司法对在外国居住的董事或管理人员进行监督或施加影响，尚不构成在境内进行公司业务管理。国内股东必须完全对公司业务进行管理，独立参与公司日常经营政策制定，并持续就公司交易作出重要决策，才构成实质性的管理控制。

（三）印度

《印度所得税法》关于公司居民的规定是，一个公司如果在印度设立或者在相关年份对该公司事务的控制管理全部位于印度境内，那么其属于印度居民。印度税务机关和法院对非印度公司税收居民身份的判断需要进行控制管理测试（Control and Management Test）。相比 CMC 规则，印度在认定条件上更加严格，其要求行使控制管理的权力必须全部位于国内且在时间上具有一定的稳定性，还将决策事项的范围限定为与收入有关。随着近年来印度经济的快速发展，有大量的空壳公司在印度境外注册成立并在境外实行部分管理控制，但实际控制在印度境内，借此规避管理控制测试。为应对利用境外空壳公司人为规避构成印度税收居民的问题，印度政府于 2015 年对《印度所得税法》中的相关规定进行了修改，引入实际管理机构的概念，并将其定义为实体进行经营所需的关键管理和商业决策的实际作出地。2017 年 1 月，印度税务机关就认定实际管理机构所在地发布指引，强调实际管理机构的认定应当遵循实质重于形式原则，并考虑个案的具体情况。指引针对非印度企业在境外从事商业经营活动的性质规定了不同的认定规则：（1）对于在印度境外积极开展商业经营（activebusiness）的企业，原则上如果企业董事会主要不是在印度召开，则应推定该企业的实际管理机构并不位于印度。但如果企业的董事会形同虚设且未依法行使其管理权，该管理权是由位于印度的控股公司或其他个人行使，则认为实际管理机构位于印度。（2）对于其他境外企业而言，实际管理机构所在地应当是实际作出企业经营所需的关键性管理和商业决策的个人或机构形成其决策的地点。

（四）中国台湾地区

我国台湾地区 2016 年修订的“所得税法”第四十三条规定，依外国法律设立，实际管理处所在我国台湾地区境内的营利事业，应视为总机构在我国台湾地区境内的营利事业，依本法及其他相关法律规定课征营利事业所得税。这里所称的实际管理处所是指企业营利事业符合下列各款规定者：（1）作出重大经营管理、财务管理及人事管理决策者为我国台湾地区境内居住的个人或总机构在我国台湾地区境内的营利事业，或作出该等决策的处所在我国台湾地区境内；（2）财务报表、会计账簿记录、董事会议事录或股东会议事录的制作或储存处所在我国台湾地区境内；（3）在我国台湾地区境内实际执行主要经营活动。

我国台湾地区对实际管理处所构成要件的规定比较严格，必须同时满足决策者或决策地、账簿及会议记录的制作或储存地以及实际执行主要经营活动地标准。虽然我国台湾地区与我国大陆对实际管理机构的认定十分相似，但我国台湾地区并不强调日常经营管理所在地，而是关注作出重大经营管理决策的所在地，这与英国、印度和德国的规定一致。

上述国家和地区对于 CMC 及实际管理机构的认定基本都是以企业经营管理上的最

高决策为内核，以事实认定、个案认定为适用准则，在条款上更多是采取开放性的规定（我国台湾地区除外），以应对形式不断改变的逃避税行为。

四、我国实际管理机构规定存在的问题

2008 年实施的《中华人民共和国企业所得税法》（以下简称“《企业所得税法》”）首次在税法上将企业分为居民企业和非居民企业，并引入实际管理机构的概念。《中华人民共和国企业所得税法实施条例》（以下简称“《企业所得税法实施条例》”）第四条规定，实际管理机构是指对企业的生产经营、人员、账务、财产等实施实质性全面管理和控制的机构。国家税务总局相继颁布了《关于境外注册中资控股企业依据实际管理机构标准认定为居民企业有关问题的通知》（国税发〔2009〕82 号，以下简称“82 号文”）、《境外注册中资控股居民企业所得税管理办法（试行）》（国家税务总局公告 2011 年第 45 号）、《关于依据实际管理机构标准实施居民企业认定有关问题的公告》（国家税务总局公告 2014 年第 9 号）等文件，对境外注册中资企业实际管理机构的认定及企业所得税的征管问题进行了详细规定。82 号文规定，境外中资企业同时满足以下四个条件，应判定其实际管理机构位于中国境内：（1）企业负责实施日常生产经营管理运作的高层管理人员及其高层管理部门履行职责的场所主要位于中国境内；（2）企业的财务决策和人事决策由位于中国境内的机构或人员决定或批准；（3）企业的主要财产、会计账簿、公司印章、董事会和股东会议纪要档案等位于或存放于中国境内；（4）企业 1/2（含 1/2）以上有投票权的董事或高层管理人员经常居住于中国境内。我国现行对于实际管理机构的规定主要存在以下问题：

第一，缺乏统一的实际管理机构认定规则。82 号文仅适用于境外中资企业，对于境外非中资企业、境外中资企业再投资设立的境外企业以及境内居住的外国人设立并管理的境外企业如何认定其实际管理机构所在地，缺乏明确规定。

第二，对于实际管理机构的认定缺乏灵活性，全面严格的要求使得政策很容易被规避。只要其中一个要件被人为改变，便不构成实际管理机构在我国的事实。

第三，现有规定注重日常生产经营管理，对于企业最高决策地点的重要性权重则缺乏考虑，可谓管理有余而控制不足。在经济全球化背景下，跨国公司的日常经营管理职能逐渐分散到不同的区域中心，信息技术的发展也为企业远程管理提供了便利。在一定程度上，日常生产经营管理与企业价值创造之间的联系日益削弱。尤其是对从事证券金融、股权投资、资产管理等业务的非生产型企业而言，投资决策才是影响企业营业收入和利润的关键。

五、完善我国实际管理机构规定的建议

第一，对于所有非境内注册企业的实际管理机构规定统一采用控制为主、管理为辅的标准。82 号文仅适用于境外注册的中资控股企业，其主要作用是解决境外注册中资控股企业及其境内股东在《企业所得税法》实施后面临的股息重复征税问题。按照 82 号文规定，符合条件的境外中资企业被认定为中国税收居民后，其从境内收取的股息和向境内股东分配的股息属于居民企业之间的股息、红利等权益性投资收益，依据《企业所得税法》第二十六条和《企业所得税法实施条例》第八十三条，可以作为免税收入。为了避免境外注册中资企业滥用规定获取不正当的税收利益，82 号文采用了较为严格的全面性管理标准。但是随着国家“一带一路”倡议的实施，政府鼓励企业积极开拓海外市场，我国“走出去”企业的规模日益扩大、管理模式不断发展创新，这种严格的全面性管理标准客观上也限制了更多“走出去”企业被认定为中国税收居民和享有相应税收待遇。通观采用实际管理机构规则的各国（地区）立法和税收协定范本，对实际管理机构都确定了统一的认定规则，并且基本都是采取控制标准，这不无道理。尤其是发达国家，其以资本输出为主，国内企业对外投资数量大，采取控制标准可以合理地扩大国家对企业行使居民税收管辖权的联结点，辅以实质重于形式原则还可以灵活应对避税行为。我国作为世界第二大经济体，虽然现阶段资本输入规模仍然十分庞大，但是对外投资额在不断增长且体量巨大，对实际管理机构采用以控制为主的判断标准，适度调整、扩大我国税收居民企业的认定范围，一方面有利于减少“走出去”企业重复征税的风险，为“走出去”企业营造更友好的税收环境，另一方面也有利于打击境内个人和企业在避税地设立壳公司进行形式管理并进而规避构成中国税收居民的情形，维护国家税基安全和税收利益。同时考虑到我国外商投资规模巨大，很多企业实际经营管理活动均位于我国境内，现行的日常经营管理标准并不宜全盘否定。综上所述，采用控制为主、管理为辅的标准，将《企业所得税法实施条例》及 82 号文的严格标准修改为综合各项具体因素判断标准，不以满足全部条件为必要条件。在具体规则设计上，可以借鉴英国法院对各项要素进行重要性比较的做法，按照下面的顺序考虑各因素在判断实际管理机构所在地时的重要性权重，采用“概括 + 顺序列举”的模式：实际管理机构所在地是指对企业进行经营活动所必须的最高或重要商业决策的实质形成地和关键管理的所在地。其认定应该综合考虑但不限于以下因素：（1）董事会、股东会形成决议所在地、有决策权的董事、股东居住地等；（2）企业总机构、重要财产所在地和高级管理人员日常履职地；（3）公司注册地、会计账

避税的同时，一些国家在执行 OECD 制定的税收信息交换的新标准过程中，所采取的相关措施引发了一些争议。

因为针对的客体和采取的措施存在差别，传统观点中，国际税法和国际贸易法一直被视为两个并行不悖的体系。但随着贸易自由化的进一步推进和国际税收新问题的出现，税收问题和贸易问题出现了很多交叉，割裂看待问题不可行。2015 年 9 月 30 日，WTO 争端解决机构就巴拿马诉阿根廷与货物和服务贸易有关的措施案发布专家组报告，2016 年 4 月 14 日，上诉机构报告发布。该案涉及的问题具有复杂性和重要性，首先，阿根廷的一系列措施可以看作是对 OECD 发布的国际税收软法的国内法转化，而这样的转化却在 WTO 项下引起了纠纷，因此本案可以看出 OECD 和 WTO 在国际服务贸易领域的互相影响；此外，本案所讨论的服务贸易涉及服务和服务提供者，本身具有特殊性，且 WTO 项下有关《服务贸易总协定》（以下简称“GATS”）具体条款的解释尚未形成明确的指引。WTO 的报告虽然在除了当事国之外没有法定约束力，但是 WTO 事实上有遵循先例的传统。因此，本案中关于非歧视待遇原则的解读将是以后同类纠纷参照的重要依据，对本案的讨论和研究对国际税法领域的实践和未来也同样具有深远影响。

一、阿根廷金融服务案缘起

为打击逃避税、税收欺诈和洗钱行为，特别是对一些在被称为“避税天堂”的税收辖区的行为予以规制，贯彻税收透明度原则，阿根廷于 2000 年之后出台了一系列法令，规定了划分基于税收透明度目的的合作方（以下简称“合作方”）和非合作方的标准，并据此出台了一系列有关金融、税收、外汇和公司注册相关的措施。对合作方和非合作方得到的待遇进行了区分。而巴拿马被划分为非合作方，2012 年 12 月，巴拿马方以阿根廷方多项措施分别违反了 GATS 和 GATT 项下的最惠国待遇义务和国民待遇义务为由，提起了纠纷解决程序。

争议涉及的措施有八项，其中和税收密切相关的是前四项措施。同时，考虑到 GATT 和 GATS 在非歧视待遇的规定上具有一致性，笔者将集中在 GATS 框架下对前四项争议措施进行研究。措施一规定，为确定所得税的税基，支付给境外非合作方债权人的款项（借贷、贷款或基金配售）代表着 100% 的净收入；而如果贷款人位于合作方，净收益被假定为 43%。措施二则规定为了计算收益税，当资金来自非合作方时，阿根廷税务局会根据财富非合理增长推定，自动依职权决定税基；而当收入来自合作方时，纳税人可以自我评估应税收入，只有当纳税人没有提交确定声明或者提交的声明可疑时阿根廷税务局才会依职权决定税基。措施三包括适用基于转让价格的评估交易方法，以确定阿根廷纳税人应支付的所得税的税基，该措施规定，这种评估方式适用于阿根廷纳税人和非合作方人之间的交易，无论双方是否相关；而如果交易的对象为合作方国民，只有该交易不符合公平市场价格时才适用。措施四规定阿根廷实体的支出构成非合作方人来源于阿根廷的利润，该支出应当依据收入实现原则被分配在交易实际发生的财政年度；而支付给合作方的利润则根据权责发生原则，将支出分配在交易应当发生的会计年度，只有交易双方具有关联关系时才适用收入实现原则。

在2013年之前，阿根廷主要通过公布非合作方名单（即“黑名单”）的形式对“避税天堂”予以打击，但在2013年出台的第589号法令中，阿根廷改为在每年的财务年度初公布合作方名单（即“白名单”）。具体合作方分为三个等级：（1）已签署避免双重征税协定或税收信息交换协定，且经评估已进行了有效信息交换的合作方；（2）已签署双重征税协定或税收信息交换协定，但经评估尚未进行有效信息交换的合作方；（3）已启动谈判或批准双重征税协定或税收信息交换协定程序的合作方。

最终，上诉机构报告认定：首先，四项争议措施对GATS第1.1条下的服务贸易造成了影响，属于协定涵盖范围；其次，上诉机构和专家组关于“同类”的认定存在不一致，而这样的不一致也导致了专家组有关非歧视待遇的结论被上诉机构推翻；再次，第14条例外的援引需要遵循很严格的检验程序，涉及对措施目的和措施设计实施全过程的考察；最后，根据上诉机构报告，本文讨论的四项措施最终不属于对最惠国待遇和国民待遇义务的违反。

二、阿根廷金融服务案主要争议点评析

（一）《服务贸易总协定》管辖的范围

根据对争议措施的分析中可以看出，这些措施大部分属于税收相关措施，主要为间接税的税率确定和税基计算等一系列问题，涉及国内法对国家间税收的划分和反避税原则的具体适用，因此讨论的开端集中于争议措施是否属于GATS所规制的影响服务贸易的措施。本案的专家组报告从两个层次进行了分析，首先，两国间是否存在GATS第1.2条意义上的服务贸易；其次，两国间的服务贸易是否受到了措施的影响。专家组回顾了服务提供的四种形式（具体为跨境提供、境外消费、商业存在和自然人流动），并得出GATS的措辞并不关注两国间是否真实存在相关贸易或措施对服务贸易所产生的具体影响，而是通过关注措施对四种服务提供模式的影响，继而考察对市场

竞争条件产生的影响。本案中的四项措施直接影响阿根廷纳税人的税基计算，来自非合作方的收入在计算时处于不利地位。以措施一为例，跨境提供是服务贸易的一种重要提供形式，特别是在金融服务业，境外供应商可以通过电讯、网络为另一国家的国民提供电子清算和支付、金融贷款和咨询等种种服务，但根据措施一，当贷款来自非合作国时，阿根廷税收当局会将贷款额度的100%认定为收益，而当贷款来自合作方时，仅其中的43%会被认定为收益，这样的规定无疑会大幅加重阿根廷国民与非合作国金融服务提供者的交易负担，继而会对非合作方跨境提供借款、信贷服务产生极为不利的影响。通过增加阿根廷国民与非合作方服务贸易提供者合作的税收负担，从而影响阿根廷国民的交易选择，继而对非合作方的服务贸易产生不利影响，属于GATS的覆盖范畴。这无疑肯定了WTO对于涉税问题，特别是国内税问题的管辖权。

（二）非歧视原则下“同类”服务和服务提供者的认定

GATS中，非歧视原则具体表现为最惠国待遇和国民待遇。最惠国待遇的提供是GATS项下的普遍性义务，它意味着“每一成员对于任何其他成员的服务和服务提供者，应立即和无条件地给予不低于其给予任何其他国家同类服务和服务提供者的待遇”。国民待遇的提供在服务贸易中则具有特殊性，主要与成员在具体承诺表中的承诺有关，体现为“每一成员在影响服务提供的所有措施方面给予任何其他成员的服务和服务提供者的待遇，不得低于其给予本国同类服务和服务提供者的待遇”。对照GATS第2.1条和第17.1条的具体规定，都可以看到“同类”和“不低于……待遇”的字眼，虽然两个条文之下的具体义务内容存在不同，但两条文关于“同类”服务和服务提供者的判定标准具有一致性。是否属于“同类”主要依据不同服务和服务提供者之间的竞争关系，同时也需要充分考虑市场具体条件。因为实践中很难具体对不同服务和服务提供者之间的竞争关系进行逐一比较，所以衍生出一种“同类推定”的检验方法，具体为只有法律上当对不同服务和服务提供者间的区别对待是仅因为国籍不同的话，推定不同服务和服务提供者之间属于“同类”。

在专家组报告中，税收信息可获得程度的不同被认为是对竞争关系影响的其他因素，但专家组认为合作方和非合作方的待遇划分与税收信息可获取性关系不大，因为阿根廷关于合作方的划分并不严谨，已经与阿根廷签订了避免双重征税协定且进行了有效税收信息交换的德国和巴拿马同被列为合作方，而同巴拿马一样都与阿根廷开启了相关谈判但没有进行有效税收信息交换的中国香港被划为非合作方。在排除了税收信息对竞争关系的影响后，专家组认为差别待遇源于国籍不同。另外，争议措施中涉及国民待遇的有措施二、措施三和措施四，在专家组报告中，专家组充分考虑了国民待遇承诺在GATS的特殊性，分析了相关争议措施对服务提供的影响，并比较提供给非合作方服务和服务提供者的待遇与国民待遇的差异。部分合作国并没有与阿根廷建立起有效的信息交换，因此在很难判定阿根廷税收当局是否不同税收信息透明度的国家进行了歧视对待，但阿根廷税收当局对于本国国民的税收信息是可以充分获得的，国内税收信息透明度和巴拿马的税收信息透明度区别很大，因此来自两国的服务和服务提供者不具有同类性。就此，专家组肯定了阿根廷的措施是为了通过有效税收信息交换提高税收透明度，消除有害税收竞争，是对本来扭曲的市场竞争条件进行调整，保证市场竞争条件公平性的“防御性”措施，并不存在对国民待遇义务的违反。

上诉机构推翻了专家组关于服务和服务提供者同类性的裁决，上诉机构认为源于国籍不同和仅因为国籍不同是两个概念，虽然排除了税收信息可获得性的差异对待遇的影响，但依然不能证明差别待遇是否是由于其他因素的不同导致的。根据GATS相应规定和先例，在考虑不同服务和服务提供者是否具有同类性时可以从四个方面进行考虑:（1）交易所涉及服务的性能、特点、质量；（2）服务最终用途；（3）消费者偏好；（4）联合国“产品中央分类制度”有关服务类别的分类。在本案中，阿根廷方证明了税收信息可获取性的不同会影响消费者的偏好，从而影响合作方和非合作方的服务和服务提供者间竞争关系，使来自不同国家的服务和服务提供者不具有同类性。而巴拿马方却不能举出有效的证据推翻这一论点，也不能证明阿根廷方提供的差别待遇是仅基于国籍不同，因此不能得出来自不同国家的服务和服务提供者具有“同类性”的结论。因为“同类”服务和服务提供者的存在是产生非歧视待遇义务的前提条件，合作方和非合作方的服务和服务提供者不具有同类性，非合作方和阿根廷国内的服务和服务提供者也不具有同类性，所以，阿根廷没有提供给合作方和非合作方服务和服务提供者最惠国待遇和国民待遇的义务，最终，上诉机构推翻了专家组在GATS第2条项下和GATS第17条的结论。

存在同类服务和服务提供者是非歧视待遇授予的基础，上诉机构在认定不同服务和服务提供者是否属于“同类”时更加严谨，也对原告方和专家组提出了更高的要求，原告在证明歧视时需要充分排除其他可能因素的影响，而在被告有效反驳原告的证据之后，专家组也需要全面衡量各个因素对不同服务和服务提供者间竞争关系的影响。

（三）“白名单”的使用

阿根廷公布税收辖区“白名单”和“黑名单”的方法并非首创。2010年开始，为了监督和强化实施国际税收透明度和信息交换的标准和原则，在G20授权下，全球税收论坛根据同行评议的结果对成员国进行评价，同行评议将分为两个阶段。阶段一将审查各辖区的法律和监管框架，主要考察信息有效性，信息可获取性和信息交换情况三个方面，而阶段二将评估在实践中的执行情况。全球税收论坛将根据同行评议结果划分出属于避税地的“黑名单”，在落实信息交换和透明度上存在问题的“灰名单”以及信息透明度良好的“白名单”。

将阿根廷和全球税收论坛的名单进行分析可以发现：阿根廷税收辖区“白名单”上一共有 111 个国家和地区，其中有 21 个辖区并不是全球税收论坛的成员国或没有得到相应评议，此外有 11 个辖区尚未落实全球税收论坛第二阶段要求，在其中两个辖区甚至不满足第一阶段落实的要求。巴拿马因没有进入第二阶段，属于“黑名单”的一员，虽然在最新评议结果中，巴拿马第一阶段的实施被认可为是符合要求的，但第二阶段的落实尚未到位，仍不属于符合信息交换和透明度要求的“白名单”国家。此外，FATF 也会根据成员国在打击洗钱和恐怖融资方面的表现，定期公布并更新高风险不合作国名单。根据 FATF 最近的报告，巴拿马虽然做出的承诺但并没有有效落实，因而无法得到 FATF 的审议，属于高风险不合作国的范畴。总而言之，根据对国际组织评议结果的分析，可以发现巴拿马的合作方地位值得商榷。阿根廷税收辖区“白名单”的制定中不乏对政治因素的考量，正如专家组在报告中曾指出的那样，将正在协商谈判税收协定的国家列入合作方名单不利于反逃避税及反洗钱目的的实现。

然而，“白名单”本身的不合理并不必然构成对 GATS 项下非歧视待遇的违反，上诉机构点明，非歧视原则的违反与否应当基于争议措施对市场竞争条件产生的实际影响，只有在措施产生了歧视的效果时，才需要在援引例外时对“白名单”及相关争议措施本身的设计和目的进行仔细检验。综上所述，国家具有追求政策目标的自由，但这种自由必须受到 GATS 义务的限制，不能披着政策目标的外衣进行扭曲市场竞争从而落实贸易保护的行为。

（四）《服务贸易总协定》第 14 条例外的援用

GATS 第 14 条关于例外的规定，即使一国措施违反非歧视待遇，只要符合例外规定，也被视同符合 WTO 项下义务的行为。成功援引例外需要满足两个条件：首先措施目标和宗旨符合第 14 项下的（a）－（e）五款中任一条款的要求，其次措施的涉及和实施需要符合第 14 条的引言，即不得构成武断或不合理的歧视，也不能构成隐藏的限制。其中，与税收措施直接相关的为（c）、（d）、（e）三款，其中，（d）款明确了确保公平或有效课征直接税目标的合法性，属于违反国民待遇义务的例外。（e）款允许成员国为了避免双重征税违背最惠国待遇义务，只要待遇方面的差别是来自成员间避免双重征税的协定或任何其他国际协定或安排。本案中阿根廷援引的（c）项认可了为防止欺骗或诈欺行为目的背离非歧视原则的正当性。

根据上诉机构的报告，阿根廷的措施并不存在对非歧视待遇的违反，因此不需要验证是否符合第 14 条例外的要求，但本案专家组的分析方法受到了上诉机构的肯定。在验证第 14 条（c）款时，专家组认为，虽然阿根廷证明了阿根廷纳税人和非合作方交易方间欺诈性的税收实践的存在，阿根廷打击“避税天堂”和反洗钱措施具有正当性，所采取措施对贸易限制程度也比较有限，例如措施二便于税收主管当局获得位于非合作方交易者的涉税信息，旨在帮助确定阿根廷交易方的税基。但阿根廷的行为构成了对第 14 条引言的违反，因为阿根廷的措施设计本身对合作方和非合作方进行了区别对待，且在实施中导致了对同等状况国家实施不同待遇，不符合全球税收论坛的要求，构成了武断且不公正的歧视。特别合作方中第三类合作方和非合作方的区分具有模糊性。实际上，开启税收协定谈判却没有实质达成协议并不能产生有效的税收信息交换，从税收透明度的角度看，巴拿马与那些没有与阿根廷进行税收协定洽谈的非合作国家无异，并不能打击第三类合作方税收居民与阿根廷纳税人间有害税收实践的存在。因此，上诉四项措施并不能达到阿根廷所申明的目的，反而可能产生相反的效果。这些分析表明目的的正当性并不一定保证手段的正当性，成员国想成功援引例外必须证明在措施实施过程中不存在武断或不合理的歧视，也不能构成隐藏的限制。

阿根廷金融服务案的专家组通过明确非歧视原则适用的条件，和非歧视义务豁免的构成要件，明确了非歧视待遇在国际税法领域的适用范围，为服务贸易领域的税收非歧视义务的确定划定了底线，也肯定了 G20 和 OECD 对国际税收实务的指导意义。由本案可以得出，WTO 并不反对国家对于不同国家的服务和服务提供者进行税收差别待遇，但如果服务和服务提供者具有同类性，即两者具有市场竞争性且可相互替代时，则会造成对非歧视原则的违反，但这种违反可以通过援引例外来正当化。例外中承认为了公平有效课税，国内外的税收政策可以具有差异性，但这种差异性必须建立在目的正当性的基础上，在实施过程中也必须恪守不对同等条件国家进行歧视的底线。

三、《服务贸易总协定》和税收协定的关系

在国际服务贸易中，服务的提供和消费往往是同时的，因此提供给服务的待遇和提供给服务提供者的待遇是分不开的。结合阿根廷金融服务案的报告可以发现，对服务提供者的管理和规制往往会涉及如税基计算、税收减免、所得税扣除等等税收相关政策，因而，税收政策和服务贸易紧密关联。国际税法通过国内法和国际法规范的彼

此配合，同时实现对国际税收关系的法律调整。而服务贸易协定和税收协定则从不同维度影响国际税收分配关系，并共同对服务贸易的发展产生影响。

结合本案，我们将以 OECD 出台的《关于对所得和财产避免双重征税协定》（以下简称“OECD 范本”）为例，着重分析 GATS 和 OECD 范本在非歧视原则上可能存在的分歧和交叉。

首先，税收协定和服务贸易协定可能存在以下潜在冲突：第一，服务贸易协定和税收协定中对法人的国别认定存在差别，根据 OECD 范本第 3 条，国民是指按照该缔约国现行法律取得其地位的所有法人、合伙企业和团体，而 GATS 第 28 条则规定可以通过实际控制人国籍来确定法人的国籍，定义上的差异可能会蕴含潜在冲突；第二，纠纷解决方式存在差异，OECD 第 25 条规定相互协商程序为解决争议的主要途径，在协商无效时可应当事人请求寻求仲裁予以解决，GATS 则主要通过纠纷解决机制来解决国家和国家间的相关纠纷，WTO 则依靠自身的纠纷解决机构，目前，纳税人和税收当局之间的纠纷最主要的解决方式仍是当地救济，纳税人想要寻求协定层面的救济，需要获得税收当局的支持，而且漫长的协商程序也意味着低效率；第三，这种交叉也可能带来经济扭曲效应，服务贸易承诺的好处可能受到税收协定的限制，税收协定的调整也会影响当事人的经济决策，从而影响贸易的正常流动，以非居民纳税人为例，自然人流动是服务贸易提供的一种重要方式，而在 OECD 范本第 24 条项下，非居民与常设机构无关的服务提供是不能得到非歧视原则的保护的。

其次，税收协定和服务协定适用范围不够确定。由于税收政策对服务贸易的重要影响以及国际税法协定和服务贸易承诺的交叉，因此在 GATS 的文本中，最惠国待遇和国民待遇义务中豁免了有关直接税措施相关的义务，一定程度上承认了国际税收协定在此领域中的优先性。实践中，也有国家间约定税收协定优先适用。但这样的指引并不明确，税收协定能否适用主要看措施是否落入税收协定管辖范围，而实践中服务贸易相关措施本身具有复杂性，争议措施是部分还是全部落入税收协定范畴有赖于法律解释，而这样的解释存在着一定程度的灵活性。

最后，服务贸易协定和税收协定在打击跨国逃避税问题上具有一致性，非歧视原则并不是打击逃避税行动的阻碍。但打击跨国逃避税在追求直接有效应对措施的同时，也需要注意实施的方法和实施过程，避免“殃及池鱼”，确保与非歧视原则义务之间的平衡。在 GATS 第 14 条关于例外的规定中，特别在脚注 6（iii）中承认了成员国打击逃避税行为具有正当性。OECD 范本第 24. 4 条是关于非居民应纳税财产中可扣除部分的规定，这一条曾引起学者关于非歧视原则和防止资本弱化规则是否存在冲突的讨论，然而在 OECD 范本注释 2008 年的修订中，明确说明 OECD 范本第 24. 4 条不应该被视为对防止资本弱化原则的限制。实践的进步推动立法的革新，落实非歧视原则和打击逃避税行为是问题的两个方面，必须全面看待国际税法中出现的新问题。

四、应对政策研究

针对目前国际税收领域非歧视原则适用存在的问题，考虑到我国在不同条约项下的义务和国内立法现状，以及借鉴其他国家的实践经验。笔者建议如下：

首先，应当积极发挥税收协定的作用。税收待遇，特别是直接税待遇对跨国投资会产生直接作用，与纳税人的利益关系也十分紧密，很容易产生税收筹划的空间。但由于不同税收辖区税率和税基计算方法的不同，加上税收信息的不透明，对跨国交易主体的课税的成本更高，也很难对其激进的税收筹划进行追踪和打击。而税收协定可以有效促进税收信息的收集和共享，是调整国家间税收分配关系最为有效的途径。同时，税收协定在适用上具有一定优先性。根据 GATS 第 14 条的，特别根据 14 条项下（d）和（e）项例外，WTO 成员可以因为直接税课征目的而违反最惠国待遇原则，为了遵守税收协定背离国民待遇原则也是允许的，只要措施本身没有构成武断或不合理的歧视。

截至 2015 年 12 月，我国已对外正式签署 101 个避免双重征税协定，其中 97 个协定已生效。众多的税收协定带来遵从压力的同时，也赋予了中国税收当局更明确的权利。我国税收主管当局应当积极利用税收协定，落实税收信息交换，并积极适用利用双边磋商机制，增强税收机关对本国国民在跨国税收关系中的支持和保护。同时，为了更加明确服务贸易中的非歧视待遇义务，可以参考美国的做法——在美国与加拿大签订的税收协定中，直接规定除非双方税收主管当局一致同意，否则 GATS 有关国民待遇的规定不适用。并规定由通过双方税收主管当局经相互协商决定有关争议措施是否属于税收协定管辖的范畴。我国也可以借鉴这样的方式，对税收协定项下非歧视原则义务与 GATS 项下非歧视原则义务的关系进行明确。

其次，应当关注在其他公约及协定项下的承诺。多层次多领域的协定互相交叉，国家在不同协定项下具体承诺存在差异性和复杂性。从税收政策的角度，国家不仅应该遵守众多多边税收协定，同时还需要关注其他国际公约及协定下的义务，在众多的承诺中，WTO 项下的义务特别是入世承诺书的相关承诺不容忽视。一方面，WTO 为税收非歧视待遇确立了最低的保障水平，国家应当关注其在 WTO 项下的承诺，避免构成武断且不合理的歧视；另一方面，WTO 项下纠纷解决机制也可以是国家寻求税收非歧视待遇落实的有效途径，由于双边税收协定中非歧视原则的适用范围相对有限，非居民纳税人受到的税收歧视在税收协定框架下存在无法获得有效救济的情形，而WTO项下却有最惠国待遇原则作为基石，因此国家在必要的时候可以向纠纷解决机构寻求对本国税收居民权益进行保障。

最后，应当注重国内立法的更新和协调。既要落实各国际协定项下的非歧视待遇义务保护竞争中性，也要注重根据国际义务对国内法进行审核和更新。近年来，越来越多的企业“走出去”，也给我国的税收征管机关带来了新挑战，为了公平有效课税，我国出台了一系列加强对受控外国企业的税务监管的措施，例如为了简化判定由中国居民企业或者由中国居民企业和居民个人控制的外国企业的实际税负，我国在国税函〔2009〕37号文中划定了12个非低税率国家，规定设立于该12国的受控外国企业的未分配或少分配利润，不被视为未分配股息计入中国居民当期所得。这是一种“白名单”式管理方法，但这份名单涵盖面较窄，也没有规定名单的更新和后续评估措施，考虑到受控外国企业的认定规则具有差异性，据此对位于不同国家的受控外国企业进行差别待遇可能遭遇国际法上的风险，如可能存在对不同国家同类企业的歧视。因此，结合阿根廷金融服务案，GATS项下的义务在于保障竞争机会的平等而非盲目促进竞争，政府在采取措施时应当比较受影响企业的营业范围和产品特质，考虑不同国家企业之间是否存在贸易竞争的可能性，细化税收措施的同时避免对某一类服务或产品做出特别规定。此外，笔者认为为了更好地发挥“白名单”的功能，应该增强配套措施，如可以授权国税总局根据每年情报交换情况和相关国际组织同行评议结果对名单进行跟进和调整，从而实现落实非歧视原则义务的同时最大限度发挥反避税措施的作用。